汉语国际教育本科专业建设研究

2013年全国高校汉语国际教育/对外汉语本科专业建设研讨会论文选

主　编：程　娟　施家炜
副主编：郑贵友　张　猛
编　委：张宁志　周　韧　童小娥　王丽娟

北京语言大学出版社
BEIJING LANGUAGE AND CULTURE UNIVERSITY PRESS

图书在版编目（CIP）数据

汉语国际教育本科专业建设研究 ：2013 年全国高校汉语国际教育 / 对外汉语本科专业建设研讨会论文选 / 程娟，施家炜主编 . -- 北京：北京语言大学出版社，2017.1

ISBN 978-7-5619-4787-6

Ⅰ. ①汉… Ⅱ. ①程… ②施… Ⅲ. ①汉语－对外汉语教学－教学研究－学术会议－文集 Ⅳ. ① 195.3-53

中国版本图书馆 CIP 数据核字（2016）第 307744 号

汉语国际教育本科专业建设研究
HANYU GUOJI JIAOYU BENKE ZHUANYE JIANSHE YANJIU

排版制作：北京创艺涵文化发展有限公司
责任印制：姜正周

出版发行：北京语言大学出版社
社　　址：北京市海淀区学院路 15 号，100083
网　　址：www.blcup.com
电子信箱：service@blcup.com
电　　话：编辑部　8610-82303647/3592/3395
国内发行　8610-82303650/3591/3648
海外发行　8610-82303365/3080/3668
北语书店　8610-82303653
网购咨询　8610-82303908
印　　刷：北京科印技术咨询服务公司

版　　次：2017 年 1 月第 1 版
印　　次：2017 年 1 月第 1 次印刷
开　　本：710 毫米 ×1000 毫米　1/16　　印　　张：32
字　　数：601 千字
定　　价：88.00 元

PRINTED IN CHINA

汉语国际教育专业的定位问题（代序）

北京大学　陆俭明

一

这次会议的一个核心内容是讨论汉语国际教育 / 对外汉语本科专业的定位问题，并讨论开展汉语国际教育，到底需要培养什么样的汉语教师，汉语教师需要具备什么样的素质。这无论从当前看还是从今后的发展看，都是很有必要的。但是我认为，在回答这两个问题之前，有必要先对汉语教学本身的几个问题有个全面、正确的认识。

1.1　第一个问题：该树立什么样的"汉语国际传播"观？

该树立什么样的"汉语国际传播"观？汉语国际传播的目的是什么？有人会说："这还用问吗？是为了推广汉语，推广文化，增强我国的软实力。"这是目前很普遍的看法。但这种认识值得肯定吗？

且不说使用"推广"一说极为不妥，正如吴应辉教授的《汉语国际传播研究理论与方法》一书的《代序》里所指出的，"汉语国际推广这一术语曾一度被官方广泛使用，它能充分反映有关机关要把汉语推向世界的主动性、积极性和美好愿望，但会带来'文化侵略'之嫌的负面效应"。

事实上不是"会带来"，而是已经带来了负面影响。应该看到，"推广汉语，推广文化"之说违背了 21 世纪"文明、和谐、共赢"的时代特点。大家知道，现在是一个大数据、网络化、全球化、人类逐步走向太空的时代，我们要逐渐习惯于用世界的眼光来看中国，用世界的眼光来看世界，用世界的眼光来思考问题。在汉语国际传播上，我们也需要有这种世界的眼光，而不是只有“国家的眼光”。只有这样，我们的作为，我们的工作，才会受到各国的欢迎与尊重，才会真正符合我们的国家利益。因此，我们应该明确，汉语教学走出国门，开展汉语国际教学，其目的是为世界各国建造通向中国的友谊之桥——汉语桥。我们应该树立这样一种“汉语国际传播”观。

1.2　第二个问题：汉语国际教学的核心任务是什么？

原先的对外汉语教学也好，现在的汉语国际教育也好，没有本质的区别，都是关涉汉语言文字学、应用语言学、教育学、心理学、文学以及文化、艺术和其他某些学科的多学科交叉性学科，其核心任务与内容是汉语言文字教学，其出发点和终极目标是让愿意学习汉语的外国学生，学习、掌握好汉语，培养他们综合运用汉语的能力。因此，汉语教学总的指导思想应该是，“怎么让一个零起点的外国学生在最短的时间内能尽快最好地学习、掌握好汉语 ”。

为什么汉语国际教学必须以汉语言文字教学为核心任务呢？理由有二：

第一，汉语教学最直接的目的是，设法让外国学生在最短的时间里尽快、最好地学习掌握好汉语。有人强调要通过汉语教学让外国学生了解灿烂的中华文化。这个想法当然好，但是试问：如果我们进行汉语教育的结果是外国学生的汉语过不了关，他们怎能了解中华文化？

第二，外国学生在学习汉语的过程中，所出现的问题，所提出的问题，主要或大量的都是汉语言文字方面的问题。

因此，汉语教学的基础教学是汉语言文字教学，尤其在初级阶段的汉语教学中，从整体上来说，其他学科方面的教学都是为汉语言文字教学服务的。

1.3　第三个问题：文化教学在汉语国际传播中放在什么位置？

有人说，汉语教学的重心现在已经由语言教学转移到文化教学。更有媒体片面而又偏激地宣传："汉语教学是手段，传播中华文化才是目的。""不能只讲授语言的应用，而不深入到文化的内涵。""外国人要学的是中华文化，不是汉语。"等等。这些看法、这些认识正确吗？确实，语言教学离不开文化，特别是由于不同民族、不同国家存在着文化上的差异，所以需要重视跨文化交际问题。汉语教师要有文化的头脑，但是文化教学不能成为汉语教学的重心，不能当作汉语教学的主流，更不能用文化技艺来冲击乃至取代汉语言文字教学。要知道，语言是文化的载体，语言教育必然会同时伴随着文化教育，但这种文化教育应该是"润物细无声"，应该是耳濡目染、潜移默化的。这样的文化教育才能深入骨髓。文化教育要从这方面去下功夫研究，而不是像目前那样表面地开设些文化课、教些文化技艺那样一种做法。像目前那样的做法只是一种浮躁之举。再说，一个民族、一个国家文化的传播，一定的宣传当然需要，但主要是靠文化自身厚重的吸引力、感染力、影响力，这才能真正达到有效的文化传播。此外，中华文化传播还有赖于两方面：一是我们每个中国人，特别是汉语教员自身的言谈举止——汉语教师就是中华文化的形象大使，就是中华文化的窗口与镜子。二是靠学好并掌握了汉语，特别是汉语书面语的外国学者，由他们来向自己的国人介绍中华文化，这是中华文化走向世界最有效的途径之一。如果按照前面所说的那些错误导向来开展汉语国际教学，不仅会大大削弱汉语言文字的教学，而且从文化传播的角度来说，这既非策略之举，更非科学之举，反倒有损中华文化的传播，引起一些国家的反感与不安。

我们的老前辈吕叔湘、季羡林、朱德熙等先生都曾这样强调过："首先要教给外国汉语学习者的是汉语本身。"只有达到老前辈他们所说的教学目的，才真能做到汉语教学、中华文化传播双赢。

二

我们需要培养什么规格的汉语教师？这就涉及汉语教师的素质问题。大家知道，汉语教师的素质主要是由三方面构成的，那就是知识结构、能力结构和思想心理素质。关于这个问题已有不少学者论述过。这里我只想强调，如果大家认同我上面所谈的关于汉语教学的基本观点和指导思想，那么很显然，作为一名称职的汉语教师：

在他的知识结构里，首先必须具有较好的有关汉语言文字学的功底，掌握好有关现代汉语语音、词汇、语法、文字等方面的基础知识；同时要具备与汉语教学密切相关的其他方面的一些知识，如中外文学、中外文化知识、教育学，特别是有关外语教育方面的知识，以及心理学方面的一些知识等。

在他的能力结构里，首先要有较好的汉语和起码一门外语的语言素养与语言能力。有好几位学者谈到，母语语文素养和能力是汉语教师的“内功”，外语素养和能力是汉语教师的“外功”，只有练就过硬的内功与外功，“才能当一名合格的、称职的乃至出色的对外汉语教师”。这一看法是很对的，因为有了较好的语言素养与能力才能善于将学术语言转化为教学语言，以便进行有效的教学。其次要有高超的课堂教学技能，以便组织好课堂教学的各个教学环节，激发学习者学习汉语的兴趣，使不同国家、不同语种、不同学习目的、不同年龄层次的汉语学习者都喜欢汉语学习，使他们都能学有所得。汉语教师还一定得有跨文化交际的意识与能力，这样才能跟学生、跟学生家长、跟当地教师很好地沟通与交流。还得有查阅文献资料的能力，包括网上搜索所需资料的能力。文化知识一般不可能都记在脑子里，而网上一般都能查找搜索到，所以必须具备搜索、查找资料的能力。而更重要的，要有一定的科研能力，具体说要有一定的汉语研究能力，以便回答和解释在教学过程中所出现的、所遇到的、学生急需知道的种种“为什么”的问题。因为教学过程中所出现的、所遇到的、学生急需知道的种种“为什么”的问题，在现有的参考文献资料中难以找到现成的答案，而进行科研既有助于教学，也有助于自己学术地位的提高。

在他的思想心理素质方面，首先要有高度的教育责任心，眼睛里要有学生，心里要有学生，要多从学生的角度着想，要关注学生的学习需求、学习难点；同时要有亲和力。这种亲和力除了来自教师个人的形象和性格外，主要来自教育态度、教育水平、对学生的爱心，以及实事求是的态度和自尊自重的意识。

事实上，汉语教师不是好当的。我们必须批判和清除“汉语教学小儿科”的思想。从某种意义上来说，汉语教师比其他院系的教师难当。

我们目前的汉语教师，特别是外派的志愿者，知识结构如何？能力结构如何？思想心理素质又如何？大家心里都很清楚，只是不愿说或不便说。国外已有不少负面反映。国外有的单位反映，派来的志愿者汉语教师，不但有关汉语知识一问三不知，就连怎么教汉语，还得我们从头教他们。这是很值得我们反思的。

三

面对蓬勃开展的汉语教学，如何加速培养高素质的汉语教师是我们目前所面临的重要任务。

可是，在汉语教师培养上，当前面临两大问题，一是培养规格问题；二是培养模式问题。在这两方面目前意见不尽相同，但大家都在不断思考与探索。

关于汉语教师的培养与培训，我认为当前有四个问题亟需引起大家足够的重视。

第一个问题是：面对不同的汉语学习群体，汉语教师是否需要分类要求、分类培养?

现在在汉语教师培养上，存在着一定的盲目性，存在着“一刀切”和缺乏针对性的问题。中山大学周小兵教授早在 2007 年就指出，“学生是成人还是少年，对教师要求不同”。我很同意他的看法。

我想，从培养人才的角度看，起码要区分两种培养目标：大学任教的汉语教师和中小学任教的汉语教师。在大学任教的汉语老师常常会面对学生提出的有关中文方面的各种各样的“为什么”的问题，教师就得有责任、有能力去回答、解决这些“为什么”的问题，因此在大学任教的汉语教师必须有较好的中文知识，特别是汉语言文字学的功底，需要有针对汉语言文字某要素开展独立研究的能力，需要有教学实践研究和汉语习得研究等方面的知识与能力，当然也需要有一定的教学技能与艺术；而中小学的汉语教师一般不会面对上述“为什么”的问题，他们所面对的是，怎么组织好各个环节的教学活动，怎么引发学生学习汉语、汉字的兴趣——这是他们需要关注的主要课题，因此中小学任教的汉语教师，当然需要一定的中文知识，但更需要外语能力，更需要中小学教学的教学技能和艺术，需要掌握一两种中华技艺，以及少儿心理学、教育学方面的知识。

现在，越来越多的国家开始在中小学开设汉语课；再者，汉语走向世界的标志之一就是汉语教学进入各国基础教育领域，这样汉语国际传播就大大跨进了一步。我们需要有针对性地培养与培训在国外和我们国内专门招收外国孩子的中小学任教的汉语教师。

第二个问题是：高校设立“对外汉语”本科专业，现称“汉语国际教育”本科专业，是否需要审时度势适当调整？

1985年，国家教委批准在北京语言学院、北京外国语学院、华东师范大学、上海外国语学院四所高校率先设立“对外汉语”本科专业。这在当时和稍后的一段时间内，为我国的对外汉语教学和汉语国际教育事业培养了大批专业人才，在培养汉语教师方面起了积极的作用。2008年教育部在全国范围内广泛增设对外汉语专业，当年开设这个本科专业的高校就有138所，2010年年底统计数字增加到285所。2012年，教育部将“对外汉语”本科专业更名为“汉语国际教育”本科专业。到目前为止已有342所高校设立了这一本科专业。至于招生人数，各高校不一，有的每年招二三十个学生，有的招收七八十个学生，最多的一届就招收一百二三十个学生。近五年来，报考这一专业的人数激增，录取考分大大高于其他文科院系。其中确有相当多的考生是出于爱国热忱，但也有相当多的是受“能出国任教”宣传的影响。

2008年广泛增设对外汉语专业，其出发点当然是为了加快培养汉语教师。但是，现在看来，仍有一些问题没有解决。

第一，这与教育部规定高校师资一般需要博士生，某些专业可以硕士生的规定不一致。对外汉语本科毕业生不能直接进入高校从事汉语教学工作。就全国来说，据有关方面调查，最后能从事汉语教学工作的不超过15%，普遍存在培养目标与学生就业困难的矛盾。

第二，当时对汉语教学学科性质认识不是很清醒。除少数有基础的高校外，多数高校培养内容是中文系、教育系、外语系教学计划内容适当删减后的拼盘。结果，毕业的学生，论中文不如中文系毕业生，论教育学不如教育学院的毕业生，论外语不如外语学院的毕业生。能继续深造的不超过 20%。

我认为，根据目前的汉语教学发展形势，教育部有关方面应重新审视和调整“汉语国际教育”本科专业在高校的设置，需要适当压缩开设这一本科专业的高校的数量，只在有条件的高校设立，且着重培养在中小学任教的汉语老师和从事汉语国际教育的管理人才。

四

开展海外汉语教学，怎么解决好海外汉语教师的问题？

汉语国际教学的广泛开展必然带来汉语教师不足的问题。如何解决好海外汉语教师不足的问题？目前的主要做法是大量派出志愿者汉语教师。然而，且不说目前派出的志愿者汉语教师符合素质要求的很少，从长远来看，这也绝非上策。海外汉语教师的培养，从长远来看应立足于培养越来越多的本地教师，而不是立足于外派大量志愿者汉语教师。必须认识到，只有当海外的汉语教学基本上都由当地汉语教师来教，才能真正做到汉语“国别化”教学，汉语才真正能走向世界。

五

最后想谈这样一个问题，怎样才能让汉语成为世界各国的首选外语，成为国际强势语言？这得靠什么？靠宣传？靠政治扩张？还是靠别的什么？国人大概都盼着汉语能成为世界各国的首选外语，汉语能成为国际强势语言，这个愿望是好的，但这种想法太简单了，以为只要我们在全世界办越来越多的孔子学院和孔子课堂，汉语就能走向世界，就能成为世界各国的首选外语，就能成为国际强势语言。

事实告诉我们，一种语言要成为各国首选外语，要成为世界强势语言，取决于多方面的因素，而其中最重要的因素是两个：

第一个因素是，国家强盛，特别是在经济、政治和综合国力上能居世界前列。这是最根本的因素。

第二个因素是，国家科技、教育事业高度发展，这是在具备前一个因素条件下的关键性因素。

显然，汉语要成为各国的首选外语，成为世界的强势语言，重要的是我们国家要强盛，特别是在经济、科技、教育上能居世界前列。我想，一旦我们国家能在世界各国进行投资，开设工厂或企业，所招聘的员工要求必须会汉语，一旦各个国家要发展自己的科学技术非得派学生到中国来留学，一旦达到在某些科学领域，特别是自然科学领域，非得参考由汉语撰写的学术论文不可，一旦各国青年都想着要到中国来留学或工作，那时各国青少年就自然地把汉语作为首选外语了，就像现在世界各国对待英语那样。

以上只是我个人的一些想法，不要求大家都马上赞同，只希望引起大家深思。

目 录

专业定位与人才培养（三）：汉语国际教育人才具体能力的培养

专业定位与人才培养（四）：教师发展

专业定位与人才培养（五）：地方院校人才培养

课程体系与课程研究（一）：课程体系与课程设置

课程体系与课程研究（二）：具体类别的课程设置

课程体系与课程研究（三）：教学设计与教学法研究

课程体系与课程研究（四）：教材研究

汉语国际教育研究与推广

专业定位与人才培养（一）

专业定位

回顾·反思·前瞻

——北京语言大学汉语国际教育/对外汉语本科专业建设30年

北京语言大学对外汉语课程教学团队

执笔人　程　娟　施家炜　华学诚

摘要　本文对北京语言大学30年的汉语国际教育/对外汉语本科专业建设进行回顾与反思，着重围绕课程教学团队建设、人才培养和课程体系改革等，探讨更名为汉语国际教育专业之后，如何突出特色，以便更好地服务于国家发展战略需要。

关键词　汉语国际教育/对外汉语本科专业

专业建设　回顾　反思　前瞻

汉语是中华文化的重要载体，加快汉语走向世界已经成为增强我国文化影响力、促进中华优秀文化走出去、提高国家“软实力”的重要战略举措。为适应国家发展战略的需要，教育部于2012年将“对外汉语专业”与“中国语言文化”“中国学”专业合并，更名为“汉语国际教育专业”，从而给该专业的人才培养提出了新的方向和值得研究的课题。北京语言大学（以下简称“北语”）从1983年开始招收第一批对外汉语本科生至今，已有30多年的发展历史。我们对自身30多年的对外汉语本科专业建设进行了回顾与反思，并着重围绕师资团队建设、人才培养和课程改革等问题进行了探索。

一　北语汉语国际教育/对外汉语本科专业建设30多年的回顾和总结

北语30多年来对外汉语专业的建设，从建设特色与优势角度看，可以简要概括为“四个一”。

1.1　一个基础——扎实的学科基础

作为教育部所属的唯一一所以传授汉语和中华文化为主要任务的国际型大学，北语具有丰富的汉语教育和研究资源。我们举全校之力率先在全国完成了本、硕、博学科一体化建设，形成了多层次的汉语国际教育人才培养体系，为汉语国际教育的建设与发展奠定了扎实的学科基础。

1.2　一支队伍——雄厚的师资力量

在对外汉语专业建设中我们注重历史传承。在学校老一辈专家学者开拓的学科理论基础上进行积极探索，同时注重发挥中青年教师的作用，逐步建立起一支知识结构、职称结构、学位结构和年龄结构等相对合理的教学与研究创新团队。该团队于2007年获北京市优秀教学团队称号，2009年被评为国家级教学团队。在梯队建设、课程建设、教材建设、科学研究等方面都取得了突出的成绩。

1.3 一套体系——特色鲜明的课程体系

就本科专业的课程体系而言，30 年来，经过不断探索，在培养模式、课程体系、质量评估与管理体系、精品教材与精品课程建设等方面都建立起了厚实的基础。我们强调学科定位准确，即应用型与交叉型；培养目标明确，即师资或储备师资等；知识能力结构合理，即综合能力、专业基础知识与专业能力的融合。在不断努力下，我校对外汉语专业于 2007、2008 年先后被批准为教育部和北京市特色专业建设点，而北语也于 2011 年被确定为教育部特色学科建设支持学校。

1.4 一个基地——全国最大的实习基地

我校是一所国际型大学，汉语学院、汉语速成学院、汉语进修学院每年招收留学生都在 5000 人次以上。规模大，层次多，既有学历教育，又有非学历教育，为中国学生的教学实践活动提供了最优质的环境。我们在教学实习方面实行导师制，每位学生都配有一位指导教师，使学生在教学实习期间能够得到精心指点，迅速提高其教学水平。

二 汉语国际教育 / 对外汉语本科专业建设的反思

根据我们对全国普通高校教育情况的深入调研，结合 2010 年全国高校对外汉语专业建设研讨会上达成的共识，以及更名后的汉语国际教育专业建设的方向和需要，我们认为，目前高校汉语国际教育本科专业存在的问题和不足主要体现在以下七个方面。

第一，对外汉语专业具有应用型和交叉型的特点，涉及语言学、教育学、文学文化等多个领域，对教师团队成员的知识和能力具有特殊的、严格的要求。在师资方面，目前对外汉语本科专业任课教师以讲师、副教授为主，学科专业以语言类和文学类为主，能够将汉语第二语言教学的理论与实践密切结合的高层次人才严重不足。

第二，专业归属不明，培养规格不统一，人才培养模式和教学模式单一化，特色不够鲜明，有的对培养模式的理解尚不到位，出现了以课程设置代替培养模式的情况，不能完全适应汉语国际教育的新形势和学习者的多元化需求。

第三，课程结构不够合理，课程不够规范，各类课程所占比例不够明晰。专业必修课、专业选修课和外语课程所占的比例均呈现分散态势，专业必修课所占比例极不均衡（比如最低的为 8.58%，最高达 85%）。

第四，精品课程与教材方面，虽然近半数的高校在对外汉语专业中有精品课程，但大多为校级精品课程，省市级和国家级精品课程极为罕见。对外汉语专业有精品教材的目前仅有 7 所高校，占我们所调研的 56 所高校的 12.5%。

第五，教学实践方面，学生实习基地缺乏或不太稳定，实践技能培养不够，理论与实践相脱离等问题突出，实践课程的开设尚无明确标准。在“课外实践 / 实习”累计学分数上，各高校差异很大，有的高校不计学分，部分高校累计 4—8 学分，还有的甚至高达 30、31 甚至 36 学分。

第六，教学管理方面，大部分学校建立了一系列的教学管理规章制度，但总体来看管理体系建设还不太均衡，有的学校还没有系统的教学管理体系。

第七，就业“出口”存在瓶颈制约。对外汉语专业本科毕业生难以直接从事汉语第二语言教学工作，尤其是在海内外相关机构从事教学工作，基本上不能直接进入大学任教。这就极大地制约了汉语国际教育事业的发展。

三　北语汉语国际教育本科专业在新形势下的发展建设思路

为了更好地服务于国家战略发展需要，我们确定汉语国际教育本科专业总的建设思路是：探索更名后的汉语国际教育专业的人才培养方案，进一步优化师资队伍，打造一支结构和梯队分布更为合理、勇于进行教学改革与创新、讲究科研诚信、具有强烈使命感和责任感的教学团队；优化人才培养模式和课程体系，强化实践性教学环节，突出专业特色，培养适应汉语国际教育工作和中外文化交流工作需要的专门人才，并逐渐过渡到主要为这一领域输送高层次的、优质教学和研究人才的培养基地，把我校汉语国际教育专业建设成为国家汉语国际教育领域各层次教学研究人才的培养基地和示范基地。在此我们重点从以下五个方面阐述我们的建设思路以及相关实践。

3.1　关于师资团队建设

着重从以下两个方面开展建设。

3.1.1　把汉语国际教育专业师资团队打造成一支高水平、可持续发展而又特色鲜明的团队

3.1.1.1　以学院师资力量为基础，建设一支教学、科研与师德三过硬的院级核心团队

① 教师结构（包括学历、职称、年龄、学科分布）和梯队建设情况分析

汉语国际教育专业师资团队除了文学文化类将近 30 名教师外，具有语言学、教育学、心理学等学科背景的教师有 20 人，具有高职称、高学历的特点。职称方面，有教授 8 人，副教授 8 人，讲师 4 人，高级职称占 80%。学历方面，85% 的教师拥有博士学位。年龄方面，50 岁以上者 7 人，40 岁以上者 5 人，30 岁以上者 8 人，年龄梯度分布合理。团队成员中，学科领域涵盖语言学与语言教学结合研究、语言习得研究、教育学和心理学研究等，涉及中国语言文学、教育学、心理学等多个学科门类。但由于新的形势和任务以及汉语国际教育专业应用型和交叉型突出的特点，对专业团队建设提出了更高、更严格的要求，比如，还应加强汉语第二语言教学研究方向的师资配备。

② 学院教学团队建设

一是通过对外汉语专业核心课程群建设培养一批骨干教师，同时结合学校教学评奖活动在骨干教师队伍中培养学校优秀教师乃至北京市教学名师。二是通过“送出去、请进来”的方式，一方面为教师创造在国内外参加进修、调研、专题研讨会的条件，一方面聘请国内外专家来开设专题讲座等，不断促进和提高团队教师的教学水平。

③ 学院科研团队建设

以国家发展战略需要和学科建设需要为着眼点，理论研究与社会服务并重，通过进一步凝练学科方向、优化科研队伍、承担重大科研项目来促进高水平、高质量成果的产出。近三年围绕汉语国际教育研究方向共承担了多项研究课题，在研的有国家社科基金青年项目、教育部社科基地重大项目、教育部人文社科青年基金项目、北京市规划办青年项目、北京市教委共建项目、国家汉办项目以及一批校级科研项目。

3.1.1.2　依托本院本校及国内外多方资源进行团队系统化建设

在本专业教学团队基础上，优化师资队伍，依托本院、本校以及国内外资源，做好院级核心团队建设、校级协作团队建设和国内外共建团队建设这三个层级的团队系统化建设，把对外汉语专业教学团队打造成为一支设置更为合理，特色更为鲜明的教学团队。在对外汉语专业课程体系建设中，依托本院、本校乃至国内外师资力量，专门为高年级学生设置了三个专题系列，目的是进一步开阔学生的学术视野，同时进一步拓展院系核心教学团队的学科领域。近 4 年来，从校内外邀请为对外汉语专业本科生开设过专题讲座的教授共计 35 位，65 人次（其中海外教授 4 位，9 人次；校外教授 9 位，17 人次；校内教授 22 位，39 人次）。今后，我们将进一步把专题系列的教学内容系统化，将师资聘请与配备特色化，从而加强协作团队建设。主要建设内容有两个方面：一是逐步完善和优化本校教授任课团队；二是逐步建立校外知名专家学者讲座团队，以拓宽对外汉语专业中国本科生的学术视野。

3.1.2　关于教学团队运行机制和激励机制建设，尤其是青年教师培养机制建设

青年教师是实现高水平教师队伍和学科梯队可持续发展的关键所在。在青年教师培养方面，目前我们拟开展如下几项工作。

3.1.2.1　关于青年教师发展的定位与指导

首先，确定团队青年教师整体培养规划。其次，启动并实施青年教师导师制度。

3.1.2.2　关于提高青年教师的教学水平和科研能力

第一，充分发挥教研室在提高青年教师的教育教学水平方面的作用。

第二，组织青年教师合作建设课程或修订、编写教材。第三，积极鼓励青年教师申报科研课题。对没有科研课题立项的青年教师，学院根据其学科发展需要设立相应课题。第四，拟定期组织“青年教师论坛 / 沙龙”，为学校各院所的青年教师搭建一个文学、教育学、史学、法学、哲学等多学科门类互动，教学、科研、管理等多层面交流的创新平台。

3.1.2.3　关于提高青年教师本科人才培养的实践能力

第一，在实施本科生导师制过程中充分发挥青年教师的作用。人文学院于 2007 年起开始实施本科生导师制，团队中的每一位教师都积极参与全员育人系统工程。在工作中能够认真处理好三种关系，即妥善处理教书与育人的关系、课内与课外的关系、一般教学与个别指导的关系。在实施本科生导师制育人体系建设中充分发挥青年教师的作用。第二，鼓励青年教师积极参与学生实践体系建设。包括校内实践、校外实践和本科生创新训练项目等。

3.2　关于课程体系改革

当前汉语国际教育的新形势迫切要求我们从发展战略、发展理念、教学体制上实现根本性的转变。就汉语国际教育本科专业人才培养而言，亟需改革人才培养模式，积极探索适应汉语国际教育人才需求和留学生学习要求的高素质、宽口径、复合型人才培养模式，逐步推出若干具有国际输出水准并能够与国际语言教学水平接轨的高效率的教学模式，努力打造一批具有典型示范意义和广泛应用价值的高水平的优秀教学项目或品牌课程，培养出面向 21 世纪汉语国际教育和文化传播、文化交流需要的具有扎实的专业基础、深厚的人文素养、宽广的国际视野，国际化的复合应用型专业人才。而以上目标的达成，需要具体落实到本专业的课程体系改革中来。

根据本专业知识和能力结构要求、国家汉办《国际汉语教师标准》（2007）以及前期对国内外该专业建设情况和教学需求的调研结果，我们将全面调整和优化对外汉语专业培养方案和课程体系，拓宽本专业学生的知识面，加强对学生各方面能力，如第二语言教学能力、对外交流的能力、跨文化交际能力等的培养，制定新的对外汉语本科专业培养方案和课程体系，形成一套为新形势下对外汉语本科专业人才培养服务的、可持续更新的、科学而又务实的最佳课程体系。经过广泛研讨，目前的基本改革思路包括：打通人文类学科专业的选修课程，其他人文类学科专业面向对外汉语专业学生开设两门特色通识课程，使对外汉语专业的学生能自主选择相关人文类学科专业，如汉语言文学、国际新闻传播学、国际政治、中国绘画、国际事务与国际关系等专业的优质课程，拓宽本专业学生的知识面，增强学生各方面的能力，尤其是对外语言文化交流的能力，从而为国家汉语国际教育和中华文化走出去的宏观战略提供更优质的人力资源。该项课程体系改革已从本科 2012 级学生开始实施。

3.3 关于进一步强化教学实践环节

3.3.1 关于教学实践模式的改革与创新

除继续完善原有的教学实习模式，即学生赴教学实践基地进行汉语课堂教学实习之外，我们还不断拓展新的教学实习模式，逐步形成多种教学实习模式并存的局面。如组织学生赴北京市的国际教育机构进行汉语教学设计、教学视频制作等；组织学生赴汉语教学单位进行长达一学期的中外学生互动式语言实践活动等。

下面着重介绍一下目前正在开展的北京高等学校教育教学改革项目《汉语国际教育专业与汉语言专业中外学生联合实习模式的创新与实践》。该项目由北语两个国家级特色专业，即中国本科汉语国际教育专业和留学生本科汉语言专业联合实施。自 2011 年开始已试点了两期，第一期实习为期 14 周，71 名中外学生参与；第二期实习为期 15 周，103 名中外学生参与；分别联合完成了两项语言调研的实践任务。项目研究的主要内容包括三个方面。（1）中外学生联合实习的过程实践。具体形式是：以初级水平的汉语第二语言学习者为研究对象，设计不同类型的语言任务，以中外学生分组调研、合作完成任务的形式（包括：汉语母语者作为辅导教师与汉语学习者同堂上课，协助学生外出采访并做课堂报告，一起编写、排练、演出话剧等）开展语言实践活动，形成报告交流，突出中外互动式、实践式、任务型教学的特点。在实习过程期间，收集中国学生实习总结报告和汉语第二语言学习者社会采访报告两类项目资料，以及汉语学习者社会采访现场、汉语学习者社会采访报告、中外学生联合实习报告会等三类影音资料。（2）中外学生联合实习模式的建构。内容包括：实习模式的内涵、实施方式与具体程序、组织管理与监督机制、评估机制等，以期对其他同类实习模式起到示范作用。（3）中外学生联合实习模式的效果评估。评估拟采用质性访谈、追踪调查、规模化问卷调查以及量化的统计分析方法，形成性评价（全过程评价）与结果性评价（最终评价）相结合，观察、描写汉语学习者在语言等其他方面的实际变化，评估创新实习模式的实际效果，分析其中存在的问题。项目特色主要有两点，一是在多次实践的基础上，将创新并建构汉语国际教育专业与汉语言专业中外学生联合实习模式，重点体现“实践突出、中外融通、任务互动、协同创新”的特点。二是将运用多元方法对实习模式的效果进行评估，并注重形成性评价（全过程评价）与结果性评价（最终评价）的结合。从目前试点效果来看，有效提高了中外学生语言与文化交流的能力，推进了中外学生广泛和深层次的语言和文化交流，并彰显了北语教育国际化特色。2013 年 5 月我们使用六度量表的方式对 800 余名不同水平的汉语学习者进行了调查，调查内容包括学生目前的语言交流、社会接触程度，以及在以上两个方面的意愿强度。研究结果表明，不同水平的学习者都具有强烈的愿望，希望能有更多的语言交流，期望能认识更多的中国朋友、进一步了解中国社会。2013 年 3 月到 7 月，我们以初级水平的汉语学习者作为研究对象进行了实验研究，实验组的学习者与其他学院汉语母语者同班上课并开展活动，控制组的学习者维持传统教学，没有安排与汉语母语者的接触。数据统计结果进一步证明了教学改革的成果，与汉语母语者的融通对学习者的语言水平具有显著的影响，实验组的学习者在语用的得体程度上明显优于控制组的学习者。

3.3.2　积极推动，稳步开展大学生创新、创业训练项目

结合我校办学特色，我们根据人才培养方案中对实践教学的要求，立足专业特点，将专业学习实践与社会服务、文化传播相结合，鼓励学生针对社会热点问题和研究兴趣确定课题，稳步开展大学生创新、创业训练项目。其中，大学生创新训练项目是本科生团队在导师指导下，自主完成创

新性研究项目设计、研究条件准备和项目实施、研究报告撰写、成果（学术）交流等工作，可以结合某一门课程，也可结合专业学习的某一方面的内容展开。团队中每个学生在项目实施过程中扮演一个或多个具体的角色，比如编制研究计划书、开展可行性研究、参加专业实践、撰写实践报告等工作。这些项目的开展，使学生能够切实参与到与专业相关的实践、实习活动中来，并尽量与就业方向保持一致。

从2012年起，我们每年开展20项左右的大学生创新训练项目和3项大学生创业训练项目，后者全部与实践实习关联。比如2011级同学有三个项目被确立为国家级大学生创新训练项目，即《汉语母语者与非母语者对歧义“N1+N2”复合词的理解倾向及其对比研究》《汉语偏正式复合词词义与语素义的关系及其在对外汉语词汇教学中的应用》《汉语二语学习者应答类话语标记语使用偏误分析及教学策略研究》。其他如《英语母语学习者“有”字句习得顺序研究》《中美小学语文课程标准及课程设置调查研究》《基于语料库的留学生状中结构中心语省略现象研究》等也都很有特色。此外我们还鼓励指导同学们积极参与首都大学生“挑战杯”竞赛，比如2012级同学的《北京地铁站名英译现状及改进对策——基于对在京非汉语母语背景人士的调查》在第七届“挑战杯”首都大学生课外学术科技作品竞赛中获得一等奖。其他如《这不只是一个村庄——江苏省沭阳县官墩乡万山村实地调查报告》《失独家庭精神困境救助机制的政策研究》等获得三等奖。同学们在做课题的过程中不仅受到了严格的学术训练，同时也提升了使命感和责任感。

3.4 专业资源库建设

建设汉语国际教育专业资源库，为专业可持续发展和学科建设奠定良好的基础。具体包括以下三类建设内容。

3.4.1 汉语国际教育 / 对外汉语专业学士学位论文信息库建设

该信息库将建设成开放型数据库，准确翔实地整理并登录历届对外汉语专业学士学位论文的各类信息，包括：序号、年级、姓名、性别、学号、专业、导师、学位论文题目、关键词、论文成绩、备注等。

3.4.2　汉语国际教育 / 对外汉语专业学士学位论文选题库建设

选题库将按研究领域分为汉语言本体研究、汉外对比研究、跨文化研究、对外汉语教学研究、语言习得研究等 5 个主题，分门别类地对历届对外汉语专业学士学位论文进行归类整理。

3.4.3　汉语国际教育 / 对外汉语专业学士学位论文的总体与分专题调查研究

对本专业学士学位论文进行总体与分专题调查研究，并形成汉语国际教育专业学士学位论文的调查分析报告。

3.5　教育管理制度建设

我们将以激励为核心价值来制定教学管理规章制度的改革方案。拟以校级重大教育教学改革项目《人文学院本科人才培养模式改革研究》为龙头，具体在以下几个方面加强教学管理规章制度的建设:（1）与提高教学质量相关的规章制度建设;（2）与加强教学过程细节规范化相关的规章制度建设;（3）与强化教学秩序监管和奖励相关的规章制度的建设;（4）与加强学生管理、教学实习实践等工作相关的规章制度建设等。

除以上专业建设内容之外，还将建设一批具有系统特点的对外汉语专业精品课程、核心课程，同时研发一批适用于核心课程教学、汉语教师培训的优质教材。

总之，北京语言大学汉语国际教育专业作为教育部特色专业建设点和国家级教学团队承建点，积累了丰富的人才培养经验，对于新形势下人才培养的创新和改革肩负着义不容辞的责任。我们将在科学调研和系统提炼已有建设成果的基础上，同兄弟院校一起积极探索适应汉语国际教育和中华文化走出去的专业人才培养目标，从而更好地服务于国家发展战略，并为学科发展做出积极的贡献。

深化专业改革，培养卓越人才：来自华东师范大学的报告*

华东师范大学　吴勇毅

摘要　2012 年，“对外汉语”本科专业更名为“汉语国际教育”。以此为契机，华东师范大学对外汉语学院向学校提出了“对外汉语 / 汉语国际教育专业综合改革试点项目”的建设方案，开始了新一轮的专业改革。本文介绍了此次专业改革的建设目标和内容，提出了培养观念的改变，一定要把人才培养与学生的职业发展结合起来，努力打造各种实践平台，切实提高学生的实践能力和创新能力。

关键词　汉语国际教育　本科专业改革　卓越人才培养

---

* 本文已发表于《对外汉语研究》第 11 期（上海师范大学《对外汉语研究》编委会，北京：商务印书馆，2014）。该研究得到华东师范大学对外汉语 / 汉语国际教育专业综合改革试点项目、校科研改革试点项目的支持。

随着国际汉语教育事业的不断发展，随着世界各国对汉语教学需求的不断增长，随着地球村多元文化的不断相互了解、交流和交融，以往的专业建设需要改革，以适应新形势对人才培养的要求，并以此获得专业的进一步拓展和发展空间。2012 年，华东师范大学（以下简称“华东师大”）对外汉语学院向学校提出了“对外汉语 / 汉语国际教育专业综合改革试点项目”的建设方案，开始了新一轮的专业改革[1]。

一　建设目标和内容

专业建设的核心是人才培养，而人才培养又要紧密围绕着大学的精神和办学理念以及服务于国家和社会的宗旨。著名教育家、教育学家，华东师大第一任校长孟宪承（1951 年任）在 20 世纪 30 年代就对大学精神、大学理想做过精辟论述。他指出，“大学的理想，实在就含孕着人们关于文化和社会的最高的理想”，它包括“智慧的创获”“品性的陶熔”“民族和社会的发展”三个基本要素。这可以使我们联想到今天人们常说的大学的责任，即人才培养、科学研究、服务社会与文化的传承和创新。我们学校现任党委书记、哲学家童世骏教授用三个英文词来概括，即“Creativity，Character，Community”。

华东师大的上一任校长、现任上海纽约大学校长俞立中教授，把学校的发展战略（development strategies）概括为“三个 I”：Innovation（创新），Inter-discipline（学科交叉），Internationalization（国际化）。这些可以视为我们专业改革的背景、理念和方向。

我们这次专业改革的目的就是要根据学校的办学理念和发展战略，进一步夯实学生的专业基础知识，强化其实践能力，提高他们的创新意识和创新能力，努力培养卓越人才。

具体来说，就是根据我们自己所设定的人才培养目标，即“双语、双

[1] 据教育部相关部门在此次会议中披露，目前全国在教育部正式注册对外汉语 / 汉语国际教育本科专业的高校已经由 2010 年的 285 个发展到 2013 年的 342 个，在校生达到 63933 人。

文化、双能力”(后者是最近两年新加入的)提出建设目标：以此次综合改革为抓手，通过自主设计建设方案，推进培养模式、教学团队、课程教材、教学方式、教学管理等专业发展重要环节的综合改革，促进人才培养水平的整体提升，形成教育观念先进、改革成效显著、特色更加鲜明的专业点，希望能走在全国各兄弟院校同类专业建设的前列，当个尖兵。具体建设内容包括：(1)教学团队建设；(2)课程与教学资源建设；(3)教学方式方法改革；(4)强化实践教学环节；(5)教学管理改革。所取得的一些成绩和一些做法将在项目结项时集中展示。

二　把人才培养与学生的职业发展结合起来

在2010年的“全国高校对外汉语专业建设研讨会”上，我曾报告过我们的一个培养模式，叫作“汉语种子教师‘直通车’培养模式”，那是介绍我们学院跟美国纽约大学合作培养国际汉语教师的一个项目。(吴勇毅，2011)2012年，在“首届汉语国际传播学术研讨会”上我有一个关于“学生职业发展与国际汉语教育的人才培养”的报告(吴勇毅，2012)，其中提出，在人才培养的观念上我们一定要转变，这包括：(1)从专业对口到宽口径的转变；(2)从面向国内到面向世界的转变。今天我们要强调的是第三个转变，就是从纯知识传授到知识与实践能力相结合，尤其注重实践能力(包括我们新加入的“公共外交能力”)培养的转变。并且在这个过程中，一定要把人才的培养与学生未来的职业发展统一起来考虑，为他们未来的职业发展铺好路，不能只管招进来，而不顾学生的就业和未来的职业发展。

每一个观念的转变，都会有相应的成果出现，当然这也要依赖于相关措施的配套和专业改革、专业建设的深入。我这里只举一个例子，也许是许多老师感兴趣的，就是就业问题。我们学院已经连续多年被评为“华东师范大学学生就业和职业发展教育工作先进集体”(全校每年评出5个单位)(俗称“就业奖”)，2013年我们学院更是取得了全校评比总分第二的好成绩。这不单纯是一个就业率的问题(学院本科生、研究生的就业率是双百），还有就业质量这个重要因素。比如，2013年，学院共有85名本科生毕业，其中有29.4%（25人）的毕业生去国外、境外的高水平大学读研。这些学校包括：美国的宾夕法尼亚大学、哥伦比亚大学、纽约大学、威斯康辛麦迪逊大学（University of Wisconsin-Madison）、印地安那大学、爱荷华大学、Loyola Marymount University；英国的爱丁堡大学、利兹大学、杜伦大学（Durham University）、兰卡斯特大学（Lancaster University）；澳大利亚的悉尼大学、昆士兰大学；中国的香港科技大学、香港大学、香港中文大学、香港城市大学。近三年学院本科生学生进入的大学还有：美国的哈佛大学、斯坦福大学、加州大学洛杉矶分校、蒙特雷国际研究院、波士顿大学、迈阿密大学、俄勒冈大学、卡内基麦隆大学、德州农工大学；加拿大的不列颠哥伦比亚大学、温莎大学；英国的伦敦大学、曼切斯特大学、纽卡斯尔大学、华威大学、罗浮堡大学、谢菲尔德大学；新加坡南洋理工大学；日本东京大学；中国的香港理工大学、香港浸会大学等。

这有三方面的意义：一是体现了我们的办学质量。我们自己有一个非常简单的衡量标准，你的专业办学质量好不好，其中一条就是看世界上这些好的学校要不要你的学生去继续深造。如果它们愿意接受，至少说明对我们的学生水平和办学质量是认可的；二是符合学校的国际化战略；三是为本科生进一步从事与国际汉语教育相关的教学与研究工作，为他们的职业发展打通了道路，人才培养从服务国内到面向世界。纽约大学跟我们的合作项目到期了，我们又开拓了其他的合作项目（比如2012年的新加坡项目等）。

以上数字（29.4%）加上国内读研的16.5%（14人），再加上在学校和教育机构从业的24.7%（21人），总比率达到了70.6%（25+14+21=60人）。这个数字和比例大致可以回答本科毕业生到底有多少人还从事或将会从事与我们专业相关的工作。余下的29.4%（25人）的毕业生去了银行（包括四大会计事务所）、公司和企事业单位工作，这就是我们所说的宽口径。而其能够被录用的核心的支撑能力（除了本专业的厚实基础以外）首先是外语（近三年我们学院本科生英语专业8级考试的通过率为96%、86%和97%），其次是丰富扎实的实习经历。

三　打造各种实践平台，拓展学生国际视野

按照既定的培养目标，以及对学生实践能力的强调，我们努力打造三种类型的实践基地：（1）国内的国际学校实习基地；（2）国外的国际教育项目实习基地；（3）上海国际电影节、电视节实习基地。前两者以培养学生国际汉语教育能力为目标，后者以培养学生中外文化交流能力为目标。

第一类基地我们以上海美国学校为例。对外汉语学院在美国学校管理方的支持和协助下，在美国学校设立了汉语教学实习基地。每年经过美方教学管理人员和带教老师的严格面试选拔，通常有 12 名三年级学生在第三学年第二学期参加教学实习。上海美国学校为学生提供了近距离地接触、观察、了解国外先进教学理念和教学模式，并亲身实践的平台。同时，我们的学生也为美国学校的后备教学力量提供了新鲜血液，还为美国学校更好地融入中国社会打开了一扇窗口。

第二类基地我们以美国俄勒冈大学为例。对外汉语学院与该校第二语言研究中心（Center for Applied Second Language Studies）达成协议，由我们学院学生申请参加该中心为期一个学期的国际教育项目实习。比如 2011 年 9 月 1 日至 2012 年 1 月 20 日，学院有 9 位同学参加这个项目的实习。下面我们从两个方面来对该项目进行简单介绍。

3.1　在校实习

9 名学生分别被安排在八所当地的小学实习，这八所小学代表了美国教育制度下的不同类别的学校：教会学校、普通公立学校、特色公立学校（charter school）以及蒙特梭利（Montessori）学校。他们除了在分配的学校实习以外，还有机会参观其他类型的学校。

每一个同学有一个指导教师，他们在指导老师的指导下，每周在学校实习 4 天半。虽然每所学校对学生的要求不同，总体上说实习大概分为三个阶段：一、适应熟悉环境阶段。这个阶段大概历时三到四周，学生熟悉语言、地理、人文环境，为下一个阶段做好准备工作，一般他们的指导教师在此阶段会要求他们听课、做笔记、记住学校的作息制度、学生的姓名以及课程安排等。二、实习阶段。学生开始参与教学工作，例如帮助老师

准备上课材料、主持小组讨论、一对一帮助后进学生的数学或阅读，最后独自上一些中国语言文化课程，或者数学、阅读等课程。这个阶段历时三个月左右。三、总结评估阶段。最后三到四周学生开始对实习进行反思，总结所学到的教学法和实习心得。

这 9 位同学都出色地完成了实习任务，得到了实习学校老师家长的高度赞扬。八所学校都纷纷申请在下一个学年度再次接收华东师范大学来的学生。这些同学因地制宜，根据每所学校的不同情况，设计了他们的教学大纲，自己开发了适合本地情况的教学材料。俄勒冈大学在其撰写的实习总结报告中表示，“俄勒冈大学所在地 Eugene 华人不多，有很多学校的孩子从来没有和中国人接触过，华师大同学们的努力为传播中国语言文化做出了很大贡献，这也要感谢华东师范大学对外汉语学院为我们输送了那么优秀的人才”。

3.2 专业课程

学生除了每周在学校实习 4 天半以外，还必须在俄勒冈大学选修两门课（6 个学分）：比较教育学和语言教学法。授课形式包括：教师或特约专家讲课、学生演示以及讨论等。所讨论的论题涵盖了文化、教育、教学法、语言学等各个领域，学生把课上所学的理论知识与在校实习的实践相结合，最后完成一份论文，论文的要求是通过需求分析为当地的学校设计一个教学大纲，大纲必须包括：教学目标、对象、教材、具体实施计划以及 10 个教案，最后要加上总结反思。

类似这种成功的项目已经由学院开发拓展到了全校。按照学校国际化战略的要求，希望本科生在四年的学习期间能够有一次出国实践 / 实习的机会。目前学院已经能够达到的比率是 20% 多，虽在学校领先，但离目标尚远，还需努力。

第三类基地是上海国际电影节、电视节（俗称“两节”）。这是我们和上海文广集团打造的基地。我们的学生要承担影片翻译，国际评委、来宾和媒体记者的注册、接待或翻译工作。通过实践，学生对国际大型文化活动的运作有了深入了解，实践与创新能力、责任意识和跨文化沟通协调能力得到了全面提高，而学生的专业素养和工作业绩也多次得到上海市文广集团的表彰。

这些实践平台有些我们已经建立了很久，有些刚打造起来，还有些正在策划中，我们想通过这次的专业综合改革把已有平台的基础打造得更厚实一些，再拓展一些新的平台，使更多的学生能到国外实习，拓展他们的国际视野，朝着卓越人才培养的方向努力。

参考文献

吴勇毅（2011）汉语种子教师“直通车”培养模式，《国际汉语教育》第1辑，北京：外语教学与研究出版社。

吴勇毅（2012）学生职业发展与国际汉语教育的人才培养——以华东师范大学为例，《国际汉语教育》第2辑，北京：外语教学与研究出版社。

对外汉语专业的性质与发展途径*

烟台大学　黄　河

摘要　对外汉语专业的发展举步维艰，困难重重，最根本的原因还在于我们认识上存在误区。对外汉语不仅仅是国家和民族的一项崇高事业，更应该打造成为一种职业，只有职业化才能使对外汉语专业真正走上可持续发展的道路。为此必须转变观念，通过国家层面上的有效调控，为对外汉语专业职业化建设创造必要的条件。

关键词　对外汉语专业　专业性质　职业化　就业信息平台

* 本研究得到烟台大学人文社会科学研究项目“对外汉语的专业定位与发展趋向”的资助。项目编号：GJ08H38。

对外汉语专业自创立到现在已经历了三十多年的发展历程，然而由于认识上的误区，致使该专业的发展走了很大一段弯路，至今依然举步维艰，困难重重。我们认为，要解决对外汉语专业的发展问题，关键在于转变观念，纠正认识上的误区。本文试从论证对外汉语专业的性质入手，从宏观的角度来探讨对外汉语专业可持续发展的途径。

一　对外汉语专业的性质

对外汉语专业创立于20世纪80年代中期，设立该专业的初衷主要是为了应对国家改革开放后对外汉语教学师资和中外文化交流人才的紧缺问题。作为国家教育部设控专业，第一批取得对外汉语专业招生资格的仅有当时的北京语言学院（即北京语言大学）、华东师范大学、北京外国语学院、上海外国语学院四所高校。

就对外汉语专业的性质而言，长期以来人们一直存在这样一个误区，即把对外汉语专业等同于对外汉语教学专业，然而实际上对外汉语是一个宽口径的涉外语言类专业。国家教育部高教司1998年12月颁布的《普通高等学校本科专业目录和专业介绍》清楚地说明了这一点。在“业务培养目标”一栏，该文件是这样界定对外汉语专业的：

“本专业注重汉英（或另一种外语或少数民族语言，则以下有关用语作相应调整）双语教学，培养具有较扎实的汉语和英语基础，对中国文学、中华文化及中外文化交往有较全面了解，有进一步培养潜能的高层次对外汉语专门人才；以及能在国内外有关部门、各类学校、新闻出版、文化管理和企事业单位从事对外汉语教学及中外文化交流相关工作的实践型语言学高级人才。”

依据这个界定，对外汉语专业的培养目标主要有两个方向：一类是研究型的，即“有进一步培养潜能的高层次对外汉语专门人才”；另一类则是应用型的，即“能在国内外有关部门、各类学校、新闻出版、文化管理和企事业单位从事对外汉语教学及中外文化交流相关工作的实践型语言学高级人才”。“对外汉语教学专业”培养的仅仅是“实践型语言学高级人才”

这一种类型，并非对外汉语专业培养目标的全部。

从对外汉语专业的就业情况来看，该专业在设立之初确实有不少毕业生选择了对外汉语教学方向，主要是在国内高校从事留学生汉语教学工作。然而到了20世纪90年代，随着国内高校师资层次的研究生化，对外汉语专业本科毕业生到高校工作遭遇极大的挑战。以最早设立该专业的北京语言大学为例，对外汉语专业毕业后从事对外汉语教学工作的学生比例从原来的80%多骤然下降到5%以下，毕业生的流向除了考研和出国深造之外，大多数是到政府机构、新闻出版、企事业单位从事语言文化交流工作，仅有个别人到中小学或私人培训机构从事教育工作。如果把对外汉语专业的性质仅仅局限于对外汉语教学，对外汉语专业可能是目前国内缺乏对口就业渠道的最困难的普通本科专业之一。由此可见，无论是国家教育部对该专业的定位，还是从多年的办学实践上来看，都不支持把对外汉语专业等同于对外汉语教学专业的说法，对外汉语专业实际上是一个就业范围比较宽泛的涉外语言类专业。在专业性质的归属上，国家教育部颁布的本科专业目录把对外汉语划入“文学”类，学生毕业时颁发“文学学士”证书，跟“教育”类无关。

在专业培养要求上，对外汉语专业也有着明显的复合型特点。国家教育部的《普通高等学校本科专业目录和专业介绍》是这样界定对外汉语专业的：

业务培养要求：本专业学生主要学习语言学和第二语言教育的基本理论，掌握扎实的汉语言文学基本理论和知识，受到中国文学、比较文学、英语语言文学、中西比较文化等方面的基本训练，熟练地掌握英语，具有从事语言或文化研究的基本能力。

毕业生应获得以下几方面的知识和能力：

1. 掌握汉语言文学学科的基本理论和基本知识，对有关的社会科学、人文科学与自然科学有一定的了解；

2. 掌握对外汉语教学的基本理论与方法，能进行课堂与教学；

3. 具有相应的社会调查研究能力、一定的创造性思维能力和初步从事科学研究的能力；

4. 有较全面的英语听、说、读、写、译的能力；

5. 了解对外交往的有关方针、政策和法规，具有一定的外事活动能力；

6. 了解本学科的理论前沿、应用前景与发展动态。

从上述业务培养要求可以看到，对外汉语专业最大的特点就是要求中文和外语双强，学生在四年的学习中既要掌握扎实的汉语言文学基本理论和知识，同时要熟练掌握外语，具备较全面的听、说、读、写、译的能力。除此之外，还要掌握语言学和第二语言教育的基本理论，受到比较文学、中西比较文化等方面的基本训练，具有从事语言或文化研究的基本能力、课堂教学能力、相应的社会调查研究能力以及一定的外事活动能力。在四年学习期间要掌握如此多方面的知识，具备多方面的能力，这对于普通本科生来说是难以做到的。正确的理解应该是学生在学好中文和外语的基础上，根据不同的就业方向而有所侧重，而这些正是复合类专业的特点。现在大学本科教育强调宽口径，重基础，从这一点来看，对外汉语专业确实走在了前面。

二　对外汉语专业发展的现状

自从 20 世纪末开始出现世界范围内的“汉语热”之后，国家就逐步放开了高校开设对外汉语专业的限制。由于有理论上的海外对外汉语师资的巨大需求，又有学生毕业后可以到国外就业的光环，对外汉语专业一时就成为了国内各高校争相开设的热门专业。不仅基础较好的综合性大学和师范类院校纷纷开设了对外汉语专业，就连基础较差的工科院校乃至某些独立学院也相继开设了对外汉语专业。国内开办该专业的高校数量也由 2000 年的 16 所猛增至 2010 年的 285 所，在校学生人数达 38000 余人。

对外汉语专业在国内高校的快速扩张带来了一系列的问题，主要表现在以下几个方面。

2.1　招生规模失控

由于开设对外汉语专业门槛比较低，在国内高校竞相开设对外汉语专业的情况下，招生规模快速膨胀，最终导致开设对外汉语专业的高校迅速铺开，办学质量难以控制。另一方面，由于对外汉语专业对学生的语言学习与训练有着特殊的要求，学生适合小班上课，招生规模不宜过大。然而纵观国内各高校的招生情况，招生规模在三十人以下的高校很少，大部分高校的招生规模都在百人左右，有的甚至多达二三百人。如此大的规模，如何保证教学质量，的确是一个难题。

2.2 师资力量难以为继

作为涉外性质的语言类专业，对外汉语专业对语言学、文学、文化、教育学、外语等方面的师资有着特殊的要求。但是由于快速扩张的缘故，目前国内高校的对外汉语师资大多是从中文专业转行执教的，师资力量无论在数量还是在质量上，都无法满足实际教学的需要。

2.3 专业人才培养方案标准缺失

作为一个宽口径的涉外语言类专业，对外汉语专业人才培养方案需兼顾不同就业方向的要求，但是究竟需要开设多少专业基础课程、多少核心课程，外语课与专业课应如何兼顾，多少比例才合适，实践类课程应如何开设，多少比例合适，等等，至今没有一个统一的标准。各高校都是依据自身的条件来确定自己的专业人才培养方案，条件好一点的，开设的课程相对多一些；条件差一点的，只能保证开设最基本的专业课程；有的甚至连最基本的专业课程也开不全，其教学质量难免不受影响。

2.4 实践教学环节难以保证

对外汉语专业强调实践能力的培养，特别是对外汉语教学实践能力的训练。然而由于外国留学生分布的限制，除了国内几所重点高校之外，很多高校没有自己专门的对外汉语教学实习基地。学生学习仅限于书本知识，对外汉语实践教学难以落实，学生的实践能力无从培养。实践教学和毕业实习往往流于形式，毕业生的实际能力与培养目标的要求之间有着相当大的差距。

2.5 毕业生缺乏对口的就业渠道

由于政策方面的缺失，在国内的许多省市，对外汉语专业至今仍被排斥在招考公务员的范围之外。另一方面，对外汉语教学作为对外汉语专业就业的一个重要方向，在国内高校提高门槛对其关闭大门后，国外就业同样缺乏相应的渠道。由于信息不畅，再加上签证的限制，对外汉语专业并不能直接为汉语国际推广输送专门人才。2004 年国家汉办正式启动了“国际汉语教师中国志愿者项目”，部分本科毕业生可以通过参加选拔赴海外从事汉语教学。然而由于志愿者只是一项临时性的工作，服务一年（可申请续约，但原则上不超过三年）回国后，仍然面临重新找工作的窘境。社会对对外汉语专业前景的过高期待与毕业生就业遭遇重重困难之间形成了巨大的反差，这就不能不让人们重新来审视这个专业的发展前景。

三 对外汉语专业可持续发展的途径

通过以上分析可以看到，近年来的快速扩张给对外汉语专业的建设带来了一系列的问题，这些问题如果得不到妥善解决，将会影响对外汉语专业的正常发展。因此，必须下大力气改变对外汉语专业的生存状态，从宏观调控入手，重点解决好下列问题。

3.1 从实际出发，切实控制对外汉语专业的发展规模

近年来由于国内媒体对“汉语热”的片面报道，常常给人造成一种国外汉语教师奇缺，对外汉语专业需要大力发展的印象。然而实际上真正的“汉语热”仅限于韩国、日本及东南亚的个别国家，而在西欧、北美，汉语的国际地位并非人们想象的那样高，学习汉语的大多是当地的华人华侨子女，汉语作为外语教学刚刚开始在中小学启动，而且是作为第二或第三外语来学习。全球有几千万人在学习汉语，汉语教师缺口达上百万，这仅仅是一个理论上的数字，汉语教师的短缺并不是泛泛意义上的师资不足，而是“合格”师资的奇缺。国家汉办自 2004 年就正式启动了“国际汉语教师中国志愿者项目”，但截至 2010 年底，7 年间全国选拔赴海外从事汉语

教学的志愿者人数不过区区万余人。而目前国内高校对外汉语专业的在校人数达 38000 余人，远远超出了国家实际外派汉语教师的数量。面对学生就业困难的严峻形势，对外汉语专业不能再任其无序发展。国家应在充分调研的基础上制定科学的专业发展规划，严格审批高校办学资质，进行有效的宏观调控，把对外汉语专业引导到正确的发展轨道上来。

3.2 国家应给予对外汉语专业一定政策上的扶持

既然把汉语国际推广作为国家和民族的一项崇高的事业来看待，作为与汉语国际推广直接相关的对外汉语专业，应该得到国家在政策方面一定的扶持。首先应当给对外汉语专业同等的国民待遇，譬如允许对外汉语专业的毕业生跟其他专业的毕业生一样参加公务员考试，比照师范类专业，给已修过教育学和教育心理学并通过教育实习的毕业生颁发教师资格证书，等等。其次，选拔海外汉语教师应逐步向专业化过渡，对外汉语专业本科毕业生应该具有优先录用权。

3.3 对外汉语不仅仅是一项事业，更应该打造成为一种职业

对外汉语专业虽然是一个宽口径的涉外语言类专业，但是对外汉语教学无疑是该专业的一个重要发展方向，因为它不仅是国内各高校招生的亮点，而且也是汉语国际推广发展的重要基础。然而，国家现阶段仅仅是把对外汉语作为一种崇高的事业来看待，招募赴海外的汉语教师是薪酬较低的志愿者，对外汉语教学成为一种临时性的服务工作，这种就业前景渺茫的状况严重制约着对外汉语专业的发展。目前国内高校专业评估的一项重要指标就是学生的就业率，就业率过低，专业就要停办。而事实上由于过低的就业率，国内高校已经开始出现停办对外汉语专业的现象。因此，要想使对外汉语专业走上可持续发展的轨道，就应当像我国的法律、建筑等专业那样，走职业化的发展道路。国家应设立专门的从业资格考试来确定其任职资格，考试合格者颁发从业资格证书，具备从业资格证书的才可以从事对外汉语教学工作。这种职业化的管理不仅可以使学生看到明确的就业前景，也可以大大简化国家外派汉语教师的程序，同时也为个人赴海外

从事汉语教学工作铺平了道路。目前国外招募汉语教师都要求具备一定的任职资格，若是有国家颁发的从业资格证书，其权威性会远远大于目前各种培训机构颁发的汉语教学能力证书，将会为个人赴海外就业提供极大的方便。从这个意义上说，对外汉语的职业化也是与国际从业接轨的必然趋势。

此外，对外汉语的职业化建设还有利于对外汉语专业办学质量的提高和规范化。有了国家制定的从业规范，对外汉语专业就必须按照从业的要求开设相关方向的课程，从事相关能力的培养和训练，这样也就可以从根本上改变各高校仅仅从自身条件出发开设课程的局面，培养出来的学生也才能符合职业的通用标准，真正成为对外汉语的专门人才。

3.4 搭建就业平台，建立畅通的就业渠道

目前制约对外汉语专业发展的最大瓶颈就是出口不畅，高校缺乏收集国外用人信息的渠道，对外汉语专业的毕业生无法与海外需求直接对接。也有一些毕业生求诸于职业中介，但职业中介提供的就业信息不仅可靠性差，而且昂贵的中介费用也不是一般毕业生所能够承受的。解决这一问题最有效的办法，就是利用国家教育部所掌握的广泛的信息资源和信息渠道，搭建国家对外汉语就业信息平台，为毕业生海外就业牵线搭桥。作为国家教育部的相关业务部门，国家汉办在自己的网页上也提供了一些招聘海外汉语教师的信息，但数量太少，远远无法满足实际需求。因此，要建立真正意义上的就业信息平台，还需付出相当大的努力。

3.5 转变观念，培养宽口径的对外汉语专门人才

随着改革开放的深入和经济建设的发展，国家需要一大批汉语、外语水准都高的复合型人才。因此，国内高校应彻底摈弃对外汉语专业等同于对外汉语教学专业的错误观念，真正按照国家教育部培养目标的既定要求，全面培养适应社会需要的宽口径的对外汉语专门人才。这样不仅可以满足社会各个层次对涉外汉语类人才的需求，而且可扩大对外汉语专业的就业范围，从根本上改变目前毕业生就业的被动局面。

应该看到，对外汉语专业建设所面临的一切问题都是发展中出现的问题，这些问题的解决也只有通过改革发展的途径才能得以实现。而解决问题的关键在于转变观念，通过国家层面上的有效调控，使对外汉语专业走上可持续发展的道路。

根据国家教育部 2012 年 9 月新修订的《普通高等学校本科专业目录和专业介绍》要求，2013 年对外汉语本科专业统一更名为“汉语国际教育”，但专业类别仍属“文学”。更名的初衷是希望为海外汉语教学正名，但由此又带来了新的问题：一是给国内民族地区的汉语教学带来了困惑，二是附加“教育”二字却又与教育类专业无缘，这不仅进一步窄化了该专业毕业生的就业出口，也为该专业的发展增添了几分不确定性。依据这种定位，在可预期的一段时间里，该专业将面临彻底洗牌的局面，而最终结果则取决于国家的宏观政策。

参考文献

顾伟列（2010）论对外汉语专业的定位与发展，《2010 年全国高校对外汉语专业建设研讨会论文集》。

李铁范（2004）对外汉语本科专业建设几个主要问题的思考，《淮北煤炭师范学院学报（哲学社会科学版）》第 5 期。

陆俭明（2005）汉语走向世界的一些思考，《上海财经大学学报》第 1 期。

陆俭明（2006）对外汉语教学展望，《现代语文（语言研究）》第 6 期。

吕必松（1989）我国对外汉语教育事业的发展，《语言教学与研究》第 4 期。

赵金铭（2005）汉语的世界性与世界汉语教学，《汉语与对外汉语研究文录》，北京：外语教学与研究出版社。

中华人民共和国教育部高等教育司（1998）《普通高等学校本科专业目录和专业介绍》，北京：高等教育出版社。

周上之（2010）宽口径国际化实用型汉语人才培养模式，《2010 年全国高校对外汉语专业建设研讨会论文集》。

“国际理解教育”视野下的汉语国际教育

北京语言大学　李东芳

摘要　汉语国际教育需要面对两个问题：一是汉语教师的价值立场问题；二是留学生的文化适应问题和跨文化交际问题。国际理解教育的理念帮助我们坚持摒弃狭隘的民族主义，同时也摒弃潜在的文化自卑感，承认和接纳文化的多元性，承认文化之间的平等和相互影响，打破西方文明作为强势文化在思维方式和话语方面的垄断地位，也打破民族主义带来的盲目认同和保守倾向。将国际理解教育融入汉语国际教育的课程体系中，有利于培养留学生成为亲华、友华和知华人士，有利于汉语国际教育的发展。

关键词　国际理解教育　跨文化　汉语国际教育

在汉语国际教育的教学中，常常有外国学生误解中华文化，不能理解中国人的生活习俗以及中国人的思维方式，看待中国国情有失客观，以偏概全。作为汉语教师，是否应当有所为呢？或者说，作为汉语教师应该秉持何种价值立场，既不拘泥于本民族传统文化，执著民族文化精髓而变成本民族文化的辩护人，又摈弃对西方文化为主的外来文化的盲从，变成为本民族文化暗流而自卑的沉默者呢？前者的激进会让我们失去与外来文化对话的能力，后者的退缩会让我们失去传播与表达的机会。

一

众所周知，汉语教师的工作已经成为极具挑战性的职业，需要汉语教师除了基本的语言教学技能以外，还要具备跨学科的知识结构，对多种信息进行整合提取的能力，并具有面向世界，放眼未来的开放性、创新性视野和前瞻性胸怀。

以对外汉语的课堂教学为例，既要注重“技”和“艺”的作用，注重程序和步骤，同时也要注重教学过程中“灵”和“情”的作用；既要满足学生对语言知识和语言运用的认知需求，也要满足学生的学习兴趣需求和跨文化交际需求。教师的创造性和教学艺术既要围绕着教材的语法点和词汇练习，也要重视语言学教学中的人文层面，重视对中华文化和中国国情的深度理解和延展性探讨。

毋庸置疑，语言教学需要跨文化视野，它是超越于意识形态之上的价值诉求。汉语教学并非强制性地要求学习者热爱和接受汉语表层符号背后的观念和思维方式，就像英语教学也始终并不能做到这一点一样，然而不同的语言确实会对学习者的生活状态和思维方式产生微妙的影响。

老舍先生曾经在《四世同堂》里描写到，瑞宣读文言古文时，感到头脑昏昏沉沉，浑身提不起精神；而读英文时，感到活力四射，前途光明。此处可以看到教过官话的老舍先生对语言背后的“意义”层面的敏感，也就是说当你学习英语时，你学习的不但是几个表达形式，还包括马丁·路德·金的“I have a dream”的励志，是弗兰克林关于“丧失时间就是丧失生计，因而也就是丧失财富”的清教伦理。

语言是声音和意义的结合体，英国哲学家罗素一开始认为语言是一个透明的系统，一种无须给予特殊注意就能简单运用的媒介，（麦基，1987：262）但很快，包括他在内的很多人认为，语言本身并不是简单的透明物，而是富有意义的。20 世纪的语言学革命认为语言绝不是简单的物质外壳，维特根斯坦说“想象一种语言就是想象一种生活形式”，而伊格尔顿（1986：76）进一步总结说：“20 世纪的语言学革命的特征在于，承认意义不仅是某种以语言‘表达’或者‘反映’的东西：意义其实是被语言创造出来的。我们并不是先有意义或经验，然后再着手为之穿上语词；我们能够拥有意义和经验仅仅是因为我们拥有一种语言以容纳经验。而且，这就意味着，我们的作为个人的经验归根结底是社会的；因为根本不可能有私人语言这种东西，想象一种语言就是想象一种完整的社会生活。”

所以，汉语国际教育传授给学生的除了汉语的语法和词汇，还有就是汉语的思维方式，中国人的价值观和生活方式，乃至变化中的当代中国。

而初到中国的留学生常常会由于个人经验和历史及文化的原因，对中外文化差异产生误解。下面笔者结合自己工作中遇到的问题酌举几例略作说明。

情境一：综合课上，学生看了教师提供的电影《海尔》片段，对其中一段镜头表示出疑问：为何海尔公司的董事长张瑞敏在发现一批有问题的冰箱产品后，下令全部销毁而不是保留下来再加工？他认为可以理解这样做的目的是要求员工保证质量，但是不能理解为何要销毁冰箱，花费这么大的成本。

情境二：刚来华一年的外国留学生对中国有了一些了解，也敢于使用汉语交际了，常常容易转为批判和挑剔地看待中国的“毛病”：中餐太油；中国人只知道紧张地工作，没有休闲时间；服务员态度不好；食品安全有问题，等等。

情境三：某日本女生认识一个中国男生，她发短信告诉对方，自己马上要过生日了，那位中国男生马上捧着鲜花和水果来表示祝贺，这位女生却不理解，对这种友谊的表达方式“很害怕”。

情境四：一个挪威学生自述无法和中国朋友交往下去的一个原因是，彼此常常会发生误解，比如她的这位中国朋友要过生日了，邀请她参加，而她要参加一个重要的考试，就直接告诉对方，但是对方却认为是托辞，真“不够朋友”。

情境五：课间休息时，我注意到一些学生公然无视“请勿吸烟”的警示牌，在楼道里吸烟，还把烟头随意丢在地上。经了解，他们说自己在本国是不会这样的，因为有“文化的压力”，而在中国，就随意自由一些，反正只是老师批评一下。与之相关的是，有的学生说他们在中国也不排队，也随地吐痰，认为是“入乡随俗”。

情境六：我们使用的教材《中级汉语听和说》中有一篇课文是关于“朋友”的。课文中说中国有句俗话叫“在家靠父母，出门靠朋友”，朋友就是“不分彼此”。一个日本学生就有些担心，认为不分彼此，就容易麻烦朋友，比如钱的问题会影响友谊。

以上是我在《中级汉语》《经贸汉语口语》《汉语听和说》课堂上所收集到的真实案例（case）。从这些案例中，可以看出来华留学生存在普遍的文化适应问题。从事跨文化研究的学者都知道，在一种文化中长大的人到另一种文化中生活的时候，会碰到“cultural shock”（文化震惊），这是一种必有的跨文化交际中的情感体验和认知体验。就像中国人到美国或者欧洲，都有相当一段时期这种体验一样。台湾旅美作家於梨华曾经在《又见棕榈，又见棕榈》中揭示出这种离乡后无根的漂泊感，那是一种价值无所依傍的惶惑；作家查建英在《到美国去，到美国去》中也形象地描述过这种感觉：美国人所说的一切对于留学生“我”来说，都存在隔膜，“我”不能为他们的幽默和玩笑方式开怀大笑，“我”以为自己已经足够地美国化了，但其实“我”的思维方式仍然很“中国”。台湾著名作家白先勇更是在小说《纽约客》中，让那个好不容易获得美国博士学位的中国学子最终痛苦地在41层的帝国大厦一跃而下，结束这种价值观冲突的痛苦。

同样，来华外国留学生也会遇到这种“cultural shock”。他们习惯运用自己文化的思维方式和情感体验，对中国国情不了解，在和中国人交往时难免会发生误解，他们看待中国的视角常常既有“西方中心主义”的错误的身份优越感，也有以偏概全的偏激认知方式，还有为自己固有价值观的辩护。那么汉语国际教育是否可以培养留学生进行跨文化交际的文化反思能力并引导其具备客观看待中华文化和中国国情的理性思维方式？以期培养亲华、知华和友华人士呢？[1]

诚然，汉语教师没有输出价值观和改造学生思维方式的责任，我们也并不是要进行强制性的“文化同化”。但是语言教学必然会面临价值观问题，也就必然存在价值的导向问题。我们的汉语国际教育的教学中其实已经在传达着一些文化，特别是作为价值观的文化。比如很多学生从教材中了解到，中国人极为重视亲情和家庭，也很讲究“吃”，中国人喜欢委婉地表达批评，等等。那么如何看待这些中华文化的特点，培养学生成为理解中国国情和中华文化核心价值观的友华人士，应该纳入汉语国际教育的课程体系中。

二

文化差异带来的文化震惊感，是跨文化交际中必然的体验，如何引导学生面对差异，进行差异性合作和沟通？近年日渐引起教育界重视的“国际理解教育”也许可以为对外汉语教学提供一些有益的思路。

国际理解教育自1946年由联合国教科文组织提出以来，逐渐受到世界各国的重视。近年来，随着全球化的发展，国与国、地区与地区之间的联系越来越紧密，各国、各地区之间的合作日益频繁，与此同时，由于彼此在政治经济利益等方面的冲突，矛盾也不可避免地产生，甚至激化进而演

[1] http://liheming333.blog.163.com/blog/static/6548972010225431697/《国务委员刘延东与北语师生共迎新年》，“现在世界范围内的汉语热，充分反映了中国的国际地位，越来越多人希望了解中国，与中国合作，北语有自己的特点，如研究在不同语种的国家中，如何开展好汉语教学，按照语言的规律，能够适应不同国家的特点，在这方面有独特的优势。要多培养一些知华、友华、与中国友好合作的各类人才。”教育部副部长郝平在2011年全国教育工作会议上的讲话（2011年1月24日）中提出，根据教育规划纲要提出的“进一步扩大外国留学生规模”的要求，要大力发展来华留学工作。坚持“扩大规模、优化结构、规范管理、保证质量”的工作方针，全面实施“留学中国计划”，培养亲华、友华、知华的力量。

变为局部战争。在这种形势下，国际理解教育的意义越发重要。国际理解教育最初的目的是为了促进国与国之间的相互了解，（阿马杜·马赫塔尔·姆博，1985）以避免战争、维护和平。经过半个多世纪的发展，国际理解教育的目的扩展为培养人们的和平意识、人权意识、国民觉悟、对他国的理解、国际合作态度等多个要素。（钟启泉、李雁冰，1998）其中，推进对他国、他民族、他文化的理解对于促进国际合作、缓和国际冲突有重要意义，但来自不同文化背景的人在语言、思维方式、宗教信仰、价值观、生活习惯等多方面存在较大差异，这些差异阻碍人们相互间的理解。（范雷，2006）

认识差异并尝试突破差异，实现相互理解，是国际理解教育的重要任务之一。

1950年，国际理解教育曾被联合国教科文组织命名为“世界公民教育”（Education for world citizenship），1952年，国际理解教育又被命名为“世界共存教育”（Education for living in a world community）。教科文组织为此而成立了一个工作小组，提出共存教育共有八个目标：一是开展全球社会的教育，缔造一个与联合国宪章精神相一致的国家社会；第二，各成员国无论存在何种差异，都有权力和义务在国际机构中合作；第三，世界文明来自许多国家的共同贡献，所有国家之间都相互依存；第四，不同人们在生活方式、传统习惯、个性特征、存在的问题及解决问题的方法等方面有所不同，但各自都有赖以存在的理由；第五，人类在历史上、道德上、智力上和技术上的进步逐渐成为全人类的共同遗产，尽管世界仍被冲突的政治利益和紧张局势所分割，但是人们之间的相互依赖日渐明显；第六，国际组织成员国所制定的条约要各国人民积极的支持，就会发挥重大作用；第七，人们尤其是青年人在心灵上要有全球和平的责任意识；第八，发展儿童健康的社会态度，为增强国际理解与合作奠定基础。（转引自余新，2002）

这个小组还明确提出了“ASP计划”（联合国教科文联合学校计划），提出在世界各国进行国际理解教育。1974年，教科文组织又在联合国第18届会议上发表了《为国际理解，合作与和平的教育及与人权和基本自由相联系的教育之建议》，其中特别提到：在公民与道德方面，自由平等和人权，消除种族歧视，尊重别人的权力；在文化方面，理解和尊重文化差异，文明遗产，不同的生活方式和观点。

综上所述，国际理解教育是一种契合全球化时代的教育，全球化意味着多种文化的冲突与碰撞。全球化浪潮带来国际的频繁交流和合作，“全球在经济、科学、文化和政治方面的相互依赖关系正日益加深，这种关系是在自由主义贸易理论推动下出现的经济和金融边界的开放所造成的”（刘宝超，1997）。碰撞与冲突在汉语国际教育中也随处可见。比如说西方中心主义很大程度上是一些外国留学生的集体无意识，当这些受到本国主流意识形态影响的年轻学子来到中国时，很多已经戴着“有色眼镜”，不是以尊重和理解文化差异以及不同国情的态度，而是带有恶意和歧视，甚至将极少数中国人的落后生活方式当作了解中国的标杆，恶意夸大和扭曲中国形象，我认为，汉语国际教育体系对此种学习态度就必须做出回应。

再比如说，外国留学生很快就发现国人对“洋气”的尊崇，对国货的贬斥，一些中国的年轻人把洋货和西方生活方式作为时尚化的标志，对“洋”的这种盲目推崇一方面是由于一些国人对世界形势的不了解；另一方面是鸦片战争以来历史遗留下来的文化自卑感，以至于“进口”成为质优物美的代名词。一些国人要么陷入狭隘的民族主义情绪中，要么俯首盲目照搬，把西方人的思维方式和生活观念都一律奉为“宝典”效仿，这种两极式思维限制了中国在全球化时代国际交往和贸易合作中的影响力。如何引导留学生看待这种当代中国出现的社会现象？汉语国际教育体系的价值立场非常关键。

哈佛大学政治系教授亨廷顿认为，冷战后新的国际冲突模式就是“文明的冲突”，各国人民会根据文明的类型来确认自己的身份。文化作为一种生活方式和精神的存在没有高低贵贱之分，所有的文化都应该得到尊重。我们应该引导学生，尊重中外文化差异，减少偏见和歧视。

事实上，只有引导和帮助学生走出狭隘的“文化封闭”（cultural encapsulation），才能使来自不同文化背景、不同种族和不同宗教信仰、不同国家和地区的人们之间相互理解和相互宽容，消除由于国家、文化带来的心理隔阂。

以上简单介绍了一下国际理解教育的概念和缘起。至于对外汉语教学体系中如何实施和操作国际理解教育的理念，当另做探讨，此处权且抛砖引玉，粗浅地提供如下思考：

第一，对外汉语教师也许有必要进行系统完整的国际理解教育课程培训。其实，汉语国际教育中的文化传播已经提上了日程。以孔子学院为例，中国自2004年在韩国首尔建立第一所孔子学院，到2012年10月底为止，在全球五大洲90多个国家建立了322所孔子学院。孔子的学说正在经历历史上的第三次复兴。这是有史以来最大规模的由一个政府推动宣传儒家文化的行动。对此，中外学术界有两种比较流行的观点。第一种观点认为，中国要制造“文化软实力”，借以提高它在国际上的影响力和树立正面的形象。第二种观点认为，目前的中国由于改革开放以来的发展，资本主义的生活方式、物质主义和消费主义，使中国人在精神、信仰方面出现了一个真空。对于国人而言，重新整合中华文明的传统，传承中华民族优良的核心价值观，都是当务之急。而汉语国际教育教师身居中华文化传播的前沿阵地，不但要传承中华民族优良价值观，而且还要学习应对外来文化和价值观的能力，我认为，应该培训汉语教师系统地学习国际理解教育理念和跨文化技能，学习如何审慎地对待传统文化，如何反思文化和评判异己文化。

第二，研发汉语国际教育课程体系中的“国际理解教育”课程，在对外汉语教材中和课堂上，融入国际理解教育的价值立场，将语言习练、交际技能的培养、文化知识的学习和国际理解教育融为一体。

体现在汉语国际教育中，我们必须知道如何看待我们的传统，传承哪些优良的核心价值观，同时我们也应该知道如何面对价值观的差异和碰撞。我们必须坚持摒弃狭隘的民族主义，同时也摒弃潜在的文化自卑感，承认和接纳文化的多元性，承认文化之间的平等和相互影响，打破西方文明作为强势文化在思维方式和话语方面的垄断地位。

我相信，“国际理解教育”势必会给汉语国际教育带来新的视野和曙光，期待着它能够得到汉语国际教育各个学科领域专家的重视，得到各位同人的认同。

参考文献

阿尔杜·马赫塔尔·姆博（1985）《联合国教科文组织四十年》，北京：中国对外翻译出版公司。

范　雷（2006）国际理解教育的障碍，《教育学报》第3期。

亨廷顿（1998）《文明的冲突与世界秩序的重建》，北京：新华出版社。

联合国教科文组织（1996）《学会生存——教育世界的今天与明天》，北京：教育科学出版社。

刘宝超（1997）关于教育资源浪费的思考，《教育与经济》第3期。

麦　基（1987）《思想家——当代哲学的创造者们》，上海：三联书店。

雅克·德洛尔（1996）《教育——财富蕴藏其中》，北京：教育科学出版社。

伊格尔顿（1986）《二十世纪西方文学理论》，西安：陕西师范大学出版社。

余　新（2002）国际理解教育发展的研究，《外国教育研究》第8期。

钟启泉、李雁冰（1998）《课程设计基础》，济南：山东教育出版社。

汉语国际教育本科专业的困境与改革创新

首都师范大学　林秀琴

摘要　汉语国际教育本科专业作为新专业，面临着就业难、实习难、专业定位不准和发展难的问题，因此，应顺应新情况，力图改革与创新：将专业定位具体化，使专业特色更突出；根据专业定位具体化的需要，结合未来岗位需要，将“汉语国际教育”细分为“师范教育”和“文化传播”两个方向，在三四年级分方向设课；同时改革培养模式，依专业方向的不同，尝试定向培养与联合培养；此外，加强专业研究，推进专业建设，使汉语国际教育本科专业成为科学性强、与社会需求对接的应用型专业。

关键词　汉语国际教育　本科　困境　改革

一　汉语国际教育本科专业面临的问题

进入21世纪以来，对外汉语（后更名为“汉语国际教育”）本科专业日益兴旺，招生人数和招生院校呈上升趋势。据相关研究统计，2000年以前，全国只有16所高校开设“对外汉语”本科专业，但到了2011年，全国开设该专业的共有302所高校，其中既有重点院校，也有普通高校和民办院校，招生人数已达到每年1.6万人左右（蔡军艳、何英、肖文娟，2010；王振顶，2011；王玉英、杨红星，2012）。与此同时，汉语国际推广作为“国家和民族的事业”受到政府空前的重视，海外孔子学院数量迅速增长，截至2013年3月，已达410所（夏静，2013）；与之相呼应，媒体也时常发出海外汉语教师“师资荒”的信息。对外汉语专业似乎已成为国家重视、社会关注、大有前途的热门专业。

然而，事与愿违的是，这样一个看起来兴旺、热门的专业，目前却遭遇困境。由于专业设立的初衷与目前社会的发展状况不相适应，导致学生“就业难，就业本专业更难”；一些院校由于专业目标不清楚，导致培养方向、课程设置混乱，或者对专业内涵理解不清晰，造成“设专业易、发展专业难”的问题。具体表现如下：

1.1　就业难的问题

根据教育部高等教育司《普通高等学校本科专业目录和专业介绍》（以下简称“《目录和介绍》”），对外汉语专业的培养目标是“培养具有较扎实的汉语和英语基础，对中国文学、中华文化及中外文化有较全面的了解，有进一步培养潜能的高层次对外汉语专门人才”，简而言之，就是培养对外汉语教师和实践型文化交流人才。然而，目前的实际情况是，各地教师的准入门槛已经提高，即使是中学也需硕士以上学历；尽管培养目标也提到了培养“能在国内外有关部门、各类学校、新闻出版、文化管理和企事业单位从事对外汉语教学及中外文化交流相关的实践型语言学高级人才”，而现状是，这类就业岗位有其他专业和更高学历层次的竞争者，对外汉语专业的本科毕业生难有优势。因此，对外汉语专业的学生很难找到专业对口的工作。杨泉、朱瑞平（2012）的研究报告显示，2007—2009年三年里，在37—45所开设对外汉语专业院校的毕业生中，从事对外汉语教学的人数在就业总人数中分别仅占16.82%、16.27%和20.43%；而另一调查情况更加严峻，2009年5月，南京大学2005级、苏州大学2004—2005级、徐州师范大学2004—2005级的这一专业已毕业和即将毕业的5个班236名同学中，仅有苏州大学5人在苏州、无锡的培训机构从事对外汉语教学，其他学生没有从事对口工作。以上信息都不乐观。

1.2 实习难的问题

很多院校在“汉语热”推动下开设了对外汉语专业，但是并非所有院校都具备培养条件，尤其是作为应用型专业，实习是刚性需求、硬性条件，但有些院校，甚至周围地区没有或很少有留学生汉语教学，因而无法提供课堂见习、教育实习资源，造成培养环节的天然缺欠；另外，很多院校已设立“汉语国际教育硕士”专业，而且招生人数众多，硕士生在专业知识、教学能力等方面胜本科生一筹，尤其是专业硕士对教育实习的要求较高、较严，因此，他们已将可能的实习岗位占满，一般院校很难再给本科生提供参与教学、进入岗位实习的机会，这也是一个无法回避的现实问题。

1.3 专业定位不准的问题，与之相关的是课程设置不适应专业需求的问题

专业定位不准跟对外汉语专业所属院系不同相关。目前所见，在开设该专业的各院校中，对外汉语专业有的在汉语国际教育学院（各校名称不同），有的在外语学院，有的在文学院，还有的在管理学院……，这种情况导致各校对外汉语专业的定位差别较大，培养方案、课程设置也呈百花齐放之态。根据相关院校网站公布的“专业介绍”，培养目标定位主要是培养对外汉语教师、对外汉语教学单位或文化交流单位管理人员、中小学语文教师、英语教师、基础教育工作人员……且不论培养语文教师、英语教师是不是对外汉语专业的培养目标，即使一些学校确立了培养对外汉语教师的目标，开设的课程也未与之对应，有的学校因所属院系设课，依教师资源设课，不能体现对外汉语特色，他们的课程或者是国内汉语言文学本科

专业课程的“翻版”，或者与文秘专业课程区别不大，或者是“汉语+英语”的简单拼凑……比如某校对外汉语专业课程，英语言文学课占到40%，而英语课的内容与英语专业相同，包括“英语语音、英语基础写作、基础英语、英语听力、英语口语、英语视听说、英语修辞学、英语原著阅读、英语报刊阅读”等，正如研究者指出的那样，“在这个安排中，英语听力、英语口语、英语视听说这三门课程有重复之嫌；而汉语语音和汉语修辞没有开设倒是开设了英语语音和修辞，实际上是本末倒置，须知本专业是汉语教学专业不是英语教学专业。突出英语特色是正确的，但是如果把英语放在与汉语平等的地位或者是置于汉语之上都是错误的”。（熊素娟、石诗，2007）

专业定位不准，跟培养目标的多重性也有关系。如前所述，对外汉语专业主要培养各类教育机构的汉语教师，同时兼具培养“能在国内外有关部门、各类学校、新闻出版、文化管理和企事业单位从事对外汉语教学及中外文化交流相关的实践型语言学高级人才”之责，也有院校培养目标包括中小学语文教师，而培养教师人才和培养其他机构的文化交流人才在客观上专业定位并不完全相同，第二语言教师与第一语言教师的培养方式更似“外科医生与牙医的不同”，这样多重性的培养目标，反而淡化了培养主题，分散了资源配备，导致了培养目标与课程体系力图面面俱到，实际却顾此失彼，使培养效率与质量大大降低。

1.4 专业发展与建设困难的问题

专业建设与学科地位相关。应该说，对外汉语的学科地位堪忧。从国家层面看，尽管汉语国际推广被誉为“国家和民族的事业”，是国家战略的一个组成部分，但作为其重要组成部分的对外汉语专业地位却不容乐观。长期以来，对外汉语教学多被视为各学校创收的手段，对外汉语作为新兴学科的专业地位一直模糊不清，基本处于不被承认的状态，因而出现了对外汉语专业隶属不同院系的乱象，这很大程度地限制了专业的建设与发展。从学科自身角度看，本专业的很多问题还有待讨论，比如对外汉语专业的哲学基础、理论支撑、学科内涵、辅助学科是什么？对外汉语教学的本体研究需怎么样深入？需要什么样的课程体系、教师队伍？所培养的人才需要有什么样的知识结构和教学技能？等等。（陆俭明，2008）这些问题虽然是学科草创阶段必然遇到的问题，但这在一定程度上影响了人们对学科科学性的认识，也影响了专业的建设与发展。

二　新形势下汉语国际教育专业的改革与创新

汉语作为第二语言教学已从“对外汉语”进入“汉语国际教育”时代，专业概念的外延进一步拓展，范围从“教学”到“教育”，视角由“国内”到“国际”，这既是国内外汉语教学环境、需求变化的影响，也是专业在积累中自身发展的结果。名称的变化，包含了语言教学所负载的专业教育职责与文化传播意义，也是人们对专业与学科认识提升的结果。

面对新形势，很多学者对专业的性质、特点做过探讨，其中赵金铭先生（2001）这样阐述：汉语国际教育的学科性质是第二语言教学，学科框架包括本体论，即研究把汉语中的什么内容教给学习者；认识论，即研究汉语作为第二语言学习者习得汉语的过程和机制；方法论，即研究怎么把汉语教给二语学习者；工具论，即研究如何利用现代教育技术进行二语教学。学科理论基础包括语言学（心理语言学、社会语言学、人类语言学）、心理学、教育学、现代教育技术以及跨文化交际、认知科学等。

这些都要求我们力图改革与创新，对专业的培养目标、教学体系等问题进行深化与拓展，使专业走上健康、科学的可持续发展之路。

2.1　专业定位具体化，使专业特色更突出

特色是专业立足的根本。汉语国际教育专业应将“汉语”与“教育”作为第一要素、“国际”作为第二要素，由此为基点，进行专业调整，使本专业的“汉语”与“教育”主导的特色更突出、更鲜明。

“汉语国际教育”本科阶段，是为未来工作与深造打基础的教育阶段，专业格局既应高屋建瓴，又应体现针对性、实用性。所谓高屋建瓴，是借鉴国外经验，体现高等教育基础阶段的宏观性、通识性，在一二年级以夯

实知识基础为主，同时开阔学生的人文视野、国际视野、文化视野及跨文化交流意识。所谓“针对性、实用性”，是在三四年级将培养目标具体化：依照教育部对外汉语专业《目录和介绍》的要求，根据目前实际情况，将汉语国际教育专业的培养目标具体到培养适应国内外教学需要的中小学、培训学校教师和各类机构的汉语国际传播人才。相应的课程体系、实习体系也做调整。从本体论角度，突出汉语知识教学“对外”的应用性；从认识论角度，加强青少年二语习得、青少年心理学等课程的教学，实习基地应定位在中小学；从方法论角度，开设中小学汉语教学法、中小学课堂管理、青少年合作学习、微格教学、汉语国际传播等课程；从工具论角度，把现代教育技术与中小学汉语教学、汉语国际传播创意相结合，发挥青年学生的技术接受能力强的优势，强化合作学习，引导并鼓励学生在学习阶段即产出汉语教学创意、文化传播创意成果。同时，外语教学、教育实习均与具体培养方向、培养目标挂钩，在专业培养阶段把工作做到位、做扎实。

2.2 细分专业方向，改革培养模式

2.2.1 根据专业定位具体化的需要，结合未来社会岗位的需要，可以将“汉语国际教育”细分为几个专业方向，在三四年级体现培养方向与课程设置的差异性

2.2.1.1 师范教育方向

师范教育方向是培养适应海内外教学的汉语教师，这应是本专业的主体方向，开拓国内外师资岗位并适应这些社会需求培养教师人才是其未来的努力方向。

从国内情况看，目前大学、高中对外汉语教师岗位的准入门槛是博士、硕士研究生，汉语国际教育本科应以培养初中、小学和私立培训机构的对外汉语教师为主。

从国外情况看，随着汉语热的兴起，一些国家将汉语作为外语纳入国民教育体系，一些国家（如美国）已经将汉语作为先修课程，在高中即可选修，并计入大学学分，也有国家（如美国、加拿大）的一些公立学校开

设了沉浸式中文项目，还有东南亚各国，华校众多，华语教学是华校教育非常重要的一个体系，另外，很多国家的中文学校以及孔子学院都需要中文教师……这些现状，都需要从中国输出大量汉语教师，这些国外岗位成为汉语国际教育专业毕业生就业的可靠资源，未来海外师范教育可能成为一个独立的专业方向。

2.2.1.2　文化传播方向

文化传播方向是培养“能在国内外有关部门、各类学校、新闻出版、文化管理和企事业单位从事对外汉语教学及中外文化交流相关工作的实践型语言学高级人才”。这个专业方向的毕业生未来应在汉推部门（如国家汉办、各省市院校相关部门）、对外汉语教学管理部门、与汉语国际教育相关的出版部门工作。在汉语国际教育专业中，该方向应处于“为辅”地位。

关于课程设置，按照专业细分的思路，一二年级应以通选课程为主，到三四年级则分别开设不同的专业方向课，师资配备、教学方式也不相同。师范教育专业方向以职业教育为导向，突出汉语教育的专业化内容和职业训练方式，加强有针对性的教育实习；文化传播方向则基于通识教育思路，丰富文化传播理论、文化史、中外文化比较的内容，加强文化传播实践，为相关部门输送合格人才。

2.2.2　依专业方向的不同，尝试定向培养与联合培养

专业方向细分后，培养方式、训练模式、设施条件也应进行改革，可采取定向培养和联合培养方式进行操作。

2.2.2.1　定向培养

根据国内外岗位需求，可分为国内定向、国外定向两种形式，培养方式应充分考虑学校特点及地缘优势，比如汉语国际教育学院具有汉语国际教育综合培养优势，尤其具有充分的教育实习资源，可在国内外两个方向定向，以师资教育为主；外语院系有外语优势，可以定向在小语种国家汉语师资和针对相关语种国家的跨文化交流人才培养；拥有孔子学院的院校了解相关孔子学院的教学需求，可以据此定向培养；中文院系汉语言文学专业基础雄厚，可在出版、文化管理等方面定向培养。另外，地缘优势也很重要，比如新疆地区可针对中亚国家，东北地区可针对韩国、日本、俄

罗斯、蒙古国等国家，福建、云南等省区可针对东南亚国家定向培养。

2.2.2.2　联合培养

国外定向培养，情况比较复杂。众所周知，国外岗位需要的是“合格”教师。什么是“合格”？即除有应具备的教学能力外，毕业生（教师）应在教学理念、方法等方面与海外教育体系“合拍”，同时客观上符合国外教师准入条件。现在汉语国际教育专业面临的问题是，国内培养的毕业生与国外岗位需求存在“错位”现象，大部分毕业生无法胜任海外教学，另外，很多毕业生的条件不符合国外教师准入机制，比如未获取教师执照、没有工作经验、学历不够，等等，因此，国外定向培养难度较大。

解决的办法之一是尝试联合培养。据了解，一些国家中小学汉语教师需求量加大，但教师资源较少，有与中国大学合作培养师资的意向。比如美国某大学下属的孔子课堂，曾为其沉浸式中文项目在中国寻求合作伙伴，在中国学生（大学第四学年）满足课程及学分要求的情况下，可以经过对方培训后在沉浸式学校实习，以后还可以在该大学深造（读相关专业研究生），积累工作经验后可申请当地教师执照。这是一个很有建设性的信息，汉语国际教育专业可以参考相关要求开设课程，或者采取 3+1、2+2 等联合培养模式，使培养更适合海外需求，甚至为某些项目量身定做，这是未来汉语国际教育专业的一个发展方向。

2.3　加强专业研究，推进专业发展与建设

在顺应中国国家整体发展以及外部环境变化、专业格局调整的同时，也要修炼内功，即加强专业研究与建设，这是推进专业可持续发展的重要保证，也是提高学科地位的根本途径。汉语国际教育在专业建设方面应加强如下工作。

第一，进行课程体系建设，建立专业性、实用性强，同时适应国际化要求的课程体系。根据目前面临的新形势，按照国家相关标准（如《汉语国际教师标准》）研究哪些课程利于厚基础，哪些课程利于练技能；哪些课程针对国内汉语教学，哪些课程针对国外汉语教学；哪些课程是必须开设的，哪些课程是可以削减的；主干课、辅助课、汉语课、外语课、知识

课、实践课之间的内在联系与相互作用是什么？怎样达到课程的最优化设置，对人才培养起到最大的作用？这些都是建立科学严谨的课程体系需要研究的重要课题。

第二，进行教育实习体系研究，从而建立适合国内、国外教学的两种实习体系，使教育实习成为一个有科学指导、有可行计划、有清晰步骤的实践性学习过程。

第三，进行培养模式研究，同时探讨组织机构、师资配备的最优整合方式，理顺组织机构之间的关系；同时要考虑与硕士专业的衔接，使汉语国际教育专业科学、有序、健康发展。

三　余论

汉语国际教育专业已经走过了30年的路，它由“对外汉语教学”发展至今，逐渐被世人关注，成为热门。然而，热度过后，须有冷静的思考。检视专业发展过程，我们不难发现，一窝蜂“上马”，不利于专业的健康发展；而面对外部环境的变化，汉语国际教育专业必须从内部进行改革。从长远看，应改变该专业多重培养目标的局面，逐渐调整到“培养国内外汉语教师”这个专一目标上来，小而精的格局更利于专业的科学发展；同时，作为师范教育专业，应顺应社会发展与职业准入规则，缩减本科招生人数，扩大研究生教育，或者实行本硕连读制，使所培养的人才更适合汉语国际教育需要，从而能使“汉语国际教育”真正成为科学性强、与社会需求对接的应用型专业。

参考文献

蔡军艳、何　英、肖文娟（2010）对外汉语教育中的六大关系，《科技风》第18期。

赖林冬（2012）对外汉语本科专业发展现状调研——以福建省高等院校为例，《福建教育学院学报》第4期。

刘晓文（2012）新形势下高校对外汉语本科课程设置优化策略，《河南教育学院学报（哲学社会科学版）》第1期。

陆俭明（2008）谈汉语作为第二语言教学的学科建设及其本体研究，《外语教学与研究》第5期。

茅海燕（2011）对“对外汉语”本科教育设置的冷思考，《出国与就业》第10期。

沈庶英（2012）试析汉语国际教育本科教材体系的架构，《黑龙江高教研究》第5期。

唐贤清、廖加丰（2010）对外汉语专业本科人才培养目标、模式研究，《中南林业科技大学学报（社会科学版）》第4期。

王玉英、杨红星（2012）明确方向　推动对外汉语专业建设与发展，《中国高等教育》第22期。

王振顶（2011）地方高师对外汉语人才培养模式与课程体系的研究与实践，《教育与教学研究》第1期。

夏　静（2013）410所孔子学院遍布110个国家，《光明日报》3月18日第10版。

熊素娟、石　诗（2007）地方院校对外汉语本科专业课程设置探微，《湖北广播电视大学学报》第10期。

杨　泉、朱瑞平（2012）全国对外汉语本科专业毕业去向调查分析，《云南师范大学学报（对外汉语教学与研究版）》第1期。

赵金铭（2001）对外汉语研究的基本框架，《世界汉语教学》第3期。

中华人民共和国教育部高等教育司（1998）《普通高等学校本科专业目录和专业介绍》，北京：高等教育出版社。

新形势下财经类高校汉语国际教育专业的学科定位和培养目标

——以南京审计学院为例

南京审计学院　刘　顺

摘要　本文在探讨汉语国际教育专业面临的新形势的基础上，重点以南京审计学院为例，讨论财经类高校汉语国际教育专业的学科定位与培养目标，研究如何适应社会发展对人才需求的新形势，结合学校的特点，突出优势，彰显特色，制定人才培养方案，培养出优秀人才。

关键词　汉语国际教育　学科定位　培养目标　财经类

一　汉语国际教育专业面临的新形势

随着改革开放的不断深入，经济实力逐步增强，中国已经成为国际舞台上有重要影响力的大国，特别是北京成功举办2008年奥运会之后，中国的国际地位空前提高。中国连续近30年年均10%左右的经济增长速度更是引起了世界各国的高度关注。从20世纪末开始，全世界范围内掀起了一场"中国热"和"汉语热"。汉语作为联合国六种法定工作语言之一，学习的人数越来越多，在欧美和亚洲许多国家成为一门需求性很强的实用的语言。2015年近40万人来华学习汉语。目前，欧美和亚洲许多国家在本土开办了汉语学校或将汉语列为必修课程，孔子学院更是遍布世界各地。在这种形势下，很多高校纷纷开设汉语国际教育专业。据统计，2009年全国设立汉语国际教育专业的高校达到了360多所，江苏省也达到了19所。

2005年以前，汉语国际教育专业主要集中在综合性大学、师范类大学、外语类大学，或单独设立从事对外汉语教学的院系，或设在文学院。这些学校大多是国内重点高校，其中文或外语专业大都具有较强的实力。

2005年以后，新成立的汉语国际教育专业主要集中在一般的师范院校和非师范类院校。前者的汉语国际教育专业基本上放在中文系；后者的汉语国际教育专业大都是在人文学科的基础上成立起来的，如南京审计学院的汉语国际教育专业就是在基础教学部的基础上成立起来的，整体的教学科研水平不高。尽管如此，这些学校的招生量并不小。

随着汉语国际教育专业的快速发展和毕业生数量的迅猛增加，该专业面临着严峻的挑战。首先，汉语国际教育专业毕业生很难在国内找到专业对口的工作。目前，国内的汉语国际教学机构基本上是设置在高等学校中，随着中国高等教育特别是研究生教育的快速发展，本科生到高校做教师已基本不可能，而中小学又没有开设对外汉语教学，其就业渠道只有少数的汉语培训机构，而他们的用人数量极少。其次，毕业生数量会越来越多，就业竞争会越来越激烈。再次，尽管从2009年开始，国家汉办在汉语国际教育专业应届毕业生中选拔国际汉语教师志愿者，但数量还不多，竞争异常激烈，且没有规律性。

基于上述形势，汉语国际教育专业必须主动适应人才市场的发展要求，使培养方案能够适应社会的需要，培养出竞争力强的高素质、复合型、应用型人才。

二　汉语国际教育专业定位和培养目标

由于各地地域条件、经济发达程度、人才需求类型以及各高校的办学背景不同，关于学科定位、人才培养方案、专业建设等一系列的问题，都应该有差异。因此，找准自己的定位是人才培养方案中最重要的一点。鉴于此，我校本专业在学校“特色、质量、国际化”的办学理念指导下，确定了特色发展的路径，即人才培养目标不盲目复制综合性大学或师范类大学同类专业的办学模式和路径，以特色求生存、求发展，走一条依托优势、错位发展的人才培养和专业建设的路径。

南京审计学院专业人才培养目标定位的依据体现在：一是依托学校地处经济发达的江苏省的地缘优势，开拓优质生源、引进高层次人才，以优秀的生源和师资培养较高起点的人才；二是依托本校强大的财经专业优势，培养具备经济学素养的汉语国际教育专业人才；三是以就业为导向，走多元化培养之路，通过设置不同的方向，扩大学生的就业面；四是依托本校国际化办学理念和本院留学生教育资源，为汉语国际教育专业学生提供跨文化交流和实习、实训、实践平台。

在此基础上，我们将汉语国际教育专业定位为以语言学知识为社会服务的应用文科专业，隶属于一级学科汉语言文学，二级学科语言学与应用语言学。

以上述学科专业定位为指导，南京审计学院汉语国际教育专业的人才培养目标是：培养适应社会主义市场经济要求，德、智、体、美全面发展，掌握汉语、英语两种语言基本理论、基本知识和基本技能，熟知中外文学、文化知识，具备对外汉语教学和文秘业务技能，具有创新意识和实践能力，能够在国内外各类学校从事对外汉语教学或进一步深造，或在国家政府机关、事业单位以及外贸、外资、中外合资等企业从事文秘等相关工作的应用型专业人才。

为了达到上述目标，汉语国际教育专业培养的人才必须具备以下知识结构和能力：汉语语言学基本知识、基本理论、基本技能，良好的口头表达能力、写作能力和公文处理能力；英语基本知识和听、说、读、写、译的能力；中华文化和跨文化的知识和能力；教育学、心理学基本理论和对外汉语教学基本理论，运用现代教育技术从事教学工作的基本能力；良好的政治素质、思想素质、道德品质、法制意识、诚信意识、团体意识；较好的文化素养、现代意识、人际交往意识；较好的财经知识背景；了解对外交往的有关方针、政策和法规；具备健康的体魄和良好的心理素质，较强的实践能力。

三　汉语国际教育专业人才培养方案

汉语国际教育专业人才培养方案设计的基本思路是：入主流，显特色，培养适应社会主义市场经济要求，掌握汉语、英语两种语言基本理论、基本知识和基本技能，熟知中外文学、文化知识，具备对外汉语教学和涉外文秘业务技能，具有创新意识、跨文化交际能力和实践能力的应用型专业人才。

基于应用和就业的培养目标，我们在汉语国际教育专业中设置了“对外汉语教学”和“涉外高级文秘”两个专业方向。两个方向在一二年级学习相同的公共课、专业基础课、专业主干课，保证对外汉语的本质特性；从三年级起，由学生根据自己的爱好、特点自由选择培养方向，以满足学生个性化学习的需求，满足社会对多元化人才的需求。

课程按五个模块设置，分别是：通识教育课模块、学科基础课模块、专业主干课模块、专业课模块和实践教学模块。

通识教育课模块共 59 个学分，既有教育部规定的课程，也有根据我校特点设立的财经类课程。根据学校的特点，设置了经济学通论、管理学通论、审计学通论、法学通论课程，培养学生的财经意识，彰显我校作为财经院校的特色；英语课程安排 24 个学分，按准英语专业安排，1 个学分对应 32 课时，强化学生的英语知识和能力。

学科基础课模块共 54 学分，是汉语国际教育专业必修的基础课程。同时设置一门“演讲与口才”课程，旨在提高学生课堂教学和社会交往过程中的口语表达能力。

专业主干课共 16 个学分，5 门课，是保证汉语国际教育专业本质的课程。

专业课按照对外汉语教学方向和涉外高级文秘方向设置，每个方向 26 个学分，分为必修课和选修课，必修课 10 个学分，选修课 16 个学分。能够保证不同方向的学生掌握不同方向的知识与技能。

实践教学模块共 24 个学分，主要用于培养学生的实践能力和创新能力。

本专业的主要课程有：现代汉语、古代汉语、语言学概论、现代汉语语法专题、现代语言学流派、语义学、基础英语、英语口语、英语听力、中国古代文学、中国现当代文学、外国文学、中华文化通论、基础写作、应用写作、国际商贸文书、各国文化与礼仪、跨文化交流、对外汉语教学概论、第二语言习得、语言要素教学、教育学、教育心理学等。

四　南京审计学院汉语国际教育专业的特点和教学效果

对外汉语教学专业培养的总体目标是“以学习汉语言理论知识为主，培养从事语言文字教学、研究及管理人才”，但鉴于目前汉语国际教育专业发展的新形势，我们在学科专业定位、人才培养方案等方面进行了一些新的探索，也取得了较好的效果。主要表现在以下几个方面。

4.1　采取了多元化培养的路径

由于汉语国际教育专业就业的特殊性，目前能够容纳对外汉语教学人才的单位还非常少；而涉外高级文秘专业的人才需求量很大，学生的就业市场非常广阔。在汉语国际教育专业中设置对外汉语教学和涉外高级文秘两个专业方向，既可以满足部分同学进一步深造和参加国际汉语教师志愿者选拔的要求，也可以满足部分同学毕业就业的愿望。实践证明，分方向培养的方案是成功的。目前，我校汉语国际教育专业保持着较高的就业率，自2007届有毕业生以来，就业率始终保持在95%以上，在全省同类专业中位居前列，是南京审计学院受到江苏省教育厅就业表彰的专业之一；就业区域大都在北京和长三角经济发达地区，有多名同学考取国家公务员或进入知名大企业。同时，毕业生中多人分别考取北京语言大学、武汉大学、上海交通大学、上海师范大学、上海财经大学、扬州大学等高校研究生，录取率为26%；2009年有5位同学，2013年有7位同学被国家汉办录取为国际汉语教师志愿者。

4.2 按准英语专业设置英语课程

目前，绝大部分高校的汉语国际教育专业的外语都是按照大学外语课程设置，我校以前的教学方案也是按照大学外语模式设置。这种设置方式不符合人才市场的要求，培养出的人才外语没有优势，缺少竞争力。目前，国家汉办选聘国际汉语教师志愿者的面试环节就是用英语面试，很多用人单位也设置了各种各样的外语标准和要求。因此，为了提高学生的外语水平，我们按照准外语专业的标准设置英语课程，保持四年不断线，并要求学生毕业时必须达到国家大学英语六级考试合格水平的要求。

4.3 彰显财经特色

我校的汉语国际教育专业跟综合性大学和师范类大学的汉语国际教育专业相比，要体现我校的特色，这也是提高我校学生市场竞争力的有效手段。我校作为财经类院校，我们的汉语国际教育专业的学生要具有财经色彩，在通识课和跨学科选修课中设置了一定数量的财经类课程，使我校汉语国际教育专业的毕业生具有较强的财经背景，这更有利于提高学生的市场竞争力，不论是对外汉语教学还是涉外高级文秘都跟财经有密切的关系，因为很多外国留学生学汉语的目的就是要到中国或从事与中国相关的经济活动，设置涉外高级文秘岗位的单位基本上是从事经济活动的企业。

4.4 增加了研究型课程和选修课程

为了培养学生的创新能力，汉语国际教育专业培养方案中设置现代汉语语法专题、唐诗宋词研究和文学批评方法 3 门研究型课程，由科研能力强的教授和博士授课，结合学生的学年论文和毕业论文开展教学；同时加大选修课程的设置数量，给学生提供更多的选择。与原来的培养方案相比，新的培养方案将专业选修课程增加到 18 门，相信会取得很好的效果。

4.5　突出了实践教学环节

培养方案突出了实践教学环节，共有 24 个学分，占总学分的 13.4%。学生的实际操作能力和参与社会工作的能力大大增强，提高了学生在职场的竞争能力。

总之，南京审计学院的汉语国际教育专业培养方案适应了社会发展对人才需求的新形势，结合学校的特点，突出优势，彰显特色，培养出的汉语国际教育专业毕业生具有较高的汉语和英语水平，具有一定的财经专业知识，实践能力较强，因此有着比较强的社会竞争力，几年来，一直保持着较高的就业率。

参考文献

耿淑梅（2009）基于就业的对外汉语专业建设——以北京语言大学为例，《大学·研究与评价》第 4 期。

何华珍、孙德平（2010）对外汉语专业“2+X”培养模式的研究与实践——以浙江财经学院为例，《汉字文化》第 3 期。

林建萍（2007）调整就业心态　转变就业观念——对外汉语专业毕业生就业形势调查分析，《北京教育》第 2 期。

罗小东（2005）对外汉语专业的学科定位和课程设置，《国际汉语教育》第 3 期。

秦海燕、刘一梦（2008）对外汉语：“看上去很美？”——对外汉语专业的学习策略与就业前景调查分析，《中国大学生就业》第 20 期。

许　琳（2007）汉语国际推广的形势和任务，《世界汉语教学》第 2 期。

专业定位与人才培养（二）

人才培养模式

新形势下汉语国际教育本科专业的课程设置与人才培养*

——以北京外国语大学为例

北京外国语大学　高育花

摘要　伴随着全球"汉语热"的持续升温，开设汉语国际教育本科专业的高校数量迅猛增长，但不少学校对此专业的课程设置都存在各自为政、因人设课的情况。而课程设置的混乱又导致了学生就业的困难。本文以北京外国语大学汉语国际教育本科专业为例，介绍了该专业的培养目标与课程设置、就业、存在的问题及解决方法等方面的情况，指出"外、特、精"的培养目标和中英双专业的课程设置是北外该专业能够良性发展的关键所在。

关键词　汉语国际教育本科专业　培养目标　课程设置

* 本文曾在"2013年全国高校汉语国际教育本科专业建设研讨会"上（2013年10月26日）作为主题发言宣读，后根据评审专家意见进行了修改，对此谨表谢忱。本论文也是北京外国语大学2015年院系自主项目"汉语国际教育人才培养模式调查研究"（项目编号：2015ZW052）的阶段性研究成果。

一 引言

汉语国际教育是指“在海外把汉语作为外语的教学”（崔希亮，2010），是一种以汉语言、文化教学为核心的人才培养活动。本科汉语国际教育专业是教育部2012年对原“对外汉语”“中国语言文化”和“中国学”专业所整合设立的专业。

伴随着全球“汉语热”的持续升温，汉语国际教育本科专业（原“对外汉语专业”，为行文方便，以下均统称为“汉语国际教育本科专业”）日益受到社会的关注，在本科阶段设置该专业的高校由1985年的四所增至如今的三百多所。不仅公立大学招收汉语国际教育本科专业，就是一些民办大学，也把汉语国际教育作为本科专业招生的一个热点。有的学校甚至在招生宣传时打出了“新兴专业、白金职业”的口号，可事实果真如此吗？

在2012年教育部高等学校本科专业调整前，汉语国际教育专业既可在中国语言文学一级学科下招生，也可在外国语言文学一级学科下招生。而正是由于这种学科定位的不明确，招收院系缺乏一定的理论指导，很多学校对此专业的课程设置均存在各自为政、因人设课的情况，尤其是一些设在外语学科下面的汉语国际教育本科专业，开设的汉语言文学、文化课程寥寥可数，教学实践更无从谈起。学科定位的分歧、课程设置的混乱又导致了学生就业的困难。

本文拟以北京外国语大学（以下简称“北外”）中国语言文学学院汉语国际教育本科专业为例，探讨课程设置与人才培养之间的关系以及存在的问题，以期为这一专业的发展提供一些意见和建议。

二 课程设置与人才培养现状

培养目标是各级各类学校或各专业的培养标准，是高等教育中课程设置的风向标，对学校、专业的发展具有向导作用、稳定作用和激励作用。课程设置则是培养目标的具体体现，是在培养目标的指导下，根据专业对知识和能力结构的要求，最优化地选择教学内容，安排教学进度。同时，课程设置是实现人才培养的根本途径，课程设置的合理与否，是关系到人才培养质量高低的一个关键性因素。2012 年教育部本科专业介绍中，汉语国际教育专业的培养目标为：“本专业培养掌握扎实的汉语基础知识，具有较高的人文素养，具备中国文学、中华文化、跨文化交际等方面的专业知识与能力，能在国内外各类学校从事汉语教学，在各职能部门、外贸机构、新闻出版单位及企事业单位从事语言文化传播交流相关工作的中国语言文学学科应用型专门人才。”北外该专业的培养目标为：“汉语国际教育专业为复合型专业，培养德、智、体、美全面发展的复合型专门人才。该专业的毕业生应具备系统的汉语言专业知识，掌握文化、教育、心理等学科相关知识，具有较强的口头表达能力和组织能力，能熟练使用一门外语，熟练掌握办公自动化的技能，能胜任国际汉语教学、中外文化交流等相关工作。”

从培养目标看，教育部强调应用，北外则更强调复合与应用，强调“通才”。复合型人才的培养既要注重学生对学科专业基本知识、基本技能的掌握，为学生以后的终身学习奠定基础；也要有广度，要求学生对相关知识有广泛的涉猎与学习。北外 1985 年开始招收汉语国际教育专业本科生，最初学生入校后先入不同语系学习两年外语，三年级进入中文学院学习中文类专业课程。20 世纪 90 年代中期培养模式发生改变，学生入校后直接在中文学院学习，外语也由多语种转变为仅限英语，但注重外语、强调复合的传统一直保持着。进入 21 世纪，随着学院领导对该学科定位认识的进一步加深，课程设置也发生了较大变化。

2.1 课程设置对比

2007 年，北外对本科培养方案进行了较大规模的修订，汉语国际教育专业课程设置也进行了相应的调整：英语学习由以前的完全必修改变为部分必修，即学生前三学期的英语课程均为必修课程，从第四学期开始，英语课程成为“有条件的选修课”。学生按照学校具体要求，选择是否继续学习英语。如果选择学习并能达到学校对英语学习的各项要求[1]，毕业时就可在获得中国语言文学学士学位与汉语国际教育专业本科毕业证书的同时，获得由北外颁发的英语专业本科毕业证书。从培养方案的课程设置来看，中文类专业课程学时大幅增加，比例首次超过英语，由以前占专业类总学时比重的 39% 提升至 63%。

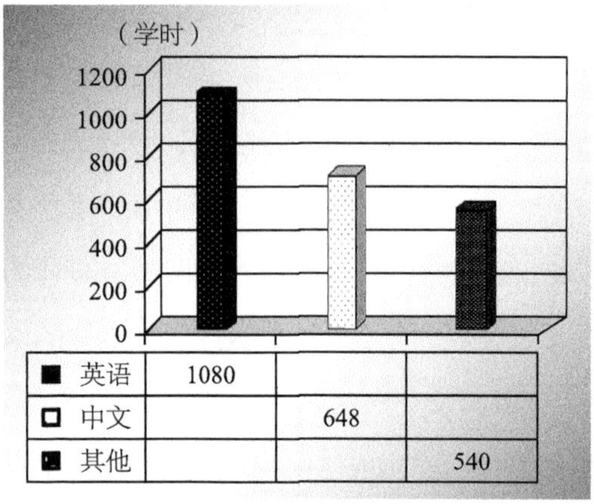

图 1　2007 年以前学时设置情况

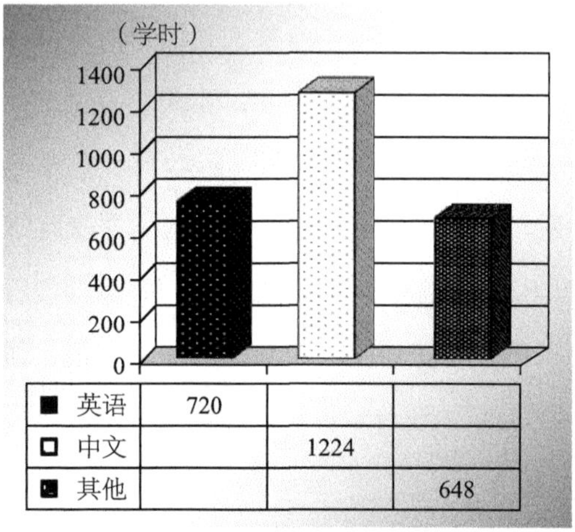

图 2　2007 年学时设置情况

图 1 为 2007 年以前课程设置中的学时分配情况，图 2 为 2007 年课程设置中的学时分配情况。从两图的对比我们可以看出：新旧课程设置中的中文类专业课程学时与英语学时几乎是做了一个“对调”。但从实际情况来看，2007 年新培养方案实施以来，超过 90% 的学生都选择了学习第二专业。因此，学生四年的实际英语学时依然占据绝对优势，总计达 1800 学时，超出中文类 576 学时。

2012 年，教育部对汉语国际教育本科专业进行调整，为适应新的专业要求，我们对

[1] 学校选择第二专业学习的具体要求为：第一至第三学期主干专业必修课平均分不低于 70 分、英语不低于 65 分者，才有资格申请选择第二专业学习。第二专业学习根据学分另外收取相应的学费。获得第二专业毕业证书的条件是：获得主干专业的毕业证书和学位证书，第四至第八学期各门英语成绩合格，并且通过专门用途英语学院组织的毕业考试，毕业时方可获得由北外颁发的英语专业毕业证书。

汉语国际教育本科专业的培养方案也再次进行了修订。汉语作为第二语言教学类课程的比重较以往有较大幅度增加；同时增加了学年论文和学术专题与论文写作课程，以促进学生科研意识。中文类专业课程具体学时分配情况见图 3。

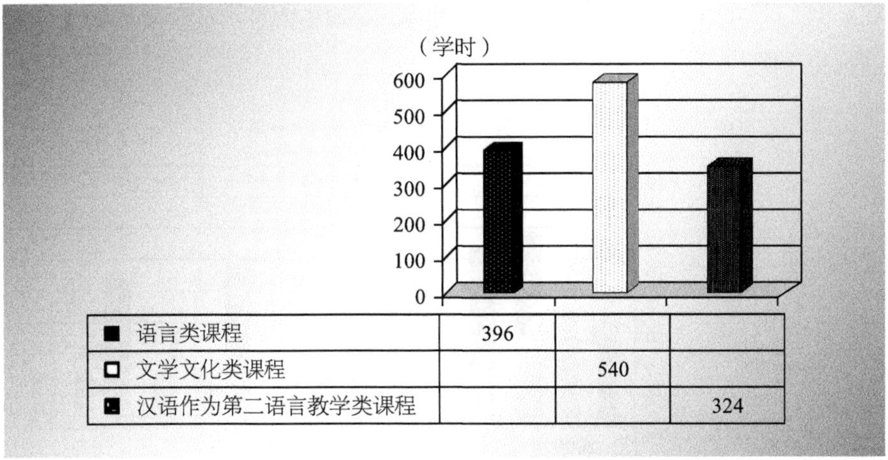

图 3　中文类专业课程设置及学时分配情况

从图 3 我们可以看出，中文类专业课程中，文学文化类课程占绝对优势（540 学时），语言类课程和汉语作为第二语言教学类课程学时基本持平（分别为 396 学时和 324 学时）。通过这次课程设置的调整，我们希望在强化基本理论、夯实学生专业基础知识的同时，增加学生自主选课的机会，即强调专业学习的"精"；进一步加强复合型人才培养，继续强化英语技能课教学，同时注意英语课程与中文课程的有机结合，英语课中加入外国文学名著原文选读等内容。另外，在这一次的培养方案调整中，我们也更加重视实践环节，要求该专业学生除第七学期在留学生课堂进行教学实习外，从第四学期开始，通过选拔进入学院留学生特殊项目辅导团队，对留学生进行一对一辅导。

2.2　就业情况

随着汉语国际教育本科院校数量的迅猛增长，该专业就业问题变得更加突出，而就业问题也将直接影响到该专业的健康发展。北外汉语国际教育本科专业自 1985 年开始招生以来，虽然就业形势一直不错，但在近五百名毕业生中，尤其是近十年来的毕业生中，真正直接从事汉语教学的人却凤毛麟角，更多的是在毕业时选择继续深造（在国内外读研），或者从事中外文化交流（公务员或国有企业）、编辑出版、涉外文秘、英语教师等职业。我们对北外该专业近五年来毕业生的就业情况做了大致的统计，具体情况见下图[1]：

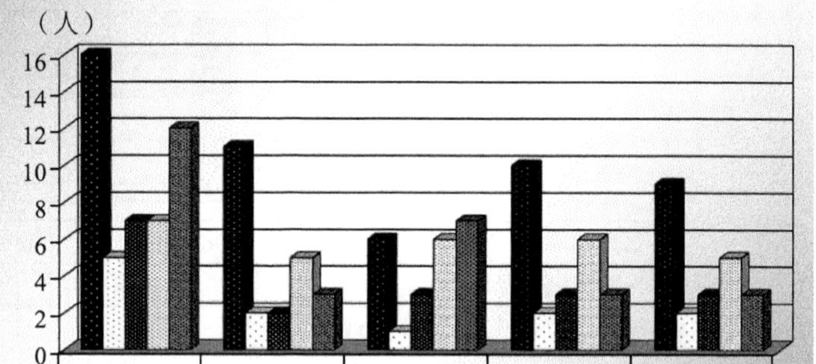

	2009	2010	2011	2012	2013
读研	16	11	6	10	9
汉语教师	5	2	1	2	2
编辑出版	7	2	3	3	3
公务员或国有企业	7	5	6	6	5
其他	12	3	7	3	3

图 4　近五年毕业生就业情况

从图 4 我们可以看出，在国内外继续深造一直是北外该专业大多数本科毕业生的第一选择，人数占据近五年来毕业生总数的近 30%，2010 年更是占到了近 50%。其中，选择去国外继续深造的学生基本上占读研比例的 30% 左右，所选专业一般为教育学、新闻；在国内读研的学生，选择专业一般为汉语国际教育硕士、对外汉语教学理论、汉语言文字、英美文学、翻译等。值得注意的是，选择继续攻读汉语国际教育硕士的学生呈逐年上

[1] 2005 年北外本科专业扩招，对外汉语本科专业从以前的一个班 24 人扩至两个班 48 人；2006 年恢复只招收一个班 24 人，此后该专业均只招收一个班 24 人。我们的统计数据基本来源于学生毕业时的就业登记，和最终的就业情况可能会有一定的出入，尤其是其他职业这一栏。

升趋势，而与此相对的是攻读对外汉语教学理论的学生人数开始下降；选择攻读英美文学、翻译专业的学生近五年基本持平。

在职业选择中，报考公务员或进入国有企业，近五年来一直是毕业生就业时的第一选择，最终被录取的人数占毕业生总数的16%左右。报考公务员的学生一般选择国家各部委，到出版社、报社工作的毕业生，也多从事与对外汉语教材出版、汉语国际推广等相关的工作。

毕业后做汉语教师，本应是该专业学生最为对口的职业，但五年来毕业后即能从事该工作的学生却是寥寥，人数仅占毕业生总数的6%强。北外汉语国际教育专业本科毕业生做汉语教师的途径一般有以下几条：一是美国IES[1]在京项目选择优秀毕业生（前提是必须做过IES项目汉语辅导教师）前往美国大学担任汉语助教，一年一般只有1个名额；二是毕业生申请参加国家汉办汉语教师志愿者项目；三是在汉语培训机构或国际学校担任汉语教师。看起来该行业的就业渠道似乎不少，事实上每一个渠道的选拔都极其严格，且招收人员极为有限。加上近几年来研究生的大规模扩招、研究生就业门槛的不断下移，也在一定程度上挤压了本科生的这一就业选择。

从学生求职过程看，具有中文背景且外语水平良好（大部分毕业生都获有北外颁发的英语本科专业毕业证和英语专业八级证书），教学实践层次较高较多，都是北外该专业保持高就业率的重要因素。

三　存在的问题

随着所谓“汉语热”的持续升温，报考汉语国际教育本科专业的学生也越来越多，北外该专业也从以前的调剂专业成为热门专业。但从这几年的教学反馈和就业情况来看，无论是北外，还是其他学校，汉语国际教育

[1] IES（Institute for the International Education of Students）是一家专门从事美国学生之海外教育的非营利组织。其总部设在美国芝加哥。IES的教育理念是通过海外学习提高美国学生对不同文化的了解，增强学生在非母体文化环境中生活的适应能力及自信心。

本科专业在课程设置与汉语国际教育硕士的课程衔接等方面，都存在着这样或那样的问题。

3.1 不同类型课程设置与学时分配问题

多年来，为贯彻学校总体培养目标中所强调的“外”，北外非外语专业都非常重视英语学习，“中英双专业”也是北外汉语国际教育本科专业招生的一个宣传热点。从理论上讲，培养双语型综合人才既是该专业的培养目标，也符合学科发展的需要。中文与英语并重的双专业设置，虽然拓宽了就业口径，但学生学业压力较大。就汉语国际教育专业而言，一个本科生四年的课内总学时为 3110，合 172 学分，如果学生选择了第二专业（英语），那就还需要再增加 1080 学时。众多的课时和繁重的课业压力使学生在应付完学校所开设课程后，很少能有精力自觉去读专业书籍。因此，与一流的综合性大学中文专业学生相比，北外汉语国际教育专业学生的学术视野大多稍显狭窄[1]。

从其他学校的课程设置情况来看，课程设置混乱、质化现象严重是目前较为突出的问题。（罗小东，2005；赖林冬，2012；蒋协众，2012；杨吉春，2010）很多学校汉语国际教育本科专业必修课是“汉语言文学专业课程”+“对外汉语教学概论”“对外汉语教学法”，或者是“古代汉语 / 现代汉语”+“外国语言文学”+“对外汉语教学概论”或“对外汉语教学法”，选修课中与汉语推广相关的课程更是少之又少。汉语国际教育专业和汉 / 外国语言文学专业课程设置几乎没有什么区别，应用型也无从实现。

李向农、贾益民（2011）认为汉语国际教育是一门关于国际汉语教学和中国语言文化国际传播的学科。因此，其课程体系中除应包含中国语言

[1] 针对这一问题，从 2007 年开始，学院试行学年论文制度，要求学生在二年级下三年级上的一年时间内，在专业老师的指导下，完成一篇专业学术论文。通过五年的试行，我们发现这一措施对于提升学生的科研兴趣作用非同小可。2012 年的培养方案中，我们把“学年论文”和“学术专题与论文写作课程”作为必修学分纳入了课程设置中。另外，为了让学生尽快了解该专业、适应专业学习，我们从 2010 年开始，在本科生中实行专业指导教师制度，选择专业能力较强的老师担任指导教师，1 名教师带 2—3 名学生。这些措施的实施，在一定程度上弥补了学生中文专业学习时间有限的缺陷。

文学、外国语言文学等相关内容外，还应包括文化学、教育学、心理学、传播学等学科内容。但从目前大多数学校课程设置的情况来看，汉语教学方法、教学组织与课堂管理、跨文化交际等相关课程缺失现象严重。

3.2 与汉语国际教育硕士课程的衔接问题

随着孔子学院的蓬勃发展和汉语国际教育硕士的扩招，越来越多的汉语国际教育专业本科毕业生选择攻读汉语国际教育硕士。对比全国汉语国际教育硕士专业学位教育指导委员会制定的《全日制汉语国际教育硕士专业学位研究生指导性培养方案》和教育部 2012 年的汉语国际教育本科专业介绍，我们发现一些课程存在重复设置的问题。对于本科即是汉语国际教育专业的学生，如何做好课程衔接，一直是困扰我们的一个问题，尤其是近年来，此类学生呈逐年上升趋势。

3.3 实践类课程问题

根据 2012 年教育部该专业培养目标，该专业毕业生应是“能在国内外各类学校从事汉语教学，在各职能部门、外贸机构、新闻出版单位及企事业单位从事语言文化传播交流相关工作的中国语言文学学科应用型专门人才”，因此，实践类课程和真正的教学实践应是该专业不可缺少的一个组成部分，学生需要到留学生课堂去观摩、实习。但从全国实际情况来看，由于汉语国际教育本科专业大多设置在中文系或外语系，这些部门因没有留学生而不能提供教学实习 [1]，该专业的应用型特征基本是一纸空话。

另外，一些实践类课程是否要进入课堂、占据一定的课时，也是一个值得商榷的话题。比如“中华才艺训练”，在教育部 2012 年的汉语国际教育本科专业介绍中，被作为主要教学环节。当然，从培养目标看，作为汉语国际推广战略的储备师资，该专业学生确实应具备一定的中华才艺。但

[1] 北外中文学院不仅招收汉语言文学、汉语国际教育专业中国本科生和中文学科各专业研究生，也招收不同学习需求的留学生。这种中外学生共熔一炉的优越环境，为汉语国际教育专业本科生提供了很好的跨文化交际空间和汉语教学实践课堂。北外培养的每一个汉语国际教育专业本科生都曾有过一定时间和一定程度的对外汉语教学实践。

是否需要正式进入课堂、占据一定的课时，却是一个值得思考的问题，尤其是像北外这种课内学时也已很多的学校[1]。

四　余论

2012年，持续了20多年的对外汉语专业学科定位尘埃落定，对外汉语专业脱离了语言学和应用语言学的框架，回到了中国语言文学一级学科下面，成为中国语言文学一级学科下的一个二级学科，并且有了新的专业名称——汉语国际教育。这一举措不仅为这一学科的成长壮大提供了有利条件，也在一定程度上明确了培养目标和课程设置。但从实际情况来看，汉语国际教育本科专业仍有待成熟。国家汉办曾于2007年颁布了《国际汉语教师标准》，该标准由语言基本知识与技能、文化与交际、第二语言习得与学习策略、教学方法和教师综合素质五个模块组成。但实际上有多少学校的课程设置能达到这一标准？这确实是一个值得反思的问题。

培养目标决定课程设置，反之，课程设置影响到培养目标的知识和能力结构的优化，也将直接影响到毕业生的质量和就业出口。因此，在不少高校出现了这样一种怪圈：该专业入校时录取分数很高，毕业时就业率却是垫底。

在课程设置方面，汉语国际教育专业应与汉语言文字学具有明显的区分度。除了设置汉语知识及语言学理论相关的课程之外，汉语教学方法、课堂组织与管理、中华文化传播与跨文化交际等也要占相当比例。另外，在课程设置和人才培养方面一定要注意“特色”。在贯彻教育部该专业总体培养目标的基础上，各个学校都应该根据自己学校的实际情况，开设一些符合该专业长远发展的特色课程。这些课程既不能是“因人设课”，更不能是“因人择课”，而必须是在符合该专业人才培养需要的基础上，因地制

[1] 目前，对中华才艺，我们并没有设置具体课时，也未提出明确要求，但学生如果要参加留学生特殊项目辅导或汉办志愿者选拔，我们则要求学生展示中华才艺。从实际情况看，有意报考汉语国际教育硕士或从事汉语教学的同学，一般都会在四年学习期间，自己选择像太极拳、太极剑、武术等才艺课程，或是参加民族舞蹈队、民族器乐团等学生社团。

宜。只有这样，才能避免该专业课程设置的“质化”，也才能让自己培养的学生在同类人才中脱颖而出。北外开设该专业近30年以来，“外、特、精”一直是我们坚持的培养目标，而双专业的学习确实拓宽了学生的就业口径，提升了学生的就业竞争力。虽然北外该专业每年只招收24个学生，我们的课程设置和具体做法，可能不一定具有普适性，尤其是双专业学习和较高的实践要求。但既能实现专业培养目标，又能突出特色，却有普遍的应用价值。

按照《孔子学院发展规划（2012—2020年）》规定的目标，到2015年，孔子学院教师将达到5万人，其中，中方需派出2万人，供需矛盾将更加突出。但从目前情况看，汉语国际教育专业本科毕业生基本上不能满足国内外对高水平汉语教学人才的需要。这就需要主管部门对该专业的课程设置进行严格的监督与评估。对于不能实现培养目标和课程设置的院校，评估后要提出切实可行的改进建议或终止其招生资格。另外，为了使汉语国际教育专业本科毕业生能学有所用，同时尽快满足汉语国际推广和中华文化传播事业对高层次人才的需求，教育部可在具备良好的教育基础、培养条件、师资力量的院校试行汉语国际教育本硕连读方式。学生可在前三年进行专业课程学习，第四、第五年赴国外教学实习，第六年进行论文写作。这样不仅可以解决本科阶段与硕士阶段课程的衔接问题，强化其教育实践能力，也可使汉语国际教育专业硕士论文真正做到从实践中来，到实践中去。这样不仅可以实现毕业生“在国内外各类学校从事汉语教学”的培养目标，还可以加快汉语的国际化进程，实现中华文化传播于世界之梦，实现汉语推广至世界之梦。

参考文献

崔希亮（2010）对外汉语教学与汉语国际教育的发展与展望，《语言文字应用》第5期。

国家汉语国际推广领导小组办公室（2007）《国际汉语教师标准》，北京：外语教学与研究出版社。
国务院学位办（2009）《全日制汉语国际教育硕士专业学位研究生指导性培养方案》。
蒋协众（2012）对外汉语本科专业课程设置的比较分析，《太原师范学院学报（社会科学版）》第2期。
赖林冬（2012）对外汉语本科专业课程设置改革探析，《国际汉语学报》第2期。
李向农、贾益民（2011）对外汉语与汉语国际教育：专业与学科之辨，《湖北大学学报》第4期。
罗小东（2005）对外汉语专业的学科定位和课程设置，《国际汉语教学动态与研究》第3期。
杨吉春（2010）三所高校对外汉语专业本科课程设置对比研究，《汉语国际教育研究》第6期。
中华人民共和国教育部高等教育司（2012）《普通高等学校本科专业目录和专业介绍》，北京：高等教育出版社。

对外汉语专业学生专业承诺与学习倦怠关系的个案研究*

北京语言大学　郭　睿

摘要　本研究使用连榕等（2005）设计的有关专业承诺和学习倦怠两个问卷以及一个开放式调查问卷对北京语言大学对外汉语专业学生进行调查。结果发现：从总体上说，目前北京语言大学对外汉语专业学生专业承诺水平不高，学习倦怠的水平较高。专业承诺没有显著的性别差异，也没有显著的学科背景（高中阶段的文、理两科）差异。大二和大四学生的情感承诺显著高于大三。大二学生的继续承诺显著高于大三和大四两个年级。农村学生的规范承诺显著高于城市学生。学习倦怠没有显著的年级差异，也没有家庭所在地的差异。男生情绪低落程度显著高于女生。高中阶段来自文科的学生情绪低落程度显著高于来自理科的学生。情感承诺是其学习倦怠的有效预测变量。最后，根据学生在开放式问卷中所反映的问题提出了几条建议。

关键词　对外汉语专业　专业承诺　学习倦怠

* 本课题为北京语言大学院级科研项目（中央高校基本科研业务费专项资金资助）“汉语国际教育视野下的汉语本体和应用研究”阶段成果，项目编号为 14YJ010001。

一　引言

随着汉语国际教育事业的发展，全国开设对外汉语专业的高校日渐增多，2010 年底就已接近 300 所。在该专业学习的学生数量也随之增加。但同时对外汉语专业学生的就业形势却很严峻，很少学生能找到专业对口的工作。在这种情况下，对外汉语专业学生对其专业是什么样的态度、对专业学习是否积极等问题就很值得研究。其研究结果对更好地提高本专业的质量，进而办好这个专业具有极其重要的意义。

专业承诺和学习倦怠是反映学生学习心理积极与否的两个重要指标。专业承诺（professional commitment）是指学生在心理上认同所学专业并愿意付出相应努力的积极的态度和行为。学习倦怠（learning burnout）反映的是一种消极的学习心理，指的是由于学习压力或缺乏学习兴趣而对学习感到厌倦的消极态度和行为。（连榕等，2005）了解对外汉语专业学生在这两个方面的情况，可以明确其对专业和专业学习的态度和行为，进而探究原因、制订策略，推进该专业的进一步发展。本文拟使用调查问卷对北京语言大学（以下简称“北语”）对外汉语专业学生进行这两个方面的调查和研究。

二　研究设计

2.1　被试

本研究采取整体抽样的方法，从北语对外汉语专业抽取大二、大三和大四三个年级学生共 226 人作为被试进行问卷调查。其中，女性被试 202 人，男性被试 24 人；大二被试 83 人，大三 79 人，大四 64 人；来自农村的被试 45 人，乡镇及县城 40 人，县级以上城市 141 人；高中时为文科的被试 155 人，理科 71 人。

2.2　工具

本研究使用连榕等（2005）设计的《大学生专业承诺调查量表》和《大学生学习倦怠调查量表》两个问卷，以及一个自己设计的开放式问卷作为测量工具。

《大学生专业承诺调查量表》为连榕等（2005）以 Meyer & Allen（1993）设计的职业承诺量表为基础所编制的，共有 27 个题目，包括情感承诺（9 个题目）、理想承诺（7 个题目）、规范承诺（5 个题目）和继续承诺（6 个题目）四个维度。情感承诺主要反映大学生对所学专业的感情、兴趣程度；理想承诺主要反映大学生对其所学专业能否发挥自己的特长，是否有利于实现自己的理想和抱负而做出的较为深入的思考；规范承诺主要反映大学生认同所学专业的规范和要求，留在所学专业是出于义务和责任的考虑；继续承诺主要反映大学生出于自身素质、能力、就业机会以及与该专业相应的工资、待遇等经济因素而愿意留在该专业学习。《大学生学习倦怠调查量表》为连榕等（2005）在 Maslach 等（1981）设计的职业倦怠量表基础上编制的，共有 20 个题目，包括情绪低落（8 个题目）、行为不当（6 个题目）和成就感低（6 个题目）三个维度。情绪低落主要反映大学生由于不能很好地处理学习中的问题与要求，所表现出的倦怠、沮丧、缺乏兴趣等情绪特征；行为不当主要反映大学生由于厌倦学习而表现出的逃课、不听课、迟到、早退、不交作业等行为特征；成就感低主要反映大学生在学习过程中体验到低成就的感受，或指完成学习任务时能力不足所产生的学习能力上的低成就感。

两个量表都采取 5 点计分，从“完全不符合”到“完全符合”记作 1—5 分。两个量表都有部分题目为反向题，采取反向计分。各维度得分为本维度所有题目的平均分。被试在量表上的得分越高表示专业承诺或学习倦怠程度越高。两个量表的信度和效度都很高。（连榕等，2005）在本次测量中，《大学生专业承诺调查量表》的情感承诺维度内部一致性 α 系数为 0.735，理想承诺维度为 0.738，规范承诺维度为 0.850，继续承诺维度为 0.537。《大学生学习倦怠调查量表》的情绪低落维度内部一致性 α 系数为 0.776，行为不当维度为 0.748，成就感低维度为 0.586。

开放式问卷设计两个问答题目，分别是：如果您喜欢对外汉语专业，请说出 3—5 个最主要的理由；如果您不喜欢对外汉语专业，请说出 3—5 个最主要的理由。

2.3 数据收集与分析

把三个问卷组合成一份总的调查问卷进行调查。问卷调查时间为 2013 年 5 月，三个年级共发放问卷 257 份，集体测试，统一回收。共回收问卷 248 份，有效问卷 226 份。整理编号后，所有数据都被录入 SPSS18.0 进行各种描述性和推断性统计分析。开放式问卷第 1 个题目有 96 名学生填写，占总人数的 42.5%；第 2 个题目有 63 名学生填写，占总人数的 27.9%。（有部分同学对两个题目都进行了回答）对填写内容采用内容分析法（content analysis）进行梳理分析。

三　结果与讨论

3.1 被试在专业承诺和学习倦怠上的总体情况

表 1　被试专业承诺和学习倦怠的描述性统计

	专业承诺				学习倦怠		
	情感承诺	理想承诺	规范承诺	继续承诺	情绪低落	行为不当	成就感低
均值 M	2.9449	2.8217	3.4142	2.6254	2.8617	2.9587	2.6770
标准差 SD	0.6215	0.8143	0.9093	0.5176	0.7066	0.7347	0.5413

由表 1 可知，被试专业承诺的总体水平不高，接近于中间水平。情感承诺、理想承诺、规范承诺和继续承诺的均值和标准差分别为 2.9449 ± 0.6215、2.8217 ± 0.8143、3.4142 ± 0.9093、2.6254 ± 0.5176。量表采取 5 点计分，中间值为 3。其中，情感承诺、理想承诺和继续承诺低于中间值，继续承诺均值最小，规范承诺高于中间值。这说明被试中有半数以上的学生对对外汉语专业并不看好，认同度很低，对对外汉语专业没有太多的感情，也不认为对外汉语专业能发挥自己的所长并能实现自己的理想，不愿留在对外汉语专业继续学习。

被试学习倦怠的总体水平较高，接近中度倦怠。情绪低落、行为不当和成就感低的均值和标准差分别为 2.8617 ± 0.7066、2.9587 ± 0.7347、2.6770 ± 0.5413，都接近中间值。三个维度中，行为不当最为严重，情绪低落次之。这说明被试中有相当一部分学生对学习缺乏兴趣，而且常常有逃课、迟到、早退等不良学习行为，也体验不到学习本身所带来的成就感。这与连榕等（2006）、廖红（2010）的调查结果一致，比马勇（2010）的调查结果更严重一些。

3.2 被试在专业承诺上的具体情况

以专业承诺的四个维度为因变量，分别以性别和高中阶段的文理科背景为自变量进行独立样本 t 检验，同时分别以年级和家庭所在地为自变量进行单因素方差分析。

表 2 被试在专业承诺上的具体情况

		情感承诺 M ± SD	理想承诺 M ± SD	规范承诺 M ± SD	继续承诺 M ± SD
性别	女（202）	2.963 ± 0.605	2.836 ± 0.807	3.447 ± 0.876	2.616 ± 0.503
	男（24）	2.796 ± 0.742	2.702 ± 0.886	3.142 ± 1.140	2.701 ± 0.633
	t 值	1.241	0.759	1.558	−0.760
文理背景	文（155）	2.913 ± 0.606	2.809 ± 0.827	3.413 ± 0.891	2.629 ± 0.521
	理（71）	3.014 ± 0.653	2.849 ± 0.790	3.417 ± 0.954	2.617 ± 0.514
	t 值	−1.133	−0.341	−0.031	0.157
年级	大二（83）	3.013 ± 0.587	2.962 ± 0.882	3.521 ± 0.850	2.779 ± 0.531
	大三（79）	2.806 ± 0.671	2.709 ± 0.774	3.230 ± 0.923	2.532 ± 0.504
	大四（64）	3.028 ± 0.580	2.779 ± 0.756	3.503 ± 0.944	2.542 ± 0.476
	F 值	3.105*	2.101	2.521	6.054**
家庭所在地	农村（45）	2.983 ± 0.527	2.825 ± 0.941	3.693 ± 0.653	2.637 ± 0.509
	乡镇（40）	2.997 ± 0.646	2.957 ± 0.702	3.540 ± 0.938	2.596 ± 0.368
	城市（141）	2.918 ± 0.644	2.782 ± 0.802	3.289 ± 0.951	2.630 ± 0.558
	F 值	0.355	0.718	3.932*	0.082

注：$*P < 0.05$，$**P < 0.01$，下同。

由表 2 可知，不同性别的被试在专业承诺各个维度上均值差异不显著（P 值分别为 0.216、0.449、0.121 和 0.448，都大于 0.05）。这与连榕等（2006）的研究结果（认为男生的理想承诺显著高于女生）不一致。高中阶段不同学科背景的被试在专业承诺各个维度上的均值也没有显著差异（P 值分别为 0.259、0.733、0.976 和 0.875，都大于 0.05）。不同年级的被试在情感承诺和继续承诺两个维度上均值存在显著差异。经多重比较（Duncan

检验）后发现，大二和大四被试的情感承诺显著高于大三（$P < 0.05$）。这与连榕等（2006）的研究结果（认为大四的情感承诺高于大二、大三）不一致。可能是因为大二被试还没有全面接触到专业课或没有感受到就业压力而心存期待，而大四被试有一大部分因保研、考研或出国深造成功而带来了积极体验。大二被试的继续承诺显著高于大三和大四被试（$P < 0.01$）。可能是由于大二被试还没有感受到找工作的困难以及将来选择出路的困惑。不同家庭所在地的被试在规范承诺维度上均值存在显著差异。经多重比较（Duncan 检验）后发现，农村被试的规范承诺显著高于城市被试（$P < 0.05$）。

3.3 被试在学习倦怠上的具体情况

以学习倦怠的三个维度为因变量，分别以性别和高中阶段的文理科背景为自变量进行独立样本的 t 检验，同时分别以年级和家庭所在地为自变量进行单因素方差分析。

表 3　被试在学习倦怠上的具体情况

		情绪低落 M ± SD	行为不当 M ± SD	成就感低 M ± SD
性别	女（202）	2.824 ± 0.700	2.933 ± 0.734	2.694 ± 0.544
	男（24）	3.177 ± 0.694	3.174 ± 0.723	2.535 ± 0.506
	t 值	−2.335*	−1.520	1.365
文理背景	文（155）	2.932 ± 0.720	2.986 ± 0.707	2.717 ± 0.504
	理（71）	2.710 ± 0.656	2.899 ± 0.794	2.589 ± 0.609
	t 值	2.211*	0.825	1.657
年级	大二（83）	2.923 ± 0.774	2.956 ± 0.767	2.713 ± 0.648
	大三（79）	2.785 ± 0.591	3.049 ± 0.657	2.700 ± 0.432
	大四（64）	2.877 ± 0.748	2.865 ± 0.779	2.602 ± 0.510
	F 值	0.796	1.130	0.877
家庭所在地	农村（45）	2.883 ± 0.668	3.059 ± 0.650	2.730 ± 0.473
	乡镇（40）	2.878 ± 0.800	2.938 ± 0.698	2.658 ± 0.611
	城市（141）	2.850 ± 0.695	2.933 ± 0.772	2.666 ± 0.544
	F 值	0.050	0.525	0.267

由表 3 可知，不同性别的被试在情绪低落维度上均值有显著差异（P < 0.05），男性被试情绪低落程度显著高于女性被试。这与连榕等（2006）的研究结果（认为男生的情绪低落显著高于女生，但男生的成就感低上显著好于女生）有出入，与廖红（2010）的研究结果（认为女生的行为不当显著高于男生）不一致。这说明男生不如女生对学习更积极、更有兴趣。北语对外汉语专业男生比例一直较低，仅占十分之一左右。考虑到外语学习方面的性别差异（专业学习中有很大比例的外语学习）以及就业出路以教师为主（男生往往不愿做教师）等情况，男生对专业学习更缺乏兴趣和动机是可以理解的，也与前面的专业承诺在性别上的统计结果相一致。即表 2 统计结果表明，虽然没有达到显著水平，男性被试在情感承诺、理想承诺和规范承诺上的均值都低于女性被试。开放式问卷中也有 4 名学生明确表示不喜欢的理由是“男生太少”。另外，高中阶段不同学科背景的被试在情绪低落维度上均值也存在显著差异（P < 0.05），高中来自文科的被试情绪低落程度高于来自理科的被试。这说明来自文科的学生不如来自理科的学生对学习更积极、更有兴趣。对外汉语专业的课程基本属于文科课程，学习时需要大量阅读和记忆，甚至背诵。因为与高中时学习方式一致，内容也有部分重合，来自文科的学生可能就是因此而不如来自理科的学生更具有学习动机和兴趣。开放式问卷中就有 5 名学生明确表示喜欢的理由是“上课轻松，不用学数学等理工课程”。同时，不同年级的被试在学习倦怠各维度上均值不存在显著差异（P 值分别为 0.453、0.325 和 0.418，都大于 0.05）。这与连榕等（2006）的研究结果（认为大四学生在成就感低上显著好于大二、大三学生）不一致，但与廖红（2010）的研究结果相一致。不同家庭所在地的被试在学习倦怠各维度上均值也没有显著差异（P 值分别为 0.951、0.592 和 0.766，都大于 0.05）。

3.4　被试专业承诺与学习倦怠的关系

被试专业承诺所包含的情感承诺、理想承诺、规范承诺和继续承诺四个维度与学习倦怠所包含的情绪低落、行为不当和成就感低三个维度之间的相关系数见表 4。

表 4　被试专业承诺与学习倦怠各维度的相关系数表

	情感承诺	理想承诺	规范承诺	继续承诺
情绪低落	−0.360**	−0.251**	−0.239**	0.047
行为不当	−0.366**	−0.217**	−0.218**	−0.029
成就感低	−0.467**	−0.307**	−0.333**	−0.032

由表 4 可知，专业承诺中的情感承诺、理想承诺和规范承诺三个维度与学习倦怠的三个维度都呈极其显著的负相关（$P < 0.01$）。为更具体了解专业承诺和学习倦怠各个维度之间的关系，以学习倦怠各维度为因变量，以专业承诺的情感承诺、理想承诺、规范承诺为预测变量，进行逐步回归分析，结果见表 5。

表 5　被试专业承诺与学习倦怠各维度的回归分析结果

因变量	预测变量	R	R^2	ΔR^2	F 值	ΔF	B	Beta	t 值
情绪低落	情感承诺	0.360	0.129	0.129	33.282**	33.282**	−0.409	−0.360	−5.769**
行为不当	情感承诺	0.366	0.134	0.134	34.731**	34.731**	−0.433	−0.366	−5.893**
成就感低	情感承诺	0.467	0.218	0.218	62.493**	62.493**	−0.407	−0.467	−7.905**

由表 5 可知，情感承诺是被试学习倦怠情绪低落、行为不当和成就感低的有效预测变量。这与连榕等（2006）的研究结果（除情感承诺是三个维度的有效预测变量以外，规范承诺也是情绪低落和行为不当的有效预测变量，理想承诺还是成就感低的有效预测变量）基本一致，稍有出入。由此可知，对外汉语专业学生的情感承诺是其学习倦怠的有效预测变量。这个结论说明，对外汉语专业学生专业承诺水平不高、学习倦怠水平较高主要是由学生对本专业缺少兴趣而致。再考虑到理想承诺没有成为学生学习倦怠的有效预测变量，说明对外汉语专业学生对其专业的喜爱主要是出于较为感性的直接兴趣，而对专业本身及其对自己的适合程度缺乏较为全面深入的理性认识。开放式问卷的调查结果也证明了这一点：学生不喜欢的理由主要是就业前景不好，不喜欢本专业课程（如语言学、文学史）和一些老师，不喜欢当老师以及相关工作等；明确表示该专业不适合自己的学生仅有 6 名。

四　结论和建议

4.1　结论

第一，目前北语对外汉语专业学生专业承诺的总体水平不高，接近于中间水平；其学习倦怠的总体水平较高，都已经接近中度倦怠。这个结论值得重视。应该积极调查寻找原因，采取措施来提高学生的专业承诺水平，降低学生的学习倦怠水平。

第二，北语对外汉语专业学生的专业承诺没有显著的性别差异，也没有显著的学科背景（高中阶段的文、理两科）差异，都不太高。大二和大四两个年级学生的情感承诺显著高于大三年级。大二学生的继续承诺显著高于大三和大四两个年级。这说明大三学生对专业的感情更淡，兴趣更小，更不愿继续留在对外汉语专业学习或从事本专业的工作。农村学生的规范承诺显著高于城市学生。这说明农村学生对对外汉语专业认同度更高一些。

第三，北语对外汉语专业学生的学习倦怠没有显著的年级差异，也没有家庭所在地的差异，都比较高。该专业的男生情绪低落程度显著高于女生。这说明男生对专业学习更消极、更没兴趣。高中阶段文科背景的学生情绪低落程度显著高于理科背景的学生。这说明来自文科背景的学生对学习更消极、更没兴趣。

第四，北语对外汉语专业学生的情感承诺是其学习倦怠三个维度的有效预测变量。这说明对外汉语专业学生学习倦怠的一个重要原因是其对专业的感情不深、兴趣不高。

4.2　建议[1]

4.2.1　积极拓展就业渠道和出路

在开放式问卷调查中，在不喜欢对外汉语专业的理由中，“就业前景不好”被提到 71 次。在喜欢对外汉语专业的理由中，“可以当老师桃李天下”“有较好的前景”“就业面广”“有很大的可能性和开放性”“是有意思的稳定的职业”等原因被提及 69 次。这两个数据就足以说明就业问题对学

[1]　本部分的建议主要是根据开放式问卷中的学生反馈而提出的。

生专业承诺的巨大影响。学校应该高度重视这一点，采取有效措施。从内部来说，注意加强学生的培养质量，除努力使学生考研或出国深造外，力图使学生不仅可以当对外汉语教师，还可以当中小学语文教师、英语教师，甚至其他涉外新闻和文秘等职业也可以做；从外部来说，积极开拓就业渠道，比如跟一些国际学校、中小学的国际部、语言培训机构等建立合作关系，还可以通过志愿者形式去国外就业等。学校可以把历年本专业学生的就业出路情况以及本专业可以从事的职业信息告诉学生，使其明确自己专业可以从事哪些工作、有哪些出路，这样会大大增强其对专业的感情和兴趣。

4.2.2 改善课程设置，求精、求实

在开放式问卷调查中，在不喜欢对外汉语专业的理由中，“课程设置不合理，重复性内容多”“课程宽泛，无重点”“课程实践性差”“有些课程不重要，学术性强，较枯燥”“课程单调，只有语言和英语”“语言学课程过多”等涉及专业课程的原因被提到 124 次，值得重视。其实，课程不在多（即便多，也应多在选修课，让学生根据兴趣和需要自主选择而不是都安排成必修课），而在“精”，所以要“求精”。首先要整合一些相关课程，去除重复性的内容，比如学生反映最多的“语言学”及相关课程。其次，突出一些重点课程，比如语言学概论、现代汉语、第二语言教学概论等，应讲深讲透，严格考核，使学生扎实掌握。另外还要“求实”，即解决学生所反映的实践性不强的问题。求实是指“接地气”，即注重实践性。这个对培养对外汉语教师异常重要，却一直没有得到有效解决。应该大幅增加教学实习的时间，同时注重每门课程的内容与教学相联系，注意从教学的角度来梳理、归纳、安排讲授内容。

4.2.3 对对外汉语专业教师提供业务性支持，以提高其教学水平

在开放式问卷调查中，在不喜欢对外汉语专业的理由中，“不喜欢某些老师”等涉及教师的原因被提及 6 次；在喜欢对外汉语专业的理由中，“老师很棒，师资强”等涉及教师的原因被提及 17 次。这说明作为整体的专业教师队伍很好，但也有少数教师的教学水平亟待提高。有一支精干的专业课教师队伍非常关键，教师队伍本身不仅是影响学生喜爱对外汉语专业与否的重要因素，而且能把其他因素带动起来，优秀教师甚至可以把负面的

因素“转正”。比如优秀的教师讲课能够深入浅出，可以把“难”课程讲成“易”课程，可以把“枯燥”课程讲成“有意思”课程，可以把“重复性内容”避开或讲成“不重复的内容”，等等。学校应该把教师的培养放在重要地位，给教师提供业务支持，提升其教学水平，比如邀请得到学生普遍好评的教师开一些有关教学的讲座，适当进行一些有针对性的培训，组织教师之间相互观摩研讨等。另外还应在管理制度上增加一些弹性，比如把课排得相对集中一些，使教师有时间思考、充电、提高。

此外，在开放式问卷调查中，学生在“不喜欢对外汉语专业的理由”中有 21 次提到“当初并非自己所选专业”“不好玩”“不喜欢”等原因。学校应扩大宣传，使学生在报考前就对对外汉语专业有一个较为全面的认识，以免进入大学以后才发现并不适合自己。学校还应给学生调专业的机会，让实在不喜欢对外汉语专业的学生有所选择，这对专业和学生都有好处。

参考文献

连　榕、杨丽娴、吴兰花（2005）大学生的专业承诺、学习倦怠的关系与量表编制，《心理学报》第 5 期。

连　榕、杨丽娴、吴兰花（2006）大学生专业承诺、学习倦怠的状况及其关系，《心理科学》第 1 期。

廖　红（2010）大学生学习倦怠与一般自我效能感的关系研究，《继续教育研究》第 11 期。

马　勇（2010）大学生学习倦怠与学习自我效能感关系研究，《现代教育科学》第 1 期。

Maslach, C. & Jackson, S. (1981) The Measurement of Experienced Burnout. *Journal of Occupational Behavior*, 2: 99-113.

Meyer, J. P., Allen, N. J. & Smith, C. A. (1993) Commitment to Organizations and Occupations: Extension and Test of a Three-Component Model. *Journal of Applied Psychology*, 78: 538-551.

汉语国际教育本科专业人才培养理念及模式

鲁东大学　胡晓清　毛嘉宾

摘要　本文在分析汉语国际教育本科专业所面临局势的基础上，提出了“出口导向”的人才培养理念，通过“1+1+1+1”培养模式，以厚本固基提升学生综合素质，以不同定位、不同课程模块、不同实践活动培养学生的职业胜任力，力图打造出“跨文化、多元化、应用型”的汉语国际教育本科专业人才。

关键词　汉语国际教育　本科专业　人才培养理念　培养模式　定位

“汉语国际教育”于2012年正式被教育部专业学科目录收入，成为中国语言文学一级学科下的二级学科，使一直依赖于“语言学与应用语言学”的该学科有了自己独立的学术地位，也为其发展提供了更为广阔的空间。在廓清该学科研究范围、再次厘定其学科属性时，我们应将目光锁定作为其学科支撑的“汉语国际教育本科专业”，以应用性视角探究汉语国际教育本科专业人才培养的模式。

一 汉语国际教育本科专业所面临的局势

1.1 势如燎原的汉语国际教育事业需要大量的汉语国际教育人才

汉语国际教育既是学科专业名称，同时也是我们致力的以汉语及中华文化传播为目的的一项事业。这项事业在进入21世纪后呈现出蓬勃发展之势。据教育部统计，截至2011年，全年在华学习的外国留学人员总数首次突破29万人，共有来自194个国家和地区的292611名各类来华留学人员，分布在全国660所高等院校、科研院所和其他教学机构中学习。2012年来华留学生总数增加35719人，首次超过30万，达到328330人。全球范围内学习汉语的人数据不完全统计达到一亿人，世界各地对汉语教育的需求呈现多点上升趋势。如此大规模、多国别、跨层次、分年龄的汉语教育市场为汉语国际教育本科专业提供了较为长期的可持续的就业渠道，使该专业的设立和发展成为一种必要。汉语国际教育本科专业人才培养植根于这片沃土中，不会是无源之水、无本之木。

1.2 汉语国际教育的新变化要求更多针对性强的汉语国际教育人才

汉语国际教育在新的时期面临着新的情况，对汉语教育人才的需求出现了新的变化。

一是国别化、区域化特征明显。以前主要是面向英语文化圈的需求，现在随着世界各地对汉语及中华文化了解意愿的升温，不同区域对汉语教育人才提出了不同的要求。首先是通用语言的变化，比如大部分南美地区通用西班牙语，非洲部分地区通用法语等。只会英语的汉语国际教育人才可能陷入无法交流沟通的窘境。其次是外语教学和学习理念的差异加大。如北美地区中小学汉语教学的理念是在分科教学中融进主题式教学的理念，教学的根本目标是完成任务，课堂上主要采用沟通式教学方法（陈绂，2008）。而在汉语教育开展势头最猛、连续多年来华留学人数居首位的韩国，很多教育机构中汉语教学和学习的理念还停留在结构主义教学法时代。如何适应不同区域的教学理念，是汉语国际教育人才面临的严峻考验。再次，不同国家、地区对汉语的需求层面不同。欧洲对汉语的需求超越了早前的商务需求，上升到文化交流层面（许嘉璐，2008），美国更是提出“发现语言，发现世界”（杨丽姣，2008）。而在同处汉字文化圈的韩国、日本，学习者学习汉语的动机仍旧是工具型动机大于融合型动机。在一些与中国经贸往来逐渐增多的新兴地区，人们对汉语学习的需求也大多仍停留在外在工具型需求。了解学习者所在国的汉语需求，顺应之，然后寻求变化，是汉语国际教育人才的不二选择。

二是汉语学习者呈现多层化分布状态。随着汉语学习者数量的增加，汉语学习者的类型逐渐多层化。第一是年龄的多层化。上至耄耋老者，下到低龄幼儿，学习者的年龄层跨度增大，甚至会出现老、中、青同处一个授课班级的情况。近年来学习者逐渐低龄化成为各国普遍出现的状况，中小学直至幼儿园的汉语教育占据了相当大的比例。第二是职业的多层化。成年汉语学习者中既有来自不同专业、不同层级的学生，也有来自各行各业的不同从业者，还有相当一部分家庭主妇、无业者或业已退休者。他们学习目的各异，但都对汉语学习抱有浓厚的兴趣。第三是学习时间的多层化。学习者中有的可长期学习，甚至是专业学习，有的只能短期集中学习，有的则要利用业余时间松散地学习。第四是学习目的多层化。部分学习者是为了拿到汉语类课程学分，部分学习者是为了储备更多的职业技能，部分学习者出于文化交流的兴趣目的，部分学习者基于融合型学习动机，甚至有部分学习者为被动式的无动机学习。汉语学习者多层化的状态对汉语国际教育人才培养提出了更高的要求。

三是国外汉语教育机构种类繁多，教育目的渐趋多元化。国外从事汉语教育的机构因国别而不同。以韩国为例，既有教育体制之内的大学、中学、小学、幼儿园中的汉语教育，也有各种公司化运营的教育产业。有学习者集中学习的私立辅导学院，也有上门辅导的派送式汉语教育公司。有各大公司独立开展的员工汉语培训，也有打包定向培养的专职教育机构。众多教育机构进行汉语教育的目的差异较大，中小学汉语教育多为拓展受教育者视野，提高其综合素质；大学汉语教育或为通识教育的一个环节，或为专业人才的精细化培养；公司内部的员工汉语培训旨在提高员工技能，提升公司的市场竞争力；各种营利性教育机构则着眼于扩大生源、提高知名度，因此以汉语考试成绩的提升为竞争手段和教育目的。多元化的教育目的使不同汉语教育机构对汉语教师的需求差异明显。

总而言之，无论是上述哪一种情况的变化，随之而来的都是对汉语国际教育教师需求的变化。何种情况下要以不变应万变，何种情况下要顺势而变，汉语国际教育教师素质的普遍性和针对性如何兼容，是我们要思考的问题。反言之，由汉语升温带来的变化从另一角度证明，汉语国际教育人才是亟需的，在某些国家和地区甚至是迫不及待的。我们应该想方设法培养出更多有针对性的汉语教育人才来满足各种新变化反映出的新需求。

1.3 汉语国际教育本科专业所处的境况

目前，汉语国际教育师资主要分为两大类。一类是国内师资，主要集中在高等学校及相关教育机构。国内师资已经基本走过了会说普通话就能教汉语和外语流利就能教汉语的起始阶段，进入了较为专业化的阶段。从事汉语教育的教师大多具有中国语言文学类或外语语言文学类硕士或博士学位，近些年也有不少对外汉语教学方向的针对性更强的博士充实到汉语教师队伍中来。除个别私人培训机构，本科生直接从事汉语教育的几乎没有。另一类是国外师资。国外师资一部分是华人或华裔。具有语言学背景的博士或教授多集中在大学中，其他层次的华人或华裔则在中小学或业余培训机构中承担汉语教学工作。一部分是本土师资。同样的从高校到中小学、培训机构存在着教师学历和汉语执教能力由高到低的现象。还有一部分为中国派往各国孔子学院、孔子课堂的教师和志愿者以及国内高校、中学向其国外友好大学、友好中学派送的教师等。无论上述哪一类教师，国内本科毕业的学生直接在国内从事汉语教育几乎不可能。有了汉教硕士后，汉语国际教育专业本科毕业生作为志愿者赴海外从事汉语教育也相对困难。因此，虽然国内外汉语教育市场非常广阔，但作为汉语国际教育本科专业毕业生很难在这一层次上直接从事该项工作。为此，历年来，很多设立“对外汉语教学”本科专业的学校都在关注其本科毕业生的出路在哪里，究竟应该如何化解该专业所处的窘境，唯此，方能使求学者坚定信念，专心向学；为教者胸有底气，精心培养。

二　汉语国际教育本科专业“出口导向”的人才培养观

2.1　汉语国际教育本科专业的出口在哪里

2012 年教育部高等教育司编纂的《普通高等学校本科专业目录和专业介绍》中，汉语国际教育专业培养目标为“培养掌握扎实的汉语基础知识，具有较高的人文素养，具备中国文学、中华文化、跨文化交际等方面的专业知识与能力，能在国内外各类学校从事汉语教学，在各职能部门、外贸机构、新闻出版单位及企事业单位从事与语言文化传播交流相关工作的中国语言文学学科应用型专门人才”。根据以上描述，汉语国际教育本科专业学生的出口有两大类别：一是从事汉语教学，二是从事与语言文化传播交流相关的工作。前者既包括面向外国人的汉语教学，也包括面向中国人的中小学语文教学。后者则可根据就职单位不同细分为不同职业，如编辑、外向型文秘、业务型翻译等。因此，从出口角度看，汉语国际教育本科专业培养的人才只有不到二分之一甚至三分之一将来从事面向外国人的汉语教学工作，其余多数则走上中小学教学或其他事业性或企业性岗位。而小部分未来从事汉语国际教育工作的毕业生也大多需要进一步深造，攻读汉语国际教育专业硕士学位，甚至继续攻读博士学位，为真正在国内外从事汉教工作充电。这部分学生的培养和出口之间存在一个“延长期”，有若干未定因素可能会干扰学生最终的出口。

2.2 汉语国际教育本科专业人才培养理念

既然汉语国际教育本科专业学生的出口较宽，那么在人才培养上，我们应该调整思路，树立“出口导向”的人才培养理念。换言之，我们应根据该专业所培养学生未来的出口，为学生提供多元化的选择，在厚本固基、综合提升学生素质的前提下，利用不同的课程模块，培养学生不同的职业能力，促进学生对未来出口工作的胜任力。因此，汉语国际教育本科专业的人才培养理念应该是“跨文化、多元化、应用型”。“跨文化”要求我们培养的学生具有扎实的中外语言基础，具备国际视野，通晓中外文化，能够对不同文化间的交流合作进行沟通协调。“多元化”要求我们为学生提供不同的选择。“应用型”则意味着无论哪种出口，该专业培养的学生都应成为具备职业胜任力的合格人才，而不是只会纸上谈兵的空谈型人才。

三 汉语国际教育本科专业人才培养模式

基于上述人才培养理念，我们拟采用的汉语国际教育本科专业人才培养模式为“1+1+1+1”模式。第一个“1”是入学后的第一年。在这一年中，所有学生均学习通识教育课程和学科基础课程。通识教育课程中除公共必修课程外，可引导学生根据自己的基础选择几门有利于提升本人人文素质的课程。学科基础课程则夯实汉语语言基础和英语基础，锤炼普通话，全面提高口语表达能力，强化运用现代教育技术的能力。因此，第一年也是夯实基础之年。第二个“1”是指入学第二年。应利用多种形式，包括课上和课下，培养学生独立思考、自主学习的能力，帮助学生分析自己的优劣势，明确自己的发展方向，然后按照自己所设定的方向有意锻炼自己。因此，第二年为明确方向之年。第三个“1”是入学第三年。为促进学生方向性发展，课程中设立不同的“专业方向课”，不同方向的学生应选修自己方向课程模块的大部分课程，同时可跨选其他模块的部分课程。课程外引导学生根据方向进行不同的课外实践活动，如“中外文化对对碰”活动、“我手写你需”活动、“牵手留学生”活动、“模拟办公室”活动等，旨在通过课程内外协同培养学生定位后的应激能力。这个“1”也可以说是特性发展之年。最后一个“1”是指大学最后一年，课程进入冲刺阶段，专业实习随之展开。学校将为学生建立各种类型的实习基地，使学生能够按照自己的出口意愿进入不同实习基地实习，从而在工作中提高自己的职业胜任力。因此最后一年是归位提升之年。图示如下：

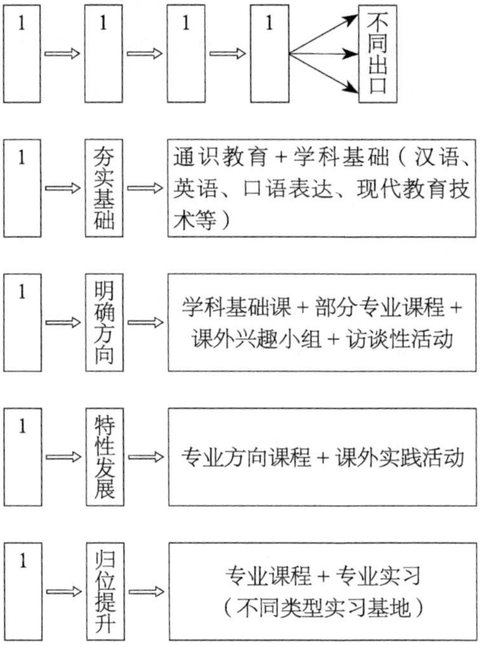

“1+1+1+1”培养模式图

四　结语

树立出口导向的汉语国际教育本科专业人才培养理念，将人才定位于“跨文化、多元化、应用型”，以“1+1+1+1”的人才培养模式打造能够适应不同职业要求的专门人才，是我们为破解汉语国际教育本科专业前有汉教硕士甚至更高级人才“阻挡”、后有中国语言文学类其他专业人才“虎视”的难题而进行的思考。当然，对将来欲从事汉语国际教育工作的部分学生如何培养，如何在国外找准本科生定位，如何在本科和硕士间搭建一座直通桥梁，对拟继续深造的学生如何厚本固基，这是我们下一步要深入研究、不断细化的问题。

参考文献

陈　绂（2008）从北美地区中小学汉语教学的特点谈汉语国际教育教师的培养,《第九届国际汉语教学研讨会论文选》，北京：高等教育出版社，2010。

陈　申、薛馨华（2010）国际汉语教师培养理念解构,《语言教学与研究》第 5 期。

崔希亮（2010）对外汉语教学与汉语国际教育的发展与展望,《语言文字应用》第 2 期。

李凌艳（2006）汉语国际推广背景下海外汉语教学师资问题的分析与思考,《语言文字应用》第 2 期。

许嘉璐（2008）解放思想、交流经验、共探新路——在“国际汉语教育人才培养研讨会”开幕式上的讲话,《国际汉语教育人才培养论丛》，北京：北京大学出版社。

杨丽姣（2006）美国外语教学语言交际能力培养标准的分析和思考,《语言文字应用》第 S1 期。

赵金铭（2008）汉语国际传播研究述略,《浙江师范大学学报（社会科学版）》第 5 期。

中华人民共和国教育部高等教育司（2012）《普通高等学校本科专业目录和专业介绍》，北京：高等教育出版社。

周士宏（2008）汉语国际传播师资问题初论,《暨南学报（哲学社会科学版）》第 1 期。

新形势下国际汉语教师的培养策略探析*

成都信息工程学院　梁　京

摘要　近年来，我国大力推进了汉语国际推广事业，以培养汉语教师为宗旨的对外汉语专业的规模也在不断扩大，但是并未解决“汉语教师荒”的问题，而毕业生普遍未能在本专业领域就业。汉语国际推广事业的快速发展对国际汉语教师的数量和质量都有较高的要求，本文围绕汉语国际教育的现状，结合《国际汉语教师标准》，从课程设置、实践体系建设、职业培训等方面探讨培养合格的国际汉语教师的策略。

关键词　国际汉语教师　矛盾　培养　策略

*　本项研究得到成都信息工程学院 2013 年教育教学研究与改革项目（项目编号：Y2013097）的支持。谨此致谢。

近年来，世界范围内出现了学习汉语的热潮。国家汉办统计数据显示，截至本文成稿时，已在108个国家建立了400所孔子学院和500多个孔子课堂。2012年，各国孔子学院和课堂注册学员总数共计65.5万人。与“汉语热”升温相矛盾的是对外汉语教学人才的匮乏，高校的对外汉语专业肩负着培养合格汉语教师的重要任务，只有培养大批高水平的对外汉语教师，汉语国际教育事业才能健康持久地发展下去，汉语国际推广的战略才能长久地实施下去。

一　目前汉语国际教育存在的突出矛盾

2006年3月，国务院转发了《关于加强汉语国际推广工作的若干意见》，从国家战略的高度阐明了汉语国际推广的重要性和紧迫性，提出了跨越式发展目标。随着近年来“汉语热”的不断升温，海外学习汉语的人数呈逐年上升的趋势，很多国家都是以至少50%的速度在飞速发展。客观冷静地面对这一热潮，不难发现汉语国际教育存在着两方面的矛盾。

一个矛盾是汉语热与汉语教师严重短缺之间的矛盾。在汉语热持续升温的背景下，师资成了制约汉语走向世界步伐的一大瓶颈。海外学习者不断增加，使汉语教师的需求量不断加大。据美国亚洲协会估计，在2015年将有5%的美国学生学习汉语，届时将至少需要5000名至7000名中文教师，但现在美国只有500至700名中文教师，缺口非常大。据国家汉办统计，目前全世界每年约需要1万名对外汉语教师，而我国仅能派出2000人。预计到2014年底，全球学习汉语的人数将达1亿人，至少需要500万名汉语教师。

另一个矛盾是对外汉语专业毕业生就业不对口与海外汉语教师匮乏之间的矛盾。以培养汉语教师为宗旨的对外汉语专业设置已有20多年了，近几年招生规模迅速扩大，看起来前途一片光明，然而毕业生就业却很尴尬。据调查，绝大多数毕业生都未能从事本专业的工作。从2010年全国高校对外汉语专业建设研讨会上各高校反馈的信息来看，对外汉语毕业生就业对口率仅为10%，绝大部分毕业生不能进入对外汉语领域从事本专业相关工作，存在着就业专业基本不对口的突出矛盾。而海外学习汉语的人数不断增长，对汉语教师的需求大大增加，同时对人才质量的要求也在不断提高，如更加重视教学经验，看重外语水平和跨文化交际能力，但目前各个高校该专业培养出来的毕业生大多教学技能不佳，教学经验欠缺，社会适应能力差，难以适应海外汉语教学的要求。

二　高校对外汉语专业人才培养的问题

对外汉语作为一个独立学科发展的历史较短，从 1950 年清华大学正式成立的“东欧交换生中国语文进修班”开始到 1983 年在北京语言学院首先设置对外汉语教学本科专业，发展至今已有 30 年历史。对外汉语专业以培养对外汉语教师为目标，但是，对外汉语专业在人才培养上，普遍有“重知识轻能力、重理论轻实践”的倾向，因此培养出来的学生难以胜任国际汉语教师的职位需要。

2.1　专业定位与培养目标模糊

全国现有 300 多所院校开办了对外汉语专业，由于各个高校的学校性质、师资力量、所处地域、办学优势和特色不同，各校的对外汉语专业在专业定位和培养目标方面存在较大差异。又因为海外就业渠道不够畅通，很少毕业生能在专业领域内就业，因此，各学校的对外汉语专业较多强调“宽口径”，以增强毕业生广泛就业的适应性，导致专业定位与培养目标的模糊，进而影响了课程体系的构建，也就造成学生专业知识和技能培养的薄弱。

2.2　课程设置较为随意

对外汉语专业是从中文专业派生出来的，强调汉英双语，因此大多数院校专业课的设置都是在传统中文专业的语言、文学基础上增加了英语的比重，同时增加了“对外汉语教学法”的理论和实践课程。那些与中文专业相同的课程，如现代汉语、古代汉语、中国古代文学、现当代文学、外国文学在教学大纲、教学要求上并没有体现出对外汉语专业的特色。

除此之外，考虑到广大毕业生就业的广泛性，很多院校又结合自身特色和社会需求，开设了一些与对外汉语教学无直接关联的课程，如财经类学校开设了国际贸易理论与实务、商务英语谈判，有的学校开设了导游学。总体上看，课程设置呈现出各行其是的局面，培养出来的学生往往会因课程设置不合理而导致知识结构的不合理，培养质量大打折扣。

2.3 实践环节薄弱

在对外汉语专业人才的培养过程中，多强调语言、文化的知识灌输，忽略学生实际教学能力的培养。有些学校受各种条件限制，没有相对稳定的见习、实习基地，没有留学生，教学实践成为空谈，或者是进入一些机关企事业单位、中小学进行实践，获得的是与对外汉语教学无关的工作经验。因此，学生教学水平不高，教学经验欠缺，在真正的对外汉语教学中会严重欠缺适应能力，面对现今汉语教学国际化的强大趋势将是束手无策的。

三 国际汉语教师的培养策略

“汉语教师短缺的实质一直是‘合格’师资的奇缺，而不仅仅是泛泛意义上的师资不足。”（李凌艳，2006）为切实解决国际汉语师资的缺口问题，应高度重视高校对外汉语专业人才的培养，做到培养一批，胜任一批。

3.1 合理设置课程，以科学的课程体系夯实学生的专业基础

在 1998 年中华人民共和国教育部高等教育司编纂的《普通高等学校本科专业目录和专业介绍》中，对外汉语专业的主要课程有“基础英语、英语写作、英汉翻译、现代汉语、古代汉语、中国文学、外国文学、中华文化通论、西方文化与礼仪、国外汉学研究、语言学概论、对外汉语教学概论等”。2012 年，新的《普通高等学校本科专业目录和专业介绍》中将“对外汉语”更名为“汉语国际教育”，主要课程与以前没有太大差异，在实践

课程方面比以前增加了新的内容，如中华传统才艺、对外汉语热点问题等，体现了加强实践、注重文化内涵的倾向。在这一文件的指导下，各校对外汉语教学专业的课程安排大同小异，又由于对外汉语专业是在中文专业的基础上派生出来的，很多学校的课程设置都按照“中文 + 外语 + 教育”的思路来设置，且课程设置特点不鲜明，没能很好地体现出对外汉语学科与其他相关、相邻学科的区别性特征，从而导致专业特色的缺失。由此可见，无论是语言文学课、英语课还是其他课程，都要考虑对外汉语专业的专业特性，教学大纲、教材编写都要充分考虑对外汉语专业的培养目标。

对外汉语专业的课程设置不仅仅要以教育部的《普通高等学校本科专业目录和专业介绍》为依据，同时还要以汉语国际教育对此类人才的需求为基础，结合本专业培养对外汉语教学人才的目标来科学地设置课程，因此，国家汉办制定的《国际汉语教师标准》(以下简称“《标准》”)也是对外汉语专业制定人才培养方案、构建课程体系的重要依据。2012 年底正式发布的《标准》是在 2007 年发布的《标准》的基础上，历时 3 年修订完善而成，由汉语教学基础、汉语教学方法、教学组织与课题管理、中华文化与跨文化交际、职业道德与专业发展等五部分组成，强调实用性、操作性和有效性，突出汉语教学、中华文化传播和跨文化交流三项基本技能。因此，可以根据《标准》优化课程体系，将一个部分或者一项技能形成一个课程群，如汉语言课程群、外语课程群、汉语教学课程群、中华文化课程群等。

3.2　构建实践体系，以系统性的实践促进学生能力的提升

国际汉语教师的培养目标决定了该专业实践教学的重要性和特殊性，不间断的实践是培养学生汉语教学能力重要的手段，尤其在三 、四年级，要将教学重点放在强化方向、强化实践上，分阶段、连续不断地进行实践。按照由易到难、由少到多的顺序逐步展开，构建立体化、多层面的教学实践体系，从课堂、校园到社会，甚至是海外，都可以安排各种形式和训练目的的实践活动。从因地制宜、节约成本的角度考虑的话，实践应立足校内、国内，除了常规的课内实践以外，校内可以利用微格实验室进行仿真

性教学实践活动，利用留学生资源开展语伴活动和课堂教学活动。在校外，广泛建立校外实习基地，采取校企联姻、与中小学联合等方式，将外企的外国员工、中小学国际部的学生作为教学对象进行汉语教学的实践。

3.3 加强职业培训，以职业资格证考试来促进教学能力的培训

对外汉语教师的培养应该采用学历教育和职业培训相结合的方式。多数对外汉语专业的学生通过在校的系统学习基本掌握了汉语教学的理论知识，他们大多因为缺少实践机会、缺少相关训练而汉语教学能力较差。因此，职业培训所起的辅助作用就不可忽视了，学生通过职业培训或者参加职业资格证书的考试，一方面可以强化理论知识，另一方面可以通过短期培训中的各种实训掌握一些实用的教学技巧，快速提高教学能力，以便更好地适应教学需要。

关于对外汉语教师的培训，学界专家有不同的看法。刘珣（1996）认为，教师培训应当体现以学员为中心的原则，考虑其不同的特点，满足其特殊需要；应当体现教学相长的原则，在教师为主导的前提下注重启发式，加强师生互动；应当贯彻理论与实践相结合的原则，尽可能给学员以一定的教学实习机会。邓恩明（1991）列举了对外汉语教师培训班应当设置的课程，从分类上包括对外汉语教学理论、面向对外汉语教学的汉语本体知识、对外汉语课堂教学的内容与方法、汉语测试、对外汉语教材的使用与编写等。刘晓雨（1999）则指出，培训要突出理论内容，教师具备了一个良好的理论基础，才能发展专业技能；培训要强调教学实习，教学技巧的学习只有在实际课堂教学中才能彻底领悟。无论是哪一位专家学者的观点，都十分强调职业培训中的实践，这恰恰可以弥补学历教育过程中实践实训欠缺的不足。

随着汉语国际推广事业的发展和汉语教师的严重短缺，汉语教师的培训市场异常火爆，尤其是汉办 2005 年停办“对外汉语教师资格考试”之后，中国民间涌现出多家资格认证机构，推出了名目各异的汉语教师职业资格证书。但这些培训考证鱼龙混杂，良莠不齐，教学质量总体不高。《标准》（2012 年版）的颁布以及对外汉语教师资格认证考试的重新开启为广大

对外汉语专业的学生带来了新的希望，学生按照《标准》进行学习、培训、进修、考试，不仅可以获得权威机构的职业资格认定，还可以切实提高教学技能与教学能力。

参考文献

邓恩明（1991）谈教师培训的课程设置，《世界汉语教学》第1期。

李凌艳（2006）汉语国际推广背景下海外汉语教学师资问题的分析与思考，《语言文字应用》第6期。

李铁范（2004）对外汉语本科专业建设几个主要问题的思考，《淮北煤炭师范学院学报（哲学社会科学版）》第5期。

刘　珣（1996）关于汉语教师培训的几个问题，《世界汉语教学》第2期。

刘晓雨（1999）对对外汉语教师业务培训的思考，《北京大学学报（哲学社会科学版）》第4期。

陆　华、李业才（2007）对外汉语专业建设的问题与应对措施，《衡水学院学报》第7期。

徐冰若（2006）对外汉语教学的历史回顾及其现状、发展，《科教文汇》第9期。

中华人民共和国教育部高等教育司（1998）《普通高等学校本科专业目录和专业介绍》，北京：高等教育出版社。

周卫华、王继花（2008）浅谈地方高校对外汉语专业本科课程设置，《三峡大学学报（人文社会科学版）》第12期。

谈教育信息化时代对外汉语专业的人才培养

中央民族大学　林晓恒

摘要　教育信息化时代背景下，对外汉语专业的人才培养在目标、内容和方法上都有相应的调整，要以培养具有知识、技能和技术等多重能力的创新型人才为新目标，并根据对外汉语教学需求培养出不同类型和不同层次的人才；增加现代教育思想和现代教育技术基础知识的学习，并将其融合到对外汉语教学中；在新的教学理论指导下，用多媒体和网络技术的手段进行人才培养。因此，我们应该加强教育信息化的理论研究工作，提高应用和发展教育技术的认识；积极调整教学内容和教学方法，适应新的人才素质需求；将运用现代教育技术的能力纳入人才培养的质量评估体系，并创造良好的现代教育技术运用环境，搭建对外汉语教学专业人才的资源共享平台。

关键词　教育信息化　对外汉语专业　人才培养

现代信息技术飞速发展，在社会生活的方方面面都产生了广泛的影响，对教育领域的影响尤为深远。它不仅拓展了教育时空，改变了传统的学校教育中班级、课堂授课的单一模式，而且改变了教师、学生的角色、地位和相互关系，使整个教育的思想观念、教学内容、课程安排等多方面都发生了深刻的变化。教育信息化在对外汉语教学领域中的发展趋势和影响已为官方所确认。2007 年，在世界汉语教学学会第七届常务理事会第二次全体会议上，国家汉办主任许琳在讲话中提出，“对外汉语的教学方法从纸质教材面授为主向充分利用现代信息技术、多媒体网络教学为主转变”，这是“在进行了广泛调查、征求了许多国内外汉语教学的教师和专家的意见后总结出来的，是符合世界汉语教学实际的”。这种转变，给高校的对外汉语教学专业人才培养带来了新的变化和挑战。分析这些变化和影响，研究如何适应未来教育发展的趋势，改进和加强对外汉语专业人才的培养工作，无论是对于对外汉语学科的发展、对于整个对外汉语专业的发展还是对于所培养专业人才的个体发展，都具有十分重要的意义。

一　教育信息化对对外汉语教学及专业人才培养提出的新要求

传统的对外汉语教学模式是教师为主体的口耳相传式的教学，在一般的多媒体辅助对外汉语教学中，不少教师仅仅作为信息源甚至仅是放映员，教学模式上趋于平面化，学生主动性不强，因此并不能与汉语学习者构成真正积极的互动。而在新的数字化条件下的对外汉语教学的发展趋势是逐渐变成以充分利用现代信息技术、多媒体网络为主的教学。也就是通过将信息技术融合于对外汉语教学的教学过程来营造出一种新型教学环境，形成一种既能有效体现语言学习的特点，又能优化教学结构和教学方法，充分发挥教师主导作用和学生的主体作用的教与学的方式。郑艳群（2001）将这一新的对外汉语教学的发展趋势概括为“课堂上的网络”和“网络上的课堂”两种主要形式。“课堂上的网络”是把多媒体和网络技术引入对外汉语课堂，使课堂教学更加完善；“网络上的课堂”是在网络上进行对外汉语教学，并有效体现课堂教学的优势，弥补不同地区的教育鸿沟。这些新的教学方式解决了很多传统教材和教学手段束手无策的问题。例如，多媒体等信息技术的运用使得语言教学的教材及教学内容等出现更多形象化、多样化的表现形式，可以使学习者的听觉、视觉等感官受到多方面的刺激，增加感性印象，使一些抽象难懂、难以示范的教学难点更容易理解，增强学习效果；基于信息技术的交互式学习手段，使得学习更加自主；大量的信息资源储备，可以满足不同学习对象的学习要求；非平面式的立体网状教学结构令不同程度的学习者各取所需，发展个人语言能力，提高语言学习的效率；学生主动参与构建学习情境，构建语言理解、运用的真实语境，参与信息资源的建设，使学习真正体现自主性、个性化；基于信息技术的教学评估更加具有科学性，而且可以贯穿于整个教学活动之中，可随时轻松查看不同学生的学习情况，考察学生的反应情况、学习效果，分析他们的问题，还可根据学生情况进行有效的语言项目测试，等等。

显然，新的对外汉语教学的发展趋势，对对外汉语教师提出了新的要求：

首先，对外汉语教师应当树立“E化”教学思想观念，能够结合现代教育技术去思考和探究对外汉语教学新的教学理论、教学模式、教学方法。从根本上说，树立“E化”教学思想观念，必须具有现代教育技术与现代教育理论深度结合的思想。一方面，对现代教育理论和观念中所倡导的素质教育、终身教育、双主体教育、创新教育等要有深刻的理解和认识；另一方面，要对现代教育技术与一些教育理论和观念的关系和相互作用有深入的思考、分析。

其次，对外汉语教师应具备一定的现代教育技术应用能力。在新的数字化条件下的对外汉语教师，应该具备信息技术的基础知识和操作技能，具有利用信息技术获取、处理教学信息，乃至进行教学设计和应用教学的能力。

近些年国内高校新建立的对外汉语教学专业，是为了解决“对外汉语教师荒”，落实国家汉语推广战略而涌现的，是为师资储备而开展的学历教育，所培养的年轻的专业人才更应该具有适应新的教育发展趋势的各项知识和能力。与在职的对外汉语教师培训不同，他们能够获得更为系统的汉语知识、对外汉语教学的理论知识和教育理论知识。同时，作为年轻学生，他们更容易接受和应用新的教育教学理念，在技术方面的接受和应用能力也更强。因此，为适应对外汉语教学改革的新趋势，在对外汉语教学专业人才培养的课程设置和教学安排等方面，也应相应进行调整，为如火如荼的对外汉语教学事业输送高素质的人才。

二　教育信息化对对外汉语教学专业人才培养的影响

2.1　对外汉语教学专业人才培养目标的变化

2.1.1　以培养具有知识、技能和技术等多重能力的创新型对外汉语教学专业人才为新目标

过去的对外汉语教学工作要求从业教师既有扎实的专业知识功底，又有合格的教学技能。而对外汉语教学发展的新趋势则要求他们除此以外，还要有能够主动运用新教育技术和将技术与教学内容方法进行深度结合的能力。与传统的师资学历教育一样，目前大部分的对外汉语教学专业仍主要定位在知识本位上，对实践技能和技术能力的重视不够，无法对学生未来的职业生涯产生更积极的作用。因此，在信息化技术飞速发展的今天，应该抓住信息时代给专业发展带来的机遇，从观念到技术全面提升人才素质，培养具有知识、技能和技术等多重能力的创新型对外汉语教学专业人才。

2.1.2　所培养的人才在类型化和层次化上的变化

对外汉语教学工作需要各个类型和层次的人才。早在 20 世纪 90 年代，吕必松（1990）先生就曾指出，国内外对外汉语教学和科研工作要求有四种类型和层次的教师。第一种是能够胜任课堂教学工作的教师，这是基本层次上的教师。第二种是“教学型”的教师，又分为两个层次：一是能够胜任多种教学任务的教师；一是教学艺术高超的教师。后者是高层次上的教师。第三种是“科研型”的教师，也分为两个层次：一是既能胜任教学工作，又能进行科学研究的教师；一是能够胜任教学工作，科研能力特别

强的教师。后者也是高层次的教师。第四种是“管理型”的教师，还可分为两个层次：一是既能胜任教学、科研工作，又能担任科研管理工作的教师；一是既能胜任教学、科研工作，管理工作能力也特别强的教师。后者是高层次上的教师。一般来说，对外汉语教学本科专业，应当培养出能够胜任课堂教学工作的教师；这一专业招收的硕士和博士研究生，要能成为较高层次上的教师。

教育信息化对对外汉语教师提出了新的要求，需求的类型层次上则注入了新的角度和内容，就是要培养掌握、熟悉和精通对外汉语教学方面的专业教育技术的人才。具体说来可以分成几个类型和层次，第一种是基本技术层次的人才，他们应该是能够整合各种教育资源，驾驭各种形态（文字、音像、实物、电子）的教材，能根据学生需求和特点，进行合理的教学设计，并以多媒体、超文本、友好交互等方式对教学内容进行集成、加工处理，转化为数字化教学资源。第二种是网络型教师，除了上述能力之外，还能够成为教学课件和积件的设计专家。能够设计出高质量的适合学生自学的学习材料，又能设计出适合学生独立学习的远程学习材料。他们既熟悉内容，又熟悉技术（包括信息呈现技术、传输反馈技术）；既能考虑实时的信息组织方式，又能考虑异步的教学内容扩展。第三种是面向技术的科研型人才，他们除了上述两种类型人才的能力之外，能够有较强的面向技术的科研能力。他们能进行信息化环境下的教学系统设计，能够深入思考内容与技术的深度结合、技术因素和人的因素的有效结合，自主地进行适合对外汉语教学特点的教育技术理论的研究和实践工作。

新趋势的人才目标与原有的四种类型和层次并不冲突，是对传统教师类型和层次的补充。而传统教师在新的教育发展趋势之下，大多通过在职培训、自学，参加专题讲座等方式逐步提升自身技术能力，已有不少教师变成了具有相当技术能力的教学型、科研型甚至管理型教师。

2.2　对外汉语教学专业人才培养内容的调整

培养上述适应数字化、信息化时代的对外汉语教学人才，需要在培养内容上进行相应的调整。首先，要从观念上进行更新，通过专门的课程或讲座等让他们树立起新的教学观、实践观。其次，要有具体教学内容上的调整，应该增加更多的现代教育思想和现代教育技术的基本知识，提高他们在这方面的知识、技能。最后，要让他们学习如何把这些现代教育思想和教育技术与对外汉语教学的特点进行融合，达到优化教学结构，提高教学效率的目的。

2.3　对外汉语教学专业人才培养方法的改变

在信息化技术的条件下，对外汉语教学领域的教学模式和方法有了新的变化和发展。培养适应教学发展新趋势的对外汉语教学专业人才的方法也应该进行相应的改变。作为培养教师的教师，当然更应该自觉主动地应用信息化技术，有效提高教学效果；尤其是一些探讨教育信息化技术在对外汉语教学中的应用的课程，更是老师言传身教的好平台。教学中可以把启发建构式教学、任务型或项目型教学、自主性学习等新的教学理论或原则，用多媒体和网络技术的手段予以实现，使其更加形象和高效，最终形成一种既能发挥教师主导作用，又能充分体现学生主体地位的以“自主、探究、合作”为特征的教与学的方式，从而真正把学生的主动性、积极性、创造性充分地发挥出来。

三　对教育信息化条件下对外汉语教学人才培养工作的几点建议

3.1　加强教育信息化的理论研究工作，提高应用和发展教育技术的认识

当代信息技术发展很快，其在教育领域的应用技术也在飞速发展。为此，必须加强对教育信息化的理论研究，深入探讨教育信息化与对外汉语教学的相互关系。不论是对外汉语教学专业人才的培养者还是专业人才本身，都要体认到教育信息化的重要性和紧迫性，认识到这是教育改革和发展的必然要求，也是对外汉语教学改革的关键之一。要使他们充分认识教育信息化及信息技术的作用领域和特点，充分理解信息技术能在更高层次

和更广形态上对对外汉语教学产生积极作用。

3.2 积极调整教学内容和教学方法，适应新的人才素质需求

为满足新的人才素质需求，调整教学内容和教学方法是十分必要的。在课程安排上，除了原有的对外汉语专业知识，如本体汉语知识、第二语言教学理论、第二语言习得理论、各种课型的对外汉语课堂教学、教育学、教育心理学、文学文化知识等课程之外，还要增加新的教学内容，主要是两方面：一是与信息化有关的如现代教育技术等相关课程应成为必修或选修课程；二是开设一些探讨将信息技术整合于对外汉语教学的理论、原则、方法和实践的相关课程。例如，有教育学者就提出，应该把应用现代教育技术的重点从课件开发设计转移到信息环境下的教学设计。即运用现代学习与教学心理学、传播学、教学媒体论等相关理论与技术，来分析教学中的问题和需求，设计解决办法，试行解决办法，评价试行结果，并在评价基础上改进设计。教学设计的开展，有利于教学工作的科学化和青年教师的培养，有利于教学理论与教学实践的结合，有利于科学思维习惯和能力的培养，有利于信息化教育的开展和多媒体教材质量的提高。

在教学方法上，以探究式、反省式的方法，结合现代教育技术，把师资培训的各项内容纳入信息化的环境之下。积极打造适合师资培训的资源库、积件库，如多样的对外汉语教材、真实的留学生中介语材料、真实的留学生课堂教学录像、应用效果好的对外汉语教学课件或网络课程等；以及适合对外汉语教师的各种资源库，如大量的图片、声音、动画、视频素材，以方便指导学生在海量的教学资源中，根据教育教学规律、学生的特点和需求，来寻求恰当的教学设计，实现合理的教学结构，掌握相应的教学能力。相较于过去的传统工匠学徒式的师傅示范徒弟观察学习的方式，学生在这一过程中具有更多的自主性；而且由于信息技术带来的形象化和仿真性，更容易使他们进入角色，因此学习更有深度，效率也更高。

年轻人更容易接受和掌握现代教育思想和现代教育技术的基本知识和技能，教学内容和方法上的调整也应该会受到学生的欢迎，应能产生较好的效果。

当然，由于对外汉语教学的现代化还处于一个逐步探索和完善的过程当中，很多问题并没有研究清楚，可以在教学当中鼓励学有余力的学生积极探索，创新方法，鼓励他们向科研型人才方向发展。

3.3 将运用现代教育技术的能力纳入人才培养的质量评估体系

根据教育信息化的理念对人才培养的教学内容和方法加以调整，就必须有相应的人才质量评估体系来把关和保障。通过建立有效的评估体系，对学生使用现代教育技术的能力进行检查、督导和评价，根据学生自身特点，形成人才培养质量上的类型化和层次性评价习题。例如，有的学生能够基本胜任课堂教学工作，有的学生能胜任新发展趋势下课堂教学工作，有的学生能为网络教学、远程教学提供技术支持，等等。运用教育技术能力的提高，实际上也能拓宽学生的就业口径，尤其是能将专业知识与现代信息技术深度结合的复合型人才，必将成为新教育时代的弄潮儿。

3.4 创造良好的现代教育技术运用环境，搭建对外汉语教学专业人才的资源共享平台

为实现人才培养的新目标，建议配备计算机、投影仪、录像机等设备，教室里能随时联通到互联网上，供教师和学生共同使用。如果有条件的话，可以请相关教育技术的教师和对外汉语专业的教师，把在对外汉语教学领域的信息技术整合过程及方法，通过数字化的教学方式进行共同讲解和说明。

此外，呼吁有对外汉语教学专业的相关学校，共同搭建服务于对外汉语教学人才培养的网络平台，建设基于师资学历教育人才、基于对外汉语教学新发展的培训中心、资源中心、交流中心、服务中心，实现基于互联网的学习功能、学习管理功能、考试功能、资源数据库管理功能、资源自动上传和下载功能、实时和非实时的互动交流功能。

总之，教育信息化给对外汉语教师和对外汉语教师培养都带来了新的机遇和挑战。只有顺应时代的要求和未来的发展趋势，才能培养出高素质的对外汉语教学的专业人才。

参考文献

吕必松（1990）关于对外汉语教师业务素质的几个问题——一个亟待解决的问题，《对外汉语教学研究》，北京：北京语言学院出版社。

皮连生（2001）《教学设计——心理学的理论与技术》，北京：高等教育出版社。

许　琳（2007）汉语国际推广的形势和任务，《世界汉语教学》第 2 期。

郑艳群（2001）课堂上的网络和网络上的课堂——从现代教育技术看对外汉语教学的发展，《世界汉语教学》第 4 期。

汉语国际教育的专业文化理念与跨文化语境的人才

浙江师范大学　宣炳善

摘要　汉语国际教育专业是适应中华文化走出去的国家外交战略需要而发展起来的新兴特色专业，以原有的对外汉语专业为基础转型而来。在中华文化走出去的过程中，汉语国际教育专业将突出汉语教学与汉字教学并重的语言文字教学方式，同时注重跨文化语境中的中外文化的互动交流。基于这一认识，汉语国际教育专业在继承原有的对外汉语专业发展的基础上，应着重培养新的专业文化理念。新专业在其建设过程中，会形成专业文化，汉语国际教育专业的跨文化语境特征极为突出，因此需要大力培养跨文化语境人才，从而展开异文化背景下的语言文字教学与文化教学及文化交流工作。

关键词　汉语国际教育　走出去　专业转型
专业文化　跨文化语境　人才培养

一 引言

改革开放30年以来，中国已成为世界第二大经济体，但是许多国家对中华文化不了解，世界上学习汉语的人数还不能与英语相提并论。与英语相比，在国际上汉语仍然是弱势语言。语言学习的背后是一个国家实力强盛的标志。中国目前由着重发展经济转向经济与文化社会平行发展并重，注重发展文化软实力。汉语国际教育是中国扩大对外开放，提高国家软实力和实现和平发展的重要战略举措，提高汉语与中华文化的国际竞争力也就是提高中国的国际竞争力。汉语国际教育与中华民族的伟大复兴紧密相关，是适应时代需要的新兴专业。在国际文化交流事业中，语言教学与传播是一个重要组成部分，汉语国际教育不只是一个简单的语言文字教学问题，它与中华民族的伟大复兴与中华民族精神与文化价值观的全球传播紧密相关。

二 汉语国际教育作为新兴专业的教学现状

汉语国际教育专业的前身是对外汉语专业，2012年由教育部在《普通高等学校本科专业目录和专业介绍》中更名为汉语国际教育专业。1985年，经国家教委批准，北京语言学院（即今“北京语言大学”）、北京外国语学院、上海外国语学院、华东师范大学4所大学开设国内第一批对外汉语专业。由于当时中国经济总量在全球所占比例小，还没有融入全球市场化经济，来华留学生学习汉语的人数少，而且生源也不稳定，因此设定为非师范专业，对外汉语专业的非师范定位自1985年一直沿用至2012年。2012年，教育部发布的《普通高等学校本科专业目录和专业介绍》将“对外汉语”专业更名为“汉语国际教育”专业，突出在海外孔子学院、孔子课堂的跨文化语境中进行汉语、汉字与中华文化教学的专业特征，这一改变实际上已使该专业从非师范专业向师范专业转变。“汉语国际教育”这一概念是2012年才第一次在教育部本科专业目录设置的文件中提出，因此是一个适应新时代需求、应对全球化挑战的国家战略型新兴专业，与原有的对外汉语专业存在相当大的差异。

原有的对外汉语专业是在国内为留学生从事汉语教学的专业，中国教师没有走出国门，是被动式的教学方式，即等待留学生来中国留学，然后在国内的汉语语境中为留学生开展汉语教学，而且以语言教学为主，不重视文化教学。但汉语国际教育专业则要求中国教师走出国门，主动为海外汉语学习者提供服务，是在国外的异文化语境中开展汉语教学，属于跨文化语境的语际实践，对于从业者提出更高的综合人才的素质要求与专业要求。所以在汉语国际教育的新形势下，对国内沿用了近 27 年的对外汉语专业人才的非师范培养模式应重新反思，使之更好地适应汉语国际推广的国家战略。

随着我国对外交往的扩大和国际地位的提高，国外学习汉语的人数日益增加。在当前国际社会中，语言输出作为国家战略，是提高国家地位、扩大国家影响的一个重要途径。英美投入巨额资金，极力推动英语在全世界的普及，法国在全球设立文化中心，把推广法语作为抗衡英语、宣传法国文化的国家战略，德国则在全球设立歌德学院，在 76 个国家设立分部，所以在这一激烈的语言国际竞争的大形势下，汉语必然要走向国际，担负起民族语言与中华文化传播的使命。

任何一种语言在国际上的传播范围，并不是由语言本身决定的，而是由该语言使用人数的多寡、所代表的文化的吸引力和生产力的先进性，以及在世界的影响力来决定的，也与该民族、国家对推广本民族语言的意志、战略及举措密不可分。正是在这样的国际形势下，汉语国际教育作为一个具有文化战略意义的综合性教育事业，其内在功能必然是复合性的，既有语言传播的功能，也有文化传播的功能，既是语言学习的过程，也是民族精神、文化传统对外传播的国家战略功能。汉语应该成为全球化语言，这是一个重大的战略决策，目前全球 400 多家孔子学院、500 多家孔子课堂的设立已为这一目标的实现奠定了开展汉语教学与中华文化教学的组织基础。

三　汉语国际教育专业面临的师范转型问题

汉语国际教育专业目前面临的最主要问题就是专业转型问题，即由原来的对外汉语非师范专业转型为师范专业，而且人才培养方式也发生了根本的改变。原有的对外汉语专业学生由于过于重视英语的学习，对于汉语、汉字本体与中国传统文化的认识不足，而且缺少教育学、心理学等相关学科的知识与实践，很难成为一名优秀的国际汉语教师。据国家汉办统计，原有对外汉语专业培养的学生多数从事的是与教学无关的工作。因此形成一个人才培养的怪圈：一方面国际汉语师资紧缺，另一方面又不能培养出合格或者优秀的国际汉语师资。目前国内部分高校汉语国际教育专业仍继续延续非师范的专业办学思路。目前一个紧迫的问题就是汉语国际教育的形势发展快，但是人才培养跟不上社会需求。在全球范围内，合格乃至优秀的国际汉语教师紧缺，中国政府只能以孔子学院汉语教师志愿者方式派遣国际汉语师资。

自 2004 年以来，中国开始在全球设立孔子学院，初步尝试汉语国际教育走出国门的语言与文化实践，并开始对外派遣汉语教师志愿者。2004 年 4 月 15 日，国家汉办发布《国际汉语教师中国志愿者计划》，开始筹备国际汉语师资，并以汉语教师志愿者的形式对外派遣。2004 年 11 月 21 日，全球第一家孔子学院在韩国建成，展开两国之间的语言文化交流项目，也揭开了汉语国际教育在全球开展的序幕。但是当前的汉语教师志愿者派遣受到很大束缚，因为对外汉语专业在全国一直属于非师范专业，对外汉语专业毕业的学生作为汉语教师志愿者被派遣到国外，但对于教育学、心理学、文化学等相关学科的知识与实践的机会很少，因此很难胜任在海外异文化语境的汉语、汉字教学与中华文化教学。

四　汉语国际教育专业的专业文化理念与跨文化语境人才培养

如同企业有企业文化一样，专业是人才培养的有效教学组织及制度基础，教学组织在其教学活动过程中会形成相应的组织文化，也就是专业文化。国内高校对于专业文化方面的研究很少涉及，而专业文化特色的形成是一个专业取得良好人才培养效果的表现。因此“专业文化”概念的提出是对专业人才培养的相对比较高的要求，汉语国际教育专业之所以提出这一概念，主要是基于跨文化语境的双语人才培养的目标，即相对于原有的对外汉语专业的人才培养目标，汉语国际教育的人才培养目标与综合文化素质的要求更高。

汉语国际教育专业是一个跨学科专业，主要包括语言学、文字学、文化学、教育学、心理学、传播学六个学科的内容，所以必然要求学生在专业基础之外广泛选读这些课程，从而提高自身整体素质。因此要建立一套符合时代要求和专业特征、体系完善、结构优化、内容更新的教育课程体系，使学生具有复合型的知识结构。

从理论上说，合格的国际汉语师资要求教师具备丰富扎实的汉语言文字知识与外语知识，全面系统的中华文化知识，还应具备世界文化等多方面的基本知识素养，对海外学习者所在国的宗教、历史、风俗等，更要予以一定的了解。国际汉语师资的培养应注重语言教学与文字教学技能及中华文化传播意识并重，培养具有全球化视野与对外文化传播意识的复合型人才。

浙江师范大学汉语国际教育的专业文化理念是立足中国传统文化，面向非洲地区三家孔子学院开展跨文化语境的汉语语际实践，培养具有扎实的汉语、英语双语基础和宽广的中外文化知识，注重对中国传统文化的文化认知与文化认同，具备跨文化交际和汉语国际教育能力，能够在海外孔子学院、孔子课堂、国内外中小学、语言培训机构等各类教育单位开展汉语教学与中华文化教学，适应汉语国际教育事业需要的复合型师资人才。浙江师范大学汉语国际教育专业人才以语言教学与文化教学并重、国际化与区域化并重、文化自主性意识与跨文化传播意识并重为国际汉语师资培养的三大核心，具有一定的专业文化特色。

浙江师范大学从 2002 年设立对外汉语的非师范专业到 2013 年的汉语国际教育的师范专业的办学经历，已经探索筹备了整整 11 年。在 2013 年新的本科人才培养计划中，我们已按师范专业的要求对培养计划进行重大修订，以培养具备跨文化交际和汉语国际教育能力的国际汉语师资。我们愿意与国内同行一起积极探索汉语国际教育专业的专业文化理念的提炼以及跨文化语境的优秀教学人才的培养经验。

汉语国际教育专业的人才培养模式探讨

上海师范大学　姚占龙

摘要　汉语国际教育专业更名后的发展核心在于汉语国际教育专业的定位和人才培养模式的确定。本文主要讨论人才培养模式问题，重点讨论汉语国际教育专业人才培养模式的四大转变，即：从“请进来”到“走出去”向“二者良性互动”转变；从“强调汉语、汉文化”向“中外语言文化共性与差异并重”转变；从“知识性”向“解释性”和“实践性”转变；从“专业型”向“复合型”“工具型”转变。

关键词　汉语国际教育　人才培养模式

2012 年教育部《普通高等学校本科专业目录和专业介绍》和《普通高等学校本科专业设置管理规定》将“对外汉语”“中国语言文化”和“中国学”三个专业整合为“汉语国际教育”一个专业。怎样使原本三个专业培养的任务在一个专业下得到更好的展现？我们认为核心在于汉语国际教育专业的定位和人才培养模式的确定上。前者已经较为明确，本文主要讨论人才培养模式问题。

汉语国际教育专业人才的培养模式要做到以下几个方面的转变。

一 从“请进来”到“走出去”向“二者良性互动”转变

“请进来”是汉语国际教育最初的形态，目前正在积极推进“走出去”的策略，但是今后一段时间我们应将二者有机地结合起来，协同发展，形成相辅相成的“良性互动”才能实现共赢。

根据张德鑫《对外汉语教学 50 年——世纪之交的回眸与思考》一文可以看出：无论是对外汉语教学的初创阶段（20 世纪 50 年代初至 60 年代初）、进展阶段（20 世纪 60 年代），恢复阶段（20 世纪 70 年代初至后期），还是从 20 世纪 80 年代直至 20 世纪末都是以“请进来”为主。汉语学习者主要的学习方式是到中国国内学习。

从 21 世纪初开始“走出去”的策略开始实施，主要表现在以下三个方面。

一是汉语学习者人数的增加。根据国家留学基金委统计，2000 年全国外国留学生总人数为 2 万，2005 年增加到 14 万，2006 年超过 16 万。而根据相关媒体和网络数据统计，2003 年学习中文的外国人有 2000 万（2003 年 6 月 16 日广东侨网转摘自《今日中国》），2004 年有 2500 万，2005 年有 3000 万（最为正式的官方数据，首届世界汉语大会北京开幕式公布），2010 年有 1 亿。甚至有专家预测，到 2013 年底，全球学习汉语的人数将达 1.5 亿（2012 年 8 月《美国中文网》）。

二是汉语教育机构的增加。目前海外各国不仅在高等院校开设中文课程，而且很多国家的中小学也纷纷开设中文课程，大大提高了外国人学习汉语的热情。自2004年成立第一所孔子学院以来，截至2012年年底，全球已建立400所孔子学院和535个孔子课堂，共计935所，招收了大批汉语学习者，极大地促进了汉语学习者人数的增加。

三是对外汉语教师的需求不断增加。据国家汉办统计，截至2010年底，海外学习汉语的人数达1亿，并以每年50%甚至更高增幅快速增长。专家预测，到2013年年底海外学习汉语的人数将达1.5亿。因此，对外汉语教师缺口巨大。据国家汉办统计，全球汉语教师缺口量已逾500万人。

如何做到“请进来”和“走出去”？我们认为应该做到二者相互配合，“请进来”的主要原则是“培养师资和高级汉语学习者”，而“走出去”的原则是“师资培训和初中等级汉语学习者的培养”。

从“请进来”看，汉语国际教育专业是培养教师的专业，教师可以是母语者，也可以是非母语者。母语者是我们目前培养的主要对象，而非母语者应该是我们今后汉语国际教育专业培养的主要对象之一，这一转变可以使汉语国际推广更具合理性和正当性，使汉语需求者更易于接受。高级汉语学习者在目的语环境中，在与中国人的交往中，可以更好地理解中国、中国的文化和历史等与中国有关的事情，对其以后的教学具有较大裨益。

从“走出去”看，教师知识需要不断更新，不论母语者还是非母语者汉语教师都需要定期更新知识。我们可以通过专家讲学的方式到各国给教师讲学，提高其专业知识和相关学术修养；而对于初中级汉语学习者，考虑到在学习初期，到目的语环境对其语言学习的帮助也并不明显，可以通过母语者或非母语者汉语教师实现本地化教学，而无需专门到中国国内学习。

二　从“强调汉语、汉文化”向“中外语言文化共性与差异并重”转变

“汉语国际教育”是一个宽泛的概念，虽然汉语、汉文化是汉语国际教育的主要内容，但是并不是唯一的内容。在第二语言习得过程中，母语的正迁移作用应该得到应有的重视。汉语虽然有自己的特点，但是从基本

的句法单位和句法构造等方面来看（特别是汉语通行的语法书不管是词类划分，还是句法结构、句子类型等都主要是根据印欧语的语法理论和方法确定的），与印欧语有相当大的相似性，对外汉语教师应该从学习者母语与汉语共性的角度出发，积极加以利用和引导，同中求异。

文化更为抽象，人类文明史并不完全以中国的历史性事件为界，在汉语国际教育中，要将人类的文明史与中华文明相结合，辅以中国的重要历史事件和阶段性的文化发展，既凸显中华文明的特点，同时也将中华文明与世界文明相结合，阐述不同国家、不同历史时期、不同背景下产生的各具特色的文明和文化。

以往的教学过程过于强调汉语、汉文化的个性，而缺乏共性的考察，使学习者始终处于“新异”之中，无法将汉语、汉文化与汉语学习者已有的语言知识和历史文化背景联系起来，使汉语、汉文化的知识始终处于孤立之中，无形中加大了学习者的学习难度和记忆负担。同时也使很多学习者产生了畏难情绪，甚至放弃汉语学习。

“萨丕尔—沃尔夫”假说认为，说话者的语言通过语言系统中可能存在的语法范畴或语义分类，决定了说话者的世界观。这种语言系统是说话者连同自己的本族文化一起继承下来的。可见，通过语言与文化之间的联系，我们不仅可以在语言和文化之间建立起联系和纽带，还可以成为促进不同的语言和文化类型之间相互认知、相互学习和相互促进的动力。

三 从“知识性”向“解释性”和“实践性”转变

以往的专业教育过于注重知识性，缺乏对这些专业知识合理的解释（即与文化、政治、历史、经济等方面的相互关系和影响），因而学生“知其然，不知其所以然”，然而，将所学知识落实到实际运用中也是非常重要的。今后要加强域内外实习和教育基地的建设，提供更多更真实的实习基地。

以往的对外汉语教学为大家熟知的就是教什么、怎么教和怎样学，重点在于语言知识，特别是语法知识，以及一部分对外汉语教学法的传授和讲解上。学生的学习更多的是一种知识的学习，把语言知识等同于语言，而非语言能力的学习。而且，在评价过程中，采用的也是传统的语言测量的方式。

而国际汉语教育阶段，应该更多地重视语言能力方面，相对淡化语言知识和语法知识。语言能力是指人们所具有的语言知识，是一种内化了的包括语音、词汇、语法等的语言规则体系。如何将语言知识转变为语言能力，这要经过两个阶段：

一是要加强对语言知识和语法知识的解释。除了将语素、词、短语的构成和语义讲授清楚外，更要将每种句法形式都与具体的语言环境建立起具体的联系，形成每种形式仅对应于一种意义，使汉语中的同语式（近义结构或同义结构）真正得到分化，做到一一对应。这既有解释的问题，也有文化和人类认知（思维方式）的问题。这也是目前国际汉语教学中最为重要，同时也是最难的部分，如何解决好这一问题还需要进一步的研究和探索。

二是要真正做到将语言知识和语法知识转化为语言能力，实践是最重要的环节。语言能力涉及政治、经济、文化、历史等方方面面。因此，许多汉语学习者虽然记住了很多语法单位和语法结构，但是他的语言产出却是不合适的，甚至是错误的。因此语言实践就显得尤为重要。值得注意的是，有许多非正规学习的汉语学习者，他们的汉语表达在某些语言环境下却显得非常得体、贴切。这主要是因为这些汉语学习者长期浸润于这种语言环境，如果换一种语言环境，就会与其他汉语学习者一样出现不适或错误。更能够证明这一点的是，一些基本的、常用的表达形式，比如反义疑问句、反义疑问句的非疑问用法、话题句（“你去哪儿？”“这谁都会。”）等，从功能上看都比较复杂，也是教学中的难点，但是汉语学习者很少会犯错。这主要是在日常生活中这些句法形式母语者常用、常见，汉语学习者在与母语者的相互交往中不仅会经常听到，而且自己也会经常用到，对这些句法形式的功能和意义有较全面的了解和认识。这说明语言实践是语言知识和语法知识转化为语言能力的一个非常重要的方面。我们要转变以往重视语言知识和语法结构的讲解，而忽视语言能力的培养的教学方式。

在教学过程中更多地将时间和精力放在语言实践的环节上，放在语言能力的培养上。

四　从“专业型”向“复合型”“工具型”转变

以往过于注重专业知识，但是教育对象的需求却是多方面的。语言只是工具，学习汉语、汉文化，更多的学习者是为了学习其他专业，过语言关只是一个敲门砖。因而，在教授汉语、汉文化的同时，必然会涉及很多相关的专业知识。这就要我们对学习者的学习动机有较好的把握。

国际汉语教育专业要从“专业型”向“复合型”“工具型”转变。一个重要的表现就是课程设置和知识结构要进行相应的改变。

汉语学习者的学习动机各不相同，尽管目前还没有较为全面、权威的汉语学习动机的研究成果问世，但是我们可以从外语学习，特别是英语学习方面吸取经验。

语言的本质是工具。学习工具只是为了使用工具，其目的不在于工具，而在于其他，如政治、经济、文化、历史，等等。因此汉语国际教育专业除了讲授专业知识之外，还要与其他相关领域、相关学科和专业结合起来。同时对于今后要“走出去”的从业者来说，具有多元的知识结构和能力更能满足学习者的需求，也就更能胜任所从事的职业。

参考文献

申小龙（1990）《中华文化语言学》，长春：吉林教育出版社。

唐智芳（2012）文化视域下的对外汉语教学研究，湖南师范大学博士学位论文。

张德鑫（2000）对外汉语教学 50 年——世纪之交的回眸与思考，《语言文字应用》第 1 期。

赵金铭（2004）《对外汉语教学概论》，北京：商务印书馆。

专业定位与人才培养（三）

汉语国际教育人才具体能力的培养

汉语国际教育专业“双语双文”人才培养模式探索及其实践

——以浙江外国语学院为例

浙江外国语学院　樊宝英

摘要　外国语类院校汉语国际教育专业应依托中华文化和外国语的双重优势，既要固本培源，以中为本，又要凸显外语优势，通过跨文化交流，对外传播中华文化。本着这样的思路，汉语国际教育专业应该从培养规格界定、课程体系结构调整、国际化视野拓展以及中文学科布局等层面入手，强化“双语双文”人才培养模式的改革与突破，旨在培养母语好，外语又通，中华文化精，西方文化又熟，能担当承前启后、沟通中外重任的复合型人才，从而体现外语强、专业精、善沟通、会应用的专业优势与特色。

关键词　汉语国际教育专业　浙江外国语学院
“双语双文”人才培养模式

2012年教育部颁布了新修订的《普通高等学校本科专业目录和专业介绍》，已开设30年的“对外汉语专业”更名为“汉语国际教育专业”。这一动态性调整标志着汉语国际教育专业在社会需求、人才培养和学科设置等方面既面临挑战，又面临机遇。本文结合浙江外国语学院汉语国际教育专业的建设现状，对“双语双文”人才培养模式改革进行了理论研究与实践探索，希望对外语类高校相关专业建设有一定的参考价值。

一　汉语国际教育专业“双语双文”人才培养模式改革的思路与定位

2010年浙江外国语学院由过去的师范类院校成功更名改制为外国语类院校，学校的定位发生了根本的改变。学校的总体目标要求在未来五到十年，将学校建成外语特色鲜明、教育品质一流、国际化水平较高的多学科本科高校。汉语国际教育专业人才培养应凸显外语优势明显、跨文化交流能力强的高素质国际化人才培养特色。这一定位既符合传播中华文化的需要，也符合服务地方经济建设的需要。21世纪是世界经济全球化、文化多元化的时代，也是中国成为世界经济强国，并将实现中华民族伟大复兴的时代。中国语言与文化传播作为我国对外开放的沟通桥梁，不仅成为国家文化战略“走出去”的重要组成部分，也成为让世界了解中国，进而提升中国形象，提升国家软实力的重要途径。海外留学生的增加、对外汉语教学机构的兴起、世界各国大学中文系的纷纷设立、海外孔子学院的开办，等等，都在很大程度上强化了汉语国际教育专业人才的客观需求度。同时浙江外国语学院地处长三角中心地带和浙江省省会，区位外向型经济特别发达。目前到浙江投资的国家和地区已有200个，世界500强企业已有89家落户浙江，外资企业共有233家。浙江“走出去”的境内整体数量和建立境外机构数量居全国之首。杭州的区位优势、浙江的外向型经济优势为浙江外国语学院传播和研究中华文化提供了广阔的平台。在这样的情势下，汉语国际教育专业如何结合国家文化发展导向、服务地方经济建设需求以及学校自身发展定位要求，更好地发挥人才培养的功能，这是我们面临的一个重要课题。中华文化的发展既需要承前启后，又需要沟通中外；既需要西学东渐，又需要中学西传。外国语类院校在承担向中国介绍世界使命的同时，还要充当向世界介绍中国的角色。基于这样的考虑，浙江外国语学院汉语国际教育专业依托浙江省省级重点学科“中国语言与文化国际传播”和多语种的双重优势，一方面要以中为本，固本培源，做好中国语言文化这个优势品牌；另一方面又要强化外语特色，凸显跨文化交流能力，向海外传播中国语言文化。从这个意义上来讲，我们把汉语国际教育专业人才培养模式的改革定位在“双语双文”的培养上，即培养出母语好，外语又通，中华文化精，西方文化又熟，能担当承前启后、沟通中外重任的复合型人才，从而实现外语强、专业精、善沟通、会应用的人才培养目标。

二　汉语国际教育“双语双文”人才培养模式改革的实践与创新

近 30 年来，我国高校汉语国际教育专业迅速发展。从专业外在布局来看，目前设置汉语国际教育专业的高校已有 342 所。从专业内在建设来看，各学校都对人才培养模式进行了多方面的研究与探索。大致包括四大类：（1）综合性大学汉语国际教育专业人才培养模式。（2）师范类院校依托中文优势的汉语国际教育专业人才培养模式。（3）外语类院校依托外语优势的汉语国际教育专业人才培养模式。（4）财经类院校依托财经优势的汉语国际教育专业人才培养模式。这些人才培养模式虽然对该专业人才培养进行了非常有益的探索与实践，但实际上距离社会的真正需求、人才培养的规格目标以及与国际化接轨方面仍存在诸多问题。主要包括：（1）人才培养目标定位不准确，外语优势不明显，不能凸显跨文化交流能力强的特色，难以胜任国际化的交流、竞争与合作。（2）课程体系设置不够合理，基础不够宽厚，难以体现复合型特点。（3）汉语国际教育专业师资队伍相对薄弱，多数缺乏海外教学或学习的背景，难以开展真正意义上的双语教学，致使培养出来的学生缺乏必备的国际社会适应能力。（4）理论与实践相脱节，学生从事汉语国际教育教学的能力和技能相对薄弱。针对这些问题，我们在人才培养规格、培养机制、课程体系结构与国际化视野拓展等方面进行实践性教学改革，并力图实现实质性突破。

2.1 创新汉语国际教育人才培养规格和培养机制，实现第一课堂、第二课堂和第三课堂的有机结合

汉语国际教育专业人才在培养规格上应体现复合型、应用型、涉外型的特点，培养出既具有扎实的专业知识和技能，又有较强的跨文化交际能力，在坚持知识、能力、素质协调发展的基础上，充分体现外语类院校的外语特色和外语优势的复合型人才。所谓复合型就是注重基础理论、基础知识的复合，诸如汉语言理论知识与汉文化知识的复合、汉语言文化知识与外国语言文化知识的复合、语言本体理论知识与语言教学实践的复合、母语与外国语的复合以及人文、艺术、自然诸科的复合。所谓应用型就是努力让学生将已经掌握的各种理论知识的储备转化成职业技术或者业务能力，尽可能地让一个不懂汉语的外国人尽快学会汉语。所谓涉外型就是在对学生进行汉语言、文化的理论、知识技能、素养的塑造的同时，强调对学生进行外语的听、说、读、写、译等各方面技能的全面培养，以使其未来能以娴熟的双语，从事对外汉语教学、中外文化交流与外资企业管理等工作。汉语国际教育专业旨在培养具备扎实的双语、双文化专业知识与基本理论，熟练运用对外汉语教学的知识、理论和方法来开展多种层次对外汉语教学、中外文化交流和其他有关涉外工作的复合型、应用型、涉外型人才。在人才培养机制上，改变了过去各自分离封闭式的培养体系，实现了“两个对接”，为高素质国际化的汉语国际教育师资培养探索出一条新路子。一是在教学方案中专门设置“自主实践模块”，规定必修学分，要求在第二至第七学期“嵌入式”两周完成，实现第一课堂与第二课堂的结合。在教师的专门指导下，举行英文演讲比赛、英文口译比赛、汉语国际教育说课比赛、中华才艺比赛、多媒体教育技术比赛，旨在凸显“第二课堂专业技能训练”特色；二是加强职业实践，将职前培养与在职培养相互衔接，实现第二课堂与第三课堂的结合。目前已与我校国际学院、浙江工业大学国际交流学院等教学单位或涉外企业单位建立了实习基地联合体，实

施“见习—实习—反思—再实习”的教育实践模式，提高学生的教学实践能力，为应用型人才的培养创造良好的条件。同时，让学生协助教师积极参与新 HSK 培训工作，以便接触更多的外国留学生，获得进一步实践锻炼的机会。

2.2 修订完善人才培养方案，优化汉语国际教育课程结构体系，实现“双语双文”的真正融合

根据汉语国际教育专业定位和人才培养规格要求，我们又进行了人才培养方案的调整和改进，凸显“双语双文”课程结构特色。调整后的人才培养方案由“公共必修课 + 公共选修课 + 外语技能必修课 + 专业外语必修课 + 专业必修课 + 专业选修课 + 必修实践 + 自主实践”八个模块组成。四学年课程教学总学时 2536，毕业要求的总学分为 180 学分。这一次人才培养方案的调整主要突出了三个方面的特点：（1）提高外语课程的比重，主要包括“外语技能必修课 + 专业外语必修课”两个模块，共 48 学分，占总分的 27%，旨在要求熟练掌握一门外语，具有扎实的听、说、读、写、译能力，达到专业英语四级水平。（2）提高国学课程的比重，除了讲授中国文学、中国语言等系列课程之外，还开设了“论语”“老子”“庄子”“武术与民族传统体育”等国学精华“特色课程”，旨在培养道德高尚、通融识见，具有家国情怀和审美素质的“全人”。（3）提高国际化课程的比重，打造中外文化交流史、海外汉学研究、跨文化交际理论、比较文学、世界汉语教育史等系列课程，旨在培养学生的跨文化交流能力。通过修订人才培养方案，完善了课程结构体系，实现了“双语双文”的有机融合，凸显出外语优势明显、人文底蕴深厚、跨文化交流能力强的国际化应用人才培养特色。

2.3 不断拓展学生国际视野，加快与国际接轨步伐

对外汉语专业更名为汉语国际教育专业，进一步明确了汉语已进入国际传播的时代。汉语国际教育专业人才国际化水平的提升已呼声日隆。汉语国际教育专业人才的通用准则就是一方面要认同本民族精神之根，具有

家国情怀和人文底蕴，更好地传播中华文化。另一方面还要掌握一门外语，具有全球意识，通晓国际规则，具备跨文化沟通能力。为实现这一目标，我们注重学生国际文化视野的培育，不断拓展国际化水平。首先，加强与海外各大学联系，建立合作关系，力争以各种不同的方式将我们的本科生送出国门，从事汉语国际教育。先后派出 20 余名学生赴德国魏因加藤教育大学、美国中阿肯色大学、美国威斯康星河城校区进行交换交流学习，使学生直接进入异文化情境，强制性地将所学理论快速施之实践，切身领悟多元文化的不同，提升与异文化成员的共情能力，提高学生跨文化交际行为方面的灵活性和创造性，从而使之具备较强的跨文化交际能力。其次，创造各种条件，将外国留学生请进来，不断促进中外文化交流。2012 年我校与美国威斯康星大学河城校区签署《“体验中国”项目共同声明》。每年将有 50 名威斯康星大学河城校区的在籍学生来我校学习专业知识以及汉语与汉文化。同时美国学生将协助我校组建英语学习中心，辅导我校学生的英语口语及写作。该项目一方面可以给汉语国际教育专业的学生提供校内实习机会。另一方面也可提高外国留学生的汉语言文化水平。通过中外学生“结对子”等形式，促进留学生与本校学生间的文化交流与融合。特别是近年来，充分利用我校小语种的优势，尝试探索“汉语国际教育 + 西班牙语”的人才培养模式，为拉美地区孔子学院培养并储备汉语国际教育专业人才。2013 年派出 4 名学生到墨西哥奇瓦瓦大学孔子学院实习，在学习西班牙文化和语言的同时，从事对外汉语教学。最后，加强全外语课程、双语教学示范课程的建设。邀请美国汉学家白亚仁先生、德国汉学家顾彬先生、挪威汉学家何莫邪先生来做学术报告，敦聘顾彬先生为我校客座教授，为本科生开设“海外汉学研究”课程，强化双语课程建设，注重魅力课堂打造。

三　汉语国际教育“双语双文”人才培养模式改革的团队建设与平台拓展

汉语国际教育“双语双文”人才的培养，离不开学科团队的建设与专业平台的支撑。2012 年我校“中国语言与文化国际传播”获批“十二五”

省级重点学科，“汉文化国际传播中心”获批省级教学实验平台，“中国古代文学域外传播创新团队”获批校级创新团队。这些都为汉语国际教育专业人才的培养提供了有力的科研和教学支撑。作为“十二五”省级重点学科的“中国语言与文化国际传播”，旨在聚合力量，凝练特色，发挥优势，打造精品，对内展示中国语言文化以及传统艺术的精神血脉，展现中国风格、中国气派；对外强化中国语言文化以及传统艺术的传播交流，让世界了解中国、走进中国，提升中华文化国际影响力，彰显中学西传的特点。近年来，引进10名211高校年轻博士，其专业为汉语国际教育、中国古代文学（海外汉学方向）、中国现代文学（海外汉学方向）、世界文学等。这些年轻博士既有较好的专业能力，又有较强的外语水平，还有一定的海外经历。她们的“双语双文”的跨学科师资背景，提升了学科人员的学术视野和学术水平，加强了汉语国际教育专业人才培养的教学力量，弥补了汉语国际教育专业师资队伍相对薄弱的不足。“汉文化国际传播中心”作为“十二五”省级教学实验平台，重在建设国际汉语传播实验室、中华文化体验室和现代信息资料库。国际汉语传播实验室通过重复记录和测量语音，分析发音人嗓音的多种特征，提供适合于发音练习、语言训练、第二语言教学和动态言语障碍中的多种生理反馈模式，直接帮助提高汉语语音方面的教学和科研水平，从而促进汉语言语音的科学传播。中华文化体验室旨在通过局域网的设置，形成人机联网对话的学习区、交流区、文化区和放映区，以便让中外学生更好地体验汉语和中华文化。现代信息资料主要包括图书、海外汉学研究数据库等建设，以便更好地让师生了解中国语言与文化在海外的传播情况，为其科研教学更好地服务。因此，“汉文化国际传播中心”的搭建既有助于发展学科特色，提升学术研究水平，加强国际合作，又有助于创新人才培养模式，培育外语优势明显、跨文化交流能力强的国际化人才培养特色，加强中国语言与文化的国际传播。

对外汉语专业跨文化人才培养目标定位的思考

合肥学院　詹向红

摘要　针对一些高校对外汉语专业人才培养目标仅仅定位于双语人才的偏差，本文在调研分析当下高校对外汉语专业人才培养的现状及矛盾的基础上，结合合肥学院对外汉语专业中外合作办学跨文化人才培养的实践，提出对外汉语专业人才培养目标应定位于"跨文化人才"，并结合办学体会从对外汉语专业跨文化人才培养目标定位的提出、跨文化特色课程体系的优化、跨文化背景师资队伍建设、跨文化体验实践平台的构建等方面就如何实现跨文化人才培养提出思考与对策。

关键词　对外汉语专业　人才培养　跨文化
跨文化环境　汉语国际教育

汉语国际教育的新形势下对外汉语专业人才培养目标如何定位，是一个重要问题。近年来，在对外合作的基础上我们正式开办了对外汉语本科专业，将结合办学体会谈谈我们的几点认识和思考。

一　对外汉语专业跨文化人才培养目标定位的提出

对外汉语专业需要加强语言教学，这是毫无疑问的。但是，对外汉语人才是不是就是双语人才？这就需要讨论并加以厘清。

人才培养目标如何定位，取决于国家政治、经济和科学文化发展对人才的需要。就对外汉语人才的需求来说，实际上表现为三个层次：一是随着中国国力的增强和国际影响力的扩大，来我国学习语言文化的留学人员越来越多，留学生教育的师资需求也相应地迅速增长；二是随着国外"汉语热"的升温，到国外从事汉语教学和汉语推广的师资需求也在不断增长；三是为了达到在中国了解世界的同时也让世界了解中国的目的，迫切需要能够从事对外文化交流工作的人才。

对外汉语教学，无论是在本国从事对外汉语教学，还是在异国教授汉语，首先是一个跨文化交际的行为，其次才是一个教授汉语的行为。对外汉语课堂是中外语言文化接触和碰撞的一个典型场域，对外汉语教学不仅仅是纯粹的语言教学，它应该与文化教学紧密联系起来。在对外汉语教学界，曾有过语言与文化、语言教学与文化教学关系的热烈论争。论争虽无明确的定论，但多数学者认为，语言教学不能脱离文化教学，语言与文化是相互促进和制约的。语言的发展能够促进文化的交流与发展，不能很好地掌握一种语言，就无法理解、体会语言所代表的文化，而各民族不同的文化特点又形成了语言特点和语言使用上的差异，从而制约了跨文化交际中语言的理解和表达。事实上，只有把语言教学与文化教学有机地结合起来的教学才是真正意义上的对外汉语教学。在这个意义上可以说，对外汉语专业所培养的人才，就是跨文化的人才，或者说是在国际之间进行文化交流的"民间使者"。

在这方面，德国的对外德语教学为我们提供了借鉴经验。德意志联邦共和国科学委员会1970年提出了建立跨文化的对外德语教学和研究的主张。其核心概念“首先是了解对外德语在国外的特性”，并且不应把大学的对外德语专业看成是纯粹的外语教学法专业，而应当理解成一个面向学习实践、面向外国语言文化和人类文化学的专业。为了体现跨文化在对外德语教学中的地位，并与传统的对外德语教学专业相区别，这门以跨文化交际为基础的对外德语专业被称为“跨文化的日尔曼学”。这个专业设置的目的就在于培养出具有跨文化交际能力的对外德语教师以及具有跨文化交际能力，能从事经济、文化和政治对外交流的各类人才。笔者认为，以跨文化交际为基础的对外德语专业设置的目标定位以及具体的实践也同样适用于对外汉语专业。

此外，目前一些高校对外汉语专业设立以来在培养目标定位、课程设置、社会符合度等方面存在着一些偏颇，专业在实际建设过程中也遇到了种种棘手的问题，难以适应汉语国际教育新形势下对优质对外汉语专业人才的需求。诸如，近几年对外汉语专业毕业生直接进入对外汉语教学领域工作的人数呈逐年下降的趋势，如何在新形势下对对外汉语专业培养目标进行重新思考和定位，改革人才培养模式，拓展学生的就业途径和社会适应面，是对外汉语专业建设必须面对的一个现实问题。再有，对外汉语专业人才培养尚未适应对外汉语教学向全方位汉语国际推广的战略性转变，培养的人才达不到全方位汉语国际推广必须具备的外语水平、国际视野和对外交流能力要求，难以适应海外汉语教学及跨文化交流的需要。不少设置对外汉语专业的高校国际交流较少，留学生数量有限，对外汉语专业的学生很少有机会从事对外汉语教学和跨文化实践活动，面临实习实践基地、跨文化体验平台薄弱等问题。

在世界经济全球化、汉语国际推广的大背景下，对外汉语专业的建设必然出现新的格局，跨文化、国际化的趋势将日益明显。如何根据新形势、新要求培养满足国际社会需求的汉语教师和中外文化交流人才，成为目前对外汉语专业建设急需思考和探索的重要问题。针对上述当下对外汉语专业人才培养的现状及矛盾，结合专业性质、社会需求等因素的权衡，我们认为应将对外汉语专业培养目标定位于跨文化复合型人才培养。

二　对外汉语专业跨文化复合型人才培养的路径

2.1　跨文化特色课程体系的优化

本着跨文化复合型人才培养的专业目标与定位，笔者认为应围绕以下思路创新人才培养模式，确立和修订人才培养方案。具体而言，我院对外汉语专业以“跨文化环境培养跨文化人才”为办学特色，突出专业的国际化、复合型。充分发挥对外合作优势，利用国外优质的教育教学资源，采取“2+2”中外合作共同培养的教育模式，通过合作办学的跨文化环境，培养具有国际化背景、实践能力强、能胜任对外汉语教学及跨文化交流的复合型人才。

人才培养方案力求突出双语能力的训练、语言认知和语言实践，强化跨文化交流的应用能力培养，毕业生面向国际学校、文化交流传播机构、涉外企事业单位，既可以从事教育、翻译、文化传播与交流方面的工作，也可以从事涉外商务、管理等工作。

课程体系构建紧扣“国际化、复合型”专业特点，精心设计课程模块，主要由四大模块组成——语言模块、对外汉语教法教研模块、跨文化理解教育模块以及跨文化交流相关专业方向拓展模块，兼顾专业与复合、知识与能力的整合。国内学习的前两年注重学生的双语、双文化和对外汉语教学基础知识与能力的强化以及相关拓展专业的基础课程衔接。在此基础上，后两年学生根据自我发展的需要分别进入国外合作高校教育、同声传译、新闻传播、行政管理、国际通商等相关拓展专业学习，强化学生胜任对外汉语教学、翻译、中外文化交流、涉外商务、管理等方面工作的跨文化知识和应用能力。

2.2　跨文化体验实践平台的构建

在对外汉语专业人才培养方案和课程设置中，强化学习各种跨文化交际方面的课程，无疑是对外汉语专业学生获得该种能力的主要途径。然而，跨文化交际能力仅仅依靠书本学习是不够的，在一定文化环境中进行体验，有针对性地进行跨文化交际能力的培训，是培养、验证、修正这种能力的不可缺少的重要途径。可积极创造条件通过实习基地、第二课堂以及国外留学等途径较好地构建海内外实训基地和跨文化体验的实践平台，为对外汉语专业学生提供动态的语言环境、跨文化交际环境和课堂教学环境，这种互动和合作，无论对跨文化人才培养、跨文化研究，还是对于不同国家或地区的学校发展来说，都不失为一种双赢的有效举措，具有极为重要的意义和价值。可以较好地解决对外汉语专业跨文化人才培养中必须解决但对不少院校来说又难以解决的实践教学体系薄弱、跨文化体验平台缺失的共性问题。

一是充分发挥对外汉语教学中心的校内实习基地作用。利用院对外汉语教学中心设立在中文系的有利条件，将外国留学生教学与对外汉语专业人才培养结合起来，收到“合则两利”之效。组织对外汉语专业学生观摩、见习留学生班教学，担任助教、教学实习等，以提高学生的对外汉语教学能力；开展中外学生“一对一”互动学习计划。我院与韩国9所大学建立了长期的合作关系，常年有韩国留学生70余人，利用这一有利条件，开展与韩国留学生“一对一”结对子活动、互为师生角色转化，并延伸到课外生活、社交活动中。在共同的活动、生活和学习中，进行双向的观察、交流和沟通，使学生在校园里就得到跨文化交往的熏陶，无论对对外汉语专业学生学习目的语和跨文化交际，还是外国留学生和中国学生互相学习体验对方文化，都不失为一种有效模式。同时还加强与所在地区外资企业合作，建立校外实习实训基地，搭建跨文化交流平台，实施跨文化能力训练。

二是积极开展第二课堂活动，搭建实践性学习的平台。依托外语俱乐部等专业特色明显的学生社团举办学生活动，将专业学习氛围融入进去，在社团活动中突出对外汉语专业的跨文化特点。此外，加强与所在城市、社区的互动，充分利用社会资源，鼓励学生积极参与安徽省韩国文化周、资本对接会、贸易洽谈会等大型涉外活动的社会实践，担任翻译、接待等志愿者服务工作。生动活泼的第二课堂活动的开展，以及不少专业教师的加入，提升了第二课堂的学习意义，对学风建设和学生跨文化实践能力培养起到了很好的推进作用。

三是加强国际教育合作交流，创造异文化体验的平台。通过后两年的国外留学，创造最佳条件使学生在“自然”的、“原生态”的异域环境中直接进行文化体验。在外留学期间，借助国外友好大学和周边社区的社会资源，利用文化考察、汉语家教、毕业实习等方式构建海外跨文化实践教学模式。这种教学模式的最大优势在于能够为学生提供自然的语言环境和真实的工作环境，从而为促进学生跨文化接触的适应能力和岗位实践能力培养提供得天独厚的条件，这是其他任何教学方式都无可比拟的。

2.3 跨文化背景师资队伍建设

教师是实现人才培养目标、贯彻课程体系、加强教学内容与教学方法改革的主体。加强对外汉语专业跨文化人才培养，亟须强化教师的教学实践水平和跨文化意识与能力，建立一支具有国外教育教学背景及异文化体验的师资队伍。

我们依托广泛的国际交流与合作，在加强对外汉语中外合作办学专业跨文化背景师资队伍建设上做了积极尝试。

一是通过学习培训，选派部分教师出国学习进修，提高其研究能力、外语水平和跨文化交际能力。先后派出三名教师在韩国高校攻读韩国语、韩国文化方面的硕士、博士学位。二是选派教师出国任教，以提高其海外教学能力和适应能力，扩大教师的跨文化国际视野。先后派出 12 位教师赴韩国友好大学，另有 2 名教师受国家汉办委派分别赴埃及、塞内加尔高校从事一年的汉语教学与推广工作。三是积极聘请韩国合作高校教师，以保证前后课程教学的衔接、适应及管理，每年保证有韩国合作高校派出的韩国语、韩国文学、韩国文化等学科的访问教授 3 人左右。

通过教师出国进修、任教、互访、交流，建立了一支具有跨文化背景和海外教学经验的对外汉语专业师资队伍。同时通过共同举办教学研讨会、学术报告会等学术活动，在教学内容、教学方法上展开研讨，加强双方的跨文化交流与沟通。

浅谈汉语国际推广背景下汉语国际教育专业学生跨文化交际能力的培养

西安建筑科技大学　张晓红

摘要　汉语国际推广的新形势对国际汉语教师各方面的素质和技能，尤其是跨文化交际能力提出了更高的标准和要求，如何培养汉语国际教育专业学生的跨文化交际能力成了亟需解决的问题。文章通过梳理汉语国际教育和跨文化交际之间的关系，审视目前跨文化交际能力培养的现状，尝试提出可行的跨文化交际能力培养的具体途径。

关键词　跨文化交际　汉语国际教育　课程设置

随着汉语国际推广工作的不断广泛深入开展，全球范围内的汉语学习者的数量与日俱增。在第七届全球孔子学院大会开幕式上，国务委员刘延东指出，2012 年汉语国际推广事业实现新发展，已建立 400 所孔子学院、500 多家孔子课堂，注册学员 65 万人。《孔子学院发展规划（2012—2020）》中提出“到 2020 年，基本完成孔子学院全球布局，基本建成功能较全、覆盖广泛的中国语言文化全球传播体系”的发展目标。汉语国际推广工作的快速发展和宏伟目标无论从数量上还是质量上都对国际汉语教师师资队伍提出了很大的挑战。如何培养一支与蓬勃发展的国际汉语教育相适应的合格的国际汉语教师队伍成为所有从事汉语国际教育和推广事业人士和相关部门必须面对并认真思考的一个刻不容缓的问题。

2012 年教育部新颁布的本科专业目录中，“对外汉语专业”正式更名为“汉语国际教育专业”，旨在为汉语国际教育事业培养高素质的专业人才，汉语语言和中华文化的传播从“请进来学”发展为“走出去教”也有了稳定正规的师资保证。然而，全球化和汉语国际传播的新形势对国际汉语教师各方面的素质和技能都提出了更高的标准和要求，尤其是跨文化交际能力方面。如何培养汉语国际教育专业学生的跨文化交际能力，保证他们在具备汉语教学基础、汉语教学方法等的同时具备较强的跨文化交际能力成了亟须解决的问题。

一　汉语国际教育和跨文化交际

1.1　跨文化交际的定义和概念

跨文化交际是一种交际行为。就交际的种类来看，可以是人际间的交流，也可以是个人与公众（群体）间的交流。跨文化交际学是新兴学科，国外学者在跨文化交际能力方面的研究成果颇为丰富。Kim 对跨文化交际能力做出具体的界定：跨文化交际能力是个体所具有的内在能力，能够处理跨文化交际中的关键性问题，如文化差异、文化陌生感、本文化群体内部的态度，以及随之而来的心理压力等。跨文化交际能力的构成要素比较复杂，因为涉及认知、情感和行为等几方面的因素。美国社会学家 Ray

Oldenburg（1999）曾经在著作 *The Great Good Place* 中提出了“第三空间”的概念并进行了深入的阐述。在跨文化传播与交际中，第三空间指的是不同文化在交流过程中产生的、介于两种或多种文化之间的语言文化空间。它既有第一、二空间文化的特征，又不同于第一、二空间文化。在外语和第二语言文化教学与传播中，跨文化第三空间指的是学生的母语文化和目的语文化交流对话过程中产生的，介于两种文化之间的语言文化空间。

1.2　汉语国际教育的跨文化实质

汉语国际教育是一种汉语作为第二语言和外语的教学，目的是要教母语非汉语的人学习汉语，掌握用汉语交际的能力。学生和教师往往来自不同的文化背景，因此，不管是在日常交往还是教学及文化活动中必然都会涉及文化间的接触甚至碰撞，属于跨文化交际的领域。

国际汉语教师要成功地实现传播汉语语言和中华文化的目的必须要意识到跨文化交际中这个第三空间的存在，避免“非你即我”或“非我即你”的思维模式，提高跨文化交际意识和跨文化敏感性，培养第三空间的思维和视角，形成国际汉语教师在跨文化交际与传播中的新的第三空间文化身份。世界汉语教学学会副会长、《国际汉语教师标准》的参与制定者刘骏在介绍新的汉语国际教师培养模式 APLUS 时提到的 Assimilating 和 Adaptable 分别指的就是兼容各国的文化，融入当地社会的培养目标，同时他还提出 Linkage 这个理念，强调我们教学的关键是文化与文化的交流、语言与语言的交流、人与人的交流，Linkage 代表文化和语言的交融与沟通。

1.3　跨文化交际和汉语国际教育的关系

跨文化交际能力与汉语国际教育的密切关系显而易见，不过对于到底应该将其置于什么样的位置处理好二者的关系，国内外学者却并没有达成一致看法。姬建国（2011）认为跨文化是汉语国际教育的实质，只有通过培养强化教师的跨文化教学意识和跨文化施教能力才能从根本上解决汉语国际教育学科的建设质量和发展速度问题。王海燕（2008）也认为汉语国际教育首先是一个跨文化交际的过程，然后才是语言教学的过程，跨文化交际因素是汉语国际教育内在结构的一部分，它是保证良好教学效果的首要条件。但是李泉（2012）似乎持有不同的看法，在谈到汉语国际教育人才的培养规格问题时，他认为汉语国际教育专业的课程设置和培养重点不够明确。对于国际教育硕士海外实习后认为能够提高他们外语交际能力、教学组织能力、计算机应用能力、文化适应能力的课程要比语言学理论、二语习得理论和汉语本体知识等课程更让他们受益也更为重要的反馈意见，他的反应也颇为激烈，提出了“究竟哪些课程是主，哪些课程是辅？我们的主业是教汉语，还是体验外语交际、计算机应用和文化适应能力？”的质疑。

相比较之下，笔者更为赞同前两位学者的看法，即跨文化是汉语国际教育的本质，是其内在结构的一部分。语言是文化的载体，语言的存在离不开文化，“不了解语言中的社会文化，谁也无法掌握语言”（王佐良，1989）。“强调在文化适当的情境中整体地使用语言”已经成为第二语言教学发展的一种新趋势。培养学生的外语交际能力实质就是培养学生的跨文化交际能力。更重要的是教师教授外语的过程本身就是一种跨文化交际活动，或者说只有具备充分的跨文化意识，立足于较为舒适和安全的“第三空间”，教师才能够用一种最易为学生接受的方式将所要教授的语言或文化方面的知识和技能尽可能地向学生传授，做一个真正的“文化行者”。再者，国际汉语教师通常面对的是一个较为陌生的文化环境，要在这个环境中顺利展开教学文化活动，他们首先必须要适应这个环境中的生活，当然更要适应和自己文化背景不同的教授对象。笔者曾经参加的由美国大学理事会和国家汉办共同组织的“赴美汉语教师志愿者”项目里，就有教师因为不能很好地适应在美国的生活和课堂，最后甚至心理和精神出现问题，不得不中途归国治疗。基于此，国家汉办对于国际汉语教师志愿者和公派教师也明确提出了“适应性强，具有良好的适应能力和跨文化交际能力”的基本申请条件。和2007版《国际汉语教师标准》中“教师具备多元文化意识，同时了解中外文化的主要异同以及跨文化对语言教学的影响，并将上述理论知识应用于教学实践之中”的文化和交际要求相比较，2012年12月孔子学院总部/国家汉办发布的《国际汉语教师标准》对于跨文化交际能力提出了更高的要求，尤其强调国际汉语教师“应具有跨文化意识和交际能力，能有效解决跨文化交际中的问题”。其实强调跨文化交际能力在汉语国际教育中的重要性和“我们的主业是教汉语”并不矛盾，二者是密切关联不可分割的。国际汉语教育工作本身就是一种跨文化交际活动，跨文化交际是成功完成国际汉语教育工作的必然途径。

二　该专业学生跨文化交际课程设置及跨文化交际能力的现状

跨文化交际能力对于汉语国际教育专业人才的培养意义如此重大，但是目前国内各大院校的汉语国际教育专业学生的跨文化交际能力的培养方式和结果却并不乐观，远远落后于汉语国际推广的稳健步伐，无法满足汉语国际教育事业对于高素质人才的需求。其原因主要有以下几点：首先，人才培养目标不够清晰，忽视了跨文化人才培养的定位；其次，过于注重外语学习，忽视了跨文化能力的培养；最后，过于重视理论性知识的学习，忽视了该专业的实践性和应用性。从课程设置来看，很多学校的外语课时约为 50%，甚至更高，而文化课时比例约为 20%，有的大学甚至低至 7.1%。这组数据既说明了对外语的过于重视和对跨文化交际一定程度的忽视，更表明了我国汉语国际教育专业本科课程设置上仍是缺乏统一的规范和指导，严重影响了人才培养效果。即使很多高校开设了一系列和文化相关的课程，诸如中华文化概论、西方文化与礼仪、英语国家文化基础、中西文化比较、西方文化导论、跨文化交际等，但是这些课程的讲授内容多以理论性知识为主，繁重的课程让学生不堪重负，更是无法获得对于异文化的亲身体验和实践，跨文化交际能力当然无从谈起。

三　如何培养汉语国际教育专业学生的跨文化交际能力

3.1　科学设置课程比例、整合课程资源

在明确了跨文化人才的目标定位之后，重新分配汉语、外语、文化等课程的比例，可以适度减少外语课程的比例，加大跨文化课程的比例。但是，这并不意味着忽视学生外语能力的培养，而是改为更加注重学生英语

语言的实际应用能力，例如可以开设一些英语讲授的选修课程。同时，虽然课程安排较为丰富，但是往往会出现几门课程内容部分重复或者是本应密切关联的课程之间却较为松散和孤立、教师各自为营的问题，学生也无法从整体和宏观上全面整合所学内容和知识，同时也浪费了很多时间。因此，有必要的话需要将各门课程资源进行整合，打破它们之间的界限。例如，既然国际汉语教育活动本身就是一项跨文化交际活动，那么完全可以将“对外汉语教学法”和“教案设计”等课程和“跨文化交际”这门课程结合起来，找到它们之间的契合点，从而将理论和实践结合起来。这一过程既实现了学生跨文化知识和能力的应用，也培养了他们的跨文化教学意识和策略，有助于他们将来开展真正的国际汉语教育工作。不过这就意味着需要几门相关课程的教师共同合作，甚至需要设计一门以跨文化角度为出发点的集几门课程为一体的跨学期的综合性课程。而“中国文化概论”“西方文化导论”和“中西文化比较”等课程之间也可以找到契合点，从而将三门课程贯通起来，即使不是整合为一门课，三位教师的互相合作备课也必然有助于学生将三门课程的知识融会贯通。如何以跨文化交际理论为主线进行汉语国际教育专业的课程设置是我们面临的一项巨大挑战。

3.2　创造跨文化交际的机会和环境

跨文化交际能力的提高离不开真实的跨文化交际体验，学校尽可能为学生提供跨文化交际的机会。当然由于条件所限，不是所有的学校都有机会派学生进行海外汉语教学的实习，但是学校也要尽可能创造出“准实境”来帮助学生获得跨文化交际的真实体验，例如和海外高校之间的互换生交流项目、与本校留学生和外教的交流活动等。如果学校本身就有留学生，那么可以将汉语国际教育专业的学生和留学生进行混合培养，建立学习伙伴关系。此外，学校也需要加强和社会各界包括各类外资企业的密切联系，为学生创造诸如为该企业中的外国人进行汉语培训或者翻译等实践的机会。教师在课堂上也可以充分利用多媒体设备，使用较为直观和灵活的教学手段，例如角色扮演、情景模拟、影视观摩、案例分析等，人为地给学生创造出一个接近异文化的环境。

3.3 提升教师自身的跨文化交际能力

教师是学生所面对的最直接的学习渠道，教师是否展现出较强的跨文化交际能力对于学生影响重大。跨文化交际能力的重要性不仅体现在国际汉语教育的工作中，即使是身处本国文化的环境中，一个具有较强跨文化交际能力的人在看待、分析和处理很多问题时也会和一个缺乏跨文化交际能力的人有不同的表现。即便身处同一文化背景，教师在课堂上面对的也可以说是一个微观的异文化环境，来自不同家庭背景、不同性别甚至不同民族和宗教的学生可能对于同一问题会有不同的看法。教师是“鼓励学生提出不同见解，尊重学生的看法，善于向学生学习，形成平等的师生关系”，还是“唯我独尊”认为自己才是课堂上的权威，这些无形中却毋庸置疑地在向学生传递着微妙的正面或者负面的跨文化交际方面的信息。而教师在讲授具体的教学内容尤其是文化课程时究竟是从“民族中心主义”的立场出发放大本国文化的优点而轻视他国文化，还是一味地推崇他国文化；是否定或者弱化文化差异，抑或是强调文化多元性、本着开放包容的态度对待他国文化、整合文化差异，也直接影响着学生在面对本国文化和他国文化尤其是二者之间的冲突时的态度和应对方法。研究表明，与外国人接触的亲密程度、与外国人接触时间的长短、是否有出国经历、是否接受过跨文化交际培训或课程等因素对跨文化交际能力的高低有影响。曾经参加过跨文化交际培训或课程、与外国人关系亲密或接触时间长的教师在跨文化交际能力中民族中心主义维度表现尤为突出。因此学校应为教师组织跨文化交际培训课程，或送教师去国外进修，提升教师本人的跨文化教学意识和跨文化交际能力。

汉语国际推广的跨文化实质决定了汉语国际教育专业培养跨文化交际人才的目标定位，而这个定位要求我们无论在课程设置，还是教学理念和方法、教师素质，甚至是教材编写方面都要做出相应的调整，只有这样才能为国际汉语教育事业源源不断地培养合格的教师。鉴于这种调整涉及面如此广泛，还需要对此进行更为深入细致的研究和实践。

参考文献

安晓宇（2013）高校英语教师跨文化交际能力的调查研究，《华北水利水电学院学报（社科版）》第6期。

姬建国（2011）汉语国际教育的跨文化实质及其理论实践意义，《汉语国际传播研究》第1期。

赖林冬（2012）对外汉语本科专业课程设置改革探析，《国际汉语学报》第2期。

李 泉（2012）国际汉语教师培养规格问题探讨，《华文教学与研究》第1期。

刘 骏（2009）国际汉语教师培养的新模式，《世界汉语教学学会通讯》第4期。

罗兰京子（2012）跨文化交际视角下的对外汉语本科专业课程设计探索，Conference on Creative Education，2012，5。

邵 滨、邵 辉（2013）新旧《国际汉语教师标准》对比分析，《云南师范大学学报（对外汉语教学与研究版）》第5期。

王海燕（2008）跨文化交际与汉语国际教育，《重庆三峡学院学报》第6期。

王永阳（2012）跨文化交际的第三空间与国际汉语教师跨文化交际能力培养，《第十一届国际汉语教学研讨会论文集》，北京：高等教育出版社。

王佐良（1989）《翻译：思考与试笔》，北京：外语教学与研究出版社。

张和生（2008）汉语国际教育硕士培养的回顾与展望，《第九届国际汉语教学研讨会论文选》，北京：高等教育出版社。

张晓红（2013）通识教育视角下对外汉语专业学生批判式思维能力的培养，《教育与职业》第6期。

赵金铭（2004）《对外汉语教学概论》，北京：商务印书馆。

周 毅、包 镭（2011）汉语国际传播时代对外汉语人才的跨文化交际能力培养，《浙江传媒学院学报》第12期。

在汉语国际教育本科专业建设中加大小语种人才培养力度

上海大学　朱焱炜

摘要　2012 年对外汉语本科专业调整为汉语国际教育专业后，旧有的课程设计、培养模式急需改进。加强小语种人才的培养力度，必定能在汉语教材本土化编写方面更上一层楼，同时有助于进行对比教学，纠正偏误，避免产生文化冲突；不仅能培养出优、精、专的人才，缓解海外汉语教学小语种人才短缺的压力，同时也能扩大就业渠道，满足国家战略发展的需求。

关键词　汉语国际教育本科　专业建设　小语种　人才培养

汉语热的升温，孔子学院的发展，带动了对外汉语专业的升温。1981年，对外汉语专业在全国招收了第一届本科学生。2007年1月国务院学位委员会第二十三次会议决定在我国设置汉语国际教育硕士专业学位。2012年，根据教育部《普通高等学校本科专业目录和专业介绍》（2012年）和《普通高等学校本科专业设置管理规定》，原“对外汉语”“中国语言文化”和“中国学”整合为“汉语国际教育”专业（本科）。这一发展历程表明我国对汉语国际教育人才的需求日益增长，同时对其专业人才的定位也更加明确，培养目标也更趋实践性与专门性。

对外汉语本科专业“注重汉英双语教学，培养具有较扎实的汉语和英语基础，对中国文学、中华文化及中外文化交往有较全面了解，有进一步培养潜能的高层次对外汉语专门人才；以及能在国内外有关部门、各类学校、新闻出版、文化管理和企事业单位从事对外汉语教学及中外文化交流相关工作的实践型语言学高级人才”。中国语言文化专业的培养目标是“培养适应现代国际社会需要、具备良好综合素质、全面发展的通用型汉语专门人才”。而中国学专业则是国内首个面向留学生的本科专业，通过双语教学，向他们传授、传播当代中国的政治经济文化生活，以期培养一大批“知华、友华”的国际学生。该专业是在中国传统“国学”和海外“汉学”“中国研究”等学科基础上建立的一门综合学科，既涵盖对中国历史文化的研究，也关注中国现实问题；既包含中国语言、文学、历史、哲学、艺术等的传统课程，也开设中国经济、政治、社会等方面的课程。致力于运用人文、社会科学等多学科的方法，沟通中国古代与现代，培养具有较深厚的中华文化修养，又了解当代中国国情的人才。

可见，在整合以上三个专业后，汉语国际教育本科专业的实践性、应用性更强了，与汉语国际教育硕士的衔接更紧密了，其主要目的是为中国语言文化在海外的传播服务，而其面向的生源也不仅仅是中国学生了。面对这一变化，汉语国际教育（本科）的课程设置和培养方案却还没有顺应而动，目前的课程设置还基本上是老路子，特别是外语教学仍然以英语为主。如福建师大汉语国际教育本科专业的主要课程为：现代汉语、文学作品选读、写作、综合英语、英语写作、英汉翻译、第二语言教学的理论与方法、海外华文教育概论、对外汉语教学概论、汉外语言比较、语言与文化、中华文化通论、专题研究、心理学、教育学、多媒体辅助汉语教学等。上海外国语大学汉语国际教育专业主干课程有：基础英语、高级英语、英汉互译、英美概况、古代汉语、现代汉语、中国文学、外国文学、中华文化通论、西方文化与礼仪、国外汉学研究、对外汉语教学概论、语言学概论、外语教育学概论、跨文化言语交际、第二外语等。

这些课程设计明显是以培养通用型、复合型人才为目标。从往届毕业生就业方向来看，这一课程设置也确实发挥了作用，达到了人才培养的目标，毕业生就业面较广，如：在学校或外企从事汉语教学、汉语培训工作；在国内外文化部门从事文化交流工作；在新闻出版机构从事对外宣传工作；在国家机关、外经贸系统、外资企业、合资企业等从事管理工作等。

但是，随着对外汉语本科专业的调整，整合其他两个专业方向为汉语国际教育后，该课程设计培养模式明显已不能满足现状需求。特别是在目前，在孔子学院海外办学规模日益扩大、外派汉语教师缺口严重的情况下，汉语国际教育本科专业更应顺应市场细分化的需求，以培养学有所长，术有专攻的受过专门训练的、能胜任和适应目的国工作的中国语言文化传播者为己任，对课程大纲和培养模式进行相应的改动调整，为海外汉文化的传播度身定制合格的文化输出者。在全国各高校的汉语国际教育本科专业建设中，实无必要推行一个模子的培养方式和途径，完全可以因地制宜，根据自身特长与需求，培养具有不同专长与教学领域的汉文化传播者。比如，根据本校的学科特长与所建孔子学院所在国的特点，推进小语种汉语教师的培养，为国别化汉语教学培养合格人才。

小语种汉语教师的需求是海外办学的必然要求。在全国汉语国际推广工作会议上，国务委员陈至立强调，要解决汉语国际推广和孔子学院建设中存在的问题要从"请进来"学汉语向同时加大汉语"走出去"力度的转变。汉语国际推广的市场主要在海外。必须采取有力措施，在海外大力发展孔子学院，大幅度增派出国汉语教师和志愿者，加大对当地汉语教师培养培训的支持力度，为当地提供丰富的教学资源，为广大海外汉语学习者提供便利的、多样化的、高质量的教育服务。自 2004 年在韩国成立第一所孔子学院以来，至2012年底，已在全球100多个国家建立了400所孔子学院、500多家孔子课堂，注册学员65万人。这100多个国家的语言文化各式各样，仅靠精通英语，了解英美文化，显然是不够的。这些孔子学院每年需要汉语教师及志愿者6000余人，与以往在国内教学不同，外派汉语教师不仅需掌握汉语教学的技巧，更需了解当地的语言文化、生活习俗，以解决生活与工作交流的基本需要，这就对教师的外语水平提出了更高的要求，而目前英语类人才较多，小语种汉语教学人才则面临缺口巨大的局面，需要我们的学科教学从根本上扭转这一局面。

在教材编写方面也同样如此，仅有英文版汉语教材显然不能适应世界各国汉语学习者的需求。目前国家汉办大力支持出版本土教材，增加小语种教材的建设力度。如国家汉办规划教材《当代中文》，由华语教学出版社出版，作者是复旦大学的吴中伟教授等多位知名学者。该套教材共有英、法、德、日、意等43个语种，43个语种的《当代中文》在翻译过程中做了非常细致的本土化工作，从人物设置、背景介绍、所选话题乃至封面设计等各个角度考虑到了学习者本国的国情和心理习惯。

为进一步推动教材本土化，国家汉办与国外出版社合作，积极签订《快乐汉语》《跟我学汉语》《汉语图解词典》《汉语图解小词典》《汉语800字》等版权转让协议，大力支持上述教材及工具书在国外出版发行。为推动中国汉语教材"走出去"，为全球孔子学院和汉语学习者提供优质汉语教材服务，国家汉办还重点建设了英、法、德、西、俄、意、葡等25个欧洲语种注释的汉语主干教材，大力支持孔子学院开发本土教材。这些本土教材扎根各国汉语教学实际，特色鲜明，实用性和针对性强，有力推动了各国汉语教学的开展，提升了汉语教学质量和水平。

实现教材本土化的关键，就是要适应本土学习者的需求，贴近本土人的思维、文化、习惯和语言表达方式，使教材有本土元素和地方特色。然而目前在小语种教材的开发上，大部分还是以翻译为主，缺乏针对性强、符合当地人学习汉语习惯的度身定制的教材。在汉语国际教育本科专业建设中加大对小语种人才的培养力度，培养一批既精通目的国语言，又有丰富对外汉语教学知识和经验的人才，必定能在汉语教材本土化编写方面更上一层楼。

在国别化汉语教学方面，加强小语种人才的培养力度，有助于进行对比教学，纠正偏误，避免负迁移。对比的原则是对外汉语教学的基本原则之一。第二语言学习者是在掌握第一语言的基础上学习第二语言的。在其学习过程中，第一语言的规则和习惯必然会对第二语言习得产生影响，即所谓第二语言学习的“迁移”现象。这种影响可以分为正面的和负面的两种。正面的影响称为“正迁移”，负面的影响称为“负迁移”。第二语言教学贯彻对比的原则，可以帮助教师确定教学的重点和难点，可以预测并预防学生“偏误”的产生，还可以科学地解释偏误产生的原因。这就要求第二语言教师具有比较语言学的修养。因此，对外汉语专业的学生大多要上汉外语言比较这门课，但由于学生的第一外语大多为英语，因此比较研究的对象主要是英语和汉语，对一些小语种的研究目前还处在相当薄弱的状态，特别是一些东南亚国家，其学习汉语的人数与我国对其语言的研究，以及有针对性的教学法探索还处在一个完全不相称的位置上。

此外，就汉语教师本人的跨文化适应方面来说，专攻小语种国家语言的专门性人才肯定比学习英语的人更能适应目的语国家的文化习俗，不易发生“文化休克”，也不易与当地人产生文化冲突。当前，英语国家文化属于世界强势文化，国人普遍比较熟悉，相对也比较容易适应，而与南美、非洲、阿拉伯等地区沟通则非专门人才不可，在汉语国际教育领域，此类人才可谓稀少。许嘉璐先生曾指出：孔子学院是顺应世界形势发展与各国人民要求而生的，其核心就是推动世界文化多样性与不同文明之间的对话。既然是对话，那就是双向的，要向海外传播中华文化，就势必要先了解对方的语言和文化，文明的多样性对我们的汉语国际教育专业人才培养也提出了多样性的要求。

目前，针对小语种汉语教学人员的严重缺口，主要采取的措施有：一、对现有小语种人才加以汉语教学方面的短期培训。海外汉语教师队伍中就有相当一部分人在国内从事的是外语教学工作，经过短期培训后，他们大部分能掌握对外汉语教学的基本方法，初步胜任海外汉语教学工作。他们的长处很明显，短处也很明显，虽然能较好地适应国外的生活，没有语言障碍，但汉语基本知识和对外汉语教学技巧欠缺却是他们的短板，这些知识和技能需要较长的时间才能掌握，不可能一蹴而就。二、对现有汉语教师进行国别化教学培训。每年在汉语教师赴海外任教之前，汉办都会根据派出国的国别安排老师们集中培训，这么做可以在短时间内提高汉语教师文化适应的能力，减少文化休克的发生，但在语言方面则很难一下子补上去。三、将有志于在小语种国家从事汉语教学的老师派遣至目的语国家进行一至二年的语言文化学习，考试合格后留在当地从事汉语教学工作。国家汉办在泰国、土耳其等国家曾派遣志愿者在当地学习语言文化，一至二年后，留在当地孔子学院工作。该项目虽然有一定作用，但周期长、费用高，因人员流动性相对较强，缺乏长期效益。

相比这些情况，汉语国际教育本科人才培养，时间长，人员固定，目标指向明确，正适合进行外语和汉语言基础知识的学习，为未来的职业生涯打下良好的基础。而一些教学技巧和经验则可以在本科阶段初步接触，硕士阶段则通过一年的实习进一步巩固和提高。相对而言，汉语国际教育专业硕士一年学习一年实习的培养方式，更适合让一些已有一定基础知识与教学经验的人继续深造提升，而本科阶段打下的扎实基础是这一提升的重要前提。

语言是工具，是文化知识的载体。专业知识与语言文化的结合，可造就能与某一国某一行业打交道的专门性人才。这样的人才，无需借助第三方的力量，便能直接在本领域沟通交流。国外大学在这方面已有不少尝试，如在某专业学习的学生，可同时选读一门外语，在就读期间到国外交流，在当地既学习专业知识，又学习语言文化，毕业时可同时获得专业与语言两个学位。汉语国际教育本科生培养或许也可以进行这方面的尝试。

在汉语国际教育本科建设中加大小语种人才的培养力度，不仅能培养出优、精、专的人才，缓解海外汉语教学小语种人才短缺的压力，同时也能扩大就业渠道，满足国家战略发展的需求。当前，我国与东盟、中亚、中东、非洲、俄罗斯等地区与国家经贸合作密切，急需文化人文方面交流的跟进。最近中国国家主席习近平出访中亚四国并出席上合组织比什凯克元首峰会，提出建立“丝绸之路经济带”，促进贸易和投资便利化，推广本地区本币结算，支持成立能源俱乐部，推进粮食安全合作，共同维护地区安全稳定。他还强调要加强人文合作，加强各成员国的人文交流和民间交往，加强各成员国之间媒体信息领域的交流，打牢上合组织的民意基础和社会基础。汉语教师身处公共外交的第一线，承担着传播中国语言文化的神圣使命，自应努力学习目的国语言文化，加强与当地人的沟通交流，而汉语国际教育专业，也应主动承担起为国家储备人才的责任，顺应国家战略要求，加强小语种人才的培养力度，为中华文化在全球的传播，为世界文明的交流对话做出应有的贡献。

专业定位与人才培养（四）

教师发展

海外汉语教师的知与能*

北京语言大学　崔希亮

摘要　海外的汉语教师不同于我们在国内教留学生的汉语教师，即将赴海外进行教学的汉语教师应该认识到这种差别，为海外教师的工作生涯做好准备。那么赴海外进行汉语教学的教师，应做哪些方面的准备呢？他们应该具有哪些方面的知识和能力呢？本文主要从海外汉语教师的工作生涯准备、上岗准备、海外汉语教师的知与能等方面对这些问题进行说明。

关键词　海外汉语教师　知　能　工作生涯准备　上岗准备

* 本文已刊发于《国际汉语教学研究》2016 年第 3 期。

一　引言

海外的汉语教师不同于我们在国内教留学生的汉语教师。首先，教学环境不一样。海外的汉语教师面对的是学生的母语环境，国内的汉语教师面对的是目的语环境。其次，教学理念不一样。比如同是在美国，有的学校要求汉语教师用学生的母语授课，有的学校要求汉语教师不能使用学生的母语授课。再次，教学目标也不一样。有的学校汉语课是公共外语课，有的学校汉语课是专业外语课，而公共外语课和专业外语课的教学目标是不一样的。

因此即将赴海外进行教学的汉语教师应该认识到这种差别，为海外教师的工作生涯做好准备。那么赴海外进行汉语教学的教师，应做哪些方面的准备呢？他们应该具有哪些方面的知识和能力呢？下面我们主要从海外汉语教师的工作生涯准备、上岗准备、海外汉语教师的知与能等方面对这些问题进行说明。

二　海外汉语教师的工作生涯准备

为了顺利地进行汉语教学，成为一名合格的海外汉语教师，每一位赴海外进行汉语教学的教师应注意从以下方面进行工作生涯的准备工作。

2.1　语言学的专业训练

与国内的汉语教学相比，海外的汉语教学更加灵活多变，汉语教师必须适应学生的情况，适应当地的教育环境，因而赴海外的汉语教师在去之前要接受语言学的专业训练，其中包括教学法的培训、中国语言文化等本体内容的培训等。汉语教师在课堂上应努力成为一个优秀的匠人，课堂外应努力成为一个学者。 因为有很多的问题目前还没有现成的答案，只能靠我们自己去独立研究，加以解决。因此，就要求我们有一些专业的基本训练，如教学技巧的训练、基本科学研究能力的训练等。基本科学研究能力的训练对于我们很多老师来说，可能没有这方面的自觉，或者没有这方面的要求。但实际上，很多问题在课堂上出现后，我们无法从别的地方找到答案。如并列式的双音节词“桌椅、天地、脸面”，不能说成“椅桌、地天、面脸”，但“介绍”却有“绍介”的说法存在，为什么？这里面是否存在规律？这就需要我们自己去研究。如果我们借助大规模语料库，对这类语料进行分析，就会发现这种现象其实和我们汉语声调有关，汉语的并列式音节排列是有规律的，就是平起仄收。但为什么两个音节都是去声的“道路”，却不能反过来说成“路道”呢？这里面可能有别的因素。要解决这样的问题，就需要我们进行语言学的专业训练。

2.2 国际视野

所谓国际视野，就是说要站在一个全球的角度来看问题，而不是只站在中国的立场上看问题。这一点非常重要，因为现在是一个国际化的时代，不管你愿意不愿意，我们的这个世界变得越来越小，因此，我们现在每一个出国任教的老师都要有国际化的视野。有些现象在我们看来是很奇怪的现象，但在有些人那里是很自然的。如关于吃饭的方式，我们中国人用筷子吃，西方人用刀叉，阿拉伯人用手抓。这三种不同的吃饭方式有无优劣之分？有人可能会说用筷子和刀叉很卫生，用手不太卫生。可阿拉伯人不这么认为，他们认为筷子和刀叉是别人洗的，干净不干净你不知道，只有手是自己洗的，所以最放心。又如巴西的很多原始部落印第安人，其主食就是虫子，我们去了之后就会觉得匪夷所思，怎么可以吃虫子呢？同样外国人到中国来，看到中国人吃的海参，他们也觉得很奇怪，怎么吃这么恶心的东西呢？但我们认为海参是很好吃的东西。每个民族都有其历史传统文化，国际视野就是不能有偏见，要有包容心。

2.3 事业心

所谓事业心就是要将自己所从事的汉语教学看作一个值得做的事业。汉语国际教育或者说汉语作为第二语言教学，他本身就是一个事业，是值得做的，因为你会发现你教的学生将来可能会在国际交流当中起非常重要的作用。让外国人学汉语，学中华文化，学中国历史，了解中国社会，这是一件非常重要的事情。

2.4 责任感

有了事业心还要有责任感。如董桥的一本书里讲到他有一位老朋友是一位老学者，他送给老朋友一本自己的书，结果那位学者在宾馆里三天看完了，给他写了三页的勘误。他非常感动，他说这就是责任心、责任感。我们的编辑要有责任感就不会出现这样的问题。对外汉语教学也是一样的。

2.5 包容精神

对不同的文化要有包容心，这是非常重要的。我们常常认为中餐是最好吃的食物，可是你出去的时候你会发现法餐很好吃，意餐也很好吃。所以我们不要说中餐是世界上最好吃的，对我们来说是这样，可是对别人来说不见得，我们要包容。

2.6 合作精神

我们在外面工作离不开跟同事的合作，离不开和同学之间的合作，还离不开和校方之间的合作，跟社区的合作，跟社会各界的合作。因此，我们需要有合作精神。

三 教师上岗 ABC

海外汉语教师除了进行上面所提到的工作生涯准备外，还应了解“教什么、怎么教、怎么学、在哪儿教、教什么人、用什么方式教”等方面的问题。其中最重要的是“教什么、怎么教、怎么学、用什么方式教”四个方面，下面我们进行具体说明。

3.1 教什么

海外汉语教师教的是什么？教的是语言和文化。因此海外汉语教师对汉语和中华文化一定要有所了解。汉语和印欧语很不一样。汉语是孤立语，印欧语是屈折语。屈折语有很多屈折变化，汉语没有。如印欧语里日耳曼语族的德语有四个格三个性，每一个名词前都有阳性、阴性或中性的标记。

我们中国人搞不清楚哪个词是哪个性，需要一个一个地记，因而觉得比较难。那么汉语难在什么地方呢？汉语没有这些形态，如句子“我明天去上海”中，“我”是主语，“明天”是什么？有人说是状语，因为它是时间词，有人说它是第二层的主语。这个在西方看来没法说，因为没有任何标记。印欧语里一个句子只有一个动词，不可能有第二个动词。如果有第二个动词，一定要用分词的形式或是不定式的形式出现。而对于汉语来说一个句子出现几个动词都可以，如“我派张三去找李四让王五给我进城买一台电视机”里有五六个动词。这就是我们汉语和其他语言不同的地方。除了这些不同外，更多不同的地方是书写系统——汉字系统。汉字对于习惯了字母文字的人来说是一个非常奇怪的书写系统。

3.2 怎么教

教学法有很多，如“3P 教学”“5P 教学”、任务型教学法，等等。没有放之四海而皆准的教学法。教学方法要随着教学环境的变化、教学对象的变化而变化。什么是好的教学法？能解决问题的教学法就是好的教学法。那什么样的教学法是能解决问题的教学法呢？这需要随机应变。就好比你会十八般武艺，在打仗的时候你不会都用出来，你用什么要看实际的情况，临时来处理。

3.3 怎么学

怎么学？这是我们不知道的或者说是一个秘密。学生的第二语言习得过程我们是不太清楚的，虽然有汉语作为第二语言的习得研究，但我们得到的结论都是局部的，我们并不了解整体的习得过程是什么。我们可以在教学的过程中，专门研究学生的学习过程。为什么学能差不多的人在同样的条件下，有的成功，有的不成功？成功的经验是什么？不成功的教训又是什么？这些都是我们可以研究的问题。

3.4 用什么手段和方式教

我们汉语里面这样的问题大量存在，学生会问可是你说不出来个所以然。在美国学习汉语的除美国人还有世界各地的移民。比方说来自日本、韩国、中国的亚裔移民，其学习策略是不一样的。日裔人学习的时候非常认真，每个不会的地方都会标得清清楚楚，上课的时候不问，下课的时候问。美国的学生上课的时候搞不清楚就会马上问：为什么会这样？如果我们没有办法解释，只是告诉他汉语就这样说，他是不会满意的。那怎么办？办法有两个，一是查阅现有的参考语法，看看有没有现成的研究成果。一是自己进行研究，得出结果。

作为一个教师我们要知道这方面的事情。作为一个匠人、一个好的教师，我们的任务就是在课堂上怎么当好教练，把学生组织起来让学生来说，来参与、来练习，老师就是做指挥的。作为一个学者，除这些之外还要有一些研究的能力。教师的知识结构、能力结构、文化热情、包容精神、教学技巧、教学艺术、道德修养都是非常重要的。这就是教师的素养。

四　海外汉语教师的知

4.1　汉语知识

海外汉语教师要了解汉语知识，就是要了解自己语言的特点和规律。既包括语音方面的知识，也包括词汇和语法方面的知识，还包括语言学理论方面的知识。下面我们主要简单说说语音、语法及理论方面的相关知识。

4.1.1　语音方面

4.1.1.1　声调的问题

汉语是有声调的语言，普通话里有四个声调：阴平、阳平、上声、去声。这四个声调按照五度标音都有调值，可是对于留学生来说，学会四声并不是很简单的事。如对说英语和阿拉伯语的人来说，第二声很困难，第四声也常常发得很不到位。为什么？因为我们教的时候用的五度标音法是赵元任先生创制的，对学生声调学习有一定的误导。如“——好不好？——好。”我们不会说“好（214）”，这里的 214 不是真正的 214，而是 211 或 212。再加上汉语的语调，外国人把声调和语调混在一起，就会出现洋腔洋调的问题。英国人、美国人说汉语时的语调是英语的语调，不是汉语的语调。因此，我们要了解声调和语调的问题。

4.1.1.2　声母、韵母发音的问题

声母的问题在哪？对于美国人来说最难的是 r，他们常用英语的 r 来发汉语的 r。英语 r 的发音开口度大一些，而且更加灵活。对于说日语的人来说最难的是双唇、后、高、圆唇元音 /u/，因为日语没有这个音，只有后、高、不圆唇元音 /ɯ/。我们学过语音学的都知道，这两个元音的主要差别在于口腔的圆展程度不同。对于日本人来说还有一个问题就是他们会将送气音和不送气音发成清音和浊音。因为日语有清音、浊音的区别，没有送气、不送气的区别，所以你说“兔子”和“肚子”对他来说没有区别，他听不出来“兔子”和“肚子”的不同。这些情况我们都应该了解。

4.1.2　语法方面

语法方面也有很多问题，如关于“的”的隐现问题，很多留学生都掌握不好。为什么“我狗”要加“的”，而“我爸爸”“我妈妈”可以不加“的”？我们用“可让渡性”来解释，凡是可让渡，可以送给别人的，都必须加“的”。“我的狗”可以送给别人，“我的爸爸妈妈”不能送给别人，所以爸爸妈妈可以不加“的”。加“的”表示距离远，不加“的”表示距离近。是不是这样就把问题都说清楚了？其实大家会发现并不完全这样。如“我的老婆”，“老婆”离婚后就可以让渡给别人，不离婚不可以。这里面是很多概念的问题，所以很难说清楚。

4.1.3　理论方面

香港科技大学张敏教授用认知语言学的距离像似（iconicity）动因理论来解决“的”的隐现问题。所以我们还得有点儿理论准备，能用语言学理论来解决碰到的类似问题。

4.2　外语知识

海外汉语教师最好懂两门外语，会用一种语言。所谓懂就是说要在知识层面上了解这种语言是怎么回事，同时我们也强调要会用一种语言。假如我们去美国，就要会用英语。如果不会用，就会出现很多生活方面的问题。外语知识懂的多了我们就会知道学生为什么会犯这样的错误。如，韩

国人为什么会把 /f/ 发成一个双唇音 /p/ ？因为韩语只有双唇音 /p/，没有唇齿音 /f/。又如，“鸡不吃了”，汉语是有歧义的，“鸡”可以是受事，也可以是施事。可德语、日语就不会出现这样的问题，因为德语有格的标记，日语也会标记宾格还是主格，同时还会在词尾或定冠词上有变化。德语的“在火车上写字”，汉语至少有三个意思：（1）坐在火车里面写字；（2）在火车表面写字；（3）在火车车顶上写字。究竟表达哪个意思？这是不确定的。而德语用三个不同的介词把三种不同的场景表达得很清楚。如果我们懂两门外语，我们就会发现不同的语言会有不同的语法手段。

4.3 驻在国的知识

古人说入国问禁，入境问俗，入门问讳。要了解驻在国的知识，知道他们忌讳什么，不能当着和尚骂秃子。如到了日本，吃饭的时候要把碗端起来吃，而且要吃出声音来，并且一边吃还要一边说“Itata-kimasu！”（日语）。吃面条时不出声主人会认为面条不好吃，如果你一边吃一边出声，吃完了，还要品一品回味地说“Go-chiso-samadeshita！”（日语）。这样日本人就会很放心。而在美国人家里吃面条要一根一根地吃，而且既不能出声，还不能把碗端起来。在韩国吃米饭的时候，碗是不能端起来的。而在中国，吃米饭碗端起来或不端起来都没关系。这些都属于餐桌礼节（table manners）。每个的民族都有自己的餐桌礼节，所以，我们要了解驻在国各种各样的知识，包括生活上的细节和常识。

4.4 语言学的知识

海外汉语教师应该了解一些语言学的基本知识，因为很多问题，语言学理论上已经解释得很清楚了。如果我们没有语言学的知识就会乱解释，因为你不知道它究竟为什么。比方说，如果一个美国人到中国来旅行，他会发现一个很有趣的现象，到了四川“鞋子”不叫“xiézi”，而叫“háizi”。他就会问：为什么四川人把“xiézi”叫作“háizi”？其实我们中国人也问这个问题。如果我们学过语言学，我们就会发现 j、q、x 这三个音是后来产生的，原来都读作 g、k、h。这是语言的一种发展变化。日语、越南语、韩语都保留了汉语古代的发音，所以四川话中有古代的发音一点也不奇怪。语言学的很多问题都可以用语言学的理论解决，所以，我们要有语言学的知识。

4.5 中华文化的知识

具体来说包括文学、艺术、思想、宗教、建筑、医药和传统武术，等等。对于这些文化，西方人有一些迷思，第一他们认为中国人都会功夫，第二他们认为中国人都会打乒乓球。这两个问题是我们走到哪儿，外国人都会问到的。如果中国人不会打乒乓球，他们会觉得非常奇怪。这里面就有很多文化的内容。又比如，他们会和我们讨论老子、庄子、孔子、孟子，如果你不能和他讨论，他就会认为你不适合做他的老师。作为一位外派的汉语教师，你在他们眼中就是中国问题的百科全书。

4.6 中国历史和中国地理知识

我们对中国整体的历史和地理知识了解得多，但是在某些细小的、局部的方面我们可能会不如某些对中国某一方面的历史和地理感兴趣的外国人知道得多。我读书时有一位美国室友，他对武则天特别感兴趣，所以他对唐代的历史特别感兴趣，他的很多问题，我也无法回答。但是，我可以和他讨论唐代的历史、社会、典章制度、民族状况、官职，等等。所以作为对外汉语教师，中国的历史地理知识要了解。

4.7 中国社会的知识

我们要洞悉中国社会的社会结构和社会现象，如我国中古封建社会是以宗法氏族为主要结构的，那么什么是宗法社会？在南方，很多村子都有祠堂，也有宗亲会，大家会经常聚在一起，互相帮助。那么宗法社会的特点是什么？在现代中国，宗法社会还有它的影响力吗？这些都是我们需要了解的。另外，我们现在的村级民主选举制度、人民代表大会制度等政治制度也需要我们了解。

4.8　教育心理学的知识

海外汉语教师还需要了解教育心理学方面的知识。我们的志愿者，有的可能会去社区，有的会去大学，也有的会去小学。小孩儿和成年人的学习心理有很大的不同。另外，人和人之间也是有差别的。我们应该有一些教育心理学的知识，能针对不同的学生采取不同的教学方法和技巧。如我在澳大利亚教学的时候，教学对象是大学生，他们比较懒，通常上到半个小时的时候就要求休息。为了吸引他们，每次上到 30 分钟的时候，我就给他们讲一个故事。这些故事都来源于中国的寓言，如刻舟求剑、南辕北辙等，同时又将它们与当地的地名、习俗结合起来，使它们具有当地特色。这样学生们都很喜欢，最后形成了“一日一故事”的习惯。

4.9　百科知识

海外汉语教师还要有百科知识。要有百科知识并不是说我们要了解所有的知识，但是常识性的知识我们要知道。如我们要了解所在校园的植物、动物。在美国的校园里会有很多的动物，像松鼠、鼬、獾、乌鸦、喜鹊等，我们要知道它们叫什么。我们要尽量多读一些书，看到身边的事物多问一个为什么。

五　海外汉语教师的能

作为一名海外汉语教师，应具备以下这些能力。

5.1　语言表达能力

所谓语言表达能力就是会说话，能把话说清楚，这是对教师最起码的要求。这个要求看起来很简单，但要做到却并不容易。如何做到把话说清楚？首先，要明确说话对象，即教学对象是哪国人。其次，要明确他的汉语水平。最后是要表达的事件的复杂程度。这要求我们的教师有一定的功力。如在汉语中我们有两个词：“看”和“见”，如何将二者的差异说清楚？最好的办法就是用例句的方式解释。又如《新华字典（试用本）》对

"跳"是这样解释的:"双脚离开地面，身体向上运动。"张志公先生指出，这不是"跳"，这是"上吊"。所以给一些词下定义是很难的事情。我们该怎么办？目前有专门用于第二语言教学的词典，用元语言等基本词汇来解释词，而且采用举例的方式进行解释。在教学中要避免的是只讲理论不讲例子。

5.2 课堂组织能力

课堂组织能力就是当好教练。我们有的老师没有把握好匠人和学者的关系，在课堂上，90% 的时间是个人独白，这样只能使学生昏昏欲睡。我们在课堂上要做个匠人或者教练，在课堂外要做个学者。

5.3 外交能力

海外汉语教师，尤其是在孔子学院工作的教师，要尽快地打开局面，外交能力是很重要的。很多老师尤其是孔子学院的院长，更多的不是教课，而是要经常和社会人士打交道。比如招生工作，要去政府、社区、中小学参加很多外交活动。如何寻找交流的话题，成功地进行交流？我曾经参加过在英国举办的大学校长交流会，酒会上出现了这样的场面：很多中国校长聚在一起聊天。他们为什么不和外国校长交流？原因有两个：一是担心自己的英语不好，无法进行交流；二是不知道该交流什么。我想可能更重要的原因是不知道该交流什么，害怕交流不成功。在交流的过程中，最忌讳的是冷场，如果冷场，对方会认为他说的话题你不感兴趣。如何让话轮继续下去，涉及谈话的技巧。外交能力和语言技巧是分不开的。

5.4 表演能力

在进行汉语教学时，有些知识我们是可以直接表演给学生看的，如教"跳"时，我们可以直接"跳"给他们看。教"怒发冲冠"时，可以通过身段、表情、语音表演出来。

5.5 理解能力

理解能力就是要听得懂学生的问题，知道学生问的是什么。举个例子，以前有个学生问我："老师，什么是Y头？"我一时没明白，就问他从哪儿看见的这个词，他说在《红楼梦》里有"凤Y头"。原来是将"丫头"看成了"Y头"。又如在对外汉语课堂上，有个巴西的学生说："我很瘦，因为我的妈妈没有牛奶，我是吃母牛的牛奶长大的。"显然他对"牛奶"的理解是有问题的。又如，有个学生去我家时问我："老师，你媳妇在家吗？"，显然这是语用方面的问题。"媳妇"有很多表达，如"爱人""夫人""老婆"等，但是每个词的用法是有区别的。台湾人觉得"夫人"是别人对自己爱人的尊称，自己不会叫自己的爱人"夫人"。但在大陆，我们称自己的爱人为"夫人"是很正常的。所以在对外汉语课堂上教师要认真听，体会学生的问题，分析是语音、语法、文化还是语用方面的问题。

5.6 科学研究的能力

海外汉语教师还需要具有一定的科学研究的能力，在研究一个问题的时候，要抓住问题的本质。汉语作为第二语言教学中出现的很多问题都是很有代表性的问题，而且有很多是我们在本体研究中不会想到的问题。如"我差点儿没摔倒"和"我差点儿摔倒了"，都是"我没摔倒"，而"我差点儿没考上北大"和"我差点儿考上北大"，前句意思是考上了，后句意思是没考上。这种肯定否定是否有规律？这种问题我们要抓住它的本质去研究。"差点儿"句分两种情况，一种情况是肯定否定意思不同，一种情况是肯定否定意思相同。什么时候肯定否定意思相同？什么时候意思不同？这要看是否符合说话人的主观愿望。如果是说话人主观希望发生的，肯定和否定形式意思不同；如果是说话人不希望发生的，肯定和否定形式意思相同。在这个问题上，主观愿望是问题的本质。又如学生按照"把"字句的特点造出"我把饺子吃在五道口"这样的句子，为什么这种表达是错误的？因为"把"字句中动作行为的对象要存在位移的现象，"我把饺子吃在五道口"没有这种逻辑上的联系。在对外汉语课堂上这样的问题俯拾即是，发现问题要有慧眼，解决问题要有慧根。如果你没有足够的学术储备，你发现的问题可能永远不知道从何下手。

5.7 亲和力

一个老师能否得到学生的喜欢，有很大一部分取决于这位老师的亲和力。有的老师上课不看学生，看天花板，还有的老师讲课总是习惯皱眉。这样学生就会觉得和老师有距离。教师的亲和力是老师自己可以控制的，上课时，教师必须要和学生有交流。

5.8 现代教育技术的应用能力

教师要学会运用多媒体等手段。在教学的过程中，我们可以做一些动画使一些问题变得简单。例如“把”字句的教学，我们可以做一些动画来图解。有时一个很复杂的问题，我们可以用一张很简单的图说清楚。当然将复杂问题简单化，深入浅出，这是需要修炼，需要功力的。

六　结语

6.1 对外汉语教师的使命

我认为汉语教师的使命是：以此为业，以此为乐，以此为荣，以此为善，以此为已任。作为一位汉语教师，我们将来可能要到世界各地去讲课、讲学，云游四方，这是我们的事业。在云游四方的时候我们要以此为乐，这样我们就会兴致勃勃地去做。

6.2 对汉语教师的期望

教师要做个有心人，要搜集各种各样的问题，要有书卷气，要有烟火色，要有雨露功。所谓烟火色，是指对底层有所了解，比如最炎热的时候，我们的工人拿着喷火枪在高层施工，我们要有同情心，要感同身受。同时要了解农村，比如哈佛班，我们会安排社会实践，去中国西部，看看中国西部的农村。所谓雨露功是指用“润物细无声”的方式，慢慢地将价值观传递给他们。

中国有句古话叫“为学日益，为道日损”，就是说“学的知识越多，我们知道的道理就越精炼”，这就是我想要说的。

汉语国际教育学科专业化研究机制初探

北京语言大学　姜丽萍
河北邢台职业技术学院　李俊芬

摘要　汉语国际教育与传播事业的迅速发展呼唤高水平、高效率、高质量的专业化学术研究，在汉语国际教育与传播体制内建立明确的学术研究机制是目前急需开展的重要基础工程。本文从汉语国际教育研究的专业化、应用型以及常态化运行机制方面对汉语国际教育研究机制进行了初步的学术探索。

关键词　汉语国际教育　研究机制　专业化　应用型　矩阵式

一　引言

在全球化背景下，伴随着中国走向世界步伐的加快，“汉语热”在世界范围升温，汉语言文化迅速走向世界。据统计，截至 2013 年 8 月，中国在全世界 116 个国家建立了 430 多个孔子学院，650 多个孔子课堂，注册学生六七十万。现有 29 万外国留学生在华深造。目前以各种方式学习汉语的外国人近 4000 万（许琳，2010），汉语国际教育呈现出国内、国外两个平台的分布格局。

但是汉语国际教育并不是“会说中国话就能教外国人汉语”那样易如反掌。看似简单的“教什么？怎么教？谁来教？”的问题，却是制约汉语国际传播的瓶颈问题。国家汉办许琳曾指出：“说到底，三教问题解决了，汉语国际教育与推广就好做了。”（许琳，2010）但是“三教”问题如何解决？我们认为必须建立在对汉语国际教育的特点、条件及规律的系统认识和正确把握的基础上，必须依靠基于教学实践之上的科学缜密的研究工作。

任何教育、教学都是科学性极强的工作。近年来暴露出的“三教瓶颈”及久攻不下的问题，其成因的背后就是由于我们对复杂的汉语国际教育缺乏有针对性的、系统的、精细的研究，对汉语国际教育、教学的规律还没有清楚的认识和把握，解决“三教瓶颈”问题跳不出“头痛医头，脚痛医脚”、低水平重复的怪圈。因此，加强汉语国际教育、教学的专门化、精细化研究是解决“三教瓶颈”问题、提高国际汉语教学质量的首要措施。在汉语国际教育与传播体制内构建专业化、应用型、常态化的研究机制，是急需开展的一项基础工程。

二　汉语国际教育研究的“专业化”发展方向

专业化也称专门化，是指汉语国际教育研究根据不同对象、不同类型、不同条件等，对众多国家和地区的众多汉语教学进行科学分类，进而对不同类型的汉语教学领域进行专门的研究。国家汉办 2007、2008 年相继出版发行了《国际汉语能力标准》《国际汉语教学通用课程大纲》，其研制开发均是基于汉语作为外语或第二语言进行的。国际汉语教学即在世界各国开展的汉语作为外语或第二语言的教学。对外国人所进行的汉语作为外语或第二语言教学，是国际汉语教学的根本性、整体性规定，是开展汉语国际教育研究的基础。但仅有对普遍性规律的研究是远远不够的，更需要根据不同教学目标、教学对象、教学环境进行有针对性的探索，以揭示其特殊性，进而提高科学研究对教学实践的指导作用。

以“汉语国际教育”为统领，以教学目标、教学对象、教学环境为参照，以对近年来在不同国家和地区所进行的各类、各级“国际汉语教学”统计分析为基础，我们对汉语国际教育、教学类型划分如下。

2.1　以教学环境为依据

2.1.1　在国内（目的语环境）对外国人进行的汉语教学

此类具有汉语国际教育特征的汉语教学，其实质是汉语作为第二语言的教学。自 1950 年清华大学筹办“东欧交换生中国语文专修班”始，至今已有 60 多个春秋，目前已基本成为“语言学学科下的一个分支，其核心部分为汉语作为第二语言的教学，或对外汉语教学”（刘珣，2000）。

对外汉语教学，是在目的语环境下对外国人（来华留学生）进行汉语教学的独立领域，其性质是汉语作为第二语言的教学。根据教学性质和教学总体特点，可细分为专业教育、进修教学、短期教学、速成教学等四个基本类型（马箭飞，2004），具有学科专业的特征。

在汉语走向世界的历史进程中，对外汉语教学不仅承担着自身学科发展、来华留学生汉语教学的重担，目前还担当着汉语国际教育与传播理论研究、人才培养、教材等教学资源保障等“大后方基地”的历史责任。

2.1.2　在国外（非目的语环境）对各类汉语学习者进行的汉语教学

国外汉语教学的最大特点是在非汉语环境下、跨文化进行的汉语教学。目前，国外汉语教学面临的情况很复杂，表现为在不同的国家、地区或社区开展汉语教学所处的环境、学习者的需求千差万别。为开展研究的方便，进一步显示不同教学环境的特点，根据历史、地缘、母语、文化等因素的不同，我们把国外汉语教学细分为有汉语文化背景与无汉语文化背景两类。其中无汉语文化背景的汉语教学是对第一语言非汉语的外国人在其母语环境下进行的纯粹的外语教学。为避免术语上的混乱，“海外汉语教学”专指该类教学。有汉语文化背景的汉语教学是指在国外进行的、但具有一定汉语文化背景或环境的汉语教学，这类教学是汉语国际教育中非常特殊的一类，却是不可忽略的部分，也是与政治、经济、历史、语言文化等因素交织在一起，属于最为复杂的国际汉语教学类型。比如马来西亚、新加坡等国家的汉语教学，分布在世界各地的“华侨学校”等。在充分尊重历史的前提下，此类教学暂名之为海外华文教学。上述分类如下图：

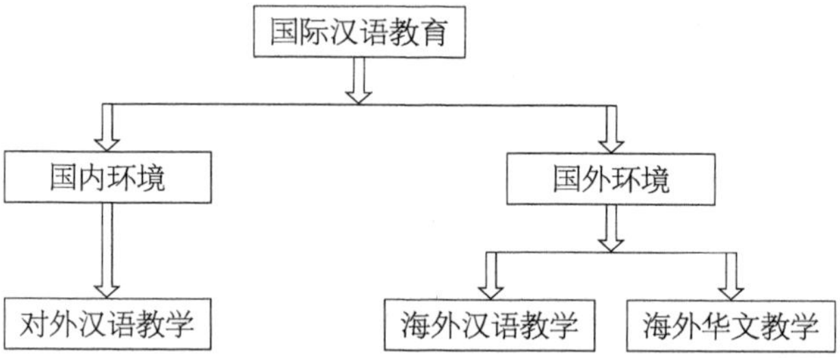

图 1　以教学环境为依据的国际汉语教育分类

本文以“汉语国际教育”为统领，对两种三类汉语教学进行区分，形成对外汉语教学、海外汉语教学、海外华文教学三个特征鲜明的国际汉语教学类型。首先，这种分类彰显了三类不同汉语教学类型在教学性质、教学内容、教学对象、教学环境等因素之间的不同特点。其次，各类型中虽然还存在着众多不同形式、不同层次的汉语教学（如海外汉语教学类型中的不同语种、国别、学习者等），但他们有着共性的一面。共性为“纲”，特殊性为“目”，纲举目张，这样便于研究的组织。再次，充分尊重历史与继承，使分类具有充分的现实基础。

2.2　以教学内容和目标为依据

以教学内容、目标为依据，本文将汉语国际教育分为下列四类。

2.2.1　以汉语言综合运用能力为培养目标的教学

此类汉语教学以培养学习者汉语综合运用能力为目标，具有基础性、层次性、系统性的特点，如国内外各级各类学校、培训机构中的基础汉语课程。

2.2.2 以运用汉语服务于特定职业为目标的教学

此类汉语教学以培养学习者从事某特定职业所需汉语知识、能力为目标，具有专业能力速成的特点，如商贸汉语、旅游汉语、科技汉语、法律汉语、医学汉语、体育汉语等，属于“专门用途汉语教学”。

2.2.3 以国际汉语教师培养、培训为目标的教学

此类汉语教学以培养合格的国际汉语教师或提高汉语教师的教学能力为目标，既可以是专业系统的学科教育也可以是短期或综合或专项的教师培训。由于教师教育的特殊性和重要性，此类教学应单列一项予以系统研究。

2.2.4 以中华文化传播为目标的教学

由于汉语国际教育的跨文化性，在教学实践中必然会涉及中华文化的内容。其表现不仅仅只是在语言教学中，还会有“专项”的文化教学内容，如“现代中国国情”“中国历史”“中国服饰”“中国传统美德”等。把“文化传播”单列为独立的领域，进而研究其教学的规律及与汉语教学的关系具有重要意义。

在对汉语国际教育中汉语教学进行分类的基础上，我们认为，为适应汉语国际教育与传播发展的客观需要，汉语国际教育方面的学术研究，应首先明确研究的具体领域，形成“对外汉语教学研究”“海外汉语教学研究”“海外华文教学研究”相对独立的“专业研究模块”。以研究领域的专门化作为汉语国际教育研究体系的基础。这样既能避免学术研究中概念、名词术语的混淆，又能形成研究的针对性、适用性，提高科研工作效率和质量。以“教师培训”为例，把“国际汉语教师培训”作为一个研究课题，其针对性就不明确。如果以“对外汉语教师培训”“海外汉语教师培训”“海外华文教师培训”为专门的领域进行研究，其针对性、适用性就显著提高。又如教材、教法，分门别类地进行研究，有利于使研究更加贴近教学实际，更能解决教学实际中的问题。

上述专门化、具体化、系统化研究分类如下图：

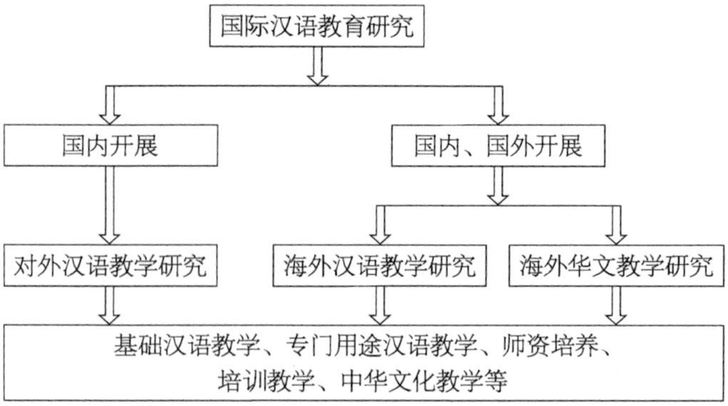

图 2　三种类型的学术研究

目前，这三种类型的学术研究中，对外汉语教学已有较雄厚的学科基础，无论是作为第二语言（外语）的汉语本体研究、汉语习得与认知研究还是教学理论和方法、现代教育技术应用等研究都有了较长时间的积累和丰富的研究成果（赵金铭，2006），也有其庞大的研究人员队伍与机构阵地。对外汉语教学研究，不仅承担着自身学科建设发展的任务，还对整个汉语国际教育研究起到基础、支撑作用。

海外华文教学研究有较悠久的历史，也有专业的研究机构、研究人员，但规模、影响力较小。这类研究目前主要在侨务系统及有关高校，与汉语国际教育与传播形成“条块分割”状态，对世界范围的华侨学校、中文学校设置、教学模式、教学内容、教学方法还缺乏系统的、有特色的研究，相关的“教师、教材、教法”问题也很突出。此外，如何发挥国外侨校的作用，如何解决教学中遇到的方言、变体华语、简繁体汉字应用等问题，亦需通过实事求是的科学研究提供方案和办法。目前应强化海外华文教学研究在汉语国际教育学术研究体系中的地位，在国外，除了孔子学院、孔子课堂外，还需有侨校的声音和力量。

海外汉语教学目前还没有被作为一个相对独立的领域来对待，正处于在“对外汉语教学母体中孕育”的阶段。随着汉语国际教育国外部分的迅速发展，“海外汉语教学”已有其名，也有其实，但没有从对外汉语教学领域明确独立出来。其研究机构、人员均以国内的对外汉语教学系统为主体，也没有专门针对海外汉语教学的学术研究机制。我们认为，海外汉语教学在对外汉语教学中孕育，这是现实条件决定的；对外汉语教学学科所提供的基本经验、理论方法是海外汉语教学研究的基础，功不可没。但必须看到，两者毕竟是不同特性的汉语教学，面对海外复杂的环境，基于国内的对外汉语教学理念、方式、方法不能简单地向海外汉语教学“移植”，不能像母亲对待婴儿一样越俎代庖。为适应汉语国际教育与传播事业发展的需要，急需在汉语国际教育体制内对海外汉语教学与对外汉语教学进行学科意义上的分离，以对外汉语教学学科为基础，结合海外汉语教学的实际，迅速构建有鲜明特色的“海外汉语教学”研究机制。这既是汉语国际教育与传播事业发展的客观需要，也是解决目前“三教瓶颈”问题的关键。

从研究课题分布上看，目前在基础汉语教学方面力量较强，关注度亦高，但在专门用途汉语教学、教师培养培训教学、文化传播教学方面还没有形成明显的研究氛围和局面，不仅基础薄弱而且没有专业的研究平台和人员队伍，亟待加强。

汉语国际教育学术研究向“专业化”方向发展，形成“统一规划、分类深入”的科研指导方针和组织体制，对汉语国际教育与传播的持续发展具有重大的理论和实践意义。

三 汉语国际教育研究的“应用型”行动导向

如何开展汉语国际教育学术研究工作？这首先涉及科研行动的导向问题。对外汉语教学界对此有着明确的认识，提供了很好的参考。陆俭明（1999）指出，研究工作应紧紧围绕怎样在尽可能短的时间内让外国学生尽快学好汉语这么一个问题展开。首先需做基础研究。其次需加强汉外对比研究和外国学生偏误分析研究，以便尽可能有针对性地进行对外汉语教学。再次，在上述基础上编出各种门类的高质量教材。最后要进一步研究、改进教学法。我们概括其特征就是研究的“应用型”。应用型研究是汉语国际教育学术研究的本质特点，在目前形势下，是各类、各种研究工作的根本行动导向。

汉语国际教育“应用型”研究行动导向具体表现为以下三个方面。

3.1 以国际汉语教学一线的教学实践为中心

质量是汉语国际教育的生命线，效率是汉语国际教育的灵魂。质量和效率是汉语国际教育水平最显性、最直接的衡量指标，教学质量和效率由教学一线的师生互动教学过程所体现和创造形成。因此，要提高汉语国际教育水平，就必须首先把学术研究建立在教学实践之上，贯彻“源自一线”“服务一线”的研究工作原则。

以教学一线为中心的应用型研究，关键是建立一线教学实践与研究之间的关系机制。这个机制的核心是一线教学实践遇到的问题、难题及时以“课题”的形式向研究系统“转化”。这种源于一线教学实践的“课题”从根本上规定了研究工作的方向和内容，避免研究脱离实际、闭门造车的弊端，也使研究工作充满活力。同时，以一线为中心的研究也有利于及时发现、总结教学实践中广大教师创造的经验、方法，这不仅为研究提供了新鲜的第一手资料，也能充分发挥一线人员参与科研的积极性、主动性，使汉语国际教育学术研究具有鲜明的群众基础。

3.2 注重实验、实证、对比研究

应用型汉语国际教育研究的突出特征是广泛采用实验、实证的研究方法。“实践是检验真理的唯一标准”，理论与实际的互动是通过科学、大量的实验、实证活动加以实现的。

在世界范围内开展作为第二语言、外语的汉语教学，对中国以及国外教学机构而言都是新事物。当今世界存在的各种语言教学理论都对汉语国际教育、教学有着借鉴意义，对加速汉语走向世界有推动作用，加上中国传统语文教学千百年的经验、对现代汉语的本体研究等都已为汉语国际教育、教学奠定了坚实有利的基础。但这些已经上升到“理论、模式、方法”的东西是否在国际汉语教学中有效，必须进行基于与其他语言相对比的、理论结合实际的实验和实证研究之后，方能得出结论。

以海外汉语教材研究为例，目前世界范围内，由孔子学院总部组织编写的 9 套“优秀”教材以 45 个语种出版，孔子学院编写出版了 77 种本土教材（刘延东，2010），从数量上不能说少，但教学一线还是反映“教材荒”。时任教育部部长袁贵仁在第五届孔子学院大会第一次工作会议上表示，2011 年将启动实施国际汉语教材工程，要成立由各部委组成的国际汉语教材工作指导委员会，以“超规格动作”解决教材问题。为什么多年来没有解决这个问题？关键在于基于各种理念、理论编写的教材缺乏在教学一线的对比实验和实证性研究。究竟怎样处理汉语口语与书面语的关系、听说与读写的关系、口头交际与汉字的关系以及语言交际与中华文化的关系，等等，专家们各执己见，尚未形成一致意见。可以说，没有科学化、规模化、精细化的对比实验，就不会有理论的飞跃；没有基于实验、实证而产生的理论飞跃，就不会有精品教材的出现。

3.3 研究成果快速向教学一线转化，使新成果成为教学的“新装备”

我们在国外从事汉语教学实践后认为，汉语国际教育研究的“应用型”的显著特征是与教学一线的互动关系。研究课题不仅“从一线中来”，更重要的是研究成果要“到一线中去”，建立研究成果向教学一线的快速转化机制。这个转化机制的核心表现为研究成果不仅仅只是论文、专著，而是以优质的教学资源、先进的教学理念、简捷高效的教学方法、现代化的教学手段等形式向教学一线提供实用的“装备”，或者说，研究成果向一线的转化以“装备”一线的形式来实现。

把能否为教学一线提供优质装备作为检验研究工作效率、效益高低的“试金石”具有重要意义。只有转化为有助于教学一线提高质量、提高效率的工具、手段，研究工作才具有社会意义和价值，也才能为汉语国际教育的基础建设提供依据和动力。

汉语国际教育学术研究成果转化为教学一线装备的主要形式和渠道有：

（1）综合体现教学理念、模式、方法、技术手段研究成果的系列化教材；

（2）先进教学理念、教学方法通过师资培训的方式装备一线教师；

（3）课堂教学需要的多媒体教学素材库、丰富多彩的读物及实物、教具；

（4）现代化教学技术和手段，如电子黑板、电子书、汉字学习机、远程网络教学、教师备课软件等；

（5）汉语考试与教学质量检测方式；

（6）师生共用的工具书。

将先进的研究成果向教学一线转化方面，近几年已出现了许多亮点。例如，刘珣（2002）以“结构—功能—文化”为纲主编的《新实用汉语课本》、马箭飞（2006）基于任务大纲主编的《汉语口语速成》系列教材、姜丽萍（2007）主编的初具立体化教材特点的《体验汉语基础教程》系列教材等，为汉语国际教育、教学提供了各具特色的基本教材的保障。另外，德国汉语教学界对汉字教学的研究、北语速成教学模式研究、马箭飞把“交际教学理论”与国际汉语教学相结合而提出的“教学全面交际化”“实现国际汉语教学的活动化、任务化和立体化”（马箭飞，2005）整体思路等研究为汉语国际教育研究的理念、方式、方法提供了很好的启示。如果加快配套的、实用化的研究，将对迅速形成风格鲜明、优质高效的国际汉语教学模式起到重要的推动作用。这一点也正是要通过应用型、精细化的学术研究来推动成果向一线转化的。

四　汉语国际教育学术研究“常态化”“矩阵式”运行机制

汉语国际传播是一个庞大而复杂的系统工程。如何在汉语国际教育与传播体制中定位学术研究，对研究工作进行有效的组织？这是研究工作运行机制建设的重要问题。

4.1　“常态化”运行机制

在该体制中建立明确的、经常性的学术研究机制，实现研究工作的“常态化”。所谓常态，是相对“临时性”“会战式”的科研组织方式而言的，科研工作和汉语国际教育的其他工作在时空上做到同体、同步，而不是研究、实践“两张皮”。

参照世界其他国家（美国、法国、加拿大）的研究机构，结合实现汉语国际教育学术研究的常态化的目标，有如下三点建议：

首先，在孔子学院总部/国家汉办组织框架内设立专门的“汉语国际教育研究”管理机构，配备专门人员，进行研究工作的统一规划、组织领导。

有了专门机构，就意味着研究工作在体制中有了职能地位，与其他工作有了明确的关系定位。同时，有了专门机构、专职人员的日常工作，自然就有了体制内科研工作的常态运转，实现研究工作的“内化”，也使“外化”的成果购买更有目的性、计划性。

其次，孔子学院总部设立专业化的“学术委员会”。

如对外汉语教学学术委员会、海外汉语教学学术委员会、海外华文教学学术委员会，既彰显孔子学院的学术性，又使汉语国际教育有学术研究上的权威机关，也使汉语国际教育的专业化研究有了阵地和平台。

再次，组建专职兼职结合、中外结合的专业化的研究人员团队。

任何科学研究都是建立在长时间观察、思考、实验基础之上的，精细的研究要以专项、专门、专注的人员为前提。在整个汉语国际教育与传播系统中，一部分职业化的研究、教学人员是其持续发展的骨干力量。部队建设有“铁打的营盘流水的兵”之说，其中起连接和骨架作用的是“职业军人”。如果海外汉语教学、海外华文教学研究在国内只是作为对外汉语教学系统的“副业”，教学一线人员的“轮换制”只有流动而没有沉淀，那么产出高质量的研究成果就相对较难，也不会有更多真正的汉语国际教育的“专家”涌现。

4.2 “矩阵式”运行机制

对汉语国际教育学术研究的组织，涉及国内、国外、体制内、体制外的包括政府机构、民间组织、高等院校、研究机构，甚至市场在内的众多资源形式，如何进行合理有效的组织，使之形成合力为我所用？就需要设立一个架构清晰的组织及运行机制。通过研究我们认为，在目前汉语国际教育与传播体制、模式下，借鉴跨国公司全球化经营组织管理“矩阵式”网络化模式，可尽快建立符合汉语国际教育学术研究需要的组织运行机制。

矩阵式组织如下图所示：

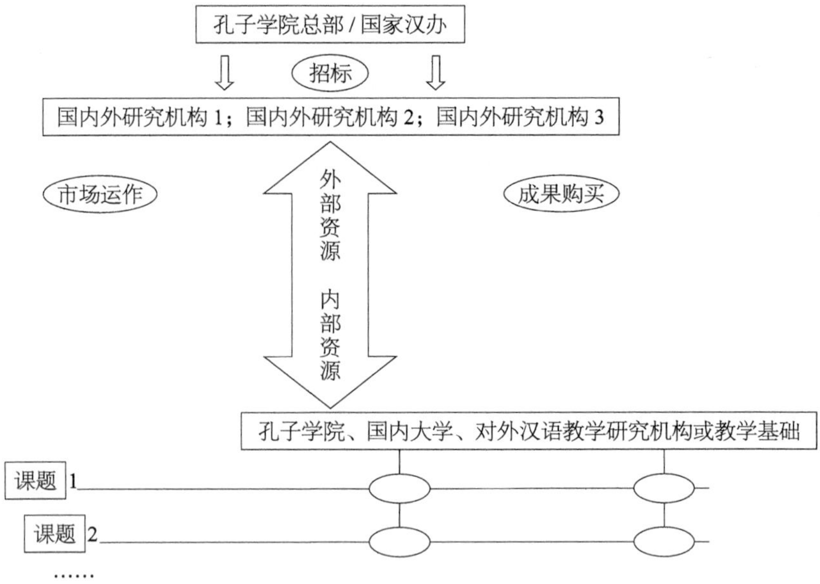

图 3 "矩阵式"组织图

其中，孔子学院总部 / 国家汉办为研究组织和成果采购实体。其纵向的组织对象是研究项目"课题"。课题可分孔子学院级、基地级、总部级等，实行分级管理，制订主要包括研究内容、成果形式、经费使用、评估验收等在内的，短、中、长期相结合的研究课题计划。其横向的组织对象是体制内的具有科研能力的各孔子学院、国内各大学、对外汉语教学研究机构或教育基地。它们承担列入计划的本院、基地的研究课题，也可以投标的方式承担总部级课题。

对体制外研究资源的组织采取"采购制"进行资本运作。通过向社会发布"课题计划"并采取招标的方式进行组织，实行学术研究的按劳分配、按质取酬，引入竞争机制，提高汉语国际教育学术研究的活力和效益。

特别需要指出的是，要注重发挥一线教师尤其是海外教师在汉语国际教育学术研究中的作用，科研课题可以向海内外所有一线教师发布，教师也可根据自己的个人研究方向或兴趣申请课题，组成团队进行在教学现场的研究、实验。如果一线教师成为研究的生力军，而不是仅仅满足于做教书匠，那么汉语国际教育的实效性和高效性将会大幅度提高，汉语国际教育事业也会有更多的应用型专家涌现。

五　结语

在汉语国际教育与传播事业的发展进程中，高水平、高效率、高质量的学术研究将起到中流砥柱的支撑作用。以第五届孔子学院大会的召开为契机，汉语国际教育将在新的起点上突出内涵发展的战略，这更需要学术研究的广泛的、全方位的参与和支持，分析现状，我们通过本文提出在汉语国际教育体制内构建专业化、应用型、常态化的研究机制，以期这项重大基础工程能尽早开始。

参考文献

国家汉办（2007）《国际汉语能力标准》，北京：外语教学与研究出版社。

国家汉办（2008）《国际汉语教学通用课程大纲》，北京：外语教学与研究出版社。

姜丽萍（2007）《体验汉语基础教程》（英语版），北京：高等教育出版社。

刘　珣（1993）语言学习理论的研究与对外汉语教学，《语言文字应用》第 2 期。

刘　珣（2002）《新实用汉语课本》（英语版），北京：北京语言大学出版社。

刘延东（2010）第五届孔子学院大会讲话。

陆俭明（1999）关于对外汉语教学研究之管见，《语言文字应用》第 4 期。

马箭飞（2004）对外汉语教学的教学设计和大纲，《对外汉语教学概论》第二章，赵金铭主编，北京：商务印书馆。

马箭飞（2006）《汉语口语速成》，北京：北京语言大学出版社。

许　琳（2010）群策群力，同心同德，再接再厉，共同描绘汉语国际教育的美好未来，在第十届国际汉语教学研讨会开幕式上的致辞。

袁贵仁（2010）孔子学院将启动国际汉语教材工程，《中国青年报》12 月 12 日。

赵金铭（2006）从对外汉语教学到国际汉语推广，《对外汉语教师素质与教师培训研究》，北京：商务印书馆。

国际汉语教师自主发展的必要性*

北京师范大学/曲阜师范大学　王恩旭

摘要　本文从社会上对国际汉语教师专业地位的质疑说起，借鉴教育发达国家（如英国、新加坡、韩国、俄罗斯等）的教师专业发展模式及教师考核标准，从理论、教育需求、中国人才培养环境、新课程改革、汉语国际教育实践等方面讨论汉语教师专业发展的必要性。

关键词　国际汉语教师　自主　反思　实践

* 本文节选自：王恩旭（2014）《国际汉语教师自主发展的理论和实践》，沈阳：辽宁人民出版社，第 78—92 页。编入论文集时，做了一些修改。

从国外文献可以看出，西方有关教师培养的认识正逐渐发生着变化。从最初的教师培训（teacher training）到教师教育（teacher education），再到现在的教师发展（teacher development）。如果说初期的教师培训是一种自上而下式的，由外界传授给教师课堂教学的具体技能、技巧以及教学方法，教师似乎并不需要接受通识教育，也不需要自主意识，只需被动接受即可，那么，后来的教师教育则加入了通识性知识，目的在于提高教师的理论修养，开阔他们的认识视野，以理论来指导课堂教学活动。但是，此时教师的自觉性、自主意识仍处于次要地位。

20 世纪 60 年代以来，随着教师自主性的价值被越来越多地揭示出来，教师教育领域中一个新的理念应运而生——教师发展。与以往的教师培训和教师教育不同，教师发展突出了教师的自主意识，教师不仅是知识、技能的传授者，同时也是教学理论发展的参与者和开发者、教学决策的制定者、教学活动的反思者和研究者。

自 1681 年法国创办世界上第一所教师培训机构算起，[1] 到 1966 年国际劳工组织和联合国教科文组织《关于教员地位的建议》发表为止，在历经近 300 年的改革和探索后，教师的职业地位终于得到了国际社会的认可。教师发展理念的提出，大大地推动了教师专业化的进程，世界各国纷纷把加强教师队伍建设、提高教师专业水平作为改善教学质量的突破口。与此同时，围绕教师发展的教育探索和改革也随之展开。

一　教师专业发展与自主发展

目前，学术界对于何为“教师专业发展”还存在着不同的理解。霍伊尔（Hoyle，1980）认为，教师专业发展贯穿于教师学习专业必需知识与技能的过程之中。布兰克曼（Blackman，1989）认为，不论时代如何演

[1] 世界上第一个有目的、有意识培养教师的国家是法国。1681 年，法国“基督教兄弟会”神甫拉萨尔于兰斯创立了世界上第一所师资培养学校。随后，德国出现了教员养成所，奥地利出现短期师资训练机构。这说明人们已经开始认识到教学是一项专业性的工作，不仅需要专业知识，还需要专业训练。

变，也不论是自主的还是被动的，教师始终都是持续的学习者，这种学习就是“专业发展”。台湾学者罗清水（1998）认为，教师专业发展是教师为提升专业素质而经过自我选择后所进行的各项学习活动，期望能以此促进专业成长，改进教学效果，提高学习效能。贝利（Bailey，Curtis & Nunan，2001）把教师发展分为两个层次：一个层次是教师作为一般人的发展；另一个层次是教师作为从事教育这一特殊职业的专业人员的发展。教师专业发展主要指后者，即教师通过专业的训练和自身主动的学习，逐步成为一名专家型教师。

大陆学者叶澜（2001）在分析了国内外的研究后，认为“教师专业发展就是指促进教师专业成长或教师内在结构不断更新、演进和丰富的过程”。主要有三种情况：一是教师的自身专业成长；二是外界促进教师专业成长（如教育）；三是前两种情况兼而有之。和叶澜的观点类似，王少非（2006）认为，教师专业发展有两层意思：一是指教师内在的专业成长过程，即教师在其职业生涯中不断提升自身的水平，持续发展自己的专业素养；二是将教师专业发展看成促进教师专业成长的条件，从外部因素关注教师专业发展。

综合以上各家的观点，可以看出，虽然学者们对于教师专业发展的认识不太一样，但有一点是共同的：教师的专业发展是一个多阶段的、连续的过程，无论是职前教育还是职初教育、职后教育，都要通过不断的学习才能逐步走向专业的成熟。

那么，怎样才能促进教师的不断学习、不断发展呢？或者说，推动教师专业发展的动力来自哪里呢？就目前的情况来看，推动教师专业发展的动力无外乎有两种：一种是“外控式”的，通过有目的、有计划的教育或培训，促进教师职业角色和教育教学行为的改善和发展；另一种是“内驱式”的，即教师的自主发展，教师个体通过不断的自我认识、自我设计、自我监督、自我反馈，最终促使自己的职业角色和职业能力得到持续的改善和提高。

外控式教师发展的指导思想源于行为主义。不过，受行为主义思想的影响，人们不但没意识到教师职业的特殊性，相反，把教师和技师等同看待，认为只要通过机械地训练、模仿就可以培养出合格的教师。因此，在培养教师时，以知识传授为主，教师教育者和教师之间是传授者和被传授者的关系；教师教育者只关心教师应该怎么做、应该接受哪些训练（如组织受训教师观摩优秀教师的课堂，学习他们的教学方式、教学策略、教学技巧等），却忽视了教师的自主意识，忽视了对教师判断能力、分析能力以及解决问题能力的培养，导致教师的培养长期停留在机械的模仿层面。

20 世纪 80 年代前后，以建构主义为代表的教学理论开始在教育领域中流行。建构主义对行为主义的“自上而下”的教师发展模式做了严厉的批评。在分析了可能影响教师专业发展的各种因素后指出，“自主”才是影响教师专业发展的核心因素，教师专业发展的本质就在于教师个人的自主。

所谓“自主”，《辞海》解释为“以自己之权利行事，不受他人协助、干涉”。《现代汉语词典》（1996）的解释是自己做主。Rodgers & Long（2002）认为，自主是建立在个体尊重自己和他人的基础之上的，自主的行为是一种自愿自发的、自己选择的、自我控制的，并为之负责任的行为。金美福（2003）认为，所谓自主的就是自觉的、主动的、积极的，强调人的主观意识、能动性，而非外界强制的。吴小贻（2006）认为，自主是指个体不因外界的压力使自身思维和行为受到干扰，能够以自己的思想支配自己的行为，正确地评价自我，树立明确目标，并通过自我调节和自我控制，促进自我发展。参照前人的观点，我们认为自主是指个体能自觉、主动地发挥自己的能动性，根据自己的认识抉择自己的行为，不受外界干扰地完成任务。

所谓“发展”，反映的是一种教育理念。教师在寻求专业发展的过程中，其角色身份不光是教师也是学生，在教育学生、发展学生的同时也应发展自己、完善自己。也就是说，教师的自主发展是持续的、终身的。而且，这种“发展”理念不局限于职前培养阶段，也包括在职阶段乃至终身。就第二语言教学来说，Richards & Farrell（2005）指出，教师的发展目标至少应包括：“理解第二语言发展如何发生；理解我们的角色如何根据所教学生的类型发生变化；理解课堂中所做决策的种类；回顾我们自己的语言教学理论和原则；发展一种对不同风格的教学的理解；决定学习者对于课堂活动的理解。”

自主发展是教师不断超越自我的过程，是教师作为主体自觉、主动、能动、可持续的建构过程。（Bullough et al.，1997）教师只有在设计课程、规划教学、选择教材等活动时充分发挥自主性，才能把推动教师专业发展的外部动力转化为内部动力，才能不断增强教师自身的责任感，在实践中寻求更多的发展机会，最终具备自主发展的能力。

然而，自主发展并不意味着完全“自下而上”式的、只由教师个人来决定的发展。自主发展也并不是排斥他人、否定人与人的相互依存性。事实上，“内驱式”的自主发展非但不排斥“外控式”的发展方式，必要时，它们还需要外部力量的引导和支持。比如：教师自主发展的目标和方向由外部的现实需求来决定，发展所需的基本知识和技能需要通过外部教育来获得，发展的过程需要他人（如学生、同事、社区）的合作与配合……只有充分调动一切有利于教师专业发展的内外部因素，才能保障教师的自主发展。

总之，随着对教师职业认识的不断深入，教师的地位正逐渐被大众所接受、所认可，对教师专业发展的认识也在发生着变化：（1）在开始时，教师的专业地位是被忽视甚至被歧视的，现在已经受到了世界各国的广泛关注，得到了应有的重视；（2）开始从关注教师群体的专业化转向关注教师个体的专业化；（3）由“外控式”的专业发展向“内驱式”的自主发展转变。（叶澜，2001）标志性的事件是：1980年，联合国教科文组织的《世界教育年鉴》的出版。该书首次以“教师专业发展”为主题讨论教师问题，对于教师发展来说有着历史性意义，不仅标志着“教师专业发展”理念在国际社会上的正式确立，同时，也标志着教师专业发展转向的开始，从被动的专业发展开始向主动的自我发展转变。

二　现代教师需要自主发展

从教育学的角度来说，教师的自主发展实际上是重视教师个人内涵的发展。针对教师教育的改革需要追求长期的、持续的、具有某种生命力的变革与改进，而不应仅仅看中某一时的短暂的成就。（丁建军，2003）改革旨在倡导培养教师可持续发展的能力和意识，鼓励教师参与自主思考教学内容、开发教学理论、理解教师决策、形成批判性的自主意识和自我评价。（张桂春，2006）教师不仅是专业发展的对象，更是专业发展的主人。教师的发展也不是一个自然的过程，更不是一种自发的行为，教师只有具有自主发展的意识和能力，才能对自己的专业发展负责，才能自觉地、持续地促进自我更新、自我的专业成长。

在过去很长的一段时间内，人们并没有意识到“自主”在教师专业发展中的重要作用，教师往往要在外界的推动下“被动”地发展。针对这样的情况，Jackson（1971）早在20世纪70年代就指出，如果要真正改善教师的素质，教师教育必须要实现由“缺陷”观向“成长”观的转变。他预言，在未来的教师专业发展中，被动的专业化必将会被强调教师自身作用的自主专业化所取代。Jackson为什么这样说？依据又是什么呢？

随着近代教育的制度化，工业领域的管理模式被逐渐应用于教育领域。教育目标、课程目标、课程内容、教育者、被教育者等开始纷纷“标准化”“制度化”。而此时教师的角色定位依旧是“匠人”。在这样的角色定位下，教师“专业化”的发展道路必然是“匠才/学徒”式的，是“外控式”的。教师的专业知识主要从学科知识、教育学、心理学原理与技术等方面获得；教师的专业实践是对这些专业知识的简单运用，并不需要专门的实践性知识；评价教师的专业化程度，主要以教师对这些专业知识的掌握情况为标准。

“外控式”的教师专业发展在标准、规范和制度的建设方面做出了重要的贡献。通过标准化、制度化的建设，使教师的培养、评价、选拔变得更加规范、科学，有助于提高教师的专业水平，增强教师的专业化程度，但也存在着明显的不足。

第一，无法保证教师专业素质的持续提升。一旦撤销推动专业发展的外部力量，教师的专业发展也往往会随之停止。虽然随着教龄的增长，教师积累的经验越来越多，但经验的积累并不必然地促进教师的成长，反而有可能造成教师的发展停滞不前。为什么会出现这样的情况呢？从日常生活的小例子中或许可以找到答案。一个跟随拿破仑多年的随从，看到拿破仑只提拔其他下属却从不提拔自己，心理很不平衡，就抱怨说："我跟了您那么多年，怎么还是个随从啊！"拿破仑指着驴说："诺，那头驴跟了我二十年，可始终还是头驴。"这说明，如果专业发展只依赖于外在的制度或标准，而忽略了个人的积极进取，即使经验积累得再多，也不可能转变为自身的能力，更不可能获得突破性的发展。

第二，无法保证教师获得专业成长所需的知识及技能。"外控式"教师专业发展的模式是行为主义者所倡导的"新手—专家"模式。该模式首先将新手教师和专家教师加以比较，找出两者的差距；然后，通过传授、观摩、讲解、引导等方式，将专家教师的经验"传递"给新手教师，帮助新手教师快速成长起来。这样的设想虽好，但由于缺少一套系统的、可操作的教师专业发展方案，因此效果还不够理想。另外，行为主义所提出的"传递"假设也是难以成立的。（于兰，2008）因为，研究表明，专家的知识具有专门化、组织性、缄默性的特征。和显性知识不同，缄默性知识是内化的知识，难以通过语言表述出来，更难以通过观摩他人的教学而获得。

由于"外控式"的教师发展存在着自身难以克服的欠缺，这就促使人们去寻找新的教师专业发展方案。随着研究的深入，人们逐渐意识到了教师自身因素在专业发展中的重要作用。于是，教师的"自我""自主性"逐渐进入了研究者和教育改革者的视野。正如苏联教育家苏霍姆林斯基所说："促进自我的教育才是真正的教育。"为了满足时代的需要，解决"外控式"教师发展中的问题，2001年，中华人民共和国教育部师范司专门举办了一次以"基础教育改革与教师教育"为主题的国际学术研讨会。会上，我国学者朱小蔓、笪佐领提出了"培养自主成长教师"的人才培养新理念，并指出"新世纪的教师应该是自主选择、自主反思、自主建构、可持续发展的教师"。我们同意朱小蔓和笪佐领的观点，因为：

第一，教师的可持续发展需要自主。虽然教师专业发展需要有外部力量的推动，但唯有自主才是最直接、最重要的推动力量。重视教师的自主性，就是要把教师的学习与实践联系起来（Putnam & Borko，1997），把教师的"育人"和"育己"联系起来。"育人"是一个可持续发展的过程，同样，"育己"也是一个可持续发展的过程。

第二，教师责任意识的培育需要自主。自主对于教师积极的教育、教学态度的形成有着重要的作用，教师自主程度越高，他们的工作责任心就越强；越忠于职守，就越会更加努力地发展自己、完善自己。（Certo & Fox，2002）

第三，富有创造性和艺术性的课堂教学需要自主。自主是教师成为创造性教师的基本条件。（Anderson，2002）在课堂教学中，教师只有根据教学的实际情况，自主地调整教学内容，改进教学方式、课堂管理方式，创建一个平等和谐的课堂教学环境，才能最大程度地激发学生的学习热情，达到预期的教育教学效果。

三 中国的人才培养环境需要汉语教师自主发展

国际汉语教师是一个专门的职业，对该行业教师的教育是一种专门的教育。汉语教师在海外要扮演多重角色，其知识体系是多重的（作为教育者的知识、作为跨文化沟通者的知识、作为海外生存者的知识等），因此，对他们的教育也应该是多重的。那么，在中国当前的教育环境下，能不能让国际汉语教师接受多重性的教育、具有多重性的知识呢？答案是：还不能。原因如下：

第一，从中国教师的培养理念上看，虽然自20世纪80年代以来，国外的教师教育改革如火如荼，教师自主发展理念逐渐成为当今世界培养合格教师的重要理念之一。但在国内，教师专业发展理论引入的时间还比较晚（21世纪初才引起国内教育界的注意），对中国高等教育的影响还非常有限，中国的人才培养理念尚未发生根本性的变化。传统教育观念的影响依然根深蒂固，中国多数院校对于语言教师的培养依然停留在“专科专修”阶段。或以“知识”为中心，或以“技能”为中心。总体来说，仍然是一种单一型的教师培养模式。忽视教师实践能力的培养，忽视教师分析问题能力、解决问题能力的培养，客观上造成了中国师范生普遍的“高分低能”现象。

在对外汉语领域，虽然对于教师的实践性能力的培养已做过一些相关的研究，在某些方面也取得了显著的成绩（比如汉语教学技能方面）。但这样的研究还比较零散、不成体系，没有上升到理论层面，还无法用来指导汉语教育人才的培养。即便时下流行的“知识＋技能＋外语”式教师培养模式也存在着很多的问题。如未能与国际教师的培养理念接轨、对海外教育的特殊性认识不足、对教师实践性能力的重视不够、忽视对教师解决实际问题能力的培养等，这都会直接导致汉语教师难以适应海外的教育工作。总之，尽管汉语国际教育亟需国际型、实践性的教育人才，但在中国当前的教师培养理念下，这样的教师是很难培养出来的。

第二，从教师培养的课程体系上看，对于一个合格的教师应该具有怎样的知识体系，我国学者和国外学者的认识是基本一致的。葛斯曼（Grossman，1995）在《教学和教师教育百科全书》中认为，教师知识体系应该包括：学科专业知识；有关学习者和学习的知识；普通教育学知识；课程理论知识；教学情境知识；关于自身的知识。黄崴（1999）认为，学科教师的知识体系应包括：学科专业知识；教育学专业知识；教育实践技能。根据这一体系，国内外对于教师教育专业课程构成的认识也是基本一致的，即教师“需要掌握普通文化知识、学科专业知识、教育学科的基本知识、教育教学的基本技能和技术”。“课程的基本结构大致上是由普通文化课程、学科专业课程、教育学科课程、教育技能课程和教育实践课程所构成。”

决定人才培养质量的除了课程构成外，还有一个非常重要的因素就是各门课程在整个课程结构中所占的比重，即各门课程的学分或学时数在总学分或总学时中所占的比例。在这一方面，中国课程体系的比重标准和国际标准之间有很大的不同。

国际劳工组织和联合国教科文组织对世界上 70 多个国家教师教育的调查表明，世界上教师教育课程设置的平均比例为：学科专业课约占 35%，普通文化教育课约占 25%，教育理论课约占 25%，教师实践课约占 15%。总的来说，在教师教育课程体系中，学科知识课（前两项）占 60%，教育知识课（后两项）约占 40%。（苏真，1990）

而在中国，20 世纪 50 年代至今，中国高校师范类课程体系的比重标准始终没有发生明显的变化。课程体系的总学分是 170 学分左右。其中，学科专业课 74 学分，约占 44%；普通文化教育课[1]82 学分，约占 47%；教育理论课 8 学分，约占 5%；教师实践、实习课 6 学分，不足 4%。总的来说，在教师教育课程体系中，学科知识课（前两项）占 91%，教育知识课（后两项）不足 10%。可见，中国师范教育的课程专业特征并不明显，徒有师范之名，而无师范之实。（黄崴，2002）

就汉语教师的培养来说，中国正式开始培养汉语教师是从对外汉语专业的设立开始的。而在该专业中，除了替换掉部分的专业课程外（如缩减文学类课程的比重，换成对外汉语教学概论、英语写作、英汉翻译、西方文化与礼仪、国外汉学研究等），整个课程体系和中文师范生没有太大的差别。两个专业的课程构成基本相同，各课程的比重基本相同，课程的性质基本相同。在全国大多数高校中，对外汉语专业的课程体系沿用的基本都是汉语言文学专业课程体系的改良版。虽然个别学校在课程设置方面做了较大的调整（如北京语言大学、上海外国语大学、北京外国语大学、烟台大学等），但在这些高校中，除了外语课的比重得到了空前的加强外（占总课时的 50% 以上），在教师的教学理论、汉语教学方法方面并没有明显的改善，汉语教师教育的专业性特征依旧不明显。

2007 年，汉语国际教育硕士专业的设立，标志着中国有了第一个专门的国际汉语教师的硕士培养点。该专业的课程设置如何呢？教育部学位办〔2007〕77 号文——《汉语国际教育硕士专业学位研究生指导性培养方案》明确了汉语国际教育硕士专业课程设置指导标准。如下：

核心课程（18 学分）	学位公共课程（6 学分）	当代中国专题 2 学分；高级汉语 2 学分；汉语语言学 2 学分
	学位核心课程（12 学分）	汉语作为第二语言教学 4 学分；课堂教学案例分析与实践 2 学分；第二语言习得 2 学分；中华文化专题 2 学分；跨文化交际 2 学分
拓展课程（10 学分）	汉语教学类（选修 4 学分）	汉语语言要素教学 2 学分；汉语技能教学 2 学分；汉外语言对比与偏误分析 2 学分

[1] 包括政治思想品德、英语、电脑、体育、军事、文化通识及少量的学科教学类课程，比如学科教学法。

续表

	中华文化与跨文化交际类（选修 2 学分）	中华文化经典 2 学分；中外文化比较 2 学分
	教育与教学管理类（选修 4 学分）	外语教育心理学 2 学分；教学设计与管理 2 学分；国别汉语教学调查分析 2 学分
训练课程（4 学分）	现代教育技术应用 1 学分；汉语教学资源及其利用 1 学分；教学测试与评估设计 1 学分；中华文化技艺与展示 1 学分	
专题讲座（1 学分）	语言、文化、教育专题讲座 1 学分	
文化体验（1 学分）	中华文化或中外文化交流体验活动 1 学分	
教学实习（6 学分）		

根据该方案，汉语国际教育硕士专业的课程体系总学分为 40 学分。其中，学科专业课约占 30%，普通文化教育课约占 27.5%，教育理论课约占 15%，教师实践课约占 27.5%。总的说来，汉语国际教育硕士专业的课程体系比例与国际的课程体系比例接近，突出了汉语教育国际性和实践性的特点，有利于培养国际汉语教育人才。但由于受到多种限制性因素的影响（如教师培养理念依旧是重知识、轻技能的，教师培养方法还是以“传授式”为主的，教师教育的专业教材依旧短缺、专业任课教师仍然严重匮乏等），各门课程在实际开设的过程中，各自为政、因人设课、因学校条件开课的情况还比较明显，传统的教师培养模式仍占主导地位。这必然会影响汉语国际教育硕士专业课程的具体开设，使其无法发挥出应有的作用。

拿教育实习来说，还存在着很多的问题。如实习基地不稳定；实习观念落后、实习的课程缺乏针对性；实习生的职业技能普遍较低；指导教师责任心不强，指导水平不高；实习评价考核标准不健全等。这不仅降低了实习生和指导教师对实习的重视程度，实际上也影响了实习的效果。很多实习生甚至将实习看作是一个无关紧要的环节，把教育实习当作应付毕业的一项任务来完成（刘霄，2004；刘红艳，2008）。本来，教育实习应该是在指导教师的指导下，有目的、有计划地将所学的知识应用于实践，在实践中不断总结、评价、反思，进而不断修订、改进、完善自己的教学计划、教学理念，通过半年左右的实习锻炼，实习者的视野、教育观念、知识结构和教学技能等应该得到较大幅度的提升和发展。可事实上，实习却演变成了一个形式。[1] 这不仅和培养“实践性人才”的目标相去甚远，而且，和实习课设置的初衷也背道而驰。

综上，我们从人才培养理念、课程体系设置两个方面分析了当前人才培养环境不适合汉语国际教育人才培养的原因。虽然涉及的方面还比较少，但却反映出了当前中国教师培养环境的基本特征。同时也证明了在当前教育环境下，光靠教师的外部教育（即“外控式”的教师发展方式）是难以培养出合格的国际汉语教师的。因此，在加强对国际汉语教师外部教育的同时，培育教师的自主意识，促进他们的自主发展，不失为一条“较为理想的教师专业发展路径”（叶澜，2001）。

四　新课程改革需要汉语教师自主发展

近年来，新课程改革要求教师从关注教材（教学内容）转向关注学生（教学对象），以学生为中心。要做到：（1）关注学生的知识与技能、过程与方法、情感、态度与价值观；（2）关注学生终身发展的愿望和能力，帮助他们学会如何判断和选择信息，让他们掌握学习的方法，学会解决问题的能力；（3）关注学生的个性，允许学生表现出不同的思维习惯及见解；（4）关注学生的自主权，发挥学生的主体作用，促进他们的全面发展。

从表面上看，新课程标准只是关注学生，关注学生的主体地位，促使学生在轻松、和谐、民主的环境下自由自在地成长。实际上也是在关注教师，关注教师的主体地位。因为，教师不仅是知识的传播者，学习活动的组织者、引导者，也是教育教学环境的创设者。只有教师率先体验到了自主权、体会到民主平等的学习环境对学习的重要意义，才能给予学生更多的自主权，才能为学生创设和谐民主的学习环境；只有教师率先具备了终

[1] 当然，国际汉语教育职前教师的实习还受到实习基地的影响。按理说，他们的主要实习基地应该是在海外。但从目前来看，受条件限制（如个人经济原因、海外实习基地少等），有机会赴海外进行实习的职前汉语教师并不多。就笔者的调查来看，最近两年，仅有不足 1/3 的国内汉语国际教育硕士有机会到海外学校实习，其余的大多数职前教师只能在国内的实习环境中实习。

身发展的愿望和能力，才能将这种愿望和能力传递给学生，使学生获得这样的能力；只有教师先实现了持续的、自主的发展，才能引导学生持续、自主地发展。

对于海外汉语教师来说，他们既是教育者，也是学习者。虽然他们作为教育者的时间是有限的，但作为学习者的时间却是无穷的，是贯穿终生的。况且教师本就是学生职业化的一种形式，是由学生角色转变而来的。因此，新课程改革虽然关注的是学生的主体地位，但实际上关注的也是教师的主体地位。只有教师先获得了主体地位，把自身当作认识和实践的对象，才能在完全意义上成为自主发展的主体，真正实现自主的发展。（叶澜，1991）

五　汉语国际教育实践需要教师自主发展

近年来的国际汉语教育实践表明，单靠“灌输”式的、“匠才 / 学徒”式的教师发展方式培养不出合格的国际汉语教师，难以解决当前的“汉语教师问题”。汉语国际教育实践需要实践型、创造型、复合型的汉语教师，需要具有自主意识、能够自主发展的新型国际汉语教师。

汉语国际教育界已经意识到了教师自主发展的重要价值，并将之明确地写进了《国际汉语教师标准》（2007）（以下简称“《标准》”）的“标准十：教师综合素质”之中。如“教师具备自我发展的意识，能制定长期和短期的专业发展目标”，“能了解专业发展的重要性，能通过学术会议、学术论坛、职业培训、专题讲座、学术书刊及与同行进行交流等方式积极寻求专业发展的机会”等。但我们认为这样还不够，还不足以引起人们的广泛重视。

而且，从《标准》的内容安排上看，为满足海外汉语教学的实际需要，《标准》用 4/5 的篇幅对汉语教师应具备怎样的素质做了较为详细的描述；从指导教学实践的方面看，由于《标准》源于实践，应该也能较好地指导实践。但从实践效果上看，《标准》至少还存在着两方面的不足：（1）对汉语教师的要求立足于教学的外部需要，很少考虑教师自主发展的内部需要。

和教师被动的发展相比，《标准》中对主动发展的要求所占比重很小，对教师主体地位、自主意识的重视还很不够。从《标准》中关键词的使用频率上就能看出这一点。比如，《标准》中“了解”“掌握”“熟悉”“能”出现了688次，这些关键词绝大多数和教师的被动发展有关；而与教师自主发展相关的关键词“主体”“主动”“自主”“自我”总共只有8次，其中，“主体”0次、“自主”1次、“自我”3次、“主动”4次，且大多只出现在最后一个模块中。由于忽视了教师的主体地位，自然也就难以重视以下问题：目前，汉语教师具备了什么？还缺失什么？当务之急最需要补的是什么？自主因素在教师发展中处于怎样的地位、起什么样的作用？教师能通过什么样的方法来提高自己、发展自己？等等。（2）《标准》的教师教育部分（前四个模块的知识、技能要求等）和教师发展部分（第五模块）风格不一致。在前四个模块中，要求汉语教师做到理论和实践相结合、知识和素质相结合、普通教育素养和跨国教育素养相结合。各方面的要求都比较清晰、明确。与前四个模块相比，模块五的教师专业发展部分（见标准10.1、标准10.2）的描述风格发生了很大的变化，并未与前面的部分很好地融合起来。前面的模块都围绕着汉语国际教育展开，把对教师的素质要求和教学实际紧密地联系了起来。而模块五中，只是就普通教师、普通教育做了一些基本的规定，使用的也都是普通教育学的概念和术语。不仅缺乏与前面模块的有效衔接，而且也并未针对汉语国际教育。这样的描述不仅忽视了汉语国际教育的特殊性，忽视了教师自主发展对汉语国际教育的重要意义，而且也给人一种不正确的认识导向：汉语教师的专业发展和普通教师没什么不同，汉语教师急需的主体意识和自主发展意识是可有可无的，这一问题在当前中国教师自主发展意识普遍薄弱的情况下尤其突出。

针对当前汉语国际教育对教师自主发展的迫切需求，为提高国际汉语教师的自主意识和自主发展能力，我们认为应该对《标准》做以下调整：

第一，调整《标准》中各模块的安排次序。在内容排序上，我国的《标准》和美国中小学中文教师协会的“CLASS标准”（CLASS Professional Standards for K-12 Chinese Teachers）基本相同，先是语言模块，然后是文化模块、学习与习得模块、教学模块，最后是教师发展模块。这样的安排有一定的科学性，符合人的基本认知规律，能够比较恰当地处理好核心知识和基础知识、静态知识和动态知识、知识和能力、短期素质和长期发展的关系。但需要注意的是，标准只有在适合的教育环境下才能指导实践。也就是说，标准只有适合本国、本地区的教育环境，才能发挥最大的作用；否则，标准是标准，教育还是教育，各自为政，相互脱节，标准发挥不了应有的作用。在美国一贯重视自我、重视个人自主的教育环境下，"CLASS 标准"即使将教师的自主发展置于最后部分，同样能发挥导向的作用。而在中国的教育环境下，《标准》将自我意识、自主发展置于最后部分，是起不到引人注意的目的的。

因此，要引起人们的重视，《标准》有必要采取非常规的排序方式，打破人们习以为常的思维习惯，将对教师自主发展的要求置于各模块之首。也就是说，在《标准》的模块一中就谈教师的自我意识和自主发展。同样，为了突出学生在教学中的地位，也可以将模块三"第二语言习得与学习策略"适当提前。虽然不可置于模块一的位置，但可以放到模块二的位置。至于其他模块该如何调整，是依次顺延还是重新调整，可再做讨论。无论如何，将模块五置于《标准》之首是必要的，也是符合当前汉语教师培养的实际需求的。

第二，充实教师自主发展的内容。前面我们不止一次地提到，中国教师的自主发展远未达到深入人心的地步。除了那些出身教育专业的教师外，多数教师对于何为"自我""反思""自主发展"还是一知半解的，更不要说怎样去做了。拿中国的英语教师来说，2002 年，国家外语教育研究中心曾对全国 48 所院校的 900 多位大学英语教师做了一次问卷调查，结果表明：虽然大多数教师对自己的职业有较高的认同感，有较强的自主发展愿望，但他们对于应该在哪些方面发展、如何自主发展普遍感到迷茫。调查还发现，大多数英语教师在教学时还是以自己学生时代的经验为蓝本，对现代教育理念、现代教学法、二语习得等自主发展方面的知识缺乏基本的理解和认识。（赵中建，2003）

英语教师作为目前中国规模最庞大、发展历史最悠久的第二语言教师队伍，其专业发展情况尚且如此。对于汉语国际教育这个新兴的教育行业来说，教师的自主发展状况自然更令人担忧。显然，此时的汉语教师仅知道几个自主发展的概念是不够的。他们还要具备自主发展的意识，了解自主发展的策略、途径等方面的知识，掌握反思、教育叙事、教学档案袋、互助小组、教学日志等基本的自主发展方法。这些内容在《标准》中都应有所体现，以便对汉语教师的培养、认定、考核起到导向作用。[1]

第三，在其他模块中突出自主发展的特点。教师的自主发展不仅着眼于汉语教师的现在，也着眼于未来；不仅贯穿教学过程的始终，也贯穿教师教育的始终。多年的国内对外汉语教学的经验表明：汉语课堂上所出现的问题多是新问题，这些问题以前我们没有注意过，也没有仔细地思考过，缺乏面对这些问题、解决这些问题的经验。因此，相当多的问题要靠汉语教师自己去面对、自己去解决。此时，汉语教师拥有自主研究能力、自主发展能力就显得十分重要了。

以课堂管理为例，在新西兰，大学的语言课堂相对比较容易管理，教师通常也不必担心课堂秩序的维持问题。但在中小学，特别是在西式的中小学中，能否控制住课堂、创造一个良好的课堂环境，是许多教师首先要面对的挑战。特别是对于那些在中国出生、成长的中国移民教师来说，这种挑战尤为明显。

杨老师是一位中国移民，持有新西兰的教育文凭。她的教学风格是严谨、讲求逻辑性，教学过程一环扣一环，有板有眼。由于她任教的是一个等级为十的女校[2]，学校的学习氛围很浓，学生也都很“乖”(用她的话说)，所以，她可以这样教。但她的这种教学风格如果在等级为五的学校中就很可能行不通。另一位同样来自中国的许老师就遇到了这样的问题。出国之前，许老师是大学的英语教师。先前在一个等级为五的女子中学教汉语，目前在一所私立女中教汉语。在面谈中，她说在先前那所学校的两年简直

[1] 值得欣慰的是，2012 年底，新版的《国际汉语教师标准》出台。在新版的《标准》中，已经开始关注这些方面的内容，但我们认为，新《标准》在实践操作的细节方面规定得还不够，仍有进一步细化的空间。

[2] 在新西兰，中学有公立的和私立的两种。在公立学校中，会根据家庭背景（家庭收入）将学生划分为十等。十等最高，一等最低。另外，有的学校还有男校、女校、男女混校之分。

是痛苦死了，许多时间都要花在维持课堂秩序上，她在日记中记载了在那里教书的怨愤。她说今年在这所私立学校才有了一点教学的乐趣，起码不用花太多精力维持课堂。即便有学生会有一些不良行为，只要你说，她们至少会听的。（孙德坤，2008）

教学本来就是一个极为复杂的过程，教学效果的好坏会受到多种因素的影响。除教学环境及教师自身的因素外，还有学习者的因素，如年龄、性别、学习动机、学习策略、学习材料以及汉语特点、课程特点、教学条件、教育政策等。这些因素往往混杂在一起，共同作用。即便学习者本人，有时也很难说清到底是哪种因素影响了他们。据仇学琴（2012）的调查，在伊朗，汉语学习者的学习目的都比较明确，学习的动机也都比较强，35.9% 的学生打算到讲汉语的地方找工作，23.5% 的学生希望将来当汉语老师，21.1% 的学生为了与中国人做生意或到中国做生意，19.5% 的学生希望将来从事中华文化方面的研究工作。但由于教材短缺，字典、课外读物、有声资料少，汉语课时少，教室拥挤，教学场地严重不足，严重影响了汉语的教学效果。

如果说影响学生学习汉语的因素在伊朗主要是教学条件，那么，在新西兰则主要是教育政策。在新西兰，外语在中小学是选修课，这意味着学生可以不选外语课，或只要不高兴就可以中途停止学这门外语。而且，同样作为外语课程，法语、德语、西班牙语、日语等在新西兰已经有了些年头，奠定了一定根基。汉语教师要想跟这些外语争生源，就必须要考虑在该国政策允许的条件下，如何激发学生学汉语的兴趣并保持这一兴趣的问题。

总之，和普通教师相比，国际汉语教师要应对更多的问题和挑战，需要具备更加多样化的自主发展能力。培养这样的能力不光“专业发展”标准需要，汉语教学、教学组织与课堂管理、语言的测试与评估、跨文化交际等标准也同样需要。为了让自主发展的理念尽快深入人心，促进汉语教师尽早掌握自主发展的相关技能，应将自主发展融入《标准》的每个模块中，而不是以一个孤立的标准单独存在。比如，在其他标准“能……”的描述中加入“自己”“自我”“自主”“主动”等关键词，通过这些词语的提示，使汉语教师注意到自主意识，意识到自主发展对汉语国际教育的重要意义。

参考文献

陈嘉弥（2004）《师徒式教育实习之理论与实践》，台北：心理出版社。

陈向明（2003）小组合作学习的条件，《清华大学教育研究》第 8 期。

程裕祯（2005）《新中国对外汉语教学发展史》，北京：北京大学出版社。

何善亮、许雪梅（2003）把握教师专业发展特征，在实践中提高教师的专业化水平，《教育科学研究》第 1 期。

黄　崴（1999）论教育学类专业模式的改造，《课程·教材·教法》第 10 期。

黄　崴（2002）教师教育专业化与教师教育课程改革，《课程·教材·教法》第 1 期。

蒋竞莹（2004）教师专业化及教师专业发展综述，《教育探索》第 4 期。

金美福（2003）教师自主发展论，东北师范大学博士学位论文。

梁中贤（2004）美国外语教师发展的新趋势，《外语界》第 6 期。

刘红艳（2008）高师教育学专业实习存在的问题及对策，《教育与职业》第 9 期。

鲁　洁（1990）《教育社会学》，北京：人民教育出版社。

罗清水（1998）回流教育与教师专业成长，《师友月刊》第 10 期。

仇学琴（2012）伊朗汉语教学现状及对策研究，第十届国际汉语教学研讨会论文选编辑委员会主编《第十届国际汉语教学研讨会论文选》，沈阳：万卷出版公司。

饶见维（1996）《教师专业发展》，台北：五南图书出版公司。

苏　真（1990）《比较师范教育》，北京：北京师范大学出版社。

孙德坤（2008）教师认知研究与教师发展，《世界汉语教学》第 3 期。

王少非（2006）《新课程背景下的教师专业发展》，上海：华东师范大学出版社。

吴小贻（2006）完整地理解教师专业自主权，《当代教育科学》第 13 期。

叶　澜（1991）《教育概论》，北京：人民教育出版社。

叶　澜（2001）《教师角色与教师专业发展新探》，北京：教育科学出版社。

有本章著、丁　妍译（2006）教师发展（FD）的课题——日本的视角，《复旦教育论坛》第 4 期。

于　兰（2008）建构主义视域下第二语言教师专业发展研究，东北师范大学博士学位论文。

张桂春（2006）简论建构主义教师观，《教育科学》第1期。

赵中建（2003）普通高中的课程设置和学分制——美国拉德纳高中个案分析，《全球教育展望》第2期。

朱小蔓、笪佐领（2002）走综合发展之路，培养自主成长型教师，《课程·教材·教法》第1期。

Anderson, D. R. (2002) Creative Teachers: Risk, Responsibility, and Love. *Journal of Education,* 1: 33-48.

Anderson, Lorin W. (1995) *International Encyclopedia of Teaching and Teacher Education*. New York: Pergamon.

Bailey, K. M., Curtis, A. & Nunan, D. (2001) *Pursuing Professional Development: The Self as Source*. Boston: Heinle, Thomson Learning Division.

Blackman, C. A. (1989) Issues in Professional Development: A Continuing Agenda. In: M. L. Holly & C. S. McLoughlin (Eds.), *Perspectives on the Teacher Professional Development*. New York: Falmer Press.

Bullough, R. V., Jr., Kauchak, D. P., Crow, N. A., Hobbs, S. & Stokes, D. K. (1997) Professional Development Schools: Catalysts for Teacher and School Change. *Teaching and Teacher Education*, 2: 153-169.

Butler, D. L., Lauscher, H. N., Jarvis-Selinger, S. & Beckingham, B. (2004) Collaboration and Self-regulation in Teachers' Professional Development. *Teaching and Teacher Education*, 20: 435-455.

Certo, J. L. & Fox, J. E. (2002) Retaining Quality Teachers. *High School Journal*, 1: 57-75.

Day, Christopher (1999) *Developing Teachers: The Challenge of Lifelong Learning*. New York: Falmer Press.

Hoyle, E. (1980) Professionalization and Deprofessionalization in Education. In: Eric Hoyle & Jacquetta Megarry (Eds.), *World Yearbook of Education 1980: Professional Development of Teachers*. London: Kogan.

Jackson, P. M. (1971) Old Dogs and New Tricks: Observations on the Continuing Education of Teachers. In: I. J. Rubin (Ed.), *Improving In-service Education:*

Proposals and Procedures for Change. Boston: Allyn & Bacon.

Johnson, D. W., Johnson, R. T. & Holubec, E. J. (1998) *Cooperation in the Classroom*. Edina, MN: Interaction Book Company.

Putnam, R. T. & Borko, H. (1997) Teacher Learning: Implications of New Views of Cognition. In: B. J. Biddle, T. L. Good & I. F. Goodson (Eds.), *International Handbook of Teachers and Teaching*. Dordrecht, The Netherlands: Kluwer Academic Publishers.

Richards, J. C. & Farrell, T. S. C. (2005) *Professional Development for Language Teachers: Strategies for Teacher Learning*. Cambridge: Cambridge University Press.

Rodgers, D. B. & Long, L. A. (2002) Tension, Struggle, Growth, Change: Autonomy in Education. *Childhood Education*, 5: 300-311.

汉语国际教育本土化师资的基本内涵与培养模式

苏州大学　王建军

摘要　汉语国际教育的本土化包含教育对象的本土化、教育内容的本土化、教育资源的本土化和教学人员的本土化。而教学人员即师资的本土化则是重中之重。本土化的师资既包括本土师资，也包括外来师资。本土化师资的培养具有两种不同的模式：域内培养模式和域外培养模式。在教育国际化的大背景下，两种模式正呈现出日益融通的迹象。

关键词　汉语国际教育　师资　本土化　内涵　模式

在全球化日益加剧的当下，不同的价值观念、伦理道德、礼仪习俗正不断由抵触、碰撞逐渐地走向认同和融合。世界文化领域所呈现的这种前所未有的渗透和包容的态势，以及中国国力迅猛发展所带来的国际地位的提升，都给汉语的国际传播提供了难得的机遇。随着汉语国际热的持续升温，境外学校（包括孔子学院和孔子课堂）和培训机构对汉语教师的需求不断递增，汉语教学本土化的问题也愈益突出。迄今为止，汉语教育语种单一、较少使用所在国的母语（特别是小语种语言）进行起步教学的情况没有得到根本的扭转，这在一定程度上迟滞了汉语国际传播的进程。这种局面的出现与汉语国际教育师资尤其是本土师资的匮乏不无关联。原有的对外汉语本科专业由于无法直接参与汉语国际教育的进程，在发展问题上早已显得被动乏力。面对此情势，自 2012 年起，教育部《普通高等学校本科专业目录和专业介绍》和《普通高等学校本科专业设置管理规定》将原“对外汉语”“中国语言文化”和“中国学”三个专业整合为“汉语国际教育”专业。毋庸置疑，对外汉语本科等专业的转型既是专业发展的需要，更是国家发展战略的需要，其根本目的就是建立新型的专门人才培养体系，培养适应国际需求的汉语教学和文化传播方面的复合型、应用型人才，进而通过推进汉语国际教育师资的本土化来实现汉语国际教育的本土化。

一　汉语国际教育师资本土化的基本内涵

“本土化师资”源自“本土化教育”。关于“本土化教育”，可以从以下两个层面来加以理解：一是教育内容的本土化，即利用当地的历史地理、语言种族、风俗民情、宗教礼仪来充实教学；二是教育行为的本土化，即按照当地的教学理念、教学规律、教学方式、教学传统来施行教学。显然，本土教育是在教育国际化背景下针对外来教育而兴起的一种提法。任何一种外来教育如果想要达到持久、深入的效果，就必须走本土化之路。就此而言，教育的国际化与本土化其实是互为依存、互通有无的关系，之间并不存在无法跨越的鸿沟。

对所有的母语非汉语的国家而言，汉语教育都是一种不折不扣的外来教育也即国际教育。汉语国际教育如果想要实现本土化，必须要在教育对象、教育内容、教育资源和教学人员方面取得实质性的进展。或者说，本土化的汉语国际教育至少应具备以下基本内涵：

第一，教育对象的本土化。教育是专门培养人的活动，教育的对象只能是活生生的人。人的发展是有特定规律的。教育只有依据人的身心发展规律去进行，才能发挥主导作用，才能达到既定目标。但是，人的身心发展又是受到外部环境制约的，不可能摆脱种族、地域、文化等因素的影响。因此，在不同的国度，教育对象在身体、情感、认知方面的差异是显而易见的。教育对象的特质说穿了就是本土化特质。当今世界，尽管一个人可以在不同的国度接受并完成不同的教育，但他并不能改变教育对象必须本土化的局面。事实上，加速自身的本土化、提高自身的本土化素养恰恰是很多留学生的不二选择。当汉语作为一种外语进入一个国家的时候，同样丝毫改变不了教育对象本土化的状况。可以说，教育对象的本土化主宰了整个教育的本土化，汉语国际教育当然也不能例外。

第二，教育内容的本土化。所谓教育内容的本土化，就是汉语教材要反映学生的生存环境，反映他们的日常生活，反映他们的真情实感。教材只有贴近学生，才能吸引学生并赢得学生，才能实现教学效果的最大化。目前业界通行的绝大部分汉语教材都是国内教师编写的对外教材，一律将授课对象假定为来华的留学生。因此，教材的内容基本限于中国的国情和民情，基本不关注外国学生的生存环境和文化背景。对一个没有到过中国的学生来说，汉语教材中过早并且频繁出现的北京、上海、天安门、外滩甚至西单、城隍庙不仅会让他们一头雾水，也会令他们对学习感到索然寡味。须知，一种让人缺乏亲近感的语言教育是很难获得成功的。

第三，教育资源的本土化。教育资源是人类社会的重要文明资源之一。教育资源包括自有教育活动和教育历史以来，人们在教育实践中所创造积累的教育知识、教育经验、教育技能、教育资产、教育费用、教育制度、教育品牌、教育人格、教育理念、教育设施以及教育领域内外人际关系等。本土教学资源植根于本土的人文背景和教育传统，是任何外来教育资源所无法替代的。任何一种外来教育只有依托或借助本土教育资源，才可能在当地立足并发展起来。可见，开发利用本土的教学资源，对于实施课程教学和深化课程改革具有至关重要的作用。因此，充分开发并大力利用本土的教学资源是汉语国际教育的必由之途。只有当我们愈来愈多地引入了优质的本土教育资源，汉语国际教育才可能获得充足的发展后劲。而在现行的汉语国际教学中，对当地的教学资源的开发和利用还是极其有限的。

第四，教学人员的本土化。教学人员即教师是教学活动的主要承担者，也是决定教学活动成败与优劣的关键因素。教学活动是一项双向互动的有情活动，只有当教师的生活、知识与情感更贴近学生的时候，教学效果才有可能实现最大化。而要达到这一理想状态，非本土教师莫属。本土教师在本土教育内容的熟悉和驾驭、本土教育资源的占有和支配方面都有着外来教师所无法比拟的优势。另外，本土教师还比外来教师更具归属感，因而也就更具事业心和稳定性。而教师队伍的持久与稳定则是保证教学质量、提升教学水平的重要基础。就此而言，短期逗留、频繁轮换地派遣汉语教学志愿者之举只能是一种应急的权宜之计，不应该也不可能长期奉行。

在以上讨论的四种本土化中，教育对象的本土化一般是自然生成的，教育内容和教育资源的本土化一般是被动生成的，而教师的本土化则是其中唯一具有主观能动作用的因素。

必须指出，本土化的师资并不等于本土师资。本土师资即生于斯长于斯的师资，一般只能由本地或本籍人士出任。而本土化的师资除了本土师资外，还应包括某些外籍师资。外籍师资只要能在当地长期任教，熟稔并且遵从当地的教学理念、教学规律、教学方式、教学传统，那么就应该视为本土教师。可见，任何外来教师，不管其资质如何优秀，技能如何高超，都必须直面如何融入、如何转化的问题。因此，评判一名教师是否属于本土化师资，我们不应执着于教师的种族、国籍与文化背景，而应该着重考量他（她）与当地教育环境的融入程度。

综上，只有完成了教师的本土化，教育内容和教育资源的本土化才会顺理成章，而教育的本土化也才会水到渠成。当今最为成功的语言国际教育无疑是英语教育，而英语教育的国际化之路其实就是一条由非本土到本土的演进之路。在这个历史性的进程中，英语教师的本土化起到了举足轻重的作用。由此，我们可以推断，在汉语国际教育本土化的历史进程中，汉语国际教育师资的本土化当是至为紧要的一环。

二　汉语国际教育本土师资的培养模式

作为一个历史悠久、文明昌盛、影响深广的国度，中国很早就拉开了汉语国际传播与教育的序幕。在汉语的域外传播与教育史上，至少涌现过三次浪潮：第一次是汉魏时期，第二次是唐宋时期，第三次是明清时期。当下，汉语应该正处于对外传播的第四波浪潮，并且已在时空、质效方面呈现出前所未有的态势。无论在哪一个时期，汉语传播人才的培养都是一个至关紧要的问题。纵观历史，历朝历代的汉语传播人才（含师资）大致出自以下两种培养模式。

其一，自发培养模式——域外培养模式，即由国外的汉语学者和培训机构（如寺院、教会等）出于某种实际需要而为本国或本领域培养汉语传播人才。

汉魏六朝时期的译经僧、近代来华的西方传教士大多是以这样的方式培养起来的。古代的西域、阿拉伯、朝鲜、越南和日本，近代的意大利、法国、荷兰以及菲律宾等地，都曾经是域外汉语人才的重要培训基地，培养了不少著名的“汉语通”或“中国通”。尽管译经僧和传教士学习汉语的主要目的是传播本土文化或宗教教义，但他们在学习的过程中难免受到中华文化的熏陶，会逐渐从客观需要变成主观认同，从而成为中华文化虚心的接纳者和热心的传播者，并在自觉和不自觉中担当起沟通中西方文化的重任，这是由文化的融通性和浸润性决定的。

譬如，佛教在中国最初的传播，几乎是与佛经翻译同步的。史料记载，最早的一批译经者，均非中国本土人士，而主要是西域各国的来华僧人，如安世高（安息国）、支娄迦谶（月支国）、支谦（月支国）、竺法护（月支国）、鸠摩罗什（龟兹国）等。作为汉译佛经事业的先驱者，他们不仅精通大小乘佛教，而且熟谙汉语。在他们之后，师徒相承的汉译佛经传统始得以形成并发展。

另外，作为东方基督教（拜占庭）一支的景教曾在唐代的上流社会（主要是宗室和贵族）中盛行过较长时期，至今尚有部分汉译景教文献存世。这些汉译景教文献的一个重要特点就是借用儒释道三家的词汇来阐释基督教义，此举表明当时的中东地区乃至欧洲曾是汉学人才的摇篮。

明清时期，最先进入中国内地传教的欧洲教士大多是在中国本土之外习得汉语的。例如，身为意大利耶稣会传教士的利玛窦在 1583 年与罗明坚一起进入中国传教之前已学过汉语。又如，弗朗西斯科·瓦罗是西班牙多明我教会的一员，他在马尼拉学了一年汉语后即到中国的福州等地传教，历时 38 年。

综上，可以看出，所谓的异域培养模式其实就是本土培养模式。该模式更像是一种师资转化模式。在这种模式下，所有的汉语人才都有可能根据需要经过一定的方式转化为汉语师资。在此过程中，旅居境外的华人应该发挥了先导作用，他们是当之无愧的第一代本土汉语教师。据考察，在从事译经之前，安世高等人均未亲临中土学习汉语，他们的汉语老师很可能就是当时流落西域的中国文人。后期的中国文人有时尽管称不上是开坛祖师，但他们对异域汉语师资培养同样具有不可磨灭的特殊贡献。如清康熙年间的黄嘉略（本名黄日升），幼年即受家庭的影响入教，移居法国后曾被任命为法王路易十四的中文翻译，兼管王家图书馆的中文书籍。期间，他还应邀与法国人弗雷莱及傅尔蒙合作编写了《汉法字典》和《汉语语法》，后者被誉为第一部中外合撰的汉语语法学著作。成立于 1868 年的意大利皇家亚洲学院曾经聘用了两位来自中国的教授——郭栋臣和王佐才。郭栋臣在 1869 年为学院编辑了一本关于中国语言文化方面的初学教材，而王佐才则致力于用拼音式的教学方法教授汉语。在当今世界，各国精通汉语的华裔知识分子仍是本土汉语师资的重要补充来源。

不可否认，最初的域外汉语人才培养可能采取的是一种“一对一”或“一对多”的师徒相授的方式。但到后来，随着人才需求量的上升，课程学习、教材编写、词典编撰乃至水平考试就会成为大势所趋。例如，从 16 世纪末开始，多明我会就在马尼拉通过课程教学来传授汉语，教学内容包括汉语语音、汉字书写、基本词汇和语法例说。其在 1604 年建立的测定传教士汉语水平的考试制度可谓最早的 HSK。在早期来华传教士中，编写汉语教材和双语词典的更是不在少数，如瓦罗的《华语官话语法》、叶尊孝的《汉字西译》与马礼逊的《汉英词典》等。

其二，专门培养模式——域内培养模式，即由中国的教育机构和培训机构为他国培养汉语师资或相关的专业人才。这种模式历史上同样不乏先例。周朝的象胥、秦汉至唐宋的九译令、明清的译字生，都是当时政府设置的掌管语言翻译的官员。他们除了进行多种语言翻译外，另一职责就是为周边的藩属国进行汉语人才培训。隋唐时期，大批外国使者纷纷来到中国。如日本的奈良时代和平安时代曾十九次（成功了十二次）派遣使团来到中国，每次都有数百人，通常需在中国逗留一年左右。随行者中除了官员和工匠，有不少是留学僧和留学生，他们在中国逗留的时间更长，有的甚至长达二三十年。这些学僧和学生尽管来华前就有了一定的汉语基础，但要能真正适应留学需要，还得在中国进行语言训练和文化沉浸。留学生大多被分到唐朝最高学府——国子监学习，留学僧则多被派到名山大寺拜师求教，不少人学业精进，大有所成。其中最值得一提的佼佼者就是阿倍仲麻吕（晁衡），他 19 岁时随遣唐使团来到中国，经过数载寒窗苦读后参加唐朝的科举考试，竟然高中进士，留唐任多项要职，成为唐朝杰出的政治家和诗人。历史上的越南和朝鲜也都有人参加中国的科举考试，政府派遣青年学生来华直接接受汉语文教育应该是十分寻常的事。这些人学成回国后，不仅是汉文化的热心传播者，更是当仁不让的本土汉语师资。日本源远流长、昌盛不绝的汉学传统就是靠这些人代代相传而形成的。

近代传教士中也有一些人是在中国接受汉语培训并成长为汉语传播人才的。例如，意大利传教士卫匡国先于 1640 年随耶稣会团赴印度传教，三年后辗转来到中国上海，在会友潘国光的引领下学习文言文。在中国八年的时间内，卫匡国一直致力于学习和研究汉语，并用中文写了不少著作。其编纂的《汉文文法》是西方世界出版的第一部汉语教材，被视为欧洲汉学研究的一座里程碑。另外，不少传教士尽管是在域外接受的汉语培训，但他们汉语水平的真正提高还是在到了中国之后，像利玛窦、瓦罗、叶尊孝等都是如此。

两相比较，我们不难发现，域外培养模式借重的是语言的工具力量，而域内培养模式则注重的是语言的文化力量。前者具有功利性和随机性，后者则具有渗透性和持久性。因此，后者无论在传播力度还是传播成效方面都应当更具优势。

不过，出于封闭的观念、自大的情结，中国的封建王朝并不着意向外扩展汉语和中华文化的影响，培训及外派汉语师资的事情自然更无从谈起。这种只图“外藩来朝”、不去“宣化王道”的做派显然是不利于语言和文化的对外传播的。所谓的“汉字文化圈”一方面是周边国家主动吸纳的结果，一方面是历代侨胞辛勤播撒和艰难维护的成果。晚清先后成立的“京师同文馆”和上海的“广方言馆”虽号称新式学校，但主要以培养外语翻译、洋务人才为目的，在汉语国际教育人才的培养方面同样是无所作为。因此，历史上的域内培养模式总体上是被动乏力的，根本不可能造就质优量大的汉语师资队伍，这种缺失直接导致了有“盛世中国”而无“盛世汉语”的局面。

三　余论

教育是一种特殊的文化现象，不同的教育制度是由不同的社会文化内涵决定的。换言之，适应此国的教育方法和教育体制并不一定适用于彼国。教育方法和教育体制的特殊性注定了师资培养模式的差异性。如何探索出既能满足汉语国际教育之需又能适应各国教育体制的师资培养模式，是当前以及未来汉语国际教育面临的重要研究课题。英国著名学者詹姆士·波特（James Porter）认为当今师资培养有两条基本途径：一条是“定向型师资教育”，即由专门机构培养师资的途径；一条是“非定向型师资教育”，即由非专门机构培养师资的途径。亚洲国家大多实行的师资培养体制或以定向培养体制为主，而欧美、澳洲及日本基本采取的是师资非定向培养体制，中国香港则两者兼而有之。

当今中国整体上实行的是定向型的师资培养体制，明显区别于欧美的非定向型师资培养体制。汉语国际教育专业旨在培养汉语国际教育师资，无疑应该兼顾两种体制，走现代化的师资教育之路。现代化的师资教育实际上就是一种本土化与国际化相结合之路。要想本土化，必先国际化。只有在实现国际化的前提下，本土化的时代才能真正到来。为此，我们需要树立对内、对外两个视角，需要凝聚中外的教育力量。如果我们通过不懈努力，有效实现了汉语国际教育人才选拔的精英化、培养的精品化、发展的持续化、使用的本土化，汉语国际教育师资本土化培养才可以说是摆脱了困境，步入了良性的发展轨道。

作为汉语国际教育本土化师资培养的主渠道，汉语国际教育专业如果想在汉语师资的本土化方面有所作为的话，未来应该着意于以下几个方面的变革：

一是课程设置的国际化。汉语国际教育专业之前的课程设置普遍缺乏国际教育的视野，往往只将关注的目光放在语言文化上，而对国外的教育理念、教育手段和教育传统则轻描淡写，甚至不加理会。

二是培养模式的国别化。不同的国家有不同的语言文化背景，更有不同教育理念和教育传统。因此，我们应该摆脱以往汉语师资培养"一锅炖"的套路，走精细化的培养之路。先按地缘和语缘进行分类培养，再按国别或族别进行培养。针对特定小语种的师资培养尤应提上议事日程。

三是训练途径的多元化。教学工作是一项特殊的技能性工作，轮番的实战训练必不可少。对汉语国际教育本科专业的学生而言，仅有国内的教学实习经历显然是不够的，应该主动寻求国外的教学体验。国家汉办新近修订的《汉语国际教育硕士实习指导意见》已经将赴国外实习列为汉硕生的规定动作。据此，某些条件具足的本科生也不妨派遣到国外实习。另外，国家外派的汉语教学志愿者应该适当增拨名额给优秀的本科生。

四是教学工作的稳定化。汉语国际教育的志愿者应该奉行当年西方传教士的献身精神，人到一地，即做长期打算，力求早日深度融入当地教育环境，早日成为本土化的师资。长期而稳定的教学工作显然是汉语国际教育师资实现本土化的前提条件。对此，国家应从政策层面加以鼓励而不是限制。

最后，我们必须意识到，汉语国际教育师资的本土化是一个漫长的历史过程，绝不可能毕其功于一役。在挑战中寻找生机，在困境中谋求出路，将成为汉语国际教育师资本土化过程中一个难以休止的旋律。

参考文献

陈友冰（2011）意大利汉学的演进历程及典型特征——以中国文学研究为主要例举，http:// www.guoxue.com。

邓　亮、夏日光（2012）浅谈非洲汉语教学师资本土化建设，《牡丹江师范学院学报（哲学社会科学版）》第4期。

董海樱（2005）西人汉语研究述论——16—19世纪初期，浙江大学博士学位论文。

宛新政（2009）孔子学院与海外汉语师资的本土化建设，《云南师范大学学报》第1期。

许　琳（2007）汉语国际推广的形势与任务，《世界汉语教学》第2期。

杨晓霭（2012）汉语本土化教学与汉语国际教育专业硕士的培养，《中国大学教学》第6期。

易　杳（2008）国际“汉语热”观察，《瞭望》第Z1期。

赵　莉（2011）俄罗斯高校本土汉语师资调查与分析，新疆师范大学硕士学位论文。

专业定位与人才培养（五）

地方院校人才培养

应用型本科外语院校对外汉语／汉语国际教育专业人才培养特色探索

——以浙江越秀外国语学院为例

浙江越秀外国语学院　郭红玲

摘要　汉语国际教育专业如何在新的形势下调整自身，与国内外大气候、区域地方特色进一步相适应，更好地完成人才培养、科学研究和服务社会三项职能，成为需要我们持续关注和探索的问题之一。对于以服务地方经济社会为主的应用型本科院校而言，更需始终不断探索人才培养的优化模式与特色体现。本文以浙江越秀外国语学院为例，探讨应用型本科外语院校汉语国际教育专业的人才培养特色。

关键词　汉语国际教育　人才培养　特色
应用型本科外语院校

随着全球范围内“汉语热”的持续升温和国家的汉语国际推广战略实施，对外汉语专业在走过了将近30年的发展之路后，应如何在新的形势下调整自身，与国内外大气候、区域地方特色进一步相适应，更好地完成人才培养、科学研究和服务社会三项职能，成为需要我们持续关注和探索的问题之一。在现代大学的三项职能中，人才培养始终被认为是占据首要位置的第一职能。对于以服务地方经济社会为主的应用型本科院校而言，更是需要始终不断探索人才培养的优化模式与特色体现。

应用型本科重在“应用”二字，以体现时代精神和社会发展要求的人才观、质量观和教育观为先导，构建适应经济与社会发展需要的学科方向、专业结构和课程体系，培养具有较强社会适应能力和竞争能力的高素质应用型人才。因此，就应用型本科院校中的对外汉语专业而言，需要以未来就业前景为导向，培养语言教学和文化交流方面的实践型人才，与地方经济社会发展相适应，主动服务地方经济建设和社会发展。就笔者的理解，所谓对外汉语专业应用型人才，是与研究型人才相对而言的，指拥有从事实际工作的能力，掌握专业技能，能满足社会基层需要，积极参与各部门、各层次的对外汉语教学和对外交流事务，同时具有可持续发展基础的本科专业人才。

以笔者所在的浙江越秀外国语学院为例，学校定位为培养应用型外语人才的外国语学院，目标是培养具有国际视野的高素质应用型外语人才及相关专门人才，使学生拥有“外语应用与跨文化沟通能力、专业实践与创新能力、综合素质与职业发展能力”三个核心竞争力。置身其中的对外汉语专业在探索人才培养特色时，也以学校的“应用型本科外语院校”定位为大前提，设定人才培养的总目标为：适应社会需要的应用型对外汉语专业人才。具体而言，包括三方面内容。

一　以未来就业前景为导向，科学设计人才培养方案、合理构建课程体系

在我们设定的人才培养目标中，“适应社会需要”即指与国内外大环境、

区域地方经济社会的密切联系。首先，从国内外大环境来看，据中国教育部于 2012 年 5 月发布的《中国教育年鉴》(2011) 中的统计数据，2011 年全年在华学习的外国留学人员总数首次突破 29 万人，来华留学生总人数、中国接受留学生单位数及中国政府奖学金生人数三项均创新中国成立以来新高。在海外，至 2011 年底，已有 105 个国家建立了 358 所孔子学院和 500 个孔子课堂，另外还有数量众多的各类汉语培训机构。这些数据首先说明了对外汉语专业学生专业对口就业市场的继续扩大，未来将有更多的在国内或国外从事汉语国际教育教学工作的机会。其次，从区域地方经济社会情况来看，浙江属中国经济发达地区，素有“市场大省”之称，对外开放度比较高。2011 年，浙江省出口总额超过上海跃居全国第 3 位，进口总额居全国第 6 位。同时浙江也是境外投资大省，2011 年全省境外投资企业总投资额 33.9 亿美元。这又为我们对外汉语专业学生提供了大量的从事对外商务、文化交流等涉外工作的机会。

由此，我们确定越秀对外汉语专业学生未来的就业岗位主要为两类：汉语国际教育教学工作和对外商务、文化交流等涉外工作。在此就业导向下，为达到人才培养规格的标准化、实用化，就必须要设计、制定科学合理的人才培养方案，构建完整系统的课程体系，突出专业对学生在汉语国际教育教学基础理论、专业技能和基层外经、外贸、外事基础知识、基本技能方面的培养和训练。

以我们的《2013 级汉语国际教育人才培养方案》为例，整个课程体系分为三大模块：综合素质与职业发展能力课程模块、外语应用与跨文化沟通能力课程模块和专业实践与创新能力课程模块。总学时 2551，各模块占总学时比例分别为 30%、25% 和 45%。综合素质与职业发展能力课程模块旨在奠定学生的综合职业能力基础，是培养各专业人才的大前提。外语应用与跨文化沟通能力课程模块和专业实践与创新能力课程模块则与学生未来的就业岗位需求密切联系，重在培养学生的对外交流语言能力和专业素养能力。

在专业实践与创新能力课程模块的必修课部分，我们设置了“汉语口语表达”“现代汉语”“中国古代文学”等汉语言文学类、“对外汉语教学概论”等对外汉语教学类、“中国文化概论”“西方文化与礼仪”等中西文化类专业主干课共14门，奠定学生的专业知识基础。特别是“汉语口语表达”课，是我们强化对学生汉语表达能力培养的特色课程，旨在通过对职场口语的框架式语篇训练，提高学生职场汉语口语表达的技能。能让学生掌握职场口语表达的基本规范，能在较短时间内迅速构建比较规范的语篇表达，并掌握访谈、汇报、主持、辩论等高级层次的口语表达模式及修辞特点，以便在就业后能正确而恰当地使用汉语口语完成基本的日常工作任务，为今后从事汉语国际教育教学及跨文化传播等提供必要的准备。选修课部分，主要分为中外文学文化、对外汉语和外经外贸三个模块，学生可根据自身情况、未来从业意愿选修相应课程，为求职就业做好知识、技能储备。外经外贸模块的“国际贸易实务”“单证与报关”“会议与会展”等课程可以让学生了解、掌握从事对外商务经贸工作的基础知识与基本技能，与浙江省的外向型经济特点相适应，拓宽未来就业渠道。

当今社会，创新能力也是高素质应用型人才必备的能力之一，是学生就业后实现个人可持续发展的必备素质。我们在人才培养方案中也体现了对学生创新能力培养的关注。在专业实践与创新能力课程模块，设置了1学分的“创新能力”部分，对于学生获得此学分的要求是，完成下列项目中任一项可获创新能力学分:（1）独立担任并完成一学期的留学生汉语教学实践课任务或被评为“优秀语伴”“优秀助教”者;（2）获校级及校级以上专业竞赛奖项;（3）获得并完成校级及校级以上大学生科研项目;（4）在国内外公开出版刊物（含越秀学报、校报）上发表文章。

二　以学校的外语特长为依托，进一步突出专业的外语特色

无论是从事汉语国际教育教学工作还是对外商务、文化交流工作，都必须要以过硬的外语交流沟通能力为基础。并且，越秀对外汉语专业置身于外语院校之中，培养学生的外语应用能力本就是社会对越秀的期待，也是学生就业的重要优势。为此我们特别突出了外语应用能力的培养。具体措施主要有：保证足够的英语课时，设计完整的英语系列课程四年不断线，

拓展专业英语能力，开设第二外语选修课程和加强英语课外辅导等。外语课学时总数为 884，占总学时数的 35%。

在外语应用与跨文化沟通能力模块中，前四个学期每学期均开设“综合英语”“英语听力”和“英语口语”三门课程，共 544 学时；第五、六、七学期分别开设“商务英语”“英语报刊阅读”和“英语国家概况”三门课程，共 102 学时。在专业实践与创新能力课程模块，设置了五门双语课程“西方文化与礼仪”“跨文化交际”“第二语言习得”“教师课堂用语”和“公共关系学”，共计 170 学时。同时，在已有比较完整的英语双语系列课程板块的基础之上，充分利用学校各二级学院的丰富多种外语资源，在第五、六学期设置 68 学时的第二外语课程，学生可从日、韩、法、德、俄、意、阿等语言中选修一种，培养二外语言能力。二外语言能力的具备势必为学生的求职就业创造更多有利条件。

这些措施的采取在培养学生的外语应用能力方面取得了显著的效果。首先是学生英语过级率高。以 2008 级为例，学生大学英语四级通过率达到 96.97%。其次是学生参加学科英语竞赛成绩喜人。在近两年的全国大学生英语竞赛、全国青年英语技能大赛、全国 CCTV 英语大赛、市大学生英语口语大赛等竞赛活动中，本专业学生已获各种奖项 23 项。再次是学生的英语交往能力明显增强。本专业学生已有多人参加过赴美社会实践项目，对他们的英语水平的提高起到了很大的作用。2010 年暑假，本专业 8 名学生经过学院选拔成为中国青年代表参加“2010 展望未来亚洲青年夏令营”，夏令营期间他们以英语作为沟通语言与各国青年代表进行文化交流，表现出了良好的英语应用能力。

三　以能力培养为中心，打造应用型人才综合实践体系，强化专业技能

根据教育部加强实践教学的精神和越秀外语学院应用型本科办学理念，以及对外汉语专业的学科性质——实践性，我们在人才培养中必须重视实践体系的构建，强化学生的专业技能。专业实践体系的构建是培养学生专

业实践能力和创新能力的重要环节，对专业教育水平有着直接的重大影响，是专业人才培养目标的应用型能否落到实处的关键所在。

浙江越秀外国语学院对外汉语专业在建设过程中，逐步探索建立了一套课内实践与课外实践相结合、教学实践与社会实践相结合的人才培养综合实践体系，以培养学生的专业技能与综合职业能力，取得了初步成效。我们的实践教学的主要模块及具体形式如下。

3.1 课堂教学

能够从事对外汉语教学工作，是对外汉语专业人才培养的主要目标之一。教学工作的主要开展地即课堂，因此，培养和锻炼教学能力，课堂教学是首要环节。在专业课程学习中，学生们通过“对外汉语教学概论”和“对外汉语教学法”等核心课程的学习掌握课堂教学的基本要求与技巧，与此同时，还必须要通过模拟及实际的课堂教学活动保证能力的真正获得。对于指导老师来说，要提前做好教学准备工作，组织学生详细讨论教学内容和实施计划，将教学任务具体落实。先将本班级内对外汉语专业学生假定为非母语学习人群，进行模拟教学，待学生熟练后，分期分批安排给在本校学习的留学生授课。参与课堂教学的学生又可分为两类：一类是固定每周均为留学生讲授实践课，完成一个学期的完整教学活动；一类是为留学生教师担任教学助手，不定期参与课堂教学活动。两类实践学生在指导教师的指导下均需经过搜集资料、讨论试讲、课件制作等教学环节，多次操练，以保证实习效果。

3.2 校内实践

充分利用本校留学生资源，安排留学生与对外汉语专业学生之间结伴学习对方的语言，创建“语伴”互动实践模式。语伴之间的语言学习交流是一个互动的过程，他们之间的交流能形成有利于语言教学的环境。在这个环境中，教学相长，相得益彰，既可以培养和锻炼学生的外语能力，又可以进行中外文化交流与对比，无形中也提高了学生的对外汉语教学能力。另一方面是组织学生参与校内各种中外文化论坛。如近年来，我院组织了中美英语网络与教育国际论坛、中韩国际文化节等活动，邀请了来自世界各地和国内的诸多专家和学者，专家们的报告和讲演开阔了学生们的视野。此外，西班牙语、德语、法语、俄语等语言与文化沙龙活动，英语集中营训练，日语、韩语文化体验基地，一年一度的“英语文化节”“东方风情节”“欧情风尚节”等都让对外汉语专业的学生们不出国门便能置身于异域语言文化环境之中。

3.3 基地实训

稳定的实习实训基地是实践教学工作顺利进行的保证，没有合适的实习地点与实践场所，实践也就只能是流于形式。长三角地区外向型经济发达，拥有较多的外资企业，也有很多的外籍人士工作、生活于此。我院对外汉语专业的学生积极利用课余时间前往绍兴新东方教育培训学校、义乌三维外语培训学校等校外实训基地进行实习，锻炼对外汉语教学和对外文化交流的技能。同时对外汉语专业的学生还在课余时间到中小学、双语学校或幼儿园开展实训活动，走上讲台授课，为将来向全世界推广汉民族语言文化做好准备工作。我院目前已在越秀双语幼儿园、越秀双语小学等建立了校内实训基地。目前我院正逐步探索在海外合作学校建立实训基地，以国际教育合作为平台，培养学生的国际视野和全球意识。

3.4 社会体验

根据学校的 SPT 人才培养体系，近年来我院为学生开辟了丰富多彩的海外活动。赴美海外寒暑假社会实践活动，赴美企业专业实习，赴韩国企业文化语言实践，赴国外大学进行学生交流，赴新加坡半工半读，暑假赴合作大学学习体验，等等，使专业理论和专业知识转化为实际能力。学生们通过这些海外实践活动，丰富了跨文化交际体验，增强了跨文化交流能力。除海外实践活动外，课题调研也是社会体验的主要内容之一。结合对外汉语教学内容，拟定目标课题，学生结合自身实际和爱好，选定课题，组成若干调研课题组，调研后形成调查报告。如对本地外教和留学生对汉语学习需求、学习技巧进行调研，对文化差异的体验等进行调研；还可以结合绍兴本地及长三角地区外向型经济较为发达的现状，组织学生走访外资企业及外事机构进行外国人汉语学习、跨文化交际等方面的调查研究。参与社会调研，有助于让学生进一步理解专业属性、深化专业认知及增强专业归属感。

论地方高校汉语国际教育专业的办学困境与出路

聊城大学　李登桥

摘要　近年来，地方高校汉语国际教育专业本科教育快速膨胀，但在办学过程中出现了一系列的困惑与问题，主要表现为办学定位不准确、师资匮乏、教学质量低下等原因形成的“营养不良”和由于毕业生就业困难而带来的“消化不良”。针对这些问题，国家教育主管部门和高校自身都必须充分重视并拿出切实可行的解决办法，地方高校的汉语国际教育本科教育才有希望。

关键词　地方高校　汉语国际教育　本科　问题　措施

一　引言

近年来，随着我国经济的迅速崛起，“汉语热”在世界各国悄然流行。为适应这种形势，我国在海外积极创办孔子学院与孔子课堂，面向全世界推广汉语、传播中华文化。据国家汉办公布的数据：“截至2014年10月，全球已建立471所孔子学院和730个孔子课堂，分布在125个国家（地区）。孔子学院设在119国（地区）共471所，其中，亚洲32国（地区）102所，非洲29国42所，欧洲38国158所，美洲17国152所，大洋洲3国17所。孔子课堂设在54国共730个（科摩罗、缅甸、马里、突尼斯、塞舌尔只有课堂，没有学院），其中，亚洲14国58个，非洲8国11个，欧洲22国178个，美洲7国424个，大洋洲3国59个。”[1]可见，孔子学院与孔子课堂在全世界范围内分布相当广泛，已遍布除南极洲之外的各个大洲，其数量也非常可观，对外汉语教学的师资需求量非常大，这为国内高校大量培养汉语国际教育人才提供了契机。几乎在同一时期，国内各高校为了自身的生存与发展，纷纷谋求升格，扩大办学规模，专科升本科，学院升大学，还有不少专业院校改成了综合大学，随之而来的是，各学校原有的“系”也多改为“学院”。为了实现这些目的，各校争相申请开办新专业。在以上两股合力推动下，我国高校纷纷新增对外汉语专业（2012年后改称汉语国际教育专业），面向全国招收本科生，培养对外汉语教学的师资。全国开办对外汉语本科专业的高校已从1985年的4所猛增到300多所，其中很大一部分为地处内陆地级市的地方高校（多为原来的师专，也有部分理工科院校）。这些地方高校对外汉语师资教育的过快膨胀，给其办学带来了不少问题，主要表现在两大方面：一是由于办学定位不准确、师资匮乏、教学质量低下等原因形成的“营养不良”；二是由于毕业生就业困难而带来的“消化不良”。“营养不良”加上“消化不良”直接导致整个专业的“发育不良”。在此，笔者将这些问题罗列出来，并就此谈谈愚见，以就正于方家。

[1] 见孔子学院总部/国家汉办主页：http://www.hanban.edu.cn/confuciousinstitutes/node_10961.htm（2014-12-13）。

二　存在的问题

2.1　办学定位调整滞后，培养目标千篇一律

1998 年教育部颁布了《普通高等学校本科专业目录和专业介绍》，其中明确了对外汉语专业的培养目标，即："本专业注重汉英（或另一种外语或少数民族语言，则以下有关用语作相应调整）双语教学，培养具有较扎实的汉语和英语基础，对中国文学、中华文化及中外文化交往有较全面的了解，有进一步培养潜能的高层次对外汉语专门人才；以及能在国内外有关部门、各类学校、新闻出版、文化管理和企事业单位从事对外汉语教学及中外文化交流相关工作的实践型语言学高级人才。"其实这就是教育部对外汉语本科专业最初的办学定位。而在新版《普通高等学校本科专业目录和专业介绍》中，将对外汉语专业更名为汉语国际教育专业，并对该专业的培养目标做了相应的调整："本专业培养掌握扎实的汉语基础知识，具有较高的人文素养，具备中国文学、中华文化、跨文化交际等方面的专业知识与能力，能在国内外各类学校从事汉语教学，在各职能部门、外贸机构、新闻出版单位及企事业单位从事与语言文化传播交流相关工作的中国语言文学学科应用型专门人才。"（教育部高等教育司，2012）对比两个版本的专业培养目标，我们可以看出，教育部对汉语国际教育专业的办学定位有了较大的调整，具体表现在：一是不再过分强调"英汉双语教学"，而是进一步突出了"汉语基础知识"和"汉语教学"的地位，使得该专业的"中国语言文学"学科归属感更加明确；二是对该专业的就业出口描述得更加宽泛，不再刻意强调"对外"，为毕业生在国内从事汉语教学和其他工作留有余地；三是培养规格由"高层次对外汉语专门人才"和"实践型语言学高级人才"调整为"应用型专门人才"。相对于目前该专业的培养高度和就业形势来说，新的培养目标更为脚踏实地，也更具可行性，它为汉语国际教育专业本科生的培养与就业进一步指明了方向。

反观各地方高校该专业的培养目标，基本上都是对教育部 1998 年版专业培养目标进行的修修补补，千篇一律，大同小异，培养目标的调整明显滞后。大部分地方高校办学定位仍然过高，缺少自己的地方特点：一方面，眼睛只盯着"国际"与"高层"，与众多对外汉语教育名校去竞争，建的都

是空中楼阁，不接地气，所培养的学生不但难以走向国际市场，即使在国内也要“滞销”，就更别说培养“高层”或“高级”人才了；另一方面，人才培养目标与地方社会、经济建设和人才需求脱钩，不能很好地服务地方。有的高校所在地地理位置封闭，国际交流活动少，对汉语国际教育人才几乎没什么需求，所培养的学生在本地区根本无用武之地，不能很好地服务社会，不能推动当地经济文化的发展，这是当地政府所不愿看到的。而这些学校的办学经费大部分来自地方政府，这种定位不妥会造成高校发展与政府需求之间的不协调，对专业发展非常不利。

2.2 师资建设不力，专业人才匮乏

与传统专业相比，汉语国际教育是个年轻的专业，30 年来培养起来的优良师资主要集中于为数不多的几所重点大学之中，地方高校的对外汉语专业师资还相当薄弱，专业出身的教授数量少之又少。另外，目前语言学与应用语言学（对外汉语教学方向）博士点还比较少，汉语国际教育博士点更是最近两年才开始出现，该方向的博士生数量相当有限，他们毕业后大都留在大城市的重点院校工作，地方高校由于地处偏远，发展空间相对狭小，引进对外汉语方向博士师资的难度非常大。很多地方高校招不到汉语国际教育专业的高层人才，只能从原有的中文和外语专业师资队伍中抽调部分教师勉强支撑，专业特色不明显，学生培养质量不高。

2.3 课程体系与教学方法不尽合理

从目前的课程体系看，汉语国际教育专业的课程主要包括四大类：汉语类、外语类、文化类和对外汉语教学类。由于上述师资原因，大部分地方高校汉语类和外语类课程各自独立，汉外对比分析的课程较少，汉语与外语知识缺乏有机的融合，学生的跨文化交际能力薄弱；对外汉语教学技能传授过少，所谓的汉语国际教育专业，其实就是中文和外语专业简单的拼凑杂糅。另外，文化教学也存在一些问题。国家汉办选派汉语教师志愿者时，其基本条件之一就是要具有中华才艺特长，而多数高校没开设专门的才艺课程，忽视了真正具有中国元素的中华才艺的传授，这对于对外汉语教学来说，应该是一种严重的缺陷。总之，课程体系还缺少系统性，缺少专业特色，培养出

来的学生质量差，如左思民（2009）所言：“论中文，水平不如中文系；论外语，水平不如外语系。”毫无社会竞争力。还有很多地方高校不具备招收留学生的条件，汉语国际教育专业的学生很少有与外国人交流的机会，汉语教学只停留在纸上谈兵的层面，实践教学的环节过于薄弱。

2.4 学生就业困难，学非所用

汉语国际教育专业的毕业生就业难、无法找到专业对口的工作一直是困扰专业发展的重大问题。从2012版的专业培养目标的调整中，我们可以看出教育部早已意识到了这一点。由于就业不景气，地方高校的汉语国际教育专业报考率一直不高，很多高校的这个专业是靠调剂录取来完成招生计划。熊家良和黄高飞（2010）谈到这个问题时，引用了安博教育集团与清华大学合作的《2008年专业景气度调查报告》，报告表明，当年对外汉语专业学生就业专业对口率不到10%，90%以上的学生从事的是与自己专业无关的工作。时至今日，这种被动局面不但没有扭转，反而有了雪上加霜的感觉，汉语国际教育本科毕业生的就业之路越走好像越窄。由于进人门槛的提高，本科生进高校当教师已经没有可能，进中小学又没有对应的专业，甚至有的部门不清楚该专业的学科归属，招聘时既不承认汉语国际教育专业为中文类专业，也不承认其是外语类专业，导致该专业的毕业生无法报考公务员或事业编制岗位，加之地方高校所在城市一般没有对外汉语培训，涉外企事业单位也较少，对此类人才基本没有需求，汉语国际教育本科毕业生就业几乎走投无路。在这种情况下，大部分毕业生选择考研来延缓就业，地方高校的汉语国际教育本科班也就几乎成了考研培训班。不参加考研的毕业生只能进一些私营公司，从事与本专业关联性不大的工作，形成了很大的资源浪费。

三 改进措施

3.1 结合自身的办学层次与办学特点确定各自的办学定位

各地方高校应细致分析自身的办学层次和办学优势，量力而行，不盲目跟风，不照搬重点高校的培养模式，面向地方，结合地域特点，注重突出自己的办学特色。不仅要面向国际，而且要更加重视国内甚至本地的就业市场，结合地方企事业单位的人才需求状况，及时调整、制定培养目标，培养地方经济、社会发展所需的应用性人才。

3.2 内外兼顾，切实提高师资实力

师资问题是提高教学质量的关键所在，巧妇难为无米之炊，没有好的师资，就无法教出优秀的学生。各地方高校应该加大人才引进力度和财力投入，在外积极寻找汉语国际教育高层人才，并设法引进。在内要下大力气提高现有师资的学历层次和教学水平，鼓励在职教师到国内外著名高校攻读相关专业的学位或进修学习，切实增强教学技能，改善知识结构。

3.3 优化课程体系，加强实习实训

进一步摸索地方高校汉语国际教育专业的培养模式，不断调整优化课程体系，改进教学方法。课程体系的优化要以培养学生的实际教学能力为目标，保证学有所用，学有所成，力求让每位学生掌握将来能安身立命的技能。大力整合现有课程，改变中文、外语各行其道的不协调局面，加强汉外对比，找出汉语与外语的共性与差别，总结对外汉语的教学方法，努力提高学生的跨文化交际技能。另外，还要增加中国传统语言学的课程比重。在对语言进行共时平面研究的同时，在教学中还要注重讲解语言的历时发展，梳理语言的古今流变，使学生不但要掌握语言（特别是汉语）的现状，还要了解语言的历史与发展轨迹，既要“知其然”，还要“知其所以然”，从而加深对语言的理解与掌握，更好地运用语言，改进教学方法。想要做到这些，必须对课程整体体系和每一门课程的内部结构进行重新思考与改进，重新制订培养计划，并要加快教材建设。

另外，为了培养学生对外汉语的实战技巧，还要进一步加大实习所占的比重。建立校内、校外对外汉语教学实习基地，增加本校学生与外国留学生接触的机会。有留学生的院校可以组织学生与留学生分组或结对子进

行语言互帮互学，使学生既得到汉语教学方面的锻炼，又有机会提高外语水平。没有留学生的地方院校可以积极联系省内外有留学生招收资格的院校，进行跨校实习。

3.4 积极争取和充分利用国家相关政策，拓展学生的就业渠道

学生的就业问题始终是制约汉语国际教育专业发展的瓶颈问题，如果解决不好，该专业的办学意义将会大打折扣。近年来，这个问题引起多方关注，大家积极为改善学生的就业状况而出谋划策，林建萍（2007），陆华、李业才（2007），王妹妹、洪思思、何聪（2007）等讨论了对外汉语专业学生的就业出路问题，归纳起来给出了以下几种办法:（1）鼓励学生改变就业观念，不局限于高校，去中小学从事教学工作;（2）打破地域观念，不局限于大城市，到西部去工作;（3）不要只求专业对口，要“先就业再择业”;（4）鼓励学生考研、出国留学或者从事汉语教学志愿者工作，等等。这些方法虽然会在一定程度上缓解学生的就业压力，但结果还是不甚理想，因为这些措施还是无法从根本上解决汉语国际教育专业的毕业生的对口就业问题，虽然出国当汉语教学志愿者算是对口的工作，但工作期限一般都是一年，最多不超过三年，依然属于极不稳定的短期行为。

当前，在汉语国际教育界存在着一个怪圈：一边是国家在世界各国开办孔子学院和孔子课堂，需要大量对外汉语师资，一边是国内高校（特别是地方高校）所培养的大批汉语国际教育本科生无法对口就业。这也许是国家教育部门亟待解决的问题，只简单地调整培养目标恐怕很难奏效。如果这个问题解决了，地方高校的汉语国际教育专业也就盘活了。

总之，地方高校汉语国际教育专业办学中存在太多的困惑与困难，问题的解决应该是一项长期而繁重的工作，不可能一蹴而就，只有上至国家教育部门、下至普通教师都来关注这些问题，地方高校的汉语国际教育专业才能走得更远。

参考文献

孔子学院总部 / 国家汉办主页（2014），http：//www.hanban.edu.cn/confuciou-sinstitutes/node_10961.htm（2014-12-13）。

林建萍（2007）调整就业心态，转变就业观念——对外汉语专业毕业生就业形势调查分析，《北京教育（成功就业版）》第 2 期。

陆 华、李业才（2007）对外汉语专业建设的问题与应对措施，《衡水学院学报》第 3 期。

王妹妹、洪思思、何 聪（2007）浅谈对外汉语专业的就业形势，《理论观察》第 4 期。

熊家良、黄高飞（2010）对外汉语专业“三型一化”人才培养模式改革初探，《湛江师范学院学报》第 5 期。

中华人民共和国教育部高等教育司编（1998）《普通高等学校本科专业目录和专业介绍》，北京：高等教育出版社。

中华人民共和国教育部高等教育司编（2012）《普通高等学校本科专业目录和专业介绍》，北京：高等教育出版社。

左思民（2009）论对外汉语本科专业的定位调整，陆建非主编《双语双文化论文集》，上海：三联书店。

复合型、国际化、跨文化创新能力课外养成机制

——以华东师范大学对外汉语专业人才培养为例

华东师范大学　刘承峰

摘要　华东师范大学对外汉语专业秉承“双语、双文化、双能力”的教学理念，坚持两手抓：第一，体现专业特色，在实践中帮助学生系统掌握双语、双文化及对外汉语教学的理论和方法；第二，侧重课堂外培养环节提升学生实践与创新能力，关注学生国际视野和跨文化交际能力的养成。

关键词　国际化　跨文化　课外

一　引言

华东师范大学（以下简称“华东师大”）对外汉语专业是国内最早设立的对外汉语专业之一，依托教育部国家对外汉语教学基地、国务院侨办华文教学基地（国家级）和国际汉语教师研修基地，经过27年的发展，已建设成为国内外具有很高知名度的优势专业，2008年被教育部列为全国重点建设的两个“特色专业”之一。本专业基于实施国家汉语国际推广和中华文化国际传播的战略，秉承“双语、双文化、双能力”的办学理念，培养熟练运用汉、英两种语言，能够在国内外以汉语作为第二语言进行教学的师资，以及从事中外文化交流的专门人才。

在培养过程中，为了达成双语、双文化复合型人才的培养目标，本专业的培养方案坚持两手抓：第一，要充分体现专业特色，使学生系统掌握汉英两种语言、中外文学文化和对外汉语教学的基础理论和基本方法；第二，要兼顾需求选择，在非课堂培养环节培养学生人文素养、科学素养及实践与创新能力，强调知识、能力、素质并重的教育教学原则，同时也关注学生国际视野和跨文化交流与思考能力的养成。

下面我们将对对外汉语专业在培养汉语国际教育国际化、复合型人才，建设高层次国际化实践教育平台，完善实践教学环节方面所做的工作加以介绍。

二　华东师大对外汉语专业人才培养模式

2.1　完善探索任务型教学法“干中学”新模式，建设融专业理论知识与能力培养为一体的主干课程

在教学中，探索如何结合课堂教学，落实学生实践与创新能力培养，本专业现在采用学生以课题组形式开展学科研究的方法，培养学生的科研意识和创新能力，这类研究的课题部分是对外汉语教学界的前沿问题，学生通过科研实践，能有效提高科研意识和研究能力。每门课程利用平时或期中作业，结合课程内容和人才培养目标，设计本课程学生研究指引，供

学生参考，学生自由结成小组合作完成（也可独立完成）一个小型课题作为平时成绩。课程结束后将优秀作业汇编打印成册，并附一份教师课程改革的简要总结。

现已或正在建设的课程包括："现代汉语""古代汉语""中国文化通论""对外汉语教学法""中国民俗学""英汉互译""文艺理论""中国古代文学""第二语言测试与评估""汉字概论""现代语言学专题研讨""训诂学""当代西方语言学名著选读""社会性别与女性发展""语用学"和"应用语言学研究方法"等。

提升科研意识和研究能力。"中国文化通论"所涉及的学生研究课题有：一、汉语国际推广与中华文化海外传播；二、文化教学在对外汉语教学中的意义；三、文化理解与跨文化交际能力的培养；四、对外文化教学与文化的对外传播；五、关于对外中华文化教学定位的思考；六、关于对外中华文化教学定性的思考；七、对对外中华文化教学特点的若干认识；八、关于对外中华文化教学内容的思考；九、关于对外中华文化教学方法的思考。这类课题都是对外汉语教学界的前沿问题，学生通过科研实践，能有效提高科研意识和研究能力。

凸显专业特色。以"现代汉语"课为例，对外汉语专业在教师、教材等方面与汉语言、汉语言文学（教育）专业重合程度高，如何通过强化教师的专业意识，突出教学的应用导向，限制教材语言规则运用和凸显学生的实践性参与等一体化的教学组织，体现专业培养特点，从而提高教学效果并为培养专业人才提供基础性保障，这是我们在课程建设中注意的一个方面。

"现代汉语"课程在学期初就将作业布置给同学。要求学生：第一，从教材中（语音、文字、词汇、语法）选择其中的一个知识点，加以概括。第二，搜索相关知识点参考文献，列出目录。第三，文献检索一篇、部（节选）相关的研究论文或者专著全文，提供电子版。第四，针对知识点或者参考文献阐述，写出 2000 字左右自己的观点或者感受。第五，对该知识点在教学中的运用设计 200 字左右的教学设想。

2.2 以培养学生汉语国际教育能力为目标，建设上海美国学校和美国俄勒冈大学实践基地

上海美国学校是所一流国际学校，学院自2007年起在该校设立对外汉语教学实习基地。根据我系培养汉语国际推广和对外汉语教学人才及文化交流人才的目标，三年级学生的社会实践安排在上海美国学校进行教学观察与实践，经过美方教学管理人员和带教教师的严格面试选拔，于第三学年的第二学期参加教学实习。上海美国学校为学生提供了一个近距离地接触和观察美国师生，了解国外先进教学理念和教学模式，并在亲身实践中扩展专业知识，锻炼课堂组织、教学能力和提高人际交往能力以及自我评估和反思能力的平台。同时，我们的学生也为美国学校的后备教学力量提供了新鲜血液，还为美国学校更好地融入中国社会打开了一个窗口。在八周的教学实践中，学生将完成课堂观察笔记、教学日志记录、协助带教老师进行课程准备、组织小组活动、辅导个别学生及独立进行完整的课堂教学等任务。通过实习，学生的课程设计能力及课堂组织能力将得到很大的提高。国际化的高标准培养了学生的责任意识；高强度的工作量锻炼了学生的毅力和意志；集中的工作环境培养了学生的集体协作精神和人际沟通能力，实践的各环节将全面提升学生的综合素质。

实习内容与专业课程和选修课如“对外汉语教学概论”“对外汉语教学法”“英汉语言对比”等系列课程相配套，注重知识和能力的结合，从理论和实践层面上延伸和拓展学生学以致用的综合能力，通过全面参与外国中学生汉语课堂教学和课外活动指导，通过教学实践，深入了解美国教育制度与教学模式的基本特点，第二语言教学能力、课堂教学设计和课外活动设计与组织能力得到全面提高，为今后从事留学生汉语与中华文化教育打下扎实的基础。

俄勒冈大学创建于1876年，历史悠久，是俄勒冈州的旗舰高校。学校拥有本科生19534人，研究生3855人。俄勒冈大学位于绿树成荫的田径之乡——俄勒冈州尤金市，这里民风朴实，风景优美，气候宜人。该实习项目的承办单位是俄勒冈大学的第二语言研究中心（Center for Applied Second Language Studies），该中心在教师培训、第二语言习得等方面走在

美国教育界前端。

2011年9月1日至2012年1月20日，华东师大对外汉语专业的蒋内利、王倩云、周姣姣、刘恺、殷骏、谢晓君、许月等同学参加了俄勒冈大学第二语言研究中心的国际教育实习项目，这是华东师范大学与俄勒冈大学在这个项目上的第一次合作，取得了巨大的成功。

学生分别被安排在当地的八所小学实习，这八所小学代表了美国教育制度下不同类别的学校：教会学校、普通公立学校、特色公立学校（charter school）以及蒙特梭利（Montessori）学校。他们除了在分配的学校以外，还有机会参观其他类型的学校。每一个同学有一个指导教师，她们在指导老师的指导下，每周在学校实习4天半。虽然每所学校对学生的要求不同，总体上说实习大概分为三个阶段：一、适应熟悉环境阶段。这个阶段大概历时3到4周，学生熟悉语言地理人文环境，为下一个阶段做好准备工作，一般她们的指导教师在此阶段会要求她们听课、做笔记、记住学校的作息制度、学生的姓名以及课程安排等；二、实习阶段。学生开始参与教学工作，例如帮助老师准备上课材料、主持小组讨论、一对一帮助后进学生的数学或阅读，最后独自上一些中国语言文化课程，或者数学阅读等课程。这个阶段历时3个月左右；三、总结评估阶段。最后3到4周学生开始对实习进行反思，总结所学到的教学法和实习心得。

华东师大的同学都出色地完成了实习任务，得到了实习学校老师家长的高度赞扬，这八所学校都纷纷申请在下一个学年度再次接收华东师大来的学生。这9位同学因地制宜，根据每所学校的不同情况，设计了她们的教学大纲，自己开发了适合本地情况的教学材料。俄勒冈大学在其撰写的实习总结报告中表示“俄勒冈大学所在地Eugene华人不多，有很多学校的孩子从来没有和中国人接触过，华东师大同学们的努力为传播中国语言文化做出了很大贡献，这也要感谢华东师大对外汉语学院为我们输送了那么优秀的人才”。

学生除了每周在学校实习4天半以外，还必须在俄勒冈大学选修两门课（6个学分）：比较教育学和语言教学法。授课形式包括：教师或特约专家讲课、学生演示以及讨论等。所讨论的论题涵盖了文化、教育、教学法、语言学等各个领域，学生把课上所学的理论知识与在校实习的实践相结合，最后完成一份论文，论文的要求是通过需求分析为当地的学校设计一个教学大纲，大纲必须包括：教学目标、对象、教材、具体实施计划以及 10 个教案，最后要加上总结反思。

学生在寄宿家庭的生活是这个项目另外一个重要的方面，我们给每个学生安排一个家庭，她们跟这个家庭朝夕相处五个月。尽管饮食生活有各种各样的不习惯，但是大多数同学都能用各自的方式解决这些问题，求同存异，与寄宿家庭和睦相处，最后她们在总结发言时都泪流满面，感谢寄宿家庭给了她们人生中最难得的经历，很多学生都开始叫她们的寄宿家庭的主人爸爸、妈妈。

这个项目给了她们一个很好的社会文化实践的机会，她们不仅在学业方面，在个人成长方面也进步了很多。

2.3　以培养学生中外文化交流能力为目标，建设上海国际电影电视节实践基地

上海国际电影节是列入《国家十一五文化发展纲要》重点支持的上海市唯一的国家级国际文化交流项目，也是世界电影家协会确定的 12 个国际 A 类电影节之一。我校对外汉语专业的校外实践基地之一为上海国际电影电视节，大部分三年级学生于第三学年第二学期的后半段起参与上海国际电影电视节从筹备到举办的全过程工作：影片翻译、专家接待、代表与媒体记者注册、会刊翻译与编辑、国际广播影视设备展览会的会展手册和场刊的翻译与编辑、影片展映等。自 1999 年来，每届参评和参展的国外影片有 90% 以上由本专业三年级学生完成翻译，近三年来，随着“两节”规模的扩大，每届实习学生主译的影片多达 250 部，人均翻译量为 5 部，并承担来自境外 50 多个国家和地区的国际评委、来宾和媒体记者的注册、接待或翻译工作。通过参与国际大型文化活动的实践，学生对国际大型文化活动的运作有了深入了解，实践与创新能力、责任意识和跨文化沟通协调能力得到全面提高。学生的专业素养和工作业绩多次得到上海市文广集团的表彰。

2.4 以培养学生创新意识、实践自驱力和独立工作能力为目标，建设贯穿四年学习全过程的校内开放式、自主型实践平台

对外汉语学院充分利用国际合作的教学资源，创建了本科生自主型、开放式实践平台，学生在完成教学计划内实践环节外，能自主参与学院长期留学生、定期来我校学习汉语的美国弗吉尼亚大学、纽约大学、Furman 大学、美国国际教育交流协会（CIEE）、法国里昂大学等国外高校留学生的各类汉语国际教学实践和国际文化活动实践。通过贯穿于四年本科段的自主型、开放式实践平台，学生接受了国际化教育理念、教学管理模式、对外汉语和中华文化教学方法的熏陶，锻炼了对外汉语教学、英语口语和跨文化交际能力，真切了解外国大学生的思想情趣、思维方式及中外文化异同。

学院长期留学生的在读人数已达到年 1500 多名，留学生来自 60 多个不同国家，其中的不少学生在课程学习之余需要专人辅导，这都为对外汉语专业本科生从事课余的汉语辅导类实践活动提供了平台。此外，美国 CIEE（Council on International Educational Exchange 美国国际教育交流协会）交流项目是学院本科生计划外自主参与对外汉语教学实践的重要基地，自主型和开放式是该基地的主要特色。学院负责为 CIEE 配备以本科生和硕士生为主体的师资，由 CIEE 考核录用，担任中文授课老师及课外辅导老师，以全面提高留学生汉语听、说、读、写四项技能，课外辅导老师需根据授课内容对学生进行一对一辅导，包括解答疑难、预习复习、口语对话等。学生接受 CIEE 的管理与教学培训，以有效开展教学辅助工作。在这个开放式实践基地，学院和 CIEE 还推出了中国学生与美国学生同住的活动，使中外学生能有更多的交流机会，共同进步。

国际化、自主型、开放式实践平台的创建，使本科生在四年的学习中除完成教学计划所规定的实践环节外，有更多机会自主参与各类对外汉语教学活动，促使专业理论和专业知识迁移转化为实际教学能力。

2.5 以提高学生的专业综合能力为目标，积极鼓励学生参与科研训练

根据学校教务处“关于做好本科生科研训练组织工作的建议和要求”

的相关要求，本着为学生“创造良好的创新氛围、提供优质的创新保障”的宗旨，我院将在借鉴以往我院本科生学术活动已有经验的基础上，进一步做好本科生科研训练的组织工作。我们学院采取由对外汉语学院统一指导和监督，强调教师的有效引导和学生的自主管理，形成高效的多层运作机制。基地的主要职责为指导同学的科研项目申请、项目实施的监督、规范经费使用、开展项目检查、结题和交流等工作。

2009 至 2012 年，对外汉语专业学生的科研项目的申请屡创新高，共申请立项各层次科研项目 94 项，参与学生共 357 人次，导师共 107 人次，其中大夏大学生基金项目立项 73 项，上海市大学生创新活动项目立项 11 项，国家大学生创新性实验计划立项 10 项。

通过参与这些学生科研项目，在科研过程中加深了专业认知，专业理论得到了很好的运用和检验，并开阔了学习视野，这对专业培养目标的实现是一个极好的辅助机制。

三　小结

华东师大对外汉语学院除了在课堂教学、课外实践环节中进行人才培养探索，也在学生培养的末端，即就业阶段希望有所突破。作为国内第一所直接与新加坡教育部合作的学院，我们为本专业同学的就业提供了好的流向可能，更是本专业同学对外汉语教学专业素养和跨文化能力得到承认的证明，2012 届的对外汉语专业毕业生中，有 6 位同学成功赴新加坡从事教学活动。

此外，相近专业相同课程、同一专业内部特色凸显、专业和学科的关系等方面也应在人才培养中加以关注，并提出针对性建议。

汉语国际教育专业人才培养模式探索

——以吉林师范大学汉语国际教育专业为例

吉林师范大学　王艳荣

摘要　汉语国际教育作为一个新增专业，在培养目标、课程设置、实践教学等方面，还存在着一些问题。汉语国际教育专业人才培养要根据地方实际确立合理的培养目标；弹性设置教学内容；拓宽实习实践渠道，理论与实际相结合。这样才能培养应用型、实践型的人才。

关键词　汉语国际教育专业　人才培养模式
合理定位　教学内容　实习实践

目前，随着综合国力的不断增强，中国在世界经济与文化的格局中地位越来越重要，国际地位也迅速提升。

中国是一个人口众多、幅员辽阔的国家，有无比巨大而广阔的市场。任何国家，不论发达国家，还是发展中国家，或为了经济发展，或为了国家利益，都不能忽视中国的存在和发展，他们都要跟中国交往，而要与中国交往，就要突破语言障碍，通过学习汉语了解中华文化。于我们自己而言，为了中国可持续发展，我们也需要将汉语、中华文化推向世界。于是，汉语国际教育专业便应运而生。从 1983 年初设，全国仅有北京语言学院（即今北京语言大学）、北京外国语学院、华东师范大学、上海外国语学院四所院校设立对外汉语专业（2012 年调整为汉语国际教育专业），不到 30 年，全国已有 285 所地方高校开设了这个专业，这种快速的增长与中国经济的飞速发展成正比，从一个侧面印证了中国在国际事务中的重要地位，世界越来越看重中国，越来越想学习和了解中华文化，对从事汉语国际教育的人才也越发需求；另一方面也是中国高等教育可持续发展的一个必然结果，教育最终极的职能是培养社会需要的人才，当社会、国家需要大量汉语国际推广人才时，汉语国际教育专业便从创办之初“控制设点”的谨慎状态走出来，全国各地高校纷纷开办汉语国际教育专业，这也是现代大学办学理念——培养社会应用型人才的一个体现。

早在 1989 年 5 月，国家教委的一项通知指出，“发展对外汉语教学事业是一项国家和民族的事业”。1999 年 12 月，全国第二次对外汉语教学工作会议的报告继续重申，“对外汉语教学是国家的、民族的事业”（陆俭明，2006）。21 世纪以来，随着我国在世界各地孔子学院和孔子课堂的开办，“汉语热”迅速升温，学习中国语言，感受中华文化，正在成为许多外国人学习体系中的一个重要内容，他们有的通过官方渠道，有的通过民间渠道，有的在国内学，有的到中国来学。据报道，美国、日本、法国、澳大利亚、韩国等已将汉语列入高考外语考试任选科目之中。在美国，汉语的选修人数是 12 种外语中选修人数最多的。日、韩等国更是把汉语当成最重要的外语学科，在中国各类高校中，韩国的留学生数量最多。

但是，汉语国际教育作为一个新增专业，在培养目标、课程设置、实践教学方面还存在诸多问题和不足。对地方高校而言，这些问题如不解决，可能会成为制约这个专业发展的瓶颈。

一 合理定位专业培养目标是有效培养人才的关键

目前，关于本科汉语国际教育专业培养目标，国家没有统一权威的定位。许多地方高校基本根据自己学校的实际情况——学科资源、师资力量、文化环境、历史沿革、经济发展、地理位置等，制定一套特色突出的培养方案。如：

沿海省份的浙江越秀外国语学院制定的汉语国际教育专业培养目标是:“本专业注重汉英语言教学，培养具有较扎实的汉语和英语基础，对中国文学、文化（风土人情）及中外文化交往有较全面了解，德、智、体、美等方面全面发展的，有较强专业实践能力的汉语国际教育教师，以及能从事相关的涉外工作的具有复合型知识架构的应用型人才。”突出的是以汉英语言教学，培养汉语国际教育教师和涉外工作人才。

内陆省份的四川外语学院制定的汉语国际教育专业培养目标是:“本专业培养德、智、体、美全面发展，具有较扎实的汉语和英语基础，对中国文学、中华文化及中外文化交往有较全面了解，有进一步培养潜能、能胜任国内外有关部门、各类学校、新闻出版机构、文化管理机构和企事业单位汉语国际教育教学及中外文化交流等相关工作的高素质复合型汉语国际教育人才。”这份培养目标的涵盖面比较广，包括机关、学校、文化、企事业单位等相关社会部门，它强调了人才培养的长效性和持久性——“有进一步培养潜能”，这对于社会是一种人才培养的承诺，无疑会吸引有志于从事这项工作的广大考生。

边境省份的广西民族大学汉语国际教育专业培养目标是:“本专业培养具有较扎实的汉语和英语基础，对中外文学、中外文化有较全面了解，有进一步培养潜能的高层次汉语国际教育专门人才；以及具有双语功能，且了解经贸知识，日后能在国内外各类学校从事汉语国际教育教学，或能在国家政府机构的涉外职能部门、外贸机构、新闻出版以及外资、合资企业从事管理和语言文化传播交流等相关工作的语言学通用型人才。”他们的培养目标与四川外语学院相近，但更突出了在文化传播交流方面“语言学通用型人才”的培养。

华东师范大学作为教育部批准的汉语国际教育教学基地，其专业培养目标则体现出国家文化传播的意志：“注重培养学生扎实的双语、双文化基础，能够将汉语作为第二语言进行教学的能力；能够用母语和英语进行通畅交流，以及将中华文化向世界传播的能力；具有国际视野和全球意识，以及跨文化交流与交融的能力和跨文化思考的能力；具有对新问题进行综合和表达的能力，能够在复杂的信息环境下，对外来文化和变化中的世界了解和判断的能力。具备进一步深造为高层次汉语国际教育的专门人才的潜能，能够在国内外学校、机关、公司、企业从事汉语国际教育教学，以及涉外文秘、翻译、中外文化交流等相关工作的专业人才。”具有该专业人才培养的高端定位。

新疆大学因为地理位置、民族特点和学缘分布的差异，制定的培养目标则突出了少数民族语言文化和地理位置的特点，“本专业注重汉英（或另一种外语或少数民族语言，则以下有关用语作相应调整）双语教学，培养具有较扎实的汉语和英语基础，对中国文学、中华文化及中外文化交往有较全面了解，有进一步培养潜能的高层次汉语国际教育专门人才；以及能在国内外有关部门、各类学校、新闻出版、文化管理和企事业单位从事汉语国际教育教学及中外文化交流相关工作的实践型语言学高级人才。”

吉林师范大学在借鉴全国各类高校该专业不尽相同的培养目标的基础上，制定出的培养目标是：“培养具有扎实的汉语和英语基础，对中外文学、文化及其交流有全面了解，能适应现代化和经济全球化需要的汉语国际教育人才；培养能在国内外相关学校从事汉语国际教育教学和英汉双语教学及研究的创新型师资和后备骨干教师、学科带头人、优秀教育管理人才；培养能够在中外文化交流中适应现代国际社会需要的，具有良好综合素质的应用型人才。”这里特别强调了培养新型师资和教育管理人才的内容。

从以上的材料中，我们可看到，不同的高校对该专业的培养目标定位不尽相同，但有一点几乎是一致的：培养实践型、应用型人才。在这一共识之下，如何根据各自办学条件，合理地制定一套切实可行并且操作性强的培养目标，是有效培养人才的关键。“各高校在创办汉语国际教育本科专业上要有自己的特色，那特点首先应该体现在不同的培养要求上。”（陆俭明，2008）

吉林师范大学在2008年开设了本科汉语国际教育专业，依托语言文学专业的教学资源、师资力量和实践经验，汉语国际教育专业在突出专业特性的基础上，兼顾了作为师范类院校广义上“汉语”专业的人才培养模式，在课程设置、基本功训练、教育实践等方面，尽量培养学生拥有更多适应未来社会人才多方面需求的能力，而不止是从事与汉语国际教育教学和中外文化交流有关的工作。汉语国际教育专业的学生将来不仅能够在国内外从事汉语国际教育教学和文化推广，而且能够在国内的教学机构从事中小学语文教学和英语 / 外语教学，能够胜任文秘及文字处理工作，也有能力参加包括公务员考试在内的各类入职考试。从这个角度上说，吉林师范大学的汉语国际教育专业不仅不是一个定位性很强的专业，反而因为它培养目标的包容性，而使这个专业成为新增专业中的宠儿。

二　弹性设置教学内容是培养应用型高素质人才的基础

尽管各地高校的专业培养目标各有不同，但“培养具有较深汉语言文化功底、熟练掌握一门外语并能承担汉语国际教育教学或对外交流工作的实用型专门人才”（潘国英，2011）则是一个刚性目标。课程设置的具体内容有所不同，但课程设置都由4个模块组成：“语言模块”（汉语——现代汉语、古代汉语；外语——基础英语、英语写作与翻译）、“文化模块”（知识性文化——中国文化、西方文化；交际文化——中国文化礼仪、西方文化礼仪）、“文学模块”（古今中外文学）和“教法和教研模块”（汉语国际教育教学法、第二语言习得、汉语国际教育教学案例分析）。2003年“全国对外汉语教学专业建设研讨会”确定了12门主干课程：现代汉语、古代汉语、语言学概论、中国古代文学、中国现当代文学、外国文学、应用语言学概论、汉语国际教育教学理论、英语综合（听力、口语、阅读、写作、翻译）、中国文化通论、西方文化和礼仪、写作。

然而，汉语国际教育专业是一个特色性专业，不是简单的“中文＋外语”式，不能套用汉语言专业或外语专业的培养方案与课程，也不是删繁就简或将几门临近的课合并就行的，而要充分考虑汉语国际教育教学的实际需要合理设置课程。故在课程模块的设置上，必须以汉语国际教育教学为核心，突出重点，兼顾其他学科，如应用语言学、文化学、文学、教育学、心理学等。例如汉语学科（现代汉语、古代汉语），汉语国际教育专业的学生除了要掌握最基本的语音知识、词汇知识和语法知识外，还要掌握两方面的知识：第一，词语或句法格式的具体用法，即这个词、这个句法格式在什么场合能用，在什么场合不能用，使用的语义背景是什么；第二，词语或句法格式如果是多义、多用途的，该怎么合理地分层次、分阶段地进行教学。（陆俭明，2008）这是从事汉语国际教育教学实践过程中突出而实用的具体知识。所以，在设置汉语类（现代汉语、古代汉语）课程时，一定要和汉语言专业的语言类课程在知识的深度和广度上有一定的差异，这样的课程设置之下所培养出来的汉语国际教育人才，才可能是应用型、实践型人才。

同时，合理设置汉语国际教育专业知识拓展性选修课是突出该专业特性的一个必要方面。汉语国际教育专业的基础学科门类源于汉语言专业，但汉语言专业学科性突出的课程不宜在汉语国际教育专业设置，吉林师范大学汉语国际教育专业3年来的教学实际已经验证了这个说法不是虚妄。在每学期开出的多门拓展性选修课中，学生倾向于选择“应用语言学”“汉语词汇学”“汉语修辞学”等科目，而对“演讲与口才”“中学作文研究”“中国美学史”“中国古代文献学”则放弃、回避。在与学生的交流中，他们也谈到，希望能学习更多的类似“汉语国际教育课堂教学法（教学设计、案例分析）”等课程。我们认为，有些课程可以合并，如将“硬笔书法”“软笔书法”合成“书法”；将“中国现代文学”和“中国当代文学”合并为“中国现当代文学”。还可以考虑设置“第二语言教学概论”“西方文化概论”“中外文化交流”等课程。

三　拓宽实习实践渠道，理论与实际相结合，培养实践性人才

培养应用型、创新型、实践性人才，是教育的终极目标。汉语国际教育专业的学生在校园内经过三年的基础课程学习，基本上掌握了中文学科和汉语国际教育推广的理论性知识，将学院知识转化为实际能力并在应用中有所创新，是衡量人才高下的一个标准。教育实习是高等学校整体教学工作的一部分，是进一步提高学生素质的重要途径，既是高等院校教育质量的体现，也是学生就业前的一次彩排。

对教育实习应做周密的安排。吉林师范大学汉语国际教育系在第六学期就着手安排此事。首先，对全体同学进行未来就业大致情况的摸底，通过交谈、对话等，了解到学生未来从业就业的方向大致有这些：汉语国际教育教学、中小学语文教学、合资企业、公司、文化部门、出国学习、考研究生、考公务员等。就业的多样性和多选性，决定了教育实习不可能“一刀切”地采用一种方式。针对这些情况，我们制订了合理的实习计划。其次，积极筹建汉语国际教育实习实训基地，突出汉语国际教育专业的教学特色，为学生们搭建实践平台。先后在吉林师范大学国际文化交流学院、儒森汉语、少林文武学校等建立了实习基地，并在随后的实习实训活动中，派遣学生到这些基地实际观摩和从教。第三，为了使学生能适应实践基地的实际情况，也为了使他们在见习时能有比较好的表现，我们安排了集中实习和分散实习两个阶段：集中实习安排在第六学期的 19、20 周，由指导老师带领进行校内微格实习，主要训练汉语国际教育教学方法，对于将来要从事中小学语文教学的同学，则进行中小学语文教学训练。分散实习安排在第七学期的第 5—11 周，根据学生意愿，将其派往各实习基地，由实习指导老师跟踪指导，密切关注实习学生的实习情况。分散实习期满后，学生回到学校，由院系统一安排时间集中对学生的实习实践情况进行验收。教育实习既是整体教学实践中的一个必要环节，也是学生提升个人素质的一个必要过程。

目前，吉林师范大学汉语国际教育系第二届实习生已经分散到各实习点见习，有的在汉语国际教育机构，有的在中学，有的在公司，有的在文化机构，还有的同学在国外从事与汉语推广有关的工作。

培养从事汉语国际教育工作的学生的专业能力仅依靠一段时间的实习和见习是不够的，应该把职业能力的培养落实到日常的教育活动中。在学校的统一安排下，吉林师范大学汉语国际教育系每学期都开展职业技能竞赛活动、请业内专家讲学活动，本科生和留学生一起参加，互动互学进行文化交流，既提高了学生的实践能力，又增添了文化交流的趣味。这些都以润物无声的方式在培养着汉语国际教育专业学生的实践能力，实践证明，这些方法是行之有效的。现在的问题是，地方高校汉语国际教育专业在实习实践过程中，还缺乏更多更方便的实践基地，还缺乏海外汉语实践基地。当这些问题得以解决时，也就是汉语国际教育真正成熟成型的时候。

参考文献

陆俭明（2006）对外汉语教学展望,《现代语文（语言研究版）》第 6 期。

陆俭明（2008）汉语教师的培养与派出，第九届国际汉语教学研讨会发言。

潘国英（2011）地方高校汉语国际教育专业人才培养模式的改革和探索,《湖州师范学院学报》第 3 期。

新形势下汉语国际教育本科专业实行分类培养的探索与思考*

安徽大学　杨晓黎

摘要　对外汉语 / 汉语国际教育本科专业毕业生真正能走上国际汉语教师岗位的为数不多，专业培养完全按统一模式规划的理念应该改变。本文介绍了安徽大学将汉语国际教育本科专业分为汉语国际推广、语言文字应用、语言学及应用语言学研究三个方向的教学改革与思考，重点讨论了"2.5+1.5"的分类培养模式及与之相应的课程设置和专业实习，认为新形势下汉语国际教育本科专业实行分类培养势在必行。

关键词　汉语国际教育专业　本科　分类培养　课程设置　专业实习

* 本文的主要内容和观点是基于笔者主持的 2012 年度"安徽省高校省级质量工程项目——卓越对外汉语人才教育培养计划"和安徽大学"2013 级汉语国际教育专业人才培养方案"。彭家法、徐福坤、刘宗保等专业同人直接参与了"卓越计划"和"培养方案"的讨论与撰写，谨此说明并致谢。

众所周知，对外汉语/汉语国际教育本科专业毕业生真正能走上对外汉语教师岗位的为数不多，毕业生去向多种多样。如果我们不正视这样一个客观事实，完全按专业对口来统一设课、实习，势必给学生带来许多困惑甚至不满，也是对教育资源的浪费。新形势下汉语国际教育本科专业实行分类培养势在必行。

为了探索汉语国际教育本科专业学生培养的新模式，安徽大学文学院于2012年申报并获准实施了“安徽省高校省级质量工程项目——卓越对外汉语人才教育培养计划”（以下简称“卓越计划”）。该计划的一个重要举措就是变单一的培养模式为“2.5+1.5”的分类培养，即把安徽大学汉语国际教育本科专业分为汉语国际推广、语言文字应用、语言学及应用语言学研究三个方向，前两年半时间为大类培养（“2.5模块”），设置共同的专业课程，从三年级下学期开始，根据学生的兴趣与能力，实行分方向培养（“1.5模块”）。

“卓越计划”的建设周期为2013年1月至2018年1月，实施对象即对外汉语本科专业正式更名为汉语国际教育专业后的2013级学生，因此，我们的“2013级汉语国际教育专业人才培养方案”（以下简称“培养方案”）也在“专业特色”中明确提出：“本专业实施安徽省高等学校省级质量工程‘卓越对外汉语专业人才教育培养计划’，把汉语国际教育专业分为汉语国际推广、语言文字应用、语言学及应用语言学研究三个方向进行培养，并在此基础上完成相关的课程设置、教学内容和教学方法的改革。2.5年专业学习的课程设置是共同的，为汉语国际教育专业学生所必须学习；1.5年分方向设置深化课程、选修课程和实务实训课程，为培养社会急需的专门人才服务。”

汉语国际推广方向主要培养能胜任汉语作为第二语言教学和中国及安徽地域文化传播等方面的人才，要求具备较全面的外语听、说、读、写、译能力和较强的汉语写作能力，掌握汉语作为第二语言教学的基本理论与方法，能进行课堂教学，了解对外交往的有关方针、政策和法规，具有一定的外事活动能力和中国及安徽地域文化的对外传播能力，普通话水平必须达到二级甲等以上。

语言文字应用方向的设立是为了拓宽学生的就业面，解决出口难问题，主要培养能进行文字编辑、信息处理等方面工作的应用型人才，使学生可以进入更多工作领域。因此，学生应熟悉国家有关汉语言文字及其传播的方针、政策、法规，了解当前语言文字工作的基本任务，能规范地使用汉字，同时应较好地掌握相关的人文社会科学与自然科学知识，具备较强的汉语口头表达能力、汉语写作能力和实际应用能力。

语言学及应用语言学研究方向主要培养有志于继续进行相关语言研究的学术型人才，要求掌握较为扎实的语言学理论和知识，了解本学科的理论前沿与发展动态，具有初步从事科学研究并继续学习的能力。

“卓越计划”的总体目标设定为：以提升汉语国际教育本科人才培养质量为核心，找准人才培养和专业需求的结合点，积极探索人才培养的新途径，促进人才培养的转型发展，全面提高汉语国际教育本科人才的培养质量。根据“卓越计划”修订的“培养方案”，在专业特色、培养目标、培养规格、培养措施及课程设置的各个环节，都努力体现本科人才分类培养的理念，同时依托我校汉语言文字学国家重点学科的优势和省部共建及 211 高校的办学平台，在国际型、复合型、创新型人才培养上下功夫。

按照“培养方案”，前 5 个学期的课程设置基本相同，包括学校统一安排的启航工程教育课程“汉语国际教育专业入门”、科研训练计划教育课程“汉语国际教育研究方法导论”；专业课程“汉语国际教育通论、汉语国际教育实训、中国文化通论、现代汉语、古代汉语、语言学概论、汉语写作、中国现当代文学、中国古代文学、外国文学、英语及其他外国语”等。后三个学期则要求学生根据自身实际情况，在专业所提供的“汉语国际推广、语言文字应用、语言学及应用语言学研究”三个方向中选择其中一个进行规定的课程学习。每个方向都提供了不少于 15 门的课程供学生选择，学生必须在已选方向的课程范围内选择不少于 6 门（12 个学分）的课程进入分方向学习，其中有两门课程规定为学生必选。如汉语国际推广方向的必选课程为“第二语言习得”和“对外汉语教学专题”，其他可选课程包括“国外汉语课堂教学案例、汉语多媒体教学课件设计、跨文化交际、中外文化交流方法与技巧、文字学基础、甲骨文与殷商文化、汉语词汇与中国文化、中国民俗学、京昆艺术欣赏与实践、英语国家概况、英语教学法与实践、安徽地域文化”等；语言文字应用方向的必选课程为“应用写作”和“语言运用专题研究”，其他可选课程包括“秘书实务、中文信息处理、国际商务、科技英语、现代汉字学、方言与方言调查、现代汉语前沿理论及其应用规律、文艺评论”等；语言学及应用语言学研究方向的必选课程为“语言学与应用语言学论著导读”和“语言学导论（双语）”，其他可选课程包括“中国语言学史、音韵学、训诂学、文献学、说文解字导读、现代汉语词汇学、现代汉语语法专题、修辞学专题、社会语言学、英语语言学、英语词汇学”等。

汉语国际教育本科专业实行分类培养，除了课程设置要体现不同方向的特色外，我们还需要在实践教学，特别是专业实习方面体现出分方向培养的特点，从而真正满足选择了不同方向学生的实际需求。按照学校统一安排，本科专业实习一般安排在第七、八两个学期，总时长为 8 周。根据汉语国际教育本科专业分三个方向培养的具体情况，我们将尽力引导学生完成分类别、分岗位的专业实习，以培养他们的汉语国际推广能力、语言文字应用能力和语言学及应用语言学研究能力。汉语国际推广方向的毕业实习将主要安排在校内的对外汉语教学实习基地——安徽大学国际教育学院进行，同时将创造条件把学生送往我校与海外共建的三所孔子学院进行教学实习；语言文字应用方向将切实考虑学生未来就业的情况，充分尊重学生实习单位的选择，同时做好有针对性的实习指导，做到放得开，收得拢，避免放羊式管理；语言学及应用语言学研究方向的教学实习相比较而言有更大的灵活性和不确定性，实习范围可以扩大至前面两个方向的区域，学生实习的积极性与主动性也会呈现不同的状况。对该方向学生的教学实习指导，我们要特别重视理论联系实际的教育，努力使学生在重视理论知识学习的同时，也能树立并自觉践行马克思主义实践观，积极锻炼并主动强化自身的实际工作能力。

新形势下汉语国际教育本科专业人才培养需要创新的理念与实践。对该专业学生实行分类培养，其重要性主要体现在以下两个方面：

一是彰显了以学生为本的教育理念，满足了几乎所有学生的学业诉求，使学生的个性和特长得以充分发挥。

二是有利于本专业培养方案的合理制定与具体落实，避免盲目性，真正做到教有目标，学有所用，理论与实践统一，既可以拓宽学生的就业渠道，又适于部分学生继续深造，同时也较好地实现了与汉语国际教育专业硕士的顺利对接。

参考文献

国家汉语国际推广领导小组办公室（2007）《国际汉语教师标准》，北京：外语教学与研究出版社。

鲁　六（2012）汉语国际教育本科人才培养的挑战与对策，《国际汉语教育人才培养论丛》（第三辑），北京：北京大学出版社。

陆俭明（2013）有关汉语应用语言学的学科建设与发展的几个问题，《汉语应用语言学研究》第2辑，北京语言大学对外汉语研究中心编，北京：商务印书馆。

杨晓黎（2009）《对外汉语实习教程》，合肥：安徽大学出版社。

课程体系与课程研究（一）

课程体系与课程设置

地方院校新建对外汉语专业的课程建设与发展思考

——以兰州城市学院为例*

兰州城市学院　冯　玉

摘要　课程设置是人才培养方案的核心，很多地方院校新建的对外汉语专业在课程建设上面还有诸多问题。本文以笔者就职的兰州城市学院为例，回顾了对外汉语专业的几次课程改革，就外语类课程的整合、课程配套的多媒体视听室的建设及跨专业文化技能选修课的开设等方面进行了思考和探讨。抛砖引玉，以求推进地方院校新建对外汉语专业的课程建设。

关键词　地方院校　对外汉语本科专业　课程建设

*　本文已刊发于《甘肃高师学报》2013 年第 5 期；本项研究得到兰州城市学院 2012 年度教学研究项目（2012-JY-03）的支持，谨此致谢。

自1985年设置至今，对外汉语专业在我国已走过了28个年头。近年来，许多地方院校也纷纷开设对外汉语本科专业。这些院校虽然借鉴了很多名校的成功经验，专业建设比较迅速，但由于师资相对薄弱、地域限制、经验匮乏等因素，在课程设置方面还有诸多问题。地方院校应该从自身出发，在新建对外汉语专业的课程设置方面进行改革和创新，设置既符合专业培养目标，又适应自身办学层次和特点的专业课程。

兰州城市学院前身是1958年成立的兰州师专和20世纪40年代新西兰国际友人路易·艾黎创办的培黎石油学校。2006年经教育部批准升格为普通全日制本科大学。2008年，开始招收汉语言文学（对外汉语方向）的本科生，独立的对外汉语专业于2009年开始招生。兰州城市学院的各级领导都非常重视对外汉语这一新办专业的发展，本着对学生负责的态度，我们从培养方案的制定、师资的配备，到教学、考核的实施都非常严谨。特别是对教学体系核心之一的课程设置尤为重视。我院领导和相关负责老师先后多次调研，不断调整和完善人才培养方案，力求在课程设置方面更加符合对外汉语专业培养目标和社会需求。

一　我校对外汉语专业课程建设的回顾

从2008年招生至今，我校对外汉语专业（方向）已经招收了六届本科生。已毕业两届，在校生四届。这六年来我们进行了多次课程建设和改革，以不断适应新形势下社会对人才的需求。

1.1　2008年对外汉语专业课程的最初建设

2008年我校招收汉语言文学（对外汉语方向）本科生58人。虽然我们也明确提出了专业培养目标，但是和国内其他新开办该专业的学校一样，对于该专业的办学理念不尽一致，办学思路不甚明确。加之作为新升本科院校，我们的专职教师不足，经验匮乏，致使当时的课程开设多少存在一些问题。主要表现为：专业特色不够突出；汉语类的核心课程没有得到强化；英语类课程除“大学英语”外，其他课多照搬英语专业的设置，挤占了较多的汉语类专业课的课时。可以说是“汉语言文学专业课+几门英语专业课+对外汉语教学概论”的模式。

1.2 2009年的第一次课程调整

2009年，我们招收了两个行政班，共94名对外汉语专业的本科生。在2009级招生之前，我们就在2008级汉语言文学（对外汉语方向）的课程基础上，就课程设置等进行了更符合专业要求的调整。2009年版的培养方案突出了“实践性”和“语言学人才”的专业特色。

相应地，在课程设置方面，我们将专业核心课程“现代汉语”和“古代汉语”分别由原来的开设两学期、共5个学分，增加到了开设两学期、共6个学分；“中国文化概论”由开设一学期、3个学分，增加到开设一学期、4个学分；“对外汉语教学概论”由原来的开设一学期、2个学分增加到了开设一学期、3个学分，突出了该课程在教学法等方面的实践性。考虑到该专业和全校其他非外语专业一样，已经开设了四个学期、共16个学分的“大学英语”，所以相应地缩减了原来分别开设两学期、8个学分的“英语听力”和“英语口语”，改为各开设两学期、4个学分。本次课程调整主要针对“现代汉语”“古代汉语”“中国文化概论”“对外汉语教学概论”等对外汉语专业的核心课程进行了增加课时和学分的调整。

1.3 2011年的第二次课程调整

2011年初，应学校教务处2011级本科培养方案修订的要求，总学分由原来的174.5减少到162.5，对外汉语专业再次修订了人才培养方案。因学校教务处在这次调整中严格规定了总学分和课时，而全校公共必修课和公选课的课时和学分又不能受到影响，文学院其他系部根据本专业的实际情况压缩了一些语言类课程的学时和学分。如：汉语言文学专业将开设一个学期、3个学分的“语言学概论”压缩为2个学分。但是，对于对外汉语专业来说，语言类的课程是其核心和特色，不仅不能压缩，还应该参照国内一些开办该专业的成功的、老牌学校，适当地增加学分。所以，对外汉语专业在本次调整中还是强化了汉语言类的课程：“现代汉语”课原来开设两个学期，每学期 3 个学分；2011 版的培养方案增加为开设两个学期，每学期 4 个学分。“古代汉语”课原来开设两个学期，每学期 3 个学分；2011 版的培养方案还是开设两个学期，第一个学期仍旧是 3 个学分，第二个学期则增加为 4 个学分。这样第二个学期讲到诸子作品的时候可以更全面和充分。这也是考虑到了该专业的学生毕业后，如果面对的是高级汉语学习者（他们很多对中国的文化特别是儒家、道家、法家的文化很感兴趣），可以更加游刃有余地教学。当然，这样改革的代价就是将原本特别强调的文学、写作类的课程进行了压缩，也进一步体现了对外汉语专业不能照搬汉语言文学专业的课程设置。

1.4 2012 年的第三次课程改革

2012 年，我校提出加快转型为应用型本科大学，强调突出课程的实践特色。学校要求在 2011 版培养方案的基础上完善、制定 2012 版的培养方案，并要求在课时比例中明确划分出实践课时。对外汉语专业也借此机会，在考虑本专业就业实际的基础上再次修订了培养方案。该方案是目前最新的培养方案。

近年来高校本科毕业生就业难，就业压力大。对外汉语专业尽管定位为“能在国内外有关部门、各类学校、新闻出版、文化管理和企事业单位从事对外汉语教学及中外文化交流相关工作的实践型语言学高级专门人才”，但国内各高校的普遍情况是，学生毕业后真正从事对外汉语教学的人很少。一是因为国内高校所需求的留学生教师的学历要求高，必须是硕士及以上文凭；二是因为去国外教汉语，对外输出又是个难点。加之近年中国经济的发展，国人不再迷信外国生活，中国传统的家族观念，让很多对外汉语专业的毕业生（特别是独生子女）不愿意离开安逸的家园而远赴他乡。所以一些对外汉语专业的本科生毕业后选择去中小学任教：有的教语文，有的利用英语的优势去教英语课。而越来越多的学生选择应届考研深造。所以我们这次培养方案的修订不仅遵循培养目标，还结合该专业的就业实际，强化了考研相关的核心课程，调整了一些课程的开课时序。总学分达到了 164.5 个学分，具体的变动如下。

1.4.1 增加了 1 门新课、3 个学分

为了体现对外汉语本科专业毕业生应用型人才的特色，进一步加强学生的教学技能，满足他们毕业后从事对外汉语一线教学的需求，本次修订特意增加了一门新课——“对外汉语教学法”（有些学校也称“对外汉语课堂教学技巧”），3 个学分。该课程主要教授对外汉语初级、中级、高级班课堂教学的技巧，并为学生提供模拟或现实的对外汉语教学的课堂。教师将对学生的教学计划、教案设计、课堂教学、作业布置等方面进行全面指导。以学生试讲为主、教师点评为辅，真正实现应用型人才培养。

1.4.2 整合并移动了几门课，相当于增加了 2 个学分

为整合相似课程，体现本专业的特色，并为学生打下扎实的写作基础，以利于学生将来从事外资文员、涉外工作人员等工作，我们将原本放在专业核心课程中的两门课——“写作 I”和“写作 II”整合为“基础写作”；并将“基础写作”与原属于专业拓展课程中供选修的“应用文写作”“汉字书写”（原名为“硬笔书法”）移至专业基础课，作为必修课，相当于增加了 2 个学分。

1.4.3 核心课增加了 1 个学分

对外汉语专业的核心课程是汉语语言类课程，主要为“现代汉语”“古代汉语”“语言学概论”等，在北京语言大学等高校，这几门课的课时均不少于 4 节/周。由于“古代汉语”等课程知识点分散、琐碎，却又系统性强，短时间的教学很难深入理解和掌握。加之考虑到这门课是本专业学生考研的必考和疑难课程。因此我们给“古代汉语”增加了 1 个学分、18 个课时。

1.4.4 专业基础课增加了 4 个学分

将 2011 版培养方案中放入全校公选课的“大学人文”和“西方文明史”移到本专业的基础课程中，与本院其他专业保持一致，体现了该系列课程的系统性。更为本专业学生将来从事中外文化交流工作打下基础。每门课 2 学分，共增加 4 个学分。

1.4.5 减少了 8 个学分

为了控制学分总数，体现专业性质，我们经过慎重考虑，将“英语基

础写作”“对外汉语教学概论”和“中国古代文学 I—IV”6门课各减去1个学分，将“英汉汉英翻译基础”减去2个学分，总体减去8个学分。

1.4.6 更改了几门课程的开设时间和所属平台

另外，为了知识结构体系更好地衔接，并为学生考研复习等提供方便，我们调整了个别课程的开课时间。比如“古代汉语 I”“古代汉语 II”以前分别在第2、第3学期开设，现在改为第3、第4学期开设。更好地与第1、第2学期开设的“现代汉语”课对接。2011版培养计划中，像这样同一门课开设两学期却分散在两个学年的，我们都整合在了同一个学年内。另外将一些分散于各个平台的相关课程进行了整合，将它们放置在同一个课程平台上。

可以说，这几次的课程调整和改革是考虑到学生综合素质的发展，结合社会需求和就业实际而实施的循序渐进的改革。

二 对外汉语专业课程建设任重道远

自我校对外汉语专业建立以来，历经课程最初建设与3次课程改革，我校的对外汉语专业课程设置日渐科学。但课程设置不是一劳永逸的事情，应该与社会需求和学生就业保持统一。所以，关于我校对外汉语专业的课程设置我们还有以下一些思考。

2.1 外语类课程应该有针对性地进行整合

对外汉语专业的专业培养目标明确规定：要培养学生的“较扎实的汉语和英语基础”，培养“实践型语言学高级人才”。可见，对外汉语专业对英语的学习十分强调。目前，国内各高校对外汉语专业的英语课的开设主要有以下两种倾向：要么和其他非英语专业一样只开设“大学英语”公共必修课；要么是在“大学英语”公共必修课之外增加一些英语类的专业课，比如“英语听力”“英语口语”等。

我校对外汉语专业的英语课就是第二种模式。在我校开设对外汉语方向之初，我们就十分重视学生英语能力的培养，在英语的课程种类和课时上都尽可能地与开设对外汉语专业的名校比肩。我们开设了大学英语（4个学期，共16个学分）、英语听力（2个学期，共4个学分）、英语听力（2个学期，共4个学分）、英汉汉英翻译基础（1个学期，2个学分）和英语基础写作（1个学期，2个学分），可以说在“大学英语”上和其他非英语专业齐头并进外，我们还兼顾了英语听、说、读、写的各种技能的训练。几年下来，我们毕业生的英语成绩和英语四六级过关率都领先于很多非英语专业的毕业生。但是学生并未像我们预期的那样可以用流利的英语进行交谈，也不能很好地将英语运用于对外汉语教学。

我们认为对外汉语专业的“大学英语”课应该有别于其他非英语专业的“大学英语”课，它应该与“英语听力”“英语口语”“英汉汉英翻译基础”“英语基础写作”“第二外语”等课程整合，放到整个对外汉语的专业课程体系中去定位。从课程设置、教材配给、师资保障等各个方面全盘考虑。我们认为我校对外汉语专业的外语类课程还可以从以下几方面去改良。

2.1.1 将“大学英语”课改换为“基础英语”

“大学英语”是各高校非英语专业开设的公共必修课，我校对外汉语本科专业的“大学英语”开设4个学期，每学期4个学分，共16个学分。

“基础英语”是高校英语专业的传统课程，之前多叫“英语精读”。该课程在英语系也是开设4个学期，每学期4个学分，共16个学分。教育部2000年《高校英语专业英语教学大纲》规定，“基础英语”课程“主要通过语言基础训练与篇章讲解分析，使学生逐步提高语篇阅读理解能力，了解英语各种文体的表达和特点，扩大词汇量和熟悉英语常用句型，具备基本的口头与笔头表达能力”。英语专业“基础英语”课程的配套教材通常以话题为核心，每单元是一个中心话题，本单元围绕这个中心话题开展相关的听、说、读、写等技能训练。针对性强，话题影响深刻。

因此我们建议将对外汉语专业的“大学英语”课从公共必修课模块中脱离出来，改换成英语专业开设的“基础英语”，放置于专业必修课模块。并且采用英语专业“基础英语”课程的经典教材。这种变换因学分不变，不会影响到其他课程的学分和总学分，但学生却因此会受到更加专业的英语训练。

2.1.2　强化英语听说课的针对性

教育部规定的对外汉语专业的培养目标是培养“从事对外汉语教学及中外文化交流相关工作的实践型语言学高级人才”。也就是说进行“对外汉语教学”和“中外文化交流”是该专业毕业生应该达到的目标。这就需要我们的毕业生有良好的英语听辨和表达能力。我们的“英语听力”和“英语口语”课程就是在“基础英语”之外对听说能力的强化，目前我们的“英语听力”和“英语口语”课均在大二开设，每门课分别开设 2 个学期，每学期 2 个学分，共 4 个学分。相对于一些院校来说，这两门课我们开设得比较早，涉及日常交际的很多方面。但我们觉得在教学内容和教学手段方面还需要针对专业特性而有一定的倾斜，如：

针对毕业生从事对外汉语教学的目标，我们在“英语口语”课上应该多注重对英语课堂教学用语的学习。口语教师更要多给学生提供机会，通过模拟课堂、模拟场景等让学生多进行课堂教学用语的演练。

针对毕业生从事对外教学和中外文化交流的目标，学生应该对中国和西方的文化常识非常熟悉，很多文化中涉及的专有名称，学生应该熟知它们的英语翻译和内涵。比如，我们可以在每次的“英语口语”课上让一位学生选择中国或西方的一个节日或一种习俗进行全英文的课堂介绍，不仅锻炼学生的英语口语，还能加深对文化知识的了解。也可以在“英语听力”课上，选择一些英文的文化片、纪录片等让学生来视听和理解，扩大他们的文化知识面，锻炼他们的英语听辨能力。

2.1.3　开设基于就业导向基础之上的第二外语

一些高校的对外汉语专业都会要求本专业学生学习第二外语，但目前我校在这方面没有硬性规定。一些对外汉语专业的学生会在全校公选课平台选修德语、俄语等第二外语。众所周知，对外汉语是“以其他语言为母语的国家或民族的人为对象的汉语教学，也称为汉语作为外语教学或者汉语作为第二语言教学”，它的教学对象不仅仅是母语为英语的学生。所以仅仅掌握英语会大大地限制学生今后的就业范围。这几年随着汉语热在世界范围的蔓延，很多国家学习汉语的人数都大大增加。为了更好地提升自己的就业竞争力，对外汉语专业的毕业生更应该学好第二外语。

这要求学生不能仅仅满足于选修一个学期2个学分的第二外语学习。这种蜻蜓点水的学习甚至不能让学生入门。所以我们建议在对外汉语系内开设第二外语的专业必修课。保证课时至少在72学时，4个学分。而且第二外语的选择也不能随心所欲，要考虑到学生就业的需要。比如，我们知道俄罗斯是世界大国，其人口总数也在世界前十以内。俄罗斯和中国毗邻、关系密切，这几年俄罗斯学习汉语的人数大增，而能对俄教授汉语的对外汉语专业的毕业生并不多。如果我们利用一定的地域优势，和俄罗斯的学校建立合作关系，我们可以有机会派出大量的对俄教学人员。这就要求我们的学生至少能用俄语进行交流和交际。所以我们建议近几年可在专业必修课板块内开设“基础俄语”课程。之所以说近几年，是因为我们要考虑就业形势的变化，看每一年就业倾向于哪些地区，适时地调整第二外语的课程开设。

2.2 加强对多媒体视听室等硬件的建设

本文主要讨论的是我校对外汉语专业的课程建设，但是很多专业课程不得不依赖于配套的硬件设施才能取得更好的教学效果。特别是对于语言和文化教学，必要的视听设备是不可或缺的。所以我们希望学校能对对外汉语专业给予一定的经济支持，帮助建立该专业必需的视听室。其意义在于：

首先，英语听力课上我们可以有针对性地选择一些和对外汉语相关的听力材料给学生播放，并且一人一部电脑的学习方式更能因材施教，保证学生的学习质量。一些听力较差的学生可以根据个人的情况在课时允许的情况下，随机暂停和重复播放听力材料，避免他们在大班集体听力训练时因跟不上节奏而自暴自弃或滥竽充数。

其次，“中国文化概论”“西方文化礼仪”等课程常常需要播放直观的图片和视频资料，这种生动的形式不仅能事半功倍地让学生理解知识点，更能帮助学生准确形象地记住相关的知识点。特别是在一人一部电脑的视听室内进行教学，教师可根据教学目标给学生提出自学方向，让学生通过互联网等资源自主查找相关的知识，然后进行交流和汇总，更能锻炼学生的自主学习能力，扩大学生的知识面，培养学生查阅资料的能力。

2.3 多开设跨专业的文化技能选修课

对外汉语专业的定位决定了该专业的毕业生必须对中华文化有“较全面的了解”（见教育部培养目标），这种了解不单单是纸上谈兵的口授，更应该是言传身教。所以一些高校的对外汉语专业特意开设了“国画”“书法”“武术”“民乐（鉴赏）”“民族舞”等能够体现中国传统文化的才艺技能课。这些课程能够有效地扩展学生对文化知识的了解、培养学生的艺术气质、锻炼学生在传统技艺方面的能力，为学生以后从事对外汉语教学和中外文化交流打下良好的基础。

但目前我校的对外汉语专业没有开设相关的专业任选课。学生主要在全校的公共选修课平台选课，这样的任选课不能保证学生选择适合自己专业的课程。学生往往会根据学长们的建议，选择好上、好过关的课程。另外，全校的公选课面对的是全校各个专业的学生，很多公选课老师在授课时把课程都定位成了常识普及课。学生很难在有限的课时内较好地掌握相关知识。

针对这种情况，我们认为对外汉语专业应该有符合自己特色的专业任选课，学校可以支持将全校公选课的一些学分划给专业任选课，让学生的培养更有针对性。比如我们可以利用综合院校的优势，和音乐学院、美术学院、体育学院等兄弟院系合作，为对外汉语专业开设相关的专业任选课。如“国画基础”“书法”“中国武术入门”“民乐鉴赏”“民族舞入门”等课程。这些课程寓教于乐，实践性强，一定会受到学生的欢迎。这些技能不仅可以提升学生的气质，更能帮助他们在工作中拉近和学生、外国友人的关系。学生掌握了相关技能，在以后的对外汉语教学和文化交流中一定是用得着的。

地方院校新建的对外汉语专业或多或少都存在课程设置的问题，以上只是我们针对我校实际，对新建的对外汉语专业课程建设的回顾和思考，旨在抛砖引玉，和同行探讨更加科学可行的课程体系和设置方案。当然，课程改革不能大起大落，要在科学的理论指导下，结合实际，有条不紊地进行。

参考文献

陈昌贵、翁丽霞（2008）高等教育国际化与创新人才培养，《高等教育研究》第4期。

程裕祯（2005）《新中国对外汉语教学发展史》，北京：北京大学出版社。

陆俭明（2008）谈汉语作为第二语言教学的学科建设及其本体研究，《外语教学与研究》第5期。

原新梅（2007）对外汉语专业建设的思考与探索，《现代语文》第12期。

汉语国际教育本科专业的课程体系构建

西安工业大学　贺菊玲

摘要　本文依照汉语国际教育专业的培养目标，在相关调查的基础上，设立了六个既相对独立、又相互依存的模块来构建汉语国际教育本科专业的课程体系，这六个模块可分为语言类、文学类、文化类、专业教学类、相关技能类、通修类。通过这六个模块的设立，实现汉语国际教育本科专业基础理论与应用技能的合理统一；体现语言教学与文化教学的内在联系；注意汉语教学与外语教学之间的比例协调；形成专业必修课和选修课之间的相互补充。由此构建的课程体系不仅能够实现汉语国际教育本科专业的培养目标，也体现出培养目标的多元化和极强的人才市场适应性。

关键词　汉语国际教育　课程体系　模块　构建

近几年来，汉语国际教育作为一门专门的学科，发展十分迅速。这与经济全球化的加速，中国国际地位的提高，文化交往需求的增加都有着密不可分的关系。在汉语国际推广的大背景下，汉语国际教育专业已经成为我国高校应用文科中的热门专业。然而，我国多数高校的汉语国际教育专业创办时间不长，创办经验不足，目前处于探索成长阶段。如何科学规范地设计汉语国际教育师资型人才的培养模式，并在该专业课程体系的构建中体现出这一培养模式带来的诸多益处，是值得探讨的问题。本文拟对以中国学生为教学对象、旨在培养汉语国际教育本科专业人才的课程体系的构建进行探讨。

一　汉语国际教育课程体系构建的六个模块

新形势下汉语国际教育专业的培养目标是：培养具有比较全面和扎实的普通语言学和汉语言文字学基础理论知识，掌握较系统的汉语作为第二语言教学的基本理论和方法，具备一定的文学文化素养，能胜任国际汉语教学与研究及中外文化交流工作，并具有进一步发展前途的国际型、复合型、应用型专门人才。这个目标决定了汉语国际教育专业人才应具备的语言文化知识结构和能力结构。根据相关调查，我们设立了六个既相对独立、又相互依存的模块，来构建汉语国际教育本科专业的课程体系。这六个模块可分为语言类、文学类、文化类、专业教学类、相关技能类、通修类。下文分别予以说明。

1.1　语言类模块

具体课程包括古代汉语、现代汉语、汉语发展史、语言学概论、应用语言学、英语泛读、英语口语、英语听力、英汉语言比较、英语写作、第二外语、外贸英语、语言学名著选读、普通话等。

汉语国际教育专业培养的人才，在将来的工作岗位中，是以语言教学或者语言应用为主的。因此在考虑课程体系的构建时，应保证语言类课程的种类与课时，以及它们在总课程中所占的最大比例。

语言类模块可以分为汉语和外语两类。从汉语的角度讲，培养对象应具备比较扎实的汉语言文字学基础理论知识，熟练掌握现代汉语语音、词汇、语法、修辞各方面的知识以及古代汉语音韵、训诂、文字方面的相关知识，以便在将来的教学和工作中，不仅能够看出教学对象或交流对象的语言错误，更能透彻说明错误根源并进行准确纠正。从外语角度来讲，作为汉语国际教育专业培养的人才，必须熟练掌握至少一门外语。它不仅可以作为对外汉语教学中的媒介语，还可以起到语言比较的作用，这在汉语国际教育人才的知识结构中是必要的。因此我们在语言类模块的设计中，除了汉语、英语类语言课程外，增设了英汉语言比较这门课程。在该课程的学习过程中，培养对象通过对比英汉语言的异同，更深入地掌握英汉两种语言各自的特点和规律，从而确定对外汉语教学中的重点和难点。此外，外贸英语课程的设置，是从技能与择业角度考虑的，院校可根据自己的特色改换为其他类似的选修课程。对汉语国际教育专业的学生来说，获得二级甲等以上的普通话水平证书，是最基本的业务培养目标和要求。因此，语言类模块中设有普通话课程，帮助学生达到这一基本要求。

1.2 文学类模块

具体课程包括中国古代文学史、中国现当代文学史、外国文学史、中国古代文学作品选读、中国现当代文学作品选读、外国文学作品选读等。

文学类模块的设置旨在培养汉语国际教育专业人才的文学素养，增强他们的文学底蕴。文学本属文化的一部分，这类课程可归于文化类模块，但由于它们的一些突出特点，故专门列出一类。文学类模块的课程，可大致分为文学史和文学作品两大类。既有对文学史的系统梳理，也有对文学作品的赏析解读。在教学过程中，应将“史”的逻辑线索与“文”的感性阅读结合起来，并注意知识的完整性与连贯性。课程内容不仅包括中国文学部分，还包括外国文学的部分；不仅涵盖了中国古代文学，也涉及中国现当代文学。在教学比重中，应以中国文学为主。在中国文学中，教学内容宜以古代文学为主，以便更好地传播中国传统文化。

1.3　文化类模块

具体课程包括中国传统文化概论、西方文化史、跨文化交际、艺术欣赏、民俗文化、书法基础等。

汉语国际教育的人才在未来的工作中扮演着文化传播者的角色，因此文化类课程的设置显得十分重要。广义的角度讲，前面所说的语言类和文学类模块的课程也属于文化范畴。这里涉及的文化类模块，是更加广泛意义层面的。汉语国际教育的培养对象不仅要了解本民族的文化，还要了解交流对象所在国的文化，以及与文化相关的一些知识修养等。因此文化类模块的设置中，除了中国传统文化概论、西方文化史这类知识性的文化课程，还增设了艺术欣赏、民俗文化、书法基础，以及跨文化交际这样实践性较强的文化课程。

通过中国文学类和文化类课程的学习，培养对象能够系统了解中华文化中所特有的文化内涵，感受深厚的中华文化底蕴，提高自身文化修养，还能在具体的文化交流中正确地运用行为规范，使文化交际得以顺利进行。

1.4　专业教学类模块

具体课程包括对外汉语教学概论、对外汉语教学法、教育学、心理学、汉语水平考试（HSK）研究等。

汉语国际教育与汉语言文学、教育学等传统学科不同的一个重要特点是，它不仅要具备相关的语言、文学、文化知识，还要学习汉语作为国际语言（或第二语言）教学的特殊性。培养对象在未来的工作中，要能够根据不同的教学对象、交流对象，确定不同的教学内容、教学方法、交际方式等，达到顺利教学或交际的目的。因此，我们在汉语国际教育的课程体系中，设置了专业教学模块的课程，除了对外汉语教学概论、对外汉语教学法两门专业的教学课程以外，还设置了心理学、教育学，帮助培养对象了解交流对象的文化心理。汉语水平考试（HSK）在汉语国际教育的教学工作中，是必不可少的内容之一。因此，将汉语水平考试研究课程归入专业教学类模块，有利于培养对象未来的教学工作。这类模块的设置，比较能体现汉语国际教育的专业特色。

1.5 相关技能类模块

具体课程包括秘书实务、应用文写作、外事事务管理、企业管理、市场营销、多媒体技术与应用、演讲与口才等。

对于汉语国际教育的培养人才来说，具备一些实践性较强的技能是适应市场需求的一个有力保障。因此我们在前述语言、文学、文化、专业教学课程之外，专门设置了一些技能类的课程。这些课程都有很强的实践性与市场适应性，建议在大三第二学期或大四开设，以便培养对象迅速学以致用，提高自身的就业竞争能力。各个学校可根据自己的院校特色，以及学生的就业需求，灵活地开设这一模块中的课程。在课程类别上，建议采用选修课的形式来进行教学与实践。这一模块课程的设置，体现出汉语国际教育专业培养目标的多元化，以及极强的市场适应性。

1.6 通修类（公共基础课）模块

具体课程包括大学计算机基础、思想道德修养与法律基础、马克思主义基本原理、毛泽东思想和中国特色社会主义理论体系概论等。

通修类课程是我国普通本科院校学生必修的课程，是大学生知识结构要求必备的知识和能力素养。其中多数课程都是由教育部和中宣部直接认定，学校一般是无权更改的。因此在六个模块中，这一模块的课程是最稳定的。

二 六个模块构建的课程体系的目标

通过上述六个模块的设立，对汉语国际教育课程体系的构建而言，将达到以下目标。

2.1 实现汉语国际教育本科专业基础理论与应用技能的合理统一

对于汉语国际教育专业的培养对象来说，基础理论的学习与应用技能的掌握同样重要。该专业培养目标明确提出：“培养具有比较全面和扎实的普通语言学和汉语言文字学基础理论知识，掌握较系统的汉语作为第二语言教学的基本理论和方法”“能胜任国际汉语教学与研究及中外文化交流工作、并具有进一步发展前途的国际型、复合型、应用型专门人才。”因此在六个模块的设计中，既有与基础理论知识相关的课程，如古代汉语、现代汉语、语言学概论、汉语发展史、应用语言学、中国古代文学、中国现当代文学、对外汉语教学概论等，还设有一些技能类的课程，如汉语水平考试研究、秘书实务、应用文写作、外事事务管理、跨文化交际、企业管理、市场营销、多媒体技术与应用、演讲与口才等。此外，汉语国际教育专业的学生还必须取得二级甲等以上的普通话水平证书。这样的课程安排，在保证培养对象具备扎实的专业理论知识的同时，还让他们掌握与国际汉语教学及中外文化交流相关的一些实践知识与应用技能，可以实现汉语国际教育本科专业基础理论与应用技能的合理统一，为他们将来更好地适应人才市场的需求做好充分准备。

2.2 体现语言教学与文化教学的内在联系

语言是文化的一部分，也是文化的载体。汉语国际教育人才未来的工作实质是做文化的传播者。上述六个模块中，有一个专门的文化类模块，该模块的课程既包括与中华文化相关的中国传统文化概论、艺术欣赏、民俗文化、书法基础等，也包括与西方文化相关的西方文化史，还包括涉及具体文化交流的跨文化交际。这些课程的设置，有助于提高培养对象的文化品位，扩展他们的文化内涵。此外，文学类模块的设计，其实也是文化教学的一部分，因为文学本身就是文化的一个重要方面。文学类模块中，既包含了中国文学，也包含了外国文学；既包含了古代文学，也包含了现当代文化；既有文学史的贯穿学习，也有对文学作品的感性认知。所有与文化相关的知识，都是由语言这个载体呈现出来的。即便是语言类模块课程的教学，也无不包含着文化的因素。“因为包括汉语的任何一种语言，都不可能游离于属于这种语言的本土文化的。”（张映光，2006）这样的模块设计，能够体现出语言教学与文化教学的内在联系。因此培养对象通过这样的文化学习，以及对语言类模块知识的系统掌握，能够起到“在语言中学习文化，在文化中感受语言”的良好效果。在将来的实际工作中，不仅能够与外国人进行顺畅的语言教学与交流，也能够做到通过语言的交流来传播其背后的中国优秀传统文化。

2.3 注意到汉语教学与外语教学之间的比例协调

对于汉语国际教育专业来讲，语言教学占有很大比重。因此在六个模块中，语言类模块的设计显得尤其重要。在语言类模块的课程中，平衡汉语类课程与外语类课程之间的比例是语言类模块设计的一个重要内容。前文提到，对于汉语国际教育的学生来讲，精通汉语是专业基本要求，同时掌握一门外语是必须的，也是必要的。因此，我们的语言类模块中除了相关的汉语类课程如古代汉语、现代汉语、汉语发展史等，还设置了英语泛读、英语口语、英语听力、英汉语言比较、英语写作、第二外语、外贸英语等与外语教学相关的课程。但是，这些课程的设置，都是服务于“汉语国际教育”这个专业名称的。因此，语言类课程的设置中，汉语类的课程比重与课时安排应与外语类课程相当。当然，如果学生的英语基础较差，可适当增加英语课程的课时。此外，还专门设置了英汉语言比较这门课程，学生通过英汉或汉语与其他外语的比较，更加扎实地掌握英汉两种语言的特点和规律，成为中英双强的复合型人才。在毕业之后的工作中，无论是从事对外汉语教学，还是从事与汉语文化交流相关的涉外文秘、外贸经济、外事工作，或者进行进一步的专业研究，都有非常大的帮助。

2.4 形成专业必修课和选修课之间的相互补充

这六个模块的设置中，并非所有的课程都是专业必修课。汉语国际教育的专业必修课，是指那些该专业学生要拿到学位必须掌握的课程，即专业学位课，例如语言类模块的绝大部分课程，如古代汉语、现代汉语、语言学理论、应用语言学、英语；文学类模块中的部分课程，如中国古代文学、中国现当代文学等；文化类模块中的一些课程，如中国传统文化概论、西方文化史等；专业教学类的一些课程，如对外汉语教学概论、对外汉语教学法等。而选修课则是学校根据自己的院校特点以及专业特色，结合人才市场的需求，为学生设置的一些可供选择的课程。这类课程的设置主要反映在相关技能类课程的设置上，如秘书实务、应用文写作、外事事务管理、企业管理、市场营销、多媒体技术与应用、演讲与口才等。此外，专业教学模块中的教育学、心理学，以及文化类模块中的艺术欣赏、民俗文化、书法基础等也可作为选修课程。学生可根据自己的兴趣爱好，以及将来的就业方向来适当选择有关课程。这样的设置，形成专业必修课和选修课之间的相互补充，既能让培养对象掌握扎实的理论知识，又能体现学校的专业特色，还能尽量满足学生的就业需求，是比较理想的课程设置方式。

以上本文探讨了汉语国际教育本科专业的课程体系构建，在相关调查的基础上，通过语言类、文学类、文化类、专业教学类、相关技能类、通修类六个既相对独立、又相互依存的课程模块的设计，实现汉语国际教育本科专业基础理论与应用技能的合理统一；体现语言教学与文化教学的内在联系；注意汉语教学与外语教学之间的比例协调；形成专业必修课和选修课之间的相互补充。由此构建的课程体系不仅能够实现汉语国际教育本科专业的培养目标，也体现出培养目标的多元化和极强的人才市场适应性。

参考文献

茅海燕、唐敦挚（2007）对外汉语教师及其培养模式探索，《高校教育管理》第2期。

姚　敏（2013）论对外汉语教师的跨文化素质，《南昌教育学院学报》第1期。

张映光（2006）论国内对外汉语教学专业师资型人才的培养，《云南师范大学学报（对外汉语教学与研究版）》第3期。

赵　嫚（2010）对外汉语教学模式研究述评，《合肥师范学院学报》第1期。

新形势下汉语国际教育本科专业课程设置的探讨

海南省琼州学院　刘文霞

摘要　本文梳理回顾了近30年来学界对对外汉语本科专业课程设置及相关问题的讨论，归纳总结对外汉语专业30年来在课程设置方面的突出特征和不足之处，同时尝试提出在新的汉语国际推广背景下，依据新的专业培养目标，汉语国际教育专业应如何更加科学合理地优化完善专业课程，以期达到国家和社会需要的培养应用型人才的目标。

关键词　汉语国际教育　课程设置

一　引言

对外汉语专业从独立设置至今已有30年历程，其间学者们对对外汉语专业的学科定位、培养目标、课程设置、学时分配、理论与实践教学等进行了详细、深入的讨论，取得了与专业培养目标及专业发展阶段要求相适应的辉煌成绩。

目前，对外汉语专业/汉语国际教育专业的建设与发展进入了一个全新的发展阶段，面临的国际国内形势发生了很大变化，对外汉语专业也由过去相对单一的以培养对外汉语教学教师为主转型到培养汉语国际教育及汉语国际传播人才并重的轨道上来。2012年，教育部颁布的《普通高等学校本科专业目录和专业介绍》（以下简称"《专业目录和专业介绍》"）中，对外汉语专业的专业名称也由过去的"对外汉语专业"更名为"汉语国际教育专业"。那么在新的汉语国际推广背景下，汉语国际教育本科专业课程应如何设置才能达到教育部培养目标规定的要求，这是摆在广大关心、爱护、从事对外汉语/汉语国际教育的专家学者们面前的一个新课题。

鉴往知今，为此本文梳理回顾了近30年学者们对对外汉语专业课程设置及相关问题的思考和讨论，总结对外汉语专业在专业建设和课程设置方面的突出特征及不足之处，同时适应新的发展形势，依据新的专业培养目标，尝试提出在新的汉语国际推广背景下，汉语国际教育专业应如何科学合理地优化完善专业课程设置，从而达到培养目标规定的培养符合国家和社会需要的复合型、应用型人才的培养目标。

本文拟从四个方面进行论述：一是对外汉语专业本科课程设置回顾；二是对外汉语专业课程设置的不足；三是汉语国际推广背景下汉语国际教育专业本科课程设置的依据；四是汉语国际推广背景下汉语国际教育专业本科课程设置建议。

二　对外汉语专业本科课程设置回顾

对外汉语专业1983年确立，1985年正式招生，当初国家设立这一专业的主要目的是为了适应世界范围内日益高涨的汉语教学的需要。因此从专业设立之初，对外汉语专业就把培养高质量的对外汉语教学师资作为第一位的、不可动摇的目标，即使后续新设对外汉语专业的高校也不例外。

这一时期，在课程设置方面，学者们主要围绕如何“培养合格的具有较强优势的对外汉语教师”进行讨论，以求凸显对外汉语专业的特色性和不可替代性。其间学者们关于本科专业课程设置的讨论主要集中在两个大的问题上：一是对外汉语专业课程设置的原则，二是对外汉语专业具体的课程设置。

王路江（2003）提出对外汉语专业应坚持走“以汉语教学为基础的、开放性的兼容整合之路”。

2003年“全国对外汉语教学专业建设研讨会”上，35所设立对外汉语专业的院校代表认为对外汉语专业主干课程有12门[1]，从院校代表建议的这些专业主干课程考察，对外汉语专业课程基本上是围绕如何培养对外汉语教师而设置的。

李铁范（2004）认为，对外汉语专业是本科层次的学历教育，它的教学对象是中国学生，它的教学目的主要是为对外汉语教学培养师资，因此它的教学内容应是能够胜任对外汉语教学工作所需要的汉语言文学基本理论、教育学、中外文化比较，外语（尤其是英语）等基本知识，他重点讨论了课程结构设计中理论与实践，必修课与专项技能课，语言学类、教育类与文化类课程，母语和外语的关系，提出构建“一体两翼”协调发展的课程设置模式。

潘文国（2006）认为，对外汉语专业的根本任务是培养初、中、高各级从事中外语言文化交流的专门人才。其中初级（学士）人才主要从事各种中外文化交流活动，中高级（硕士、博士）人才中一部分人要从事对外汉语教学，另外一部分人则可从事高级的中外文化交流工作。

[1] 具体为：现代汉语、古代汉语、语言学概论、中国古代文学、中国现当代文学、外国文学、应用语言学概论、对外汉语教学理论、英语综合（听力、口语、阅读、写作、翻译）、中国文化通论、西方文化和礼仪、写作。

罗小东（2005）认为对外汉语专业是隶属于中国语言文学学科的一个二级学科，对外汉语专业教师应围绕“汉外对比，对外汉语教学理论，中介语和第二语言习得，跨文化交际”等方向进行科学研究，他还对对外汉语专业设置课程的学时比例进行了具体的说明。

熊素娟、石诗（2007）与李铁范（2004）在课程设置方面具有相同的观点和倾向，同时提出了地方高校课程设置的原则：遵从国家专业整体规划设置主干课程；根据社会需求和学生个性发展设置选修课程；依据学校特色设置特色课程等。

白朝霞（2008）认为对外汉语专业课程设置应以培养对外汉语师资为目标，应在充实“师范性”的基础上，突出“跨文化性”。他们的对外汉语专业课程包括四大板块：语言类、文学类、文化类、教育教学类。其中语言类、文化类（包括文学）体现对外汉语教学的内容和目的，教育学和心理学作用于对外汉语教学的方法和途径。四类课程作为第二语言教学最重要的理论基础共同支撑着对外汉语专业。除此之外，他们还设置了具有特色的专业方向选修课，以完善学生知识能力结构，满足学生就业或进一步深造的需要。如对外汉语教学方向、文学研究方向、语言学研究方向、涉外文秘或文化传播方向。

杨同用、赵金广（2009）认为，对外汉语专业的性质为师范性，其目标是培养对外汉语教学人才，因此汉语知识、语言教学与学习理论、文学文化课应是本专业的重要学习内容，同时他们认为《国际汉语教师标准》是制订本专业教学计划的依据，据此则本专业的课程应包括：文学文化修养课、汉语言及语言教学与研究、外语类课程、跨文化交际、中华才艺课等课程。另外在课时设置上，杨同用、赵金广认为应增加现代汉语的课时，加强语音、词汇、语法、文字的基本知识及语言运用规律的教学与学习。

何建（2009）认为，汉语国际推广教师应满足三个方面的要求：一是语言学、心理学、教育学、文化学的知识；二是熟练运用汉语和外语的能力、跨文化交际能力、汉语教学能力；三是综合素质，包括职业道德素质、计算机能力、自我提高的意识、科研能力、沟通与协调能力以及开拓精神。因此对外汉语专业课程设置首先要按照专业知识结构来设置理论课，体现出基础理论，突出主干学科和一定的知识面，同时也要安排实践课，注重能力的提高和素质的增强。

李宏（2010）提出依照《国际汉语教师标准》设置对外汉语专业课程，具体分为语言、文化、心理、教学能力四大板块。他提出的课程改革措施是：合理设计课程结构体系，突出汉语类课程，强化外语类课程，重视文化类课程，增加教育心理类课程，还应根据专业特点调整教学内容。

秦海燕（2010）提出了对外汉语专业课程设置的两个原则：一是教学部《专业目录和专业介绍》对专业培养目标的介绍，二是2007年国家制定的《国际汉语教师标准》。她认为对外汉语专业的主要教学任务是培养合格的对外汉语教师，因此专业课程设置应更多地体现语言基本知识与技能、教师综合素质培养，以及成就文化知识的学习，而为了凸显对外汉语特色，课程设置也应当强调相对薄弱的“对外汉语教学技能、跨文化交流、生存能力以及与语言密切相关的行为文化、第二语言习得与学习策略”的培训。她认为对外汉语课程开设要以服务对外教学为目的，辅助性地开设有助于教学的课程，培养学高为师的人才，提出紧密结合教授留学生汉语的实际情况，研究学生应如何学、如何奋斗才能具有教授留学生汉语的能力。

詹向红（2010）认为，对外汉语专业是在汉语国际推广背景下培养对外汉语教学师资和中外文化交流专门人才的专业。然而事实上大多数高校并没有实现上述目标，只是狭义地把对外汉语专业定义为培养对外汉语教学师资。这表明，她已经意识到对外汉语专业在课程设置上的不足。她认为要想改变对外汉语专业尴尬的就业局面，必须加快推进人才培养模式的转变，加快推进国际合作与交流，强化学生的外语和跨文化交流能力，使学生有机会走出国门，面向世界，以适应海外汉语教学以及跨文化交流的需要。

宣炳善（2010）认为对外汉语专业具有跨学科性，横跨语言学、教育学、心理学、文化学，当今形势下又融合了传播学学科，因此提出在汉语国际传播的背景下，有必要增加中华文化对外有效传播的课程，提升中华文化软实力，他建议有条件的高校在核心课程中开设对外文化传播、跨文化交际等课程，在选修课程中开设国学基础、论语、老子等选读课程，开设太极、书法等提高传统文化技能的课程，以增加学生对中华传统文化的认同感，培养学生对中国传统文化的传承和传播意识。

李建宏、范晓玲（2011）认为，对外汉语本科专业以培养对外汉语教学师资为主，其专业定位应是师范性，为此应按照知识、能力、素质的结构体系，依据整体性、渐进性和连续性原则开展课程结构体系的优化和设计。他们认为新形势下对外汉语专业仍应以“培养合格的对外汉语教师”的目标为指导设置课程，专业课程应涵盖语言类、对外汉语教学类、文化类、外语类和实践类等。

黄剑（2011）认为，地方院校的对外汉语课程设置大多依照四大模块：外语言文学类课程、汉语言文学类课程、对外汉语教学类课程、特色方向类课程。在此模块中，既要考虑在总学分中课程设置科学合理的比例问题，还要考虑学生的就业等实际问题，因此地方本科院校课程设置应符合教育部专业要求和国际汉语教师标准，考虑教学实践情况，落实以学生为本的教学理念，合理分配学时学分，确定具体课程模块。

蒋协众（2012）建议对外汉语专业本科阶段开设“汉语语言学与教学法类、中外文学与文化类、外语类”三部分课程，专业课程开设应遵从“一体两翼”模式，以语言学和教学类课程为主体，以文学文化和外语类课程作为两翼，同时开设国外汉语研究以及一些增强对外汉语教学技能、特长，凸显地方特色的课程。另外蒋协众还具体提出了本专业应开设的语言、文学文化类必修课程。（转引自李铁范，2004）从他提出的必修课程考察，对外汉语专业的课程设置仍是以对外汉语教师培养为主。

李丹、张静（2013）在前人讨论的基础上，提出对外汉语专业课程设置的四大依据——学科定位、培养目标、社会需求、高校自身办学定位和区域环境位置，进而就语言学类、教育学类、外语类、文学类、民俗类五方面的课程设置提出了具体的建议，同时提出对外汉语专业课程设置的两个优化原则：整体性设置原则和顺序性原则。从他们对课程设置提出的建议考察，对外汉语专业课程设置仍是以培养对外汉语教师为主。

总观这一阶段学者们对对外汉语专业培养目标、课程设置及相关问题的讨论，我们认为，大家对对外汉语专业达成的基本的共识是：对外汉语专业的基本定位是师范性，专业课程设置的指导思想和目的是如何培养合格的对外汉语教学师资，对外汉语专业课程设置的依据应是教育部规定的专业培养目标和《国际汉语教师标准》，对外汉语专业核心课程主要集中在语言学类（含外语）、对外汉语教育教学类、文化类等课程上，地方高校应开设一些凸显地方特色的课程，这可以认为是对外汉语专业从设立之初到目前为止在专业课程设置方面所具有的突出特征。

三　对外汉语专业课程设置的不足

我们认为，对外汉语专业课程设置特征具有双面性，它既是对外汉语专业课程设置的突出特色，同时也是对外汉语专业课程设置的不足，它倾向于对外汉语教学课程的设置，而忽视了文化交流与传播的课程。

国家当初设立对外汉语专业的基本要求就是培养“发展世界汉语教学，发扬中华民族文化”的专门人才，因此无论是1998版还是2012版教育部《专业目录和专业介绍》都明确规定，对外汉语专业的培养目标有两个：一是培养从事对外汉语教学的专门人才，二是培养从事语言文化交流与传播的专门人才。

而在实际办学过程中，大多院校则把对外汉语专业狭义地理解为培养从事对外汉语教学的师资，因而其课程开设主要围绕如何培养合格的对外汉语教师展开，而对培养目标中培养从事语言文化交流传播的人才则着力不够，虽然也有部分学者提及设置文化传播类课程，或者注意到专业文化类课程设置的不足，如李铁范、詹向红、宣炳善等，但是这一阶段对外汉语专业主流的课程设置主要是在如何培养对外汉语教学师资的框架内进行的，具体课程则是语言学类、教育教学类、文化类、外语类课程四大板块。课程设置中虽提及文化类课程，但是其开设的目的不是基于语言文化的交流与传播，而是基于对外汉语教学。

我们认为，过去对外汉语专业课程开设限定在培养对外汉语教学师资，课程设置中较多倾向于如何凸显对外汉语教学这一特色，这与那个时期的形势、任务是一致的。但是目前我们面临的形势发生了变化，因而课程设置也应变化。

虽然教育部1998版和2012版《专业目录和专业介绍》中对本专业的培养目标做了明确的界定，但这一阶段课程设置方面的突出不足是忽视了文化交流传播类课程的设置，缺少培养从事文化交流与传播人才知识与技能的课程。因此我们认为新的国际国内形势下，本专业应在继续巩固优化传统课程设置的基础上，在汉语国际教育专业课程体系中增加培养学生文化交流与传播技能的知识和课程，探讨如何培养学生，如何采用新的技术手段、新的形式把中国灿烂悠久的语言、文化、历史介绍给世人。

四　汉语国际推广背景下本科课程设置的依据

21世纪以来，对外汉语专业面临的国际国内形势发生了很大变化，尤其是2005年7月首届世界汉语大会在北京召开，这标志着对外汉语专业进入了一个全新的发展阶段，本专业由过去相对单一的以培养对外汉语教学师资为主转型到培养对外汉语教学师资和汉语国际交流与传播人才培养并重的轨道上，这一发展和变化要求对外汉语专业必须改变传统的专业课程设置。

国家汉办主任许琳（2005）认为，传统对外汉语教学模式主要是在国内教授来华学习汉语的留学生，而这一模式已经不再适应当今国外的汉语教学需求，因此应转变观念和工作重点，她提出了针对传统对外汉语教学模式的六大转变[1]，主要是针对对外汉语教学中教学对象、教学类型、教材和教法的转变。

[1] 1. 从单一的对外汉语教学向全方位的汉语国际推广转变，教学对象从大学扩展到中小学、成人学校，从学生扩大到商业人士、家庭主妇等；2. 将外国人请进来学汉语向汉语加快走出去的转变；3. 从专业汉语教学为主，向大众化、普及型、应用型的汉语教学转变；4. 从过去以大学为主，向中学、地方的教育部门、民办学校等全社会都参与对外汉语教学的转变；5. 从过去只有政府做，扩大到鼓励民间参与，充分发挥民间力量的转变；6. 从纸质教材面授为主向多媒体网络教学、应用现代信息技术为主的教学方式转变。

我们认为对外汉语专业面临的转变既应有教学形式的转变，更应有课程设置的转变，应由过去相对单一的以对外汉语教学为主，转变到全面的汉语国际推广。

教育部 1998、2012 年版《专业目录和专业介绍》明确表明：对外汉语 / 汉语国际教育专业的学生毕业后应具备两种能力，一是能在国内外各级各类学校从事对外汉语教学，二是能在各职能部门、外贸机构、新闻出版及企事业单位从事与文化传播交流相关的工作。如果说过去对外汉语专业以培养对外汉语教师为主，那么新形势下，汉语国际教育应发展到两者并重的轨道上来，这种转型反映到课程设置上，就应当在课程体系中开设培养文化传播与交流类知识和技能的课程。

世界文化丰富多彩，具有多元性特征。这也要求对外汉语 / 汉语国际教育专业改变专业课程设置，增加培养学生文化交流与传播技能的课程。国家汉办主任许琳（2005）指出，国外有些学者认为，世界上的文化应该是多元的，为了人类的未来，特别应该从东方文化、中华文化中汲取营养。因此把中华文化介绍给各国人民，这是中国人民对世界应尽的义务。从这个角度讲，汉语国际教育专业也理应担当起传播中华文化的重任，在专业课程设置中开设文化交流与传播的课程，让我们的学生思考如何继承、弘扬、传播中华文化，把中国的历史、文化、政治、经济等介绍给世人。

世界范围的“汉语热”催生了对外汉语专业，但是对外汉语专业的学生毕业后真正到国外从事对外汉语教学的仅占 13.53%，在国内进入高校从事对外汉语教学的仅占 4.51%（转引自刘珣，2000），因此从学生就业角度着想，对外汉语 / 汉语国际教育专业也应改变传统的专业课程设置，使对外汉语专业从培养教师为主转移到培养对外汉语教师和培养传播人才并重的轨道上，使得汉语国际教育专业从范围上讲，既有国内，又有国际传播，从形式上讲，既有从事汉语教育，又有从事汉语国际交流与传播的人才。改变专业课程设置，增加文化交流传播类课程，可以为学生增加一条就业的出路。

五　汉语国际推广背景下课程设置的建议

我们认为现有的对外汉语专业课程设置强调对外汉语教学，而对汉语国际推广和传播重视不够。当然，对外汉语教学是推广传播的一种形式，然而，我们能否尝试在对外汉语教学之外通过其他形式传播汉语和中华文化？

汉语国际推广背景下，汉语国际教育一方面培养学生从事对外汉语教学的能力，一方面培养学生从事中华文化交流与传播的技能，向世人传播中国的历史、政治、经济和文化。因此新形势下，我们认为对外汉语专业仍要继承对外汉语课程设置的基本原则：如加强汉语本体知识的教学；处理好汉语本体课程、文化课程、外语类课程的关系；开设面向对外汉语教学的技能课，同时增设培养学生文化交流传播知识与技能的课程，如传播学、影视制作、摄影、动漫制作、中华典籍研读与研究等，教会他们传播什么、如何去传播，同时我们建议将传播学作为专业核心课程，以与专业培养目标中的培养"从事与语言文化交流传播相关工作的中国语言文学学科的应用型专门人才"相匹配。

增加培养学生文化交流与传播知识技能的课程，旨在把学生的技能培养与学生语言、文化的学习结合起来，使我们的学生在学习专业理论知识的时候，考虑的不仅仅是自己对知识的掌握，更要考虑如何利用新的科学技术，采取喜闻乐见、通俗易懂的形式继承、弘扬、传播我们中华民族优秀灿烂的文化。

如我们有着优美的神话故事《精卫填海》《夸父逐日》等，可以考虑用影视、视频、动漫等形式再现这些优美的神话。再比如把我们古代的文学作品翻译成外语，开发研制一些利于汉语国际教育与传播的教材、读物等，研制开发一些学习软件，研发一些汉语科普、历史、经济、文化、人文风俗等方面的读物。这样的课程设置与国家的文化复兴战略也是一致的。汉语国际推广应该是内外结合，前往国外的可以从事汉语国际教育，在国内的同样可以从事来华留学生的教学，可以从事中华文化交流与传播。

鉴于此，建议将"汉语国际教育"更名为"汉语国际教育与传播"，因为我们做的工作不只是从事汉语国际教育，更有中华文化传播推广的责任。

汉语国际教育局限在教学，而汉语国际教育与传播则增加了内涵。对外汉语教学只是汉语国际传播的一部分，我们所做的是传播推广工作，应整理、继承、弘扬和传播中国传统文化。促进汉语国际教育与传播，挖掘我们民族优秀的文化遗产，用新的形式和手段演绎传统文化。

由对外汉语教学转型到汉语国际推广，增加了专业建设内涵，解决了学生就业时专业不对口的问题。因为不再狭隘地局限在对外汉语教学，从事文化推广传播工作，照样是我们的本行，却实现了对外汉语由单一的汉语教学到汉语国际推广与传播的转型。

这样开设课程既达到了培养目标的要求，也为学生毕业就业做了分流，使他们不再为不能从事对外汉语教学而感到专业不对口，同时也推动汉语国际教育专业实现培养教学与传播的双口径人才的专业目标。

参考文献

白朝霞（2008）地方院校对外汉语专业人才培养方案改革探析——以德州学院对外汉语专业为例，《赤峰学院学报（汉文哲学社会科学版）》第5期。

国家汉语国际推广领导小组办公室（2007）《国际汉语教师标准》，北京：外语教学与研究出版社。

何　建（2009）汉语国际推广背景下的对外汉语本科专业课程设置刍议，《赤峰学院学报（汉文哲学社会科学版）》第8期。

黄剑涛（2011）地方本科院校对外汉语专业人才培养模式浅论——以福建省地方本科院校为例，《龙岩学院学报》第5期。

蒋协众（2012）对外汉语本科专业课程设置的比较分析，《太原师范学院学报》第2期。

李　丹、张　静（2013）对外汉语本科专业课程设置研究，《科技风》第16期。

李建宏、范晓玲、剧朝阳、郑茹娟、黄继列（2011）新疆高校对外汉语本科专业课程体系改革与建设研究，《新疆大学学报（哲学·人文社会科学版）》。

李铁范（2004）对外汉语本科专业建设几个主要问题的思考，《淮北煤炭师范学院学报（哲学社会科学版）》第 5 期。
罗小东（2005）对外汉语专业的学科定位和课程设置，《国际汉语教学动态与研究》第 3 期。
潘文国（2006）从对外汉语教学到汉语国际推广——关于对外汉语专业建设的再思考，庄辉明主编《华东师范大学改革研究论文集—探索·创新·发展（上册）》，上海：华东师范大学出版社。
秦海燕（2010）高校对外汉语专业课程设置现状及应对措施刍议，《2010 年全国高校对外汉语专业建设研讨会论文集》，北京：北京语言大学出版社。
王路江（2003）对外汉语学科建设新议，《语言教学与研究》第 2 期。
熊素娟、石　诗（2007）地方高校对外汉语本科专业课程设置探微，《湖北广播电视大学学报》第 10 期。
许　琳（2007）汉语国际推广的形势和任务，《世界汉语教学》第 2 期。
宣炳善（2010）对外汉语专业文化类课程的设置与改革，《2010 年全国高校对外汉语专业建设研讨会论文集》，北京：北京语言大学出版社。
杨吉春（2010）三所高校对外汉语专业本科课程设置对比研究，《民族教育研究》第 6 期。
杨同用、赵金广（2010）对外汉语专业课程设置分析，《河北师范大学学报（教育科学版）》第 10 期。
詹向红、张发清（2010）对外汉语专业跨文化人才培养实践研究，《2010 年全国高校对外汉语专业建设研讨会论文集》，北京：北京语言大学出版社。
张晓涛、邹学慧（2009）对外汉语专业课程刍议，《哈尔滨商业大学学报》第 1 期。
中华人民共和国教育部高等教育司（1998）《普通高等学校本科专业目录和专业介绍》，北京：高等教育出版社。
中华人民共和国教育部高等教育司（2012）《普通高等学校本科专业目录和专业介绍》，北京：高等教育出版社。

以毕业出路为导向：探索特色与实用相结合的课程体系

中南民族大学　刘　洋
北京语言大学　骆健飞

摘要　本文从学生的毕业去向出发，致力于探索特色与实用相结合的汉语国际教育专业本科课程体系，从而使本专业的学生在就业和继续深造方面凸显自己的优势，并为他们的后续发展创造有利条件。文章将从公共课程、中国语言文学类学科基础课程、汉语国际教育专业课程、实践这四个方面展开讨论。

关键词　毕业出路　特色　实用　课程体系

一　引言

2012年，对外汉语专业自1985年设置以来首次更名为汉语国际教育专业，这意味着本专业在新的形势下将更加突出人才培养的国际化和实用性。如何使本专业的学生在就业和继续深造方面凸显自己的优势，是在当今时代背景下亟待解决的问题。而解决这一问题的关键是从课程设置方面着手，根据实际灵活变通。

本专业学生毕业之后与专业相关的去向大致有五个：一、在国内高校、中小学国际学校或中小学的国际部、培训机构做对外汉语教师；二、中小学语文教师；三、在企事业单位做文化交流的宣传或文案工作；四、与对外汉语相关的媒体、编辑工作；五、出国或在国内继续读研深造。

笔者分别选取北京语言大学、中央民族大学、华东师范大学、上海师范大学、武汉大学、中南民族大学、浙江大学、西南大学、暨南大学、延边大学十所高校的本科生培养方案进行对比分析，发现汉语国际教育专业的课程设置总的来说包括四个部分：公共课程，包括公共必修和公共选修；中国语言文学类学科基础课程，包括学科基础必修和学科基础选修；汉语国际教育专业课程，包括专业必修和专业选修；实践部分。本文将从这四个方面，结合学生的毕业出路展开讨论。

二　公共课程中的地域特色与学校特色

公共课程包括公共必修和公共选修两部分，必修课每所学校大同小异，选修课有很大的灵活性与自主性，可以充分发挥地域优势与不同高校的办学特色。

2.1　地域优势

上文提到，本专业学生的就业方向之一就是在企事业单位做文化交流的宣传或文案工作，不同的地域与特定的文化思想密切关联。本文择取的十所高校具有典型的地域代表性，遍布我国东部、西部、南部、北部和中部。北京的高校易于突出京味文化，如北京语言大学开设了京剧知识与欣赏课，它的教学对象并不仅仅局限于汉语国际教育专业，应该算作一门公共选修课。京剧是国粹之一，只有身处北京，才能深切地感受京剧氛围，这是北京高校的地域优势。京味文化不仅限于此，北京高校可以考虑开设胡同文化、皇家建筑与人文思想等课程。华东师范大学在公选课中有个特别之处，就是四选一课程——大学数学、数学文化、大学统计、统计调查方法，这四门课必须选修一门，这些都可以训练学生思维的严密性和逻辑性，便于以后在国际大都市的企业中生存。上海师范大学开设的电子商务、办公自动化等相关课程，都有利于学生毕业后在各类公司工作。延边大学因地处吉林省延边朝鲜族自治州首府延吉市，因此韩语成为一大优势。

2.2 学校优势

不同学校的校园文化不同，因此同样是汉语国际教育专业，不同高校应努力建设带有本校烙印的汉语国际教育专业，这样才会有多样化的汉语教师，打破千篇一律的窠臼。如中央民族大学、中南民族大学都是民族类高校，因此都开设了民族理论与民族政策相关课程。华东师范大学是师范类院校，孟宪承通识系列讲座是公选课的一大特色。孟宪承先生是华东师范大学的第一届校长，所以以他的名字命名，专门进行师范生管理。汉语国际教育专业离不开“教育”二字，与不同专业的师范生在一起，打破专业界限，让他们之间有了更多的交流机会。另外，浙江大学的课程“从传统到现代”，西南大学的文献检索，暨南大学要求学生了解对外交往的有关方针、政策和法规，具有一定的外事活动能力，延边大学的汉韩文化课程都体现了各自的学校优势。

民族类高校的学生就业之时可以凭借对民族政策与文化的了解，在面对与民族文化交流相关的企事业单位、出版社、编辑部、民族类中小学等工作的竞争中占有特殊优势；语言类院校的学生在面对外事工作时具有小语种的语言和文化优势；师范类院校的学生在中小学的面试、试讲中应独具特色；综合类院校的学生在学科交叉视野方面应更胜一筹。

三　专业特色性与实用性在学科基础课程中的体现

3.1　学科基础课程中的必修部分

汉语国际教育专业隶属于中国语言文学大类，语言、文学、文化是本专业的学科基础，但这个部分的课程基本与汉语言文学专业相同，在教材一致的情况下，要突出专业特色，需从学时、教师、教法三方面入手。

3.1.1　学时

汉语国际教育专业与汉语言文学专业的区别之一就在于语言类课程的学时应明显多于文学类课程。如北京语言大学的现代汉语、古代汉语、语言学概论这三门核心课程每周都是 4 学时，而现当代文学、古代文学、外国文学每周皆为 2 学时，虽然古代文学总的学时量稍大，但分配到四个学期来上，学生每周在此门课程上所投入的时间并不算多，既可以慢慢受熏陶，又不至于为此所累。十所高校中，北京语言大学的语言类与文学类课程的学时比例相差最大，几乎可以达到 1.5 : 1，这点值得其他高校借鉴。作为学科基础的中华文化概论、西方文化概论等文化类课程，一般高校都安排每周 2 学时。另外，汉字作为汉语的一部分，基础课中也应加以重视。突出语言，兼顾文学、文化是汉语国际教育专业在中国语言文学类学科中的一大特点。

3.1.2　教师

由于本专业的发展历史并不长，所以现在很多老一辈的教师是由汉语言文学或相关专业发展而来，汉语国际教育专业的语言类课程教师一般和汉语言文学专业一致。其实随着本专业的进一步发展，汉语国际教育专业出身的语言类课程教师应日益增多，因为出身本专业，更懂得各类语言基础课程与后续专业课程之间的内在联系，在上课的时候，更能从本专业的角度给予学生启发和思考，让学生在学习基础课程的时候就能够具备一些专业素养和专业意识，从而形成具有汉语国际教育思维的现代汉语、古代汉语、语言学概论的知识体系。

3.1.3　教法

同样是现代汉语，汉语国际教育专业和其他专业的教法应有所区别，因为本专业在更名之后，更加强调知识的应用，因此在教授基础知识理论的时候，可以结合本专业的一些应用和教学实例。例如《发展汉语》(高级综合 I）第一课中让留学生观察“经费、学费等”“隐藏、躲藏等”“变化、变迁等”这三类词语的构成方式，如果教师本身对合成词的结构类型不熟悉，就不能给留学生合理的分析和解释。因此在现代汉语中讲到合成词的时候，应该适当引入一些这样的例子，在巩固学生基础知识的同时，也使他们意识到基础学科的重要性，并能思考理论基础和实际运用之间的关系。

相信随着汉语国际教育这门学科的不断完善和发展，专门用于本专业的学科基础教材也会随之出现。

3.2 学科基础课程中的选修部分

学科基础的选修部分包含在中国语言文学大类里边，目的是加强学生的人文素养与学科知识的广度。如浙江大学的汉语与古代文化、文学批评理论、中国哲学、文化遗产导论等，另外中南民族大学的学科基础选修中的“技能实践模块”值得借鉴，它包括电子排版、社会科学调查方法等应用性很强的课程，能让学生根据自己的发展目标和喜好灵活选择，拥有除知识之外的一些微技能。这些微技能不论在企事业单位，编辑、传媒公司，还是在学校，都会有用武之地。

3.3 教育学、心理学也应纳入基础课程必修体系当中

汉语国际教育，强调了本专业学生的汉语基础必需扎实，同时也突出了“教育”这一特点，它除学习特殊的教育理论、心理学理论，也应该像一般师范生那样学习教育学、心理学常识，这是以往我们较忽视的一点。在众多高校中，北京语言大学、武汉大学、西南大学都把教育学、教育心理学列为了本专业的必修科目。这样以来，既可以让学生在学习后续的对外汉语教学心理学、华文教育概论等课程时有一定的理论基础，又可以让学生在就业之时有更宽泛的选择。

四　专业课程的改进和完善

这里所指的专业课，是指专门针对本专业学生开设的课程，必修的专业课如对外汉语教学概论等，选修的专业课如对外汉语语音教学、对外汉语词汇教学等一系列专题课程，是进一步深入和细化的内容，这一部分内容主要是考虑到想继续深造和有志于做对外汉语教师的同学，通过学习，他们的知识体系会更加完善，为以后的学习研究搭建一个良好的平台。

“汉语”“教育”是本学科的基础，而“国际化”需要的是有效的沟通手段，沟通的工具就是“外语”。本专业对外语的要求比其他专业高，但和外语专业不同的是，我们更强调的是运用外语进行沟通的能力，更注重听说和日常交际。我们可以从以下四个方面加以改进。

4.1　加重双语课程的比重

跨文化交际、对比语言学等课程完全可以采用双语教学法，一方面可以帮助学生较好地理解和掌握本门课程的内容，另一方面也可以促进课程的国际化。

4.2　可以借鉴理工科的课程设置开设专业英语

理工科如计算机等专业都开设有计算机专业英语等，专门用来讲解一些经典的英文文献、学科术语。本专业有同学会在国内外继续深造，如果在本科阶段能接触到英文的学科术语，对后续学习将形成巨大的推力。而且作为与国际接轨的专业，学生应该知道 pitch（音高）、syntax（句法）、acquisition（习得）等基本的语言学术语，了解一些经典的英文文献与著作。

4.3　英语听力、口语课程所占比重加大

英语作为本专业的一种辅助工具，最重要的是能够实现与学生零障碍沟通，口语、听力和与生活密切相关的俚语、俗语、短语、常见说法，才是本专业所要训练的重点项目。

4.4 部分高校可采取小语种优先原则

不同高校完全可以依托地域优势转换思路，把有利的小语种设置成第一外语，英语退居第二外语。因为除英、美之外的国家，民众英语水平其实并不如我们想象中好，尤其是教学对象是未成年人时，这一问题更加突出。如延边大学重点强调对韩汉语教育。目前，能熟练运用一门小语种，并有汉语国际教育专业背景的汉语教师缺口很大，如果学校能够发挥自己的地区和办学优势让学生熟练掌握一门小语种，不仅让他们多一项生存技能，更能让他们在就业和深造中都占据优势。

五 实践内容的拓宽和加深

在学生的实践工作中，我们提倡有指导、有体系的教学实践活动，而不是让学生们进行随意性较强的辅导与教学工作。在这方面，学校可以为学生提供教学和实习机会，也可以寻求与海外教学机构的合作，让自己的学生进行实习，并接受相关的训练与指导。

本文以哈佛北京书院（Harvard Beijing Academy，下文简称 HBA）为例，探讨如何让本土学生在实习中提高自己的教学实践能力。这种暑期汉语学习项目一般具有短期速成教学的特点：时间短，教学内容多，课堂任务重。从 HBA 来看，他们在两个月内完成一年的课程，每天五个小时的课堂学习，课堂教学内容非常大，每天的教学内容又分为大班课、小班课和单班课，因此，无论对于学生还是教师，都是一项较大的挑战，对参与教学实习的学生也提出了较高的要求，项目负责人一般会在正式上课以前对实习教师进行一周左右的培训，并配发一些参考资料。如在 HBA 中，冯胜利教授就曾编印过一本《哈佛北京书院教师手册》，该手册从国外汉语教学基本原则、课堂训练基本功、课堂上的注意事项等方面，对实习教师进行了理论上的指导。在此基础上，项目中的一些具体实施环节，对他们的教学能力的提升也具有重要意义，主要有：

5.1 集体备课会

集体备课会是教师成长中非常重要的一个环节，由于每位教师对同一生词、语法点的理解可能各不相同，因此在讨论中，可以互相交换看法，深入对问题的理解，提出更好的教学方案。另外，在备课会中，教师也可以回顾教学中的问题以及学生的反馈，集思广益，提高自己的教学水平。

5.2 听课制度

在北美的汉语项目中，听课制度是必不可少的。小班课老师听大班课，一来可以掌握大班课的讲授重点以及学生们理解的程度；另外，由于大班课老师多是北美本部的教员，有着丰富的经验和理论背景，因此对于本土教师的教学能力的提高也有着重要的作用。

5.3 教师评估

北美项目中，每个教学阶段都会组织一次匿名评估，具体到 HBA 中，在第二、四、八周的周五，都会由学生对任课教师进行评估，这些评估包括客观选择题和一些主观意见，评估结果都会在第一时间反馈给各位老师，这样，老师们就可以根据学生的反馈，及时调整自己的教学方法，有的放矢地改进教学。这些评估的内容基本上覆盖了课内、课外等方面，胡会谨（2009）对哈佛大学的评估内容进行了全文转载和翻译，其中主要包括了学生的参与性，教师的工作热情，对作业的处理等方面。

总体来说，相关院校可以开拓思路，与国外院校合作，参照部分汉语暑期项目（如 PIB、HBA、CIB 等）的模式，依托本地人文和地域条件开发出有影响的短期项目，让学生有更多机会在竞争和实践中完善自己。

六 结语

本文从公共课程中的地域特色与学校特色的结合，专业特色性与实用性的建设，专业课程的改进和完善，以及教学实践活动的开展等方面，探讨了如何完善汉语国际教育专业本科课程体系，为课程的设置提出了一些建设性的意见和建议。

参考文献

程　辰、唐燕儿（2010）论汉语传播视角下对外汉语专业的新定位，2010年全国高校对外汉语专业建设研讨会。

冯胜利《哈佛北京书院教师手册》，内部资料。

胡会谨（2009）哈佛大学中文教学模式研究，北京语言大学硕士学位论文。

汲传波（2006）论对外汉语教学模式的构建——由美国明德大学汉语教学谈起，《汉语学习》第4期。

李　泉（2005）《对外汉语教学理论思考》，北京：教育科学出版社。

王秋雨（2007）哈佛大学汉语讲练课课堂活动研究，北京语言大学硕士学位论文。

吴应辉（2010）国际汉语教学学科建设及汉语国际传播研究探讨，《语言文字应用》第3期。

杨同用、赵金广（2009）对外汉语专业课程设置分析，《河北师范大学学报》第10期。

基于《普通高等学校本科专业目录和专业介绍》的汉语国际教育专业本科课程体系探索

渤海大学国际交流学院　朱　红

摘要　教育部2012年发布的《普通高等学校本科专业目录和专业介绍》中将原对外汉语专业更名为汉语国际教育专业，同时，人才培养目标、所属主干学科和核心课程都发生了重大变化。一系列变化是为适应新形势下我国汉语国际推广的需要。新的汉语国际教育专业课程体系应以汉语类和中华文化类课程为核心，注重培养学生的跨文化交际能力和汉语教学能力。设置单独的专业主修能力培养方案，提高学生的汉语国际推广实践能力。提出将汉语国际教育专业本科人才培养与汉语国际教育硕士人才培养结合起来，培养所需人才。

关键词　汉语国际教育专业　人才培养　课程体系

一　引言

《普通高等学校本科专业目录和专业介绍》是中国教育部（原国家教育委员会）制定与修订的有关普通高等学校本科专业的目录。改革开放以来，我国共进行了4次大规模的学科目录和专业设置调整工作。1981年，对外汉语专业第一次招收本科生，但1987年，原国家教委颁布的《普通高等学校本科专业目录》中并未出现对外汉语或相似的专业名称，对外汉语只是作为二级学科语言学及应用语言学或汉语言文字学的一个研究方向而存在。这种现象是由于改革开放的时间不长，国外对中国的政策走向和经济发展仍处于观望之中，因此来华留学生数量较少，国际汉语教师需求量不大。随着中国改革开放的深入，中国在世界舞台上发挥愈来愈重要的作用，来华留学生逐渐增多，专业汉语教师的需求日益迫切。为满足国内对来华留学生汉语教学的需要，教育部1993年颁布的《普通高等学校本科专业目录》在一级学科“中国语言文学”下增设对外汉语专业，属适当控制设点专业。1998年《普通高等学校本科专业目录和专业介绍》中此专业名称依然保留，仍属控制设点专业。2012年新颁布的《普通高等学校本科专业目录和专业介绍》中此专业更名为汉语国际教育，不再属于控制设点专业。

对外汉语专业更名为汉语国际教育反映了新形势下我国对汉语国际传播人才的需求，这其中包含以下三方面的巨大变化：一是汉语地位的变化。随着中国经济地位的提升，汉语在世界上的影响力越来越大，很多国家纷纷开设汉语课，越来越多的留学生来中国学习汉语。进入21世纪，我国政府适应时代潮流，在全世界范围内大力推广汉语，广泛设立孔子学院和孔子课堂，助推世界“汉语热”，汉语正逐渐成长为世界通用语言。二是汉语国际推广任务的变化。21世纪之前，由于多种原因，缺乏汉语国际推广意识，对外国人的汉语教学一般只针对来华留学生，国外教育机构对汉语教学人才需求较少。进入21世纪以来，我国的汉语国际推广意识增强，“汉语国际教育已从‘把人请进来’变成了‘自己走出去’”（许嘉璐、石锓，2011），主动以各种渠道向外宣传汉语、推广汉语，亟需汉语推广和传播人才。继设置汉语国际教育硕士专业学位之后，汉语国际教育专业本科生将成为汉语国际推广和传播的后备力量。汉语国际教育人才将担负起汉语国际推广和传播的历史重任。三是服务对象的变化。以往的对外汉语专业毕业生大多在国内从事留学生汉语教学工作。随着中国汉语推广政策的变化，针对外国留学生的汉语教学仅为我国汉语国际推广的一部分，主动向外国人推广汉语，让外国人了解中华文化成为当今汉语国际推广的主流。因此，当今汉语国际传播需要的专门人才是既能够胜任国内的留学生汉语教学，也可以走出国门，到国外从事汉语教学和文化交流工作，服务对象发生了变化。

教育部制定的《普通高等学校本科专业目录和专业介绍》中规定了原对外汉语专业、现在的汉语国际教育专业人才的培养目标、培养要求、主干学科、核心课程等，反映了我国汉语国际推广的任务变化以及与之相适应的、所需人才应具有的知识能力的变化。了解这些变化对我们适应新时代需求，制定科学的培养方案尤为重要。当然不同高校应根据自己的办学特点或区域特点办出专业特色，培养特色人才。教育部的本科专业介绍是指导性的纲领，反映了国家对本专业人才的总体知识结构和能力需求情况，各高校应在寻求办学特色的同时最大限度地遵守。

二　本科对外汉语专业及汉语国际教育专业培养目标的沿革

2.1　人才培养目标的沿革

1993 年原国家教委颁布实施的《普通高等学校本科专业目录》中首次设立对外汉语专业。

1998 年教育部对原 1993 年颁布实施的《普通高等学校本科专业目录》做了修正，对外汉语专业依然保留。在《普通高等学校本科专业介绍》中将本科对外汉语专业的人才培养目标明确设定为：本专业注重汉英（或另一种外语或少数民族语言，则以下有关用语做相应调整）双语教学，培养具有扎实的汉语和英语基础，对中国文学、中华文化及中外文化交往有较全面了解，有进一步培养潜能的高层次对外汉语专门人才，以及能在国内外有关部门、各类学校、新闻出版、文化管理和企事业单位从事对外汉语教学及中外文化交流相关工作的实践型语言学高级人才。

主干学科是中国语言文学和外国语言文学。

主要课程包括：基础英语、英语写作、英汉翻译、现代汉语、古代汉语、中国文学、外国文学、中华文化通论、西方文化与礼仪、国外汉学研究、语言学概论、对外汉语教学概论等。

2012 年教育部颁布新的《普通高等学校本科专业目录和专业介绍》，对外汉语专业更名为汉语国际教育专业，对汉语国际教育专业培养目标有了新的界定。汉语国际教育专业的人才培养目标为：本专业培养掌握扎实的汉语基础知识，具有较高的人文素养，具备中国文学、中华文化、跨文化交际等方面专业知识与能力，能在国内外各类学校从事汉语教学，在各职能部门、外贸机构、新闻出版单位及企事业单位从事与语言文化传播交流相关工作的中国语言文学学科应用型专门人才。

主干学科是中国语言文学。

核心课程规定为：现代汉语、古代汉语、语言学概论、应用语言学、对外汉语教学概论、中国古代文学、中国现代文学、中华文化通论、写作、外国语（各语种）。

2.2 专业名称及培养目标变化分析

专业名称的变化反映了社会对人才需求的变化，与之相应的是人才培养方向的变化。之前的对外汉语专业更多地强调“对外”功能，一定程度上忽略了汉语和中华文化的主体地位。主要课程设置方面也是强调英语应用，英语类课程与汉语类课程数量相近，体现了培养目标中的“注重汉英双语教学，培养具有扎实的汉语和英语基础”的对外汉语教师能力要求。由于中英文语言知识并重，该专业的主干学科规定为中国语言文学和外国语言文学。因此，很多外国语学院申办了对外汉语专业，高校的对外汉语专业设置在本校的外国语学院也很常见。1998 年版的对外汉语专业人才培养目标中实际包含两个培养方向，一是可以继续深造的研究型人才，二是直接从事对外汉语教学工作或其他中外文化交流工作的实践型人才。1998 年版的对外汉语本科人才培养目标更多地反映了国内对外汉语教学事业发展的需要。

2012年版的《普通高等学校本科专业目录和专业介绍》中的汉语国际教育专业本科人才培养目标与原对外汉语专业有很大的不同，新的培养目标更加注重学生汉语知识和能力的培养，以汉语基础知识和人文素养为核心，兼顾中华文化和跨文化交际能力，着力培养能够从事国内外汉语教学和语言文化传播交流任务的新时代人才。汉语国际教育专业立足汉语，以培养学生扎实的汉语、中华文化知识为核心，重视学生的人文素养和跨文化交际能力。对人才基本能力的定位既是适应社会的需要，也是对以往对外汉语专业人才培养经验的总结。“由总部派出的教师和志愿者，在他们接受教育最良好的阶段，我们没有给他们应有的熏陶和启发，适应力差也就自在意料之中。例如关于中外语言的比较，特别是对中华文化、目的国文化、跨文化交际的知识和能力，都没有在进入这一行业之前做些许准备。”（许嘉璐，2013）

汉语国际推广是一个复杂而艰辛的过程，这其中有国家政府部门的努力，更多地依靠一线教师的汉语授课能力。随着汉语国际传播广度和深度的不断加强，汉语和中华文化根基深厚且具备良好的跨文化交际能力的教师是汉语国际推广和传播的中流砥柱。

三　汉语国际教育专业课程体系探索

合理的课程体系是人才培养目标的基本保证。汉语国际教育专业的课程体系应包括四大模块：汉语和中华文化模块、跨文化交际模块、教法模块和特色模块。其中汉语和中华文化模块保证学生具备基本的专业知识和素养，在课时总数上与其他模块相比应具有优势。这一模块具体包括现代汉语、古代汉语、古代文学、现当代文学、中华文化通论、中华才艺、普通话正音、写作、三笔字等课程，其中现代汉语是核心。跨文化交际模块包括英语口语、翻译与写作、专业英语、西方文化概论、跨文化交际导论等课程，英语作为实现跨文化交际的工具而受到一定程度的重视，但不是知识体系的核心。教法模块保障学生具备基本的专业实践能力，能够将所学知识运用到实际对外汉语教学和文化传播中去。这一模块包括的课程主要有：对外汉语教学概论、对外汉语教学法、对外汉语语音教学、对外汉语词汇教学、对外汉语语法教学、对外汉语汉字教学、对外汉语教材研究、对外汉语课堂观察与实践以及专业实习等。特色模块主要体现不同学校人才培养的特色，如学校地处东北部，与韩国、俄罗斯、蒙古国等国家交流密切，可为学生开设韩语、俄语或蒙古语等二外课程，学生不但掌握英语交际技能而且具备一定的二外优势，有助于未来职业发展。在大体遵循国家专业人才培养方向的基础上，国内每个高校的汉语国际教育专业都应有自己的培养特色，人才培养特色不但能为国家输送各类有用人才，而且也可实现学生本身的价值，提高就业率。

在专业课程体系之外，为实现汉语国际教育专业人才培养目标、还应根据《国际汉语教师标准》中关于国际汉语教师应具有的五个知识能力模块设计专业主修能力培养方案，充分利用学生业余时间提高专业实践能力，打造合格的汉语国际推广人才。专业主修能力培养方案的实施可由院学生会各部门负责监督和考核，将基本的能力要求量化、学分化，保证学生认真对待。在专业培养方案中的实习实践模块中设置“专业主修能力测评”环节，可适当多设测评项目供学生选择，规定最低测评学分，测评时间为1至6学期。测评内容应包括：语言文字能力，考核内容包括：普通话、汉语同义词辨析、汉语写作；文化基础知识，考核内容包括古诗文背诵和中华才艺；汉语教学能力，考核内容包括：英语即兴演讲、三笔字、说课与讲课。《汉语国际教育专业主修能力培养方案》中对每项技能的训练方式、考核标准和考核时间做了明确规定，学生根据自身情况选择项目参加测试，获得相应学分。

四　结语

随着对外汉语专业更名为汉语国际教育专业，其培养目标、所属主干学科、核心课程都随之发生了重要变化。新时代需要的汉语国际推广人才是能够“走出去”的开创性人才，他们不但具有良好的汉语和中华文化知识，而且应具备良好的跨文化交际能力，不但能教汉语还能展示中华文化的博大精深，不但能在课堂上为外国学生讲授汉语，还能实现和当地人的有效沟通。21 世纪我国经济的发展情况从宏观上决定了我国汉语国际推广工作的成果，而具体从事汉语国际推广工作的教师和志愿者则从微观上决定着这项事业的成败。因此，根据社会对人才的需求，制定科学的汉语国际教育本科专业的人才培养方案尤为重要，而课程体系的设置是人才培养的重中之重。我们建议在充分考虑为汉语国际推广人才打下坚实的汉语和中华文化基础之外，还应重视学生实践能力的培养，体现应用型专业的特点。汉语国际教育专业本科人才培养应与汉语国际教育专业硕士的培养结合起来，实现专业人才系统性培养。本科重视基础知识和基础能力的培养，而汉语国际教育硕士阶段将重点放在实际教学能力和文化传播能力培养方面，使我国的汉语国际推广人才既具有深厚的语言文化底蕴，又具有较强的跨文化交际能力和教学实践能力，无论在国内还是在国外都能真正做好国家的汉语国际推广工作，成为国家需要的有用人才。

参考文献

国家汉语国际推广领导小组办公室（2007）《国际汉语教师标准》，北京：外语教学与研究出版社。

许嘉璐（2013）第十一届国际汉语教学研讨会论文选 · 序，载《第十一届国际汉语教学研讨会论文选》，北京：高等教育出版社。

许嘉璐、石　锓（2011）关于汉语国际教育热点问题的访谈，《湖北大学学报（哲学社会科学版）》第 4 期。

中华人民共和国教育部高等教育司（1998）《普通高等学校本科专业目录和专业介绍》，北京：高等教育出版社。

中华人民共和国教育部高等教育司（2012）《普通高等学校本科专业目录和专业介绍》，北京：高等教育出版社。

课程体系与课程研究（二）

具体类别的课程设置

汉语国际教育本科专业外语课程设置研究*

扬州大学文学院　陈　莉　孙永良

摘要　汉语国际教育本科专业是一个新兴专业，许多高校都在对其进行课程设置的探索与改革。汉语国际教师对外语能力具有特殊要求。本文将以模块教学理论为出发点，从专业培养目标与外语能力要求、外语课时设置比例、外语课程类别设置三个方面就汉语国际教育本科专业中的外语课程设置进行探讨。

关键词　汉语国际教育专业　课程设置　外语教学　模块教学

*　基金项目：扬州大学教改项目（编号为 YZUJX2012-19B）。

课程设置是在具体教学目标和教学大纲的指导下，从学习者的特点和需要出发，根据专业对知识和能力结构的要求，安排合理的课程结构和课程内容。课程设置必须符合专业培养目标的需求，它是人才培养单位执行专业培养方案的集中表现。课程设置的合理性与科学性关系到人才培养的质量。汉语国际教育本科专业（原对外汉语专业）成立以来，许多高校和学者从各个角度和层面进行课程设置的探索与改革。本文将就汉语国际教育专业中的外语教学情况从三个方面进行探讨：第一，专业培养目标与外语能力要求；第二，外语课时设置比例；第三，模块教学对外语教学具体课程内容及编排的启示。

一　专业培养目标与外语能力要求

从 1985 年高校对外汉语专业招生之始，学术界就对专业名称存有争议。在 1994 年“对外汉语教学定性、定位、定量问题座谈会”上，学者们达成了一种共识，“对外汉语教学：虽然名称具有多重涵义，但作为一个专业名称，这个专业就是培养对外汉语教学人才的专业”（季诚钧，2007）。1998 年，教育部高等教育司编写的《普通高等学校本科专业目录和专业介绍》介绍了对外汉语专业的培养目标：“本专业注重汉英（或另一种外语或少数民族语言，则以下用语做相应调整）双语教学，培养具有扎实的汉语和英语基础，对中国文学、中华文化以及中外文化交流有较全面了解，有进一步培养潜能的高层次对外汉语专门人才；以及能在国内外有关部门、各类学校、新闻出版、文化管理和企事业单位从事对外汉语教学以及中外文化交流相关工作的实践型语言学高级人才。”“有进一步培养潜能”意味着为硕士、博士人才培养提供优秀生源。“从事对外汉语教学”和“实践型语言学高级人才”是人才培养的两个方面。2005 年，第一届世界汉语教学大会召开之后，对外汉语教学工作又向全方位汉语国际推广转变，工作重心由将外国人“请进来”学汉语转向汉语加快“走出去”。（蒋协众，2012）专业培养目标和汉语国际推广的社会背景强化了对学生外语能力的要求。

外语能力的强弱是影响对外汉语教学成功与否的重要因素。首先，跨文化交际需要良好的外语沟通能力；其次，跨文化教学需要教师拥有良好的外语能力，以帮助组织教学和进行课堂管理；最后，在第二语言教学中，利用外语与母语进行熟练有效的对比分析，也是提高教学效率的重要方法。因此，要将学生培养为“从事对外汉语教学”或“实践型语言学高级人才”，具备熟练的双语能力，特别是外语表达和跨文化沟通交际能力至关重要。也正是在这样的发展背景下，2012 年，教育部颁发《普通高等学校本科专业目录和专业介绍》，对 1998 年印发的《普通高等学校本科专业目录》和 1999 年印发的专业设置规定进行修订，其中一项重要调整就是将对外汉语、中国语言文化、中国学三个专业合并为汉语国际教育专业。专业名称的改变，更加凸显出对外汉语专业国际化的趋势和倾向，对外汉语本科专业人才培养必须走“双语、双文化”的路子。

二　外语课时设置比例探讨

随着国家经济实力的不断提升，汉语国际推广上升到国家战略的高度，对外汉语专业迅速发展。全国开设对外汉语专业的高校达 285 所，其中既有一本、二本院校，也有三本院校；既有综合性院校，也有师范类或外语类院校。由于各个院校的不同特征，学生的培养也各具特色。外语课程设置在汉语国际教育本科专业培养方案中大致有如下三种情况。

第一种是专业建设之初的情况。外语教学具有专业外语教学的性质，要求学习者达到专业外语水平。1961 年，专业建设之初，教育部为了培养从事对外汉语教学的师资，专门从中文系中选拔应届毕业生，进行为期三年的外语进修，语种包括了英语、法语、西班牙语、阿拉伯语，希望被培训者达到专业外语素质，再派往国外从教。20 世纪 80 年代，北京语言学院（现“北京语言大学”）、华东师范大学、上海外国语学院（现“上海外国语大学”）、北京外国语学院（现“北京外国语大学”）根据对外汉语专业特点，对本专业学生的外语能力也提出了具体要求，课程设置上具有专业外语的性质，并开设第二外语。外语类课程在整个专业课程中所占比例通常达到 30% 以上，学生毕业时外语必须通过专业四级，力求达到专业八级。

第二种是外语类院校，或将专业放置于外语学院的情况。其外语类课程比例明显高于语言学及文学文化类课程比例。例如，罗小东（2005）对北京语言大学、上海外国语大学、四川外国语大学、北京外国语大学等几个对外汉语专业发展较好的语言类（外语类）院校相关课程进行过调查，将课程大概区分为外语、语言学（含应用语言学）、文学文化三大类，课程比例如下：

表 1　四所院校课程设置比例表

学校名称	外语课时比例（%）	语言学课时比例（%）	文学文化课时比例（%）
北京语言大学	约为 50	约为 27.5	约为 22.5
上海外国语大学	约为 68.3	约为 11.6	约为 20
四川外国语大学	约为 50.2	约为 23	约为 26.8
北京外国语大学	约为 61	约为 11.6	约为 27.2

第三种是综合类院校，或将专业放置于文学院的情况。其课程课时比例一般在 20%—30%，不再高于语言学、文学与文化类课程比例。对学生的外语水平要求从专业外语调整为 CET—6 级。例如蒋协众（2012）将内地院校郑州大学、河南科技大学与暨南大学的课程设置进行对比，将课程分为汉语语言学及教学法类、中外文学与文化类、外语类及其他类，各类所占比例如下（转引自陆崔崔，2012）：

表 2　三所院校课程设置情况表

高校名称	汉语语言学及教学法类（%）		中外文学与文化类（%）		外语类（%）		其他类（%）	
	门数比	课时比	门数比	课时比	门数比	课时比	门数比	课时比
郑州大学	40.4	35.1	28.9	31.2	19.2	26.0	11.6	7.8
河南科技大学	26.1	21.9	41.3	40.9	15.2	26.6	17.4	10.6
暨南大学	50.8	42.6	19.7	23.2	21.3	29.8	8.2	4.4

另以江苏两所院校南京师范大学和综合型大学扬州大学为例。南京师范大学对外汉语专业培养方案课程设置总学分为 106 分，外语类学分包括

学科基础类课程34学分，自主发展课程10学分，占总学分的27.5%。扬州大学汉语国际教育本科从2008年招生以来，进行了三次培养方案的调整修订。在专业培养方案中，理论教学及实践教学总学分2008年为159学分，外语类课程32学分，约占20.1%；2009年方案总学分为165学分，外语类为38学分，约占23%；2010年方案总学分为163.5，外语类为32学分，约占19.5%。

培养实践证明，过多的外语课时，特别是将汉语国际教育本科专业的外语教学等同于外语专业的教学，要求学生外语水平达到专业8级，显然不合理，直接导致学生忽视汉语基础知识、汉语教学以及文化知识的学习。而外语课程的不足，又会影响学生外语能力的培养。以CET—6级作为汉语国际教育专业学生的外语水平并不高，学生毕业时100%可达到CET—6级。但从学生的外语实际使用来看，能力仍显不足。主要原因是随着专业布点增多，许多院校仅出于市场需求、招生需求出发设立专业，师资力量不足，在实际教学中采取因人设课的做法，导致课程设置不合理。

那么，什么样的外语课时设置才是较为合理的比例？根据2012年孔子学院总部/国家汉办正式对外发布的《国际汉语教师标准》，国际汉语教师的知识、能力和素质分为五个模块："汉语教学基础""汉语教学方法""教学组织与课堂管理""中华文化与跨文化交际"和"职业道德与专业发展"。在这五个模块中，"教学组织与课堂管理""中华文化与跨文化交际"这两个模块，学生能力的形成直接与外语能力密切相关。只有在外语能力较强的基础上才能有效地进行课堂组织与管理，才能有效解决跨文化交际中遇到的问题，即用任教国的语言或英语进行交际和汉语教学。因此，汉语国际教育是以双语能力为特色的专业，外语和汉语同等重要。客观来说教学课时应各占50%。考虑到汉语作为学生的母语，其学习和接受相对容易，所以可以适当缩小比例，再将几个模块综合考虑后，笔者认为比较合理的课时比例是：外语课时为40%—45%、汉语课时（汉语教学基础、汉语教学方法）35%—40%、文化课及职业道德课时为20%。在重视汉语基础知识与教学技能的同时，适当加大外语课时，使学生的外语能力高于其他中文专业，这应该是对外汉语专业的一个特色，是符合学科发展需要的。

三　外语课程类别设置探讨

3.1　传统外语课程设置

对于大学课程体系，有人认为，纵向来讲主要是从实践顺序来分，按学生修读的时间顺序进行分类；横向主要从空间方位来分，按学生学习的地点来分。按此分类法，纵向可分为公共课、专业课等，横向则可分为理论课、实践课等。还有人认为，课程的横向结构是以课程对于专业的适用性来划分的，把课程分为必修课与选修课。（许琳，2006）为了突出英语的重要性，各院校一般都把英语作为主干课程，同时开设精读、口语、听力、阅读等各种课型，分别作为必修和选修课程。如下表：

表 3　部分院校外语课程安排

院校名称	外语所设课程	
	专业必修课程	专业选修课程
北京语言大学	英语口语、英语听力、英语精读、英语泛读、英语写作、英语翻译、第二外语	英语报刊、英语笔译
华东师范大学	英语精读、英语泛读、英语口语、英语写作、英汉互译	高级英语阅读、高级英语口译、汉英语对比、英译中国文学作品选读
暨南大学	大学英语、英语听说、高级英语、英语写作	英美概况（英语）、名著选读（英语）、英美文学、英语词汇学习、英语视听说、英语听说、英汉翻译、交际英语、第二外语
郑州大学	大学英语、英语听力、英语报刊阅读、英语口语、英语泛读	英语口译、英语笔译、英语写作、第二外语、外贸英语
南京师范大学	基础英语、英语听力（1）、英语口语、英语语法	英语听力（2）、英语阅读、英语写作
扬州大学	英语精读、英语口语、英语高级听力和会话、英语高级阅读、英语高级写作、汉英语言对比	第二外语

3.2　模块理论下的外语课程设置

根据模块教学理论，教学内容是专项能力，而不是系统知识。从以上《国际汉语教师标准》的五大模块，我们可以再具体分解出汉语国际教育专业外语能力的三大模块：用外语教学的能力、日常口语交际能力、外语书写能力。以这三个能力模块为基础，进行相应的课程设置与教学实践才能有的放矢。一方面对外语能力模块进行分解，另一方面根据派出国为非英语国家的志愿者要求，增加了第二外语能力要求，并设计相应课程。成表如下：

表 4　外语能力模块分解及外语课程设置表

外语能力模块	能力模块分解[1]	教学课程
用外语教学的能力	课堂教学用语	教师课堂用语
	课堂管理用语	教师课堂用语
	语言对比教学	英汉对比
日常口语交际能力	日常口语	日常口语会话
	日常口语交际文化	日常口语会话
	听力理解能力	英语听力
外语书写能力	教学常用书写形式	基础英语写作
	交际常用书写形式	基础英语写作
第二外语能力	基本口语表达	基础口语会话
	基本听力理解	基础听力理解

以能力为模块的外语课程设置，主要有以下三个特点：首先表现为听说领先，强化用英语进行教学的能力。改变过去传统的听、说、读、写、译能力一齐抓的情况，突出英语作为媒介语和交际工具的作用，强调对生活用语的训练，强化用英语进行汉语教学的能力。在英语口语课中，设置更多的生活场景，加强口语操练。其次，注重第二外语。随着中国汉语国际推广工作快速开展，非英语国家的汉语学习者越来越多。当前日本、韩国、法国、德国等非英语国家汉语学习和HSK考试需求已经位居世界前列。在专业学生培养过程中，如果我们无视这些情况，仍只注重单一的英语能力作为外语能力的全部，显然不科学。在母语为非英语的留学生教学中，仍将英语作为唯一媒介语必然会导致语言态度偏颇。因此，结合自身特点，根据合作院校的所在国语言背景和特殊地域环境的语言背景，有针对性地

[1] 能力模块分解部分主要根据本校《外派海外汉语志愿者教学工作情况及对外语学习能力需求调查》的结果梳理而成。

进行第二外语教学。同时，第二外语的学习，不仅可以增强学习者对目的国文化和语言特征的了解，还可以促使“对外汉语专业的学生能够通过对第二外语的学习去了解其他语言的语法特征和形态，头脑中形成一种与汉语不同的语法概念系统，并把这种差异直接地应用于对外汉语教学过程当中去，从而取得更好的教学效果”。最后，适度、适量是外语课程设置的特点。在有限的时间内让学习者获得某种能力，比掌握某一知识更重要。因此，合理利用有效学习时间，合理安排教学内容，让学习者的能力得到提高是课程设置的关键。汉语国际教育本科专业的学生，不是高级翻译人才，所以必须将一些极其专业化的外语课程排除，而增加有利于语言技能训练、有利于口语交际与教学的语言内容。

参考文献

季诚钧（2007）《大学课程概论》，上海：上海教育出版社。

蒋协众（2012）对外汉语本科专业课程设置的比较分析，《太原师范学院学报（社会科学版）》第 2 期。

陆崔崔（2012）在杭高校对外汉语（暨汉语国际教育）专业本科课程设置对比研究，浙江大学硕士学位论文。

罗小东（2005）对外汉语专业的学科定位和课程设置，《课程设置研究》第 3 期。

许　琳（2006）汉语加快走向世界是件大好事，《语言文字应用》第 6 期。

中国对外汉语教学学会、《世界汉语教学》编辑部、《语言教学与研究》编辑部（1995）对外汉语教学的定性、定位、定量问题座谈会纪要，《语言教学与研究》第 1 期。

对汉语国际教育专业中华才艺课程建设的思考

新疆财经大学　方　芳　剧朝阳

摘要　中华传统文化的传承与推广是汉语教师不可推卸的责任之一，在汉语国际教育专业中开设中华才艺课程不但能够帮助他们更快、更好地融入工作环境，更能辅助他们从事汉语国际推广与对外交流。本文着眼于中华才艺课程在建设过程中遇到的问题或困难，通过问卷调查、实地调研法对新疆高校中已修读或正在修读中华才艺课程的学生及任课教师展开调查，旨在剖析汉语国际教育专业课程设置的合理性及出现的问题与解决对策。分析发现，坚持学分制修读方式；进一步扩展才艺技能项目种类；探寻具备实践特色的教学方式；搭建校方展示平台等是解决该课程运行中所遇瓶颈的方法，也是进一步完善汉语国际教育专业课程设置的有效途径。

关键词　中华才艺　课程　汉语国际教育

中国传统文化以其独有的魅力吸引着愈来愈多的来自世界各地的汉语学习者。弘扬和推广中国传统文化，特别是掌握一门中华才艺[1]，对汉语国际推广工作具有积极意义。中华才艺以直观的形式承载着丰富的传统文化内涵，不但深受国外汉语学习者的欢迎，更是吸引着越来越多的中国学子。对汉语国际教育专业的学生而言，中华才艺是能够映射出其软实力的基本功之一。作为一名有可能走出国门推广汉语的准教师，中华才艺不但能够帮助他们更快、更好地融入工作环境，更能辅助他们从事汉语国际推广与对外交流。

本文采用问卷调查法、实地调研法对新疆高校汉语国际教育专业已修读或正在修读中华才艺课程的学生及任课教师展开调查，旨在调查中华才艺课程的开设现状并考证课程设置的合理性、科学性。通过对已有问题的对策探讨，尝试根据学生的实际需求并兼顾新疆辐射中亚的区域特色调整课程内容、难度、教学方法、组织形式、评价方式等并最终优化汉语国际教育专业的课程框架结构。其中，问卷、访谈调查法拟从已修读中华才艺课程的学生及专业任课教师两个维度出发，调查两个群体对中华才艺课程的态度认知、志趣方向、教与学等实际情况。实地调研法选择正在开设的中华才艺课堂，实地观察学生和教师的表现情况。

一　新疆高校汉语国际教育专业中华才艺课程开设概况

由于汉语国际教育专业涉及语言学、文化学、教育学、心理学、社会学等诸多学科，具有跨学科的特点。如何对各个学科内容进行择优选择并合理分配使其优化组合是当前专业建设的主要任务之一。特别是中华才艺课程，如何将其归并至专业课程框架中，如何科学定位其课程性质、地位都需要我们不断探索，以实践检验理论。

[1]　中华才艺即区别于其他国家的，具有中华民族独有特色的，可体现中华民族文化内涵、展现中华民族特有风貌的才能、技艺与艺术。大致上可包含中华民族传统文化范畴中的舞蹈、曲艺、相声、书画、武术、太极拳、中国民间手工艺及中国传统器乐，等等。（刘璇，2012）

在新疆，开设汉语国际教育专业的五所高校中，先后设置包含剪纸、书法、武术、国画、京剧等中华才艺课程的高校有新疆师范大学、新疆财经大学等。以某大学为例，课程设置初始时并未将中华才艺课程纳入人才培养计划，而是聘请校外专业人士以讲座的形式进行集中培训。但后来由于课程实践性强、学生人数多，不利于教师个别辅导；同时还因为是计划外课程，考核成绩与学分不挂钩，没有压力等原因，导致学生学习兴趣减弱，出勤率下降，教学效果不甚理想。在重新审订与完善人才培养方案后，中华才艺课程正式纳入教学计划。但在实际教学中，因为课时量的限制与总学分压缩等原因造成课程教学目标不能完全实现，学生技能掌握不扎实，相关知识不能系统化的尴尬状况。

因此，面对中华才艺课程开设过程中遇到的障碍、困难，我们有必要探讨该课程是否应纳入人才培养方案、课程的开设形式、课时量分配、教师教学方法等问题，对于教学中取得的经验教训，我们有必要总结，以实践检验理论。

二　新疆高校汉语国际教育专业中华才艺课程状况调查分析

2.1　对学生学习中华才艺课程的调查分析

调查从学生对中华才艺课程的态度认知、志趣方向、教师的教、学生的学及评价考核等五个维度进行，以期更加全面、真实地反映课程运行的实际情况。

2.1.1　态度认知与志趣方向

对目前开设的才艺课项目，学生所表现出的兴趣关注度各不相同。绝大多数的学生对中华才艺课感兴趣，甚至有些学生表现出对才艺技能学习的极大兴趣；但仍然有少部分学生对该类课程反响平平，表现出不感兴趣或完全不感兴趣。如何通过有效手段激发或引导这部分学生的关注兴趣是一个值得深思的问题，也是关乎最终教学效果优劣的一个重要因素。通过进一步调查可发现，最终决定学生是否喜欢课程的因素除了对才艺本身是否感兴趣之外，教师教得好不好、内容是否有趣味性以及学习目的是否与就业挂钩等都是学生考虑的维度。

就才艺本身来说，统计发现，包括剪纸、京剧、国画、武术及太极拳、中国结、传统器乐等在内的近十个技能项目都是学生喜爱并关注的。其中，剪纸技能占据榜首，其次为国画、京剧、太极拳、武术等项目。从喜好数量多寡可见带有浓郁中国特色风格的技能，特别是能体现中国国粹与民俗文化的项目格外受到大家的青睐。

调查还表明，以下五类是学生在开设原有才艺技能课的基础上，还希望校方能够提供的其他选择：传统文化理论类（如民俗介绍、中国古诗词阅读鉴赏）；棋类（如象棋、围棋）；歌舞类（如昆曲、肚皮舞、新疆歌舞）；器乐类（如钢琴、二胡、小提琴、葫芦丝）；其他特殊技能类（如针灸、中国结、中国菜系与烹饪、麻将、插花、茶道、变脸、快板、刺绣、瑜伽、跆拳道）。需要说明的是上述五大类中的个别技能不属于中华传统文化才艺[1]。例如：肚皮舞、插花、茶道、瑜伽、跆拳道、钢琴、小提琴等。这些技能虽然是当今时代下较为热门的技能学习项目，但并不属于中华才艺的范畴。由此可见，虽然学生对才艺技能渴求的积极性令人欣慰，但什么是中华（传统）才艺？中华才艺又如何与其他技艺做区分？对于此类问题，学生的认识模糊不清，仍显不足。值得注意的是，近年来中国的“国粹”麻将作为一项娱乐大众的游戏日渐风靡西方社会。特别是在美国和欧洲，人们通过麻将了解中国，了解中国传统文化，进而了解汉语。学生对技能需求的与时俱进性敦促课程设计者应紧跟时代步伐，根据市场需求及时调整课程方案。

截至 2012 年 7 月底，全球拥有 387 所孔子学院、509 所中小学孔子课堂。亚洲已有 30 个国家和地区 75 所孔子学院，其中在中亚正式挂牌成立的孔子学院已达到 8 所，涵盖乌兹别克斯坦、哈萨克斯坦、吉尔吉斯斯坦、塔吉克斯坦等国家。作为毗邻中亚地区的新疆高校学生，掌握具有新疆特色民族文化的才艺技能（如：民族舞蹈、民族乐器等）是绝大多数学生的意愿之一，这无疑对于中亚地区的汉语推广及中华文化传播具有积极影响。

[1] 具体参照刘璇（2012）关于“中华才艺”的定义。

2.1.2 教学运行

教师的教与学生的学是影响教学效果的基本要素，下文将从这两方面对课程开设现状做调查。

调查教师的教学情况，旨在从教学层面上看学生对中华才艺课程的教学内容、方法、课堂组织、课下活动辅助及课时量方面的认识与建议。

数据表明，在教学内容上，绝大多数的学生认为中华才艺课程的内容与实际需求相符，对提升汉语教学技能有促进作用；从课堂组织来看，半数多的学生认为教师在组织课堂时讲得多，练习少，导致实践机会不足等问题，仅有三分之一以上的学生认为讲练结合得恰到好处。此外，课下活动是否能与才艺课教学相配合使二者相得益彰也是需要考虑的因素。就调查情况来看，包含讲座、参观、展览、汇报演出等形式的课外活动丰富了学生的业余文化生活。诸多课外活动比例相当，种类丰富。绝大多数学生认为每周 2 学时的课时量过少，以致学习技能不精。最后，对授课教师采取的教学方法进行调查统计后发现，近一半的学生认为因为教学方法过于单一，教学过程较枯燥，教学效果差强人意。通过以上诸多维度的考察，我们发现，学生对才艺课程授课教师的满意度也不尽相同。大部分学生对课程的满意度令人欣慰，但仍有极少一部分的学生对授课教师不满意，这需要我们在今后的工作中做进一步的因素剖析。

调查学生的学习情况，旨在调查学生对该课程的修读方式、课下练习、学习成本及学习效果等问题的观点。

首先，学生对课程的修读方式见仁见智。部分学生认为学分制修读方式要求学习期满后通过测试方能获得学分及绩点，具有一定难度。大家更希望通过减轻压力的方式，如课下辅导、自愿选修等形式修读，而不必为获得学分而烦恼。但仍有三分之一的学生认为中华才艺课程以学分形式修读更能激发学习动力，从而获得良好的效果。其次，对课程中不清楚、不明白的地方（知识理论、技能操作等），求教于老师、自己查资料、请教同学都是学生容易采取的方式。但仍有极少一部分学生抱着不会就算了的心态得过且过。再次，对课后是否会主动练习巩固才艺课技能操作，绝大多数学生选择了偶尔练习，少部分学生选择了临时抱佛脚，通过考前突击应付考试或从不练习。根据课下练习巩固的频率来看，也能由此判断出学生对才艺课程的喜好程度。最后，一些才艺课程的开设可能会产生一些因购买学习必备用品或统一服饰等的额外费用。例如：书法课中的笔墨纸砚，剪纸课中的剪刀、纸张等。对于此，过半数的学生愿意与校方各承担一半费用，而部分学生则认为这部分费用应全部由校方承担。

2.1.3 评价考核

对于中华才艺课程的评价考核方式，调查数据显示，大多数学生更青睐于汇报演出的形式。加上才艺技能课程学习过程的特殊性，学生们也更希望可以将平时分计入考核标准，以期更加真实、合理地反馈学习效果。此外，小组测试、个人考试等形式都是大家可以接受的评价方式。

2.2 对中华才艺课程授课教师的调查

通过了解中华才艺课程教师的专业知识背景及从教资格、对中华才艺课程的认知程度、学生在学习过程中所表现出的学风及学情、通过短期教学已经取得的阶段性成果以及对校方的建议要求与对学生继续学习的期冀方向等内容以掌握课程教学的第一手资料，以期从教师、教法、教材等方面完善课程发展。

访谈结果表明，就专业知识背景及任教资格来看，课程所聘教师都在所担任的才艺领域具有一定成绩并在区内外享有一定的知名度。他们常年在相关培训机构任教，不仅专业理论知识过硬，具备扎实的才艺功底、丰富的技能传授经验，还对弘扬中华文化有着极高的热情。同时他们还具有较强的社会活动能力，能带学生走出课堂，拓宽知识实践视野，为学生锻炼提供更多的机会和平台，得到了学生的尊重和欢迎。此外，任课教师都充分地认识到汉语国际教育专业的特殊性。正因为该专业的学生有日后需要输送至教学一线甚至国外汉语传播基地进行汉语文化推广工作的特殊性，文化教学，特别是才艺技能的掌握则显得尤为必要。

从学风学情看，学生在课程学习中确实存在着两极分化现象。大部分学生能够在课堂上端正态度，认真聆听、操练，但也有一小部分群体出现态度消极、心不在焉、不感兴趣的情况。值得一提的是，学生中的维吾尔族、哈萨克族、回族等个别少数民族学生非但没有出现因文化差异而懈怠的情况，反而表现出对中华才艺课程的极大兴趣，并通过自己的勤奋努力取得了很好的学习效果。

中华才艺的学习任重而道远。这不仅仅是汉语国际教育专业学生应学习的技能，更是一代代中国人需要传承与掌握的精髓瑰宝。因此，无论是何种技能的老师均诚挚地希望学生在今后能继续学习、终身学习，也希望校方能提供更多的可供表演的空间与平台，让更多的人知道中华才艺，让更多的人了解中华才艺，让更多的人关注并学习中华才艺。

三　结论与讨论

对于“有无必要继续开设”的问题，我们的答案是肯定的。汉语国际教育专业开设中华才艺课程的必要性毋庸置疑。该课程在丰富学生课余生活、开阔眼界、培养艺术情操等方面意义深远，受到了师生的一致认可。此外，中华传统文化技能的掌握对学生提高专业竞争力、增加就业机会等方面帮助也很大。

在中华才艺课程中技能种类与项目的开设上，我们呼吁校方在对市场进行充分调研与分析的基础上紧跟时代步伐并考虑实际师资力量，尽可能地丰富才艺课程种类，以激发学生的学习兴趣与关注度。同时，新疆特殊的地理、政治因素不容忽视，本着辐射中亚的中国西部桥头堡的角色，在中华才艺课程设置上，具有民族特色的技能如民族歌舞、民族乐器、民族技艺等完全可以也应纳入才艺课程项目的建设体系。

就才艺教师的教学而言，其课堂组织方式及教学方法还需进一步改进。具体包括认清学生的实际情况与水平，对于操作技能性强的课程需要积极寻找“讲练结合”的平衡点，尽可能多的练习才能够保证技能熟能生巧。此外，多元化的教学设计更能激发学生的学习兴趣，勿让方法拖了内容的“后腿”。

此外，坚持学分制修读方式，以端正学生的学习态度及习惯。课下学练的环节不应忽视。特别是校方应尽可能多地提供能够接触才艺技能的辅助活动，积极搭建展示平台，倡导学生继续学习、终生学习。

参考文献

白宏钟、钟　琳（2013）汉语国际教育文化课教学调查与分析，《河北广播电视大学学报》第1期。

李　敏（2011）论高校对外汉语专业课程设置的原则，《文学教育》第1期。

刘　璇（2012）太极拳与中华文化传播，上海外国语大学硕士学位论文。

王　红（2012）论对外汉语专业中华才艺研习课程的教学策略，《读与写》第4期。

周　毅（2008）简论对外汉语专业学生的中国素养培育，《浙江传媒学院学报》第6期。

国际化视野下的汉语国际教育专业双语课程设置探析

——以“语言学概论”为例*

泰山学院　付　宁

摘要　培养应用型、实践型的汉语国际推广人才和中外文化交流人才是汉语国际教育专业的主要培养目标。因此，“国际化”成为汉语国际教育专业突出的特色。如何在课程体系构建中体现“国际化”特色成为该专业发展过程中亟待解决的重要课题。本文针对这一特色以“语言学概论”双语课程设置为切入点讨论当下汉语国际教育专业课程体系构建问题。

关键词　国际化　课程体系　双语教学

*　本项研究得到山东省教育科学“十二五”规划课题“国际化视野下的汉语国际教育专业双语教学研究”（201007）和山东省双语教学示范课程建设项目“语言学概论”（2013GG169）的支持。谨此致谢。

一　引言

在汉语国际传播背景下，汉语作为第二语言教学实现了从“请进来学”到“走出去教”的跨越，汉语国际教育专业顺势而生。本科“汉语国际教育”（学科代码 050103）专业是根据教育部《普通高等学校本科专业目录和专业介绍》（2012 年）和《普通高等学校本科专业设置管理规定》所整合设立的专业，自 2013 年起，原“对外汉语”“中国语言文化”和“中国学”合称“汉语国际教育”专业（本科）。不同层次高校根据自身的办学特点、条件及师资队伍状况确立相应的汉语国际教育专业培养目标，制定人才培养方案，宗旨都是为高等院校、新闻媒体、外事部门、文化管理部门、企事业单位、国内外汉语培训机构等部门培养复合型、应用型、实践型的语言人才。毕业生主要从事汉语作为第二语言教学和中外文化交流等相关工作，这就要求他们具有扎实的汉英语言基础，较为全面的中外文化知识以及较强的跨文化交际能力。

对于汉语国际教育专业而言，“国际化”是专业特色，培养应用型、实践型的汉语推广人才和中外文化交流人才是主要目标。如何在课程体系构建中体现“国际化”特色成为该专业发展过程中亟待解决的重要课题。双语教学是突出专业特色，实现人才培养目标的重要保证。本文以“语言学概论”双语课程设置为切入点讨论当下汉语国际教育专业课程设置问题。

二　汉语国际教育专业双语教学课程建设的必要性

汉语国际教育专业的“国际化”决定了该专业人才培养应该突出“多语言”和“多文化”。目前，不同层次高校自身的办学特点、条件及师资队伍状况不同，课程设置也稍有差异，但总体涵盖了汉语作为第二语言教学、文化传播、文学研究、语言学研究几个方向。我们认为课程体系设计的最优化是实现专业培养目标的重要保证，而课程体系构建应以培养汉语师资为目标来展开设计，语言学科课程、教育学科课程配合以培养跨文化交际能力以及多语种外语能力为主的相关课程才能够共同支撑汉语作为第二语言教学实践。实效、可行地开展双语教学工作，在将语言教学与专业学科教学高度融合的基础上开设双语课程，营造良好的双语环境，不仅可以为学生提供更多接触外语的机会，更能为学生提供更多接触学科前沿知识的机会，提高学生的双语能力以及专业素养。

同时，在全球汉语热以及汉语国际推广的时代背景下，具有专业知识与跨文化背景的双语人才成为拓展我国对外交流渠道、促进改革开放和提高国际竞争力的客观需要，迫切要求我国高校对汉语国际教育专业相关课程教学实行变革，以利于培养大批复合型汉语国际传播人才。因此，探讨汉语国际教育专业双语教学的课题，兼具理论和实践意义，尤其是在目前双语教学在我国还未普遍推广的情况下，更是可以为双语教学走入其他学科领域提供借鉴意义。

一门课程是否采用双语教学，取决于该门课程的特性，取决于该门课程开展双语教学所需要的条件以及对在双语教学中可能遇到的问题是否有解决的对策。“语言学概论”的教学内容具有普遍性和国际性，决定了该课程进行双语教学的必要性。语言学作为一门古老的学科，又是发展迅猛的学科，其渊源具有多样性特点，特别是一些新的语言研究理论及研究转向的出现不仅有国内渊源更涉及许多国外研究背景，尽管一些国外的语言学研究成果可以翻译成汉语，而且事实上大量的成果都已经翻译成汉语并运用于实践，但由于语言的符号性、民族性和文化性等特点，在翻译任何一种理论时，译者总是很难做到完全地表达原文的意愿，甚至根本无法翻译出其原意。因此，倘若学习语言学课程只是停留在一般的理解上，很难做到在学习中深化对相关理论知识内容的理解和掌握。而且，用英文教授的知识会比教授翻译成中文后的内容更地道、更原汁原味。因此，学习原版的内容更能够深刻理解理论本身的含义，不会受制于翻译造成的语言表达上的偏差。“语言学概论”课程进行双语教学有利于实现这一目的。

三　“语言学概论”双语教学的可行性

国外的双语教育理论是在语言教育及二语习得理论基础上发展起来的。其中，Cummins（1986）提出的“共同的潜在能力模式”和“语言阈限水平理论”有关双语能力的一系列理论影响较大。此外可理解性输入、互动论、可理解性输出和 Cummins 的理论互为补充，形成了双语教学的理论体系。在实证研究中，加拿大浸入式教育研究是最深入、最广泛、最长期的，也是成果最多的。绝大多数的研究者对加拿大浸入式教育持积极肯定的态度。这些研究为汉语国际教育专业开展双语教学提供了宝贵的经验和教训。

在我国，双语教学 21 世纪初开始流行。2001 年，教育部发布《关于加强高等学校本科教学工作提高教学质量的若干意见》后，许多大学都开设双语课程，用英语进行公共基础课和专业课的教学。教育部 2001 年提出关于双语教学的三年规划，2004 年年底召开全国高校双语教学研讨会，并决定每年在各高校设立共 100 门本科课程作为双语教学项目，规定向生命科学、信息技术、金融和法律等专业倾斜。蔡基刚、袁平华、俞理明等学者分别从合格的双语老师及双语教材、学生的语言水平和认知能力等方面进行了相关研究。

双语教学，即用非母语进行部分或全部非语言学科的教学，其实际内涵因国家、地区不同而存在差异，可以有不同的形式：（1）浸入型双语教学，学校使用一种不是学生在家使用的语言进行教学。（2）保持型双语教学，学生刚进入学校时使用母语，然后逐渐开始使用第二语言进行部分学科的教学，其他学科仍使用母语教学。（3）过渡型双语教学，学生进入学校以后部分或全部使用母语，然后逐步转变为只使用第二语言进行教学。

我们认为汉语国际教育专业可以采用“保持型”双语教学，即汉语国际教育专业本科学生一二年级专业课程采用母语教学，三四年级部分专业课程采用英语教学。

四 “语言学概论”双语教学的设置思路

“语言学概论”课的双语教学是一个系统的教学设计的过程，包括运用系统方法分析教学问题和确定教学目标、制定解决教学问题的策略方案、评价试行结果和对方案进行修改的过程。涉及的对象和因素比较复杂，包括多个层面，本文主要讨论教学内容、教学过程、教学活动等。

4.1 教学内容

作为一门理论课，“语言学概论”对于培养学生发现、分析、解决语言问题的能力，提高学生的理论层次和科学研究能力等有着不可忽视的作用。根据语言学概论课的自身特点，我们强调基础理论教学，从语言学各个领域的最基本、最常用的概念和观点入手，确定本课程的教学内容为语言的定义、词汇学、语义学、语音学、音位学、形态学、句法学、社会语言学等语言学研究的主要分支，为学生进入语言学领域创造条件，做好铺垫。

4.2 教学过程

在进行双语教学研究与实践过程中，教学过程可以分解为三个子过程：备课过程强调教师与知识的关系；施教过程突出教师与学生的关系；学习过程强调学生与知识的关系。

强调教师与知识的关系，就是要解决双语教师师资问题。目前高校双语教学的主要问题之一就是师资问题，即能从事双语教学的教师为数不多，教师能力单一，专业教师英语能力较差，普通英语教师又不懂专业，从而在一定程度上限制了高校双语教学的开展。因此，双语教师的教育背景要有利于具有开展双语教学，应该大力引进有留学背景或英语教育背景的专业师资。

强调教师与学生的关系，就是要建立教师与学生的良好互动关系。利用发放学情调查问卷、学业实效跟踪调查等方法，让教师做到不仅掌握专业知识，具备英语教学能力，还要了解学生的英语基础及学习规律。教师在教学过程中，关注学生的学习过程、学习障碍，探索学生认知、心理、情感的发展规律，与学生相互交流，获得学生认知、情感、态度与价值观方面的知识与体验，通过对教学活动的观察、分析，获得学生学习行为、学习效果等方面的认知等，在此基础上让学生对双语教学课程产生充分的信任感与安全感，提高教学效果。

强调学生与知识的关系，就是要在学习过程中提升学生英语水平及专业知识储备。在开展双语教学时，要提高学生英语水平，为开设双语课奠定基础。利用大学英语教学，提高学生的英语水平。对于外语能力较弱的学生积极引导，重点帮扶，使他们尽快提高，以适应高年级阶段的双语课程的学习。

加强学生的专业知识储备才能有序开展双语教学工作。精心设置汉语国际教育专业的双语课程，将双语课程由低年级调至高年级，循序渐进地推进双语教学工作的开展。在课程安排上，将外语课与专业课并行开设。立体化体现“保持型”双语教学理念，立足学生外语基础，整体考虑教学内容，合理设置课程体系，逐步推进，实现教学内容的全面化。学生在低年级的专业学习为双语课程的学习提供相关的背景知识，这有助于他们准确理解第二语言的信息输入，通过母语的配合学生可以更好地理解、掌握教学内容。面对今后将从事汉语作为第二语言教学以及中外文化交流的学生，我们要把汉语作为第二语言教学时的重点和难点及文化语用规则等内容纳入教学范围，在授课时考虑汉语和其他语言间的差异或共性，考虑中外文化的差异，提升学生从事汉语国际传播工作应有的专业素质。

4.3 教学活动

根据双语教学宗旨，课堂教学以英语讲授为主，对教学内容中的抽象概念和难点辅之以适当的汉语解释。在课堂教学中灵活运用双语，这样既照顾到英语水平不同的学生，又保证了学生对专业知识的理解，从而达到掌握专业知识和提高英语水平的双重效果，保证了双语教学的最佳效果。

重视课堂讨论，促进学生对所学知识的融会贯通和在实际中的灵活运用。基于双语课程的教学内容，我们可以在课堂讨论环节中设计两类问题：一是基于所学的知识理解语言现象，如语言有各种功能，除了表达感情，还可以用来寒暄；二是结合所学理论知识，分析语言现象，如利用语义延伸理论来分析词的产生。通过大量的课堂讨论，一方面激发了学生的学习兴趣，加深了学生对相关知识的理解；另一方面也培养了他们将所学知识应用于解决实际问题的意识和能力。

以多媒体教学为主。在双语课程教学中使用多媒体教学，把较难的术语和引文段落直观形象地呈现给学生，这有利于课堂教学中有效地保持学生的注意力，增强学生的学习兴趣。另外，必要时还在黑板上书写基于教学内容延伸的名词、术语。多媒体与传统板书有机结合的教学方法有利于取得最佳的教学效果。

充分发挥网络化教学的优势。通过建设专门的“语言学概论”双语教学网站，将多种语言学的教学材料集成在网站的教学资源中，学生可以较为便捷地从网上获取该课程相关的丰富教学资源，大大提高自主学习能力。

五　结语

课程设置是实现汉语国际教育专业培养目标的一个重要方面，是专业建设的核心。课程体系是否合理关系到学习汉语国际教育专业的学生知识能力体系的构建，也关系到汉语国际传播事业的发展。虽然当下对于高校专业课程双语教学存在不同声音，但对于汉语国际教育专业来说，双语教学是培养高素质双语人才的重要途径之一，是实现本专业人才培养目标的重要保障，也是我国高等教育国际化进程中亟待扶植的重要领域。

本文对汉语国际教育专业开展双语教学的可行性进行了论证，并对可能存在的问题提出了相应的解决策略，希望能为相关专业如何开展双语教学提供科学的决策依据，为汉语国际教育专业开设双语教学课程奠定理论基础，为提高学生英语水平、专业知识及文化素养提供有效的指导。

参考文献

冯增俊、柯　森（2003）《双语教育与综合英语》，广州：中山大学出版社。

刘远军（2003）双语教学的实践与研究，《佳木斯大学社会科学学报》第3期。

钱源伟（2003）分层、多元地深化双语教学实验，《上海教育科研》第 7 期。

王斌华（2003）《双语教育与双语教学》，上海：上海教育出版社。

王嘉毅、许洁英（1999）从现代教学论的观点看双语教学，《民族教育研究》第 3 期。

王　鉴（1995）西方多元文化教育与我国民族教育之比较研究，《西北师大学报（社会科学版）》第 3 期。

张英珊（2003）关于双语教学实施中的几个问题，《陕西师范大学继续教育学报》第 2 期。

Cummins, J (1986) *Bilingualism in Education: Aspects of Theory, Research and Practice*. London: Longman.

“现代汉语”的对外汉语视角研究

——语音、汉字部分

北京理工大学珠海学院　傅思泉

摘要　学术界一直强调对外汉语专业的中文课应脱离中文专业的教学模式，具备自己的视角，作为核心基础的“现代汉语”课应如何具备对外汉语视角是许多专家学者关注的热点。在现代汉语教学中，由于内容庞大且侧重于本体规律的探讨，有些对对外汉语教学来说非常重要的内容可能忽略或者点到为止，同时教师在讲解时套用中文专业的教学模式，没有针对性，这些都容易造成语言知识的学习与后续对外汉语专业课学习之间的脱节。本论文将从语音、汉字两方面具体探讨“现代汉语”应具备的对外汉语视角。

关键词　现代汉语　对外汉语教学　对外汉语视角　课程建设

一　引言

目前许多高校的对外汉语专业架设在中文系下，师资、课程也依托于中文专业，随着对专业特色的认识进一步深化，学术界越发重视对外汉语专业课的自身特色，其中，“现代汉语”作为对外汉语专业基础语言学课程，既要讲述现代汉语的全部基础知识，又要承接后续对外汉语专业课的学习，成为专业学习的重中之重。

学术界对于对外汉语专业的“现代汉语”课应如何展开教学颇有研究，但多是提出纲领性的意见（郭智辉，2007；陈熹，2011；刁世兰，2012；黄姗姗，2013 等），并未给出具体的教学要求。2007 年商务印书馆出版的齐沪扬先生的《现代汉语》成为专门针对对外汉语专业的现代汉语教材，这本书在每章后面都会引入对外汉语教学的教学原则与教学难点，带给学生实际的对外汉语教学思考，意义重大。但是，关于整套教材我们有两点困惑：（1）对于刚接触语言学的大一新生而言，在还未掌握语言本体知识和对外汉语教学基本概念的基础上就添加对外汉语教学内容，会不会增加学习负担？是否与后续的“对外汉语教学概论”“对外汉语教学法”等课程内容重复？（2）整套教材在内容的编排上主要是在语言本体研究后增添对外汉语教学实例，会不会显得简单了些，而不是严格意义上用对外汉语视角梳理“现代汉语”内容？

从整个专业发展来看，我们认为对外汉语专业的“现代汉语”课在教学上要注意：

第一，保证“现代汉语”内容的完整性。“现代汉语”提供整个语言学最基础的理论知识，需要学生对整套内容有比较全面的认识，在教学时我们不仅要考虑到今后从事对外汉语教学的学生，也要考虑到毕业后从事国内中小学教育、考研深造以及其他工作的学生，因此，以对外汉语视角来研究“现代汉语”，不能随意删减与对外汉语教学无关或不重要的内容，在教学时要保证“现代汉语”的内容完整。

第二，教学时以对外汉语视角为导向。在保证全面知识的基础上，要用对外汉语的眼光来审视教学内容。“现代汉语”注重对语言本体的研究，有的内容对于对外汉语教学并不重要，可以快讲；有的内容对于对外汉语教学非常重要却只点到为止，则需要多讲；同时，在教学时还要注重汉外对比，引导学生在掌握现代汉语知识的基础上，了解外国学生在学习现代汉语时常见的问题。总之，在教学时要做到有的放矢，突出对外汉语教学关注的重点。

第三，避免与后续对外汉语教学课程重复。用对外汉语视角审视“现代汉语”，是看哪些内容是对外汉语教学的重点，哪些不是，因此在教学中不应过多增加具体的教学策略和教学方法，这些内容应留待后面专门的教学课上解决。

本着这种思想，我们以发行广泛的黄伯荣、廖序东的《现代汉语（增订五版）》（2011）为例，从语音、汉字部分来具体研究“现代汉语”的对外汉语视角。

二　语音

语音教学是对外汉语教学的重点，针对外国留学生，学界围绕“声韵中心”或“声调中心”采用“音素教学法”“音节教学法”或“语流教学法”等各种手段，从汉语基础的声、韵、调入手，结合教学对象的母语特点和发音偏误进行适当的操练和纠音。

而《现代汉语》的语音部分主要从语音的三大属性入手，围绕辅音与元音的特点重点分析了汉语的声韵母的发音特点，分析了声调和音节，最后简介了汉语常见的几种音变现象。

以对外汉语视角审视现代汉语语音教学，我们认为以下是课堂上教学的重点，需要学生理解后诵记，并进行大量练习。

2.1　声母

现代汉语声韵母部分无疑是整个语音的重点。其中必须详细讲解 21 个辅音声母的发音部位和发音方法，特别是每个声母准确的受阻部位和破阻方式，要求学生能够描绘出整个声母的发音过程，同时，详细讲解所有声母的国际音标，并辨析 17 个清声母相对的浊音的音标，提醒学生避免与汉语拼音字母混淆，避免外国学生在学习清声母时与母语的浊音字母相混。

此外，让学生注意外国留学生常见的声母发音问题（如英语国家学生缺乏送气与否的对立，常常用自己的浊音代替汉语的清音，zh、ch、sh、r与j、q、x是发音难点；日本学生也缺乏送气与否的对立，但有清浊的对立，因此常将汉语的清音发成浊音，zh、ch、sh容易发成舌叶音，没有r；韩国学生b、d、g与p、t、k相混，r容易发成l，同时无f这个音，zh、ch、sh和j、q、x容易发成舌尖前音等）。

2.2 韵母

韵母教学重点要让学生掌握10个单元音具体发音方法及舌面元音图，要求学生能熟练写出整个韵母表中39个韵母及其国际音标，其中特别注意a、e、i的变体。

由于外国留学生的复元音韵母和鼻音韵母是学习难点，因此，在教学时还要重点分析复元音韵母和鼻音韵母中的发音过渡，特别是三合复元音和前后鼻音的过渡情况。

此外，也要指出外国留学生常见的韵母发音问题（如英语国家学生ü难发，常与u相混，前后鼻音发音不到位；日本学生无ü、e、er这几个音，发元音时开口度和圆唇度不够，复元音会发成连读元音或者单元音；韩国学生ü常发成[ui]，无e这个音，复元音发音时常丢失元音，in、ing、ong、iong不分，an、en会发成ang、eng等）。

2.3 声调

汉语靠声调来区别音节的意义，而世界上绝大多数语言都没有声调，因此建立外国学生的声调系统是语音教学的关键内容。在现代汉语声调教学中，要让学生熟练掌握四种声调的调值和音高的升降曲线，并了解外国留学生常见的声调发音问题（如对英语国家学生来说，声调是个大问题，阳平上不去，上声与阳平混淆，去声要么用力过度要么与阴平混淆，轻声也难以掌握，这些问题在语流中更明显；日韩学生的声调发音都偏低，阳平会发成低平调，上声发成阳平调，去声下不去等）。

2.4　音节拼写

拼写音节是对外汉语教师的基本功，尽管学界认为汉语拼音方案存在许多拼写问题（三阳，2006；刘燕，2011；蔡永清，2013 等），但仍是目前最好的汉语语音拼写方案。这部分，教师应重点讲解汉语拼写方案规则，让学生能准确写出拼音，特别注意：i、u、ü 什么时候前加 y、w，什么时候被 y、w 取代；ong、iong、ao、iao 的实际发音与拼写形式不一致，这些在对外汉语教学中容易让外国学生不知所措；此外 iu、ui、un 省略了韵腹，容易导致外国学生忽视真正的发音；ü 上两点的省略也容易导致拼读的混乱。

2.5　音变和语调

尽管在对外汉语教学中通常不特意进行音变的教学，但是作为对外汉语教师应明白语流中轻声、上声、去声、儿化等音变现象的规律，特别是外国学生较难掌握的轻声，发轻声时的偏误并不比四声偏误少。同时，语调教学也是对外汉语教学的重要组成部分（特别是在对外汉语高级阶段），它关系到表达时是否流畅自然，因此，在现代汉语教学中，语调部分的规律应作为重要内容让学生掌握，如句法重音和语调停顿的位置会引起语义的变化，各种句末语调所起的表达作用，等等，这些都是外国学生说汉语时的难点。

除以上内容外，在教学时，可将所涉及的专有名词，特别是有关声韵母的发音部位和发音方法的，都标出对应的英文注解（如“舌尖 tongue tip”“硬腭 hard palate”），以便日后的对外汉语教学。

三　汉字

现在学界越发重视汉字教学，从“语文一体”到“语文分开”，从“词本位”教学到“字本位”教学，汉字在对外汉语教学中越发起着举足轻重的作用。

在对外汉语汉字教学中，教师多以“部件教学”为中心，按照“笔画—部件—整字”的析字顺序细致地剖解字形，依据汉字的理据性和文化性讲解字义，并将汉字带入词、句子中使用，避免学生识字不识词，会写不会用；同时，在外国学生学习汉字时，以认读为主，会写为辅，注重形近字的区分。

现代汉语文字章节则主要分析了汉字的特点、形体演变和汉字的结构（内部结构和外部结构）等。从对外汉语教学角度来看，“现代汉语”的汉字部分应重点讲解以下内容。

3.1 汉字的特点

《现代汉语》中描述了与拼音文字相比汉字所具有的四大特点，从对外汉语教学角度看，这四大特点还不能清晰解释对外汉字教学中的各种现象。因此应进行适当的补充，围绕汉字的优缺点进行说明。

3.1.1 汉字的缺点

汉字难学、难写、难记的主要原因在于：第一，汉字是表意性文字，字形本身不表音，也不常表意，造成汉字形、音、义三部分各自独立；第二，汉字是平面性文字，7000 通用字平均每字 10.75 个笔画，意味着一个平面平均有 10.75 个线条铺展开，同时，又非常讲究各笔画线条在平面内的布局安排，导致形体结构非常复杂；第三，汉字不分词连写，容易造成学习效率低下和语义理解的障碍；第四，相对拼音文字而言（如英语 26 个字母），汉字量多，常用字就有 3500 个，而其中有 1000 个常用字是要外国学生在短时间内掌握的，学习难度大；第五，汉字存在许多同音字、多音字和形近字，更增添了学习的难度。

3.1.2 汉字的优点

与缺点相对应，汉字又有许多优点：第一，汉字量虽多，但常用字覆盖面广，使用频率高，前 1000 个最常用字覆盖率达 91.36%，2500 个常用字的覆盖率达 97.97%；第二，汉语以“字”为纲，组合延伸出的词在意义上具有高度关联性，能通过类推方式获悉词义，从而可以归类集中学习，如以“牛”为纲，派生出“水牛、黄牛、牛奶”等词，而拼音文字写法各不相同，往往毫无关联；第三，汉字复杂的平面性使得汉字的信息量大，带有丰富的形象意义和文化意义，在表达相同内容时比其他文字更节省空间，在进行阅读和查检时效率也更快；第四，汉字笔画多，结构多样，使得汉字能够成为一门艺术——书法，增添了汉字的魅力；第五，汉字无形态变化，在表达中无需考虑语法意义的变化；第六，汉字不与一时的语音挂钩，从而能超越时空，沟通古今和各地方言，凝聚中华民族，传承中华文化。

3.2 汉字的“六书”

在对外汉语教学中，经常要采用追本溯源的理据性教学方法来帮助外国学生了解汉字、掌握字义。因此，在“现代汉语”教学中，应着重讲解象形、指事、会意、形声四种造字法的特点。

其中在初级对外汉语教学阶段，由象形、指事造字法形成的独体字虽然不多，但是组成合体字的能力强，往往既能做形旁又能做声旁，是初级对外汉字教学的重点（沙宗元，2011），因此，在“现代汉语”教学时应锻炼学生对象形字、指事字的字源分析能力。

同时，要特别注意形声字的结构特点。由于形声字占通用汉字的 80% 以上，因此，掌握好形声字，也就掌握好了汉字。而要掌握形声字，就要对形声字的形旁和声旁有清晰的了解：首先，3500 个常用字中，2522 个形声字共有形旁 167 个，其中具备有效表意作用的占 83%（凌帅，2009），可见形旁有时虽不表意，但通常情况下能够作为推理字义的依据；其次，由于社会的发展，语音的演变，声旁的表音功能大为减弱，只有四分之一左右的声旁能作为汉字读音的依据（李东伟，2011），因此在好好利用这些声旁的表音功能外，需告诉外国学生声旁不能作为认字的常用手段；最后，形旁与声旁常见的 6 种结构部位是教学的重点，需要让学生仔细分辨出哪部分是形旁哪部分是声旁以及各自的部位，这是“部件教学法”的重点。

3.3 笔画、笔顺和部件

在常规的“现代汉语”教学中，这部分内容一般作为常识性内容快速讲完。但是，在对外汉语汉字教学中，这部分却是核心内容。因此在“现代汉语”教学中，应重点讲解笔画的类型、笔顺的先后和部件的拆分。

3.3.1 笔画

在“现代汉语”教学时需要让学生熟悉汉字的整个笔画系统，同时，需特别注意：第一，汉字笔画系统多样，常见的是“永字八法”和“札字五笔”。在书写时，基本笔画往往会因所在位置发生稍长、稍短、弯曲、变形等变化（如“太”与“小”字的“点”长短不一），这些细微变化需跟外国学生说明；第二，汉字的笔形除“点、撇、捺”外多是直笔直线，而拼音文字弧线为多，外国学生在写汉字时容易扭曲汉字直笔；第三，汉字笔画的起始方向一般是由上往下，由左往右，书写时笔尖不走回头路，笔画与笔画之间存在书写停顿，而外国学生在写汉字时有时会像绘画一样一气呵成画完；第四，汉字笔画之间的相离、相接、相交的空间关系非常重要，如“八”和“人”都是两笔，但是两笔之间的空间关系不同，这点是外国学生学习汉字的重难点。

3.3.2 笔顺

首先，在“现代汉语”教学时，一定要让学生通过练习来熟练掌握基本笔顺规则，另外课本里补充的一些特殊规则也应掌握；其次，在对外汉语教学中，对外国学生的笔顺问题虽然持宽松原则，但必须让其明白笔顺的重要性，同时正确的笔顺能让书写更为快捷舒适。

3.3.3 部件

目前“部件教学法”已成为对外汉语汉字教学的主流。在“现代汉语”部件部分应重点讲解：部件的拆分和分类；部件组成合体字所采用的五大类组合关系；由部件引出偏旁、部首概念。汉语偏旁数量有限，但使用频率非常高；有的部件位置非常固定，如“草字头”“三点水”，应向外国学生强调；根据部件的表意和表音作用可进行汉字的归类，从而加强形声字的学习和解释，如“贝—财、赌、贵、贿”“青—请、清、情”等。

3.4 外国留学生常见的汉字学习难点

对外汉字教学中，欧美等非汉字文化圈的学生学习汉字的难度明显高于日韩等汉字文化圈的学生。由于历史原因，日韩等汉字文化圈的学生本族母语中就有大量汉字，如日语的《常用汉字表》中91.25%的汉字都是对外汉语教学用字（张凡，2012），因此他们在学习汉字的时候不存在难学、难写、难记的困惑。但是，也有一些问题，主要是他们母语中的汉字多为繁体字，与简体字不一致，同时他们母语中部分汉字与我们的汉字并不对应，在学习的时候也会出现因形似或音近而写错别字的现象。

欧美等非汉字文化圈的学生学习汉字则存在较大困难，需要给他们建立整个笔画、笔顺、部件的心理认识。他们在学习汉字时，各种错误层出不穷，常见的问题有：写字像绘画，笔画不规范，运笔方向不正确，如将“口”字画成个圈；笔画数目不清，随意增减，特别是横笔和点笔容易增加或减少，如“真”里的三横写成两横；笔画间关系错乱，相接的写成相交的，相离的写成相接的，如“刀”写成“力”；整字认识不清，结构错误，部件常常张冠李戴，出现部件增减、变形或移位等各种问题，如“名”写成“夕口”，“女性”写成“女姓”，“放心”写成“方心”；混淆形近字，记住了整体轮廓，但忽视了局部细节，如将“目”写成“日”；写成同音字，如将“在”写成“再”，等等。

四 结语

从上面的分析来看，对外汉语专业的“现代汉语”教学重点应紧紧围绕对外汉语教与学的需求，丰富和完善对外汉语所需要或者重点关注的内容，可以说，“现代汉语”应进行适当的改革，才能让教学内容更加符合对外汉语专业要求。

当然，以上只是本人对现代汉语教学内容如何适应对外汉语教学进行的一次粗浅尝试，希望通过本文抛砖引玉，有更多专家来指导对外汉语专业的现代汉语课的具体教学，并期待更多专家学者研究这类中文专业课的对外汉语视角问题，从而促进整个对外汉语专业的课程建设。

同时，本论文主要围绕“语音”和“汉字”两部分来谈现代汉语的对外汉语视角问题，后续还将进一步研究“词汇”和“语法”两部分的对外汉语视角问题，以期形成较为完整的“现代汉语”课对外汉语视角研究。

参考文献

蔡永清（2013）再论《汉语拼音方案》的历史局限性，《现代语文（语言研究版）》第 4 期。

陈　熹（2011）针对对外汉语专业现代汉语教材的几点思考，《宜春学院学报》第 10 期。

刁世兰（2012）对外汉语专业现代汉语教学改革论析，《语文学刊》第 1 期。

郭圣林（2008）汉字的笔画特点与外国学生汉字笔画偏误，《暨南大学华文学院学报》第 4 期。

郭智辉（2007）谈对外汉语专业的现代汉语教材建设，《现代语文（语言研究版）》第 12 期。

黄伯荣、廖序东（2011）《现代汉语（增订五版）》，北京：高等教育出版社。

黄姗姗（2013）对外汉语专业现代汉语教学探索，《教书育人：高教论坛》第 2 期。

凌　帅（2009）从外国学生汉字书写偏误看形声字意符在对外汉语汉字教学中的作用，《赤峰学院学报（汉文哲学社会科学版）》第 5 期。

刘逆平（2009）对外汉语语音教学的实践与思考——浅谈韩国学生学习汉语声母的偏误及对策，《长沙铁道学院学报（社会科学版）》第 10 期。

刘　燕（2011）论《汉语拼音方案》存在的问题及其对对外汉语语音教学的影响，《大众文艺（学术版）》第 10 期。

毛世桢（2008）《对外汉语语音教学》，上海：华东师范大学出版社。

倪　彦、王晓葵（1992）英语国家学生学习汉语语音难点分析，《汉语学习》第 2 期。

齐沪扬（2007）《现代汉语》，北京：商务印书馆。

三　阳（2006）制定“对外汉语拼音教学方案”的建议，《海外华文教育》第 3 期。

沙宗元（2011）对外汉语教学所用独体字及其构字状况分析，《云南师范大学学报（对外汉语教学与研究版）》第 9 期。

施正宇（2010）从汉字教学看对外汉语教学中的本位问题，《民族教育研究》第 6 期。

史　迹（2012）论欧美学生的汉字认知与汉字应用，《西南交通大学学报（社会科学版）》第2期。
宋春阳（1998）谈对韩国学生的语音教学——难音及对策，《南开学报》第3期。
唐玉萍（2008）对外汉语教学中的语调教学，《当代教育论坛（学科教育研究）》第6期。
文　艳（2009）韩国人汉语语音偏误研究概述及命题要点，《现代语文（语言研究版）》第7期。
徐　静（2012）对外汉语教学中汉字部件位置教学的研究，《科技风》第12期。
杨洪荣（2008）对外汉语语音教学研究述评，《邯郸学院学报》第4期。
叶　南（2008）对外汉语语音偏误研究，《西南民族大学学报（人文社科版）》第10期。
于晓薇（2010）留学生汉字偏误探源，《襄樊职业技术学院学报》第6期。
余　维（1995）日汉语音对比分析与汉语语音教学，《语言教学与研究》第4期。
袁　昊（2012）汉字、词汇在对外汉语教学中的应用，《语文学刊》第2期。
张东艳（2008）《说文》中的“六书”理论与对外汉语教学，《现代语文（语言研究版）》第9期。
张　凡（2012）中日常用汉字对比分析与对日学生的汉字教学，《韩山师范学院学报》第1期。
张明明、陆湘怀（2010）汉字的特点与对外汉语汉字教学，《厦门广播电视大学学报》第4期。
张燕来（2009）对外汉语的轻声教学探讨，《语言教学与研究》第6期。
周　健（2007）《汉字教学理论与方法》，北京：北京大学出版社。
周小兵（2009）《对外汉语教学入门》，广州：中山大学出版社。
朱　博（2012）浅论对外汉语语音教学，《内蒙古民族大学学报》第1期。

从文化理解到文化表达

——对汉语国际教育专业英语教学的几点思考*

齐齐哈尔大学　韩晓秋　线宏力

摘要　本文综合讨论了汉语国际教育专业英语教学中导入母语文化的必要性问题和专业英语的“元语言”地位问题。笔者认为，母语文化的理解和文化表达在英语作为二语的教学中不容忽视，这和专业培养目标密不可分。必须建立以融合汉语文化为纲的英语教学模式，甄选、编辑教材和大纲，选聘和培养双语、双文化的教师，以促进专业人才的文化交际和文化传播能力培养，最终最大化本专业的英语教学效益。

关键词　汉语国际教育专业　文化理解　传统文化

* 本项研究得到 2011 年度黑龙江省高等教育教学改革工程项目和齐齐哈尔大学教育科学研究项目（项目批准号：2011059）的支持。谨此致谢。本文原题为《从文化理解到文化表达——对外汉语专业英语教学模式研究的新视角》，发表于《理论观察》2013 年第 3 期，此稿有修改。

作为一个年轻专业，汉语国际教育专业的课程建设尤其是专业外语（英语）的教学定位至今尚有需要认识、澄清的空间，教法也有商榷的余地。当代大学生跨文化交际能力远远落后自身的母语能力，因此，在从事汉语教学的过程中，许多大学生运用外语表达和介绍本国传统文化的能力薄弱。应汉语国际教育专业英语教学内在的功能性“元语言”要求，统一理念，整合英语课程的总体设置，不单从提升学生的高级外语翻译和写作能力出发，而是把专业英语课作为一个重要课题和系统工程，对于满足涉外交往、文化传播以及文化输出的使命的人才需要来说，都具有极大的紧迫性及实践意义和现实意义。

一　在专业外语中导入中华文化的必要性

首先，汉语国际教育专业英语教学中导入母语文化是传播华夏文化的需要。当前，随着我国综合国力的增强，弘扬和传播中华文化对于树立我国的大国形象、提升我国的国际地位具有不可低估的价值。东方文化当前备受世界的尊重，“华夏文化热”方兴未艾，推广华夏文化的时机已经到来。“东学西渐”的过程有千年的历史，这一过程同西学东渐互相补充，成为世界多种文化交流和传播的主要样式之一，也能很好地解释中华文化因何对世界文化的发展有十分深远的影响。与此相呼应的是，汉语学习的热潮正在全球范围内兴起，参加中国设立的 HSK（汉语水平考试）的人数也正在逐年递增，汉语正在成为传播中华文化的主要工具之一，“近 10 年來，在国内 208 所高校的参与和帮助下，全球 126 个国家和地区，超过 2300 余所高校里，开设了汉语课程，建立起 475 所孔子学院、851 个孔子课堂，全球汉语学习者从 10 年前的不足 3000 万人，快速攀升至 1 亿人”（光明日报，2014）。尽管如此，英语将仍然是传播中华文化的主要工具，就目前而言，汉语还不可能代替英语成为世界通用语，中国本土文化依然需要通过英语来实现“全球化”，正如南京大学王守仁教授（2002）所言，如果中国的文化推广工作者不能用英语向世界讲述中国的本土文化，那么在当代世界多元文化格局中，中国的声音将大大减弱。因此，中国的英语教学中必须听到来自中华文化的声音，国际汉语教育的英语教学中尤其要强调汉文化的导入。

第二，汉语国际教育专业的英语教学中引入母语文化是跨文化交流的需要，目的在于避免中华文化在国际交流语境中的话语权渐行渐弱。在当前英语教学中，中华文化含量的缺乏对跨文化交际的阻碍作用正在逐渐显现。许多以汉语为母语的文化学者在国际社会交往活动中每每试图运用英文传达意思时，始终无法展示出深厚的文化素养和独立的学术品格，即便是有着较高的基础英语水平和华夏文化修养的研究生，每当进入外语交流语境时仍然显得力不从心，这要归咎于对交流内容的英语转换尚不能做到深刻把握和自如输出，因此也就无法期待与交际对象进行文化共享并对后者带来一定的“文化影响”。跨文化交际是一种双向平等的交流，既包括对异域文化的吸收，更有对本国文化的输出。（吕吉瑛，2006）同时，只有保持本国文化的身份，在跨文化交际中才会被赋予真正的存在含义。当前，随着国际交流和合作机会的增多，中华文化的弘扬和推广工作越发显得紧迫。自觉地使用本民族文化来评判交际活动并影响另一方，我们的文化才能占据主导文化地位，才能消除文化误读，因此，倡导文化导入，同时具备外国文化常识，才能自如地削弱和减小交际中的文化落差。

第三，汉语国际教育专业英语教学中引入中华文化是兼顾我国的软文化实力和硬文化实力共同发展、抵御外来文化渗透的需要。虽然我国经济自改革开放几十年来增速惊人，在世界的政治和经济固有格局中逐步占有了一席之地，但却缺少世界范围内的文化产品认同，不被接受的文化往往被边缘化，被其他文化人群和社会用异化的目光对待。中华文化的总体现状和布局在世界范围内仍属于非强势文化，一直面临着诸如西方电影电视以及其他媒体形式的文化输出和传播入侵而导致的软硬失衡的危局，也就是说，西方世界的文化观念、伦理道德、生活方式和行为准则很可能乘虚而入，不断渗透进来，影响着国人的生活观和价值观。蓬勃一时的物质文明如果缺少强势文化的助力和支撑，很难维持长久。强调文化的“软实力”，弘扬传统文化中制度文化、行为文化和观念文化中的正能量，是自我完善与实现文明的传承繁衍的途径，其中，在全球范围内建设孔子学院并大力推广汉语是提升我国文化软实力的最好范例，也是中华文化真正由内而外扩展，彰显实力和魅力的最好表达方式。

二　现状与几点思考

2.1　专业英语教学现状的再认识

文化的推广和传播有赖于主体对其适当的解读，而这种解读有赖于语言文字的识解。同时，汉语国际教育专业外语的开设目的正在于此，它将起到一个桥梁的跨越作用。英语课程的设置应着眼于将它作为一个汉语言传播和中华文化传播的“元语言”，帮助我们的专业培养对象最大限度地实现他们的文化使命。我国从 20 世纪 80 年代初开始开展汉语国际教育专业教学以来，至今已初具规模。就语言与文化问题多有论述，不论在其深度和广度上都有较丰富的成果，成绩固然可喜，但仍缺少两种或者多种文化的统观性和中西课程的整体互补。尽管在本科阶段，各校为在新形势下开办高质量的专业，培养合格的双语专业人才，都在积极建设专业英语，但英语教学和研究的细分化、专业性视角的思考仍显不足，对相关研究成果的借鉴，大多停留在跨文化研究的基础阶段，既没有注意到专业外语同公共外语、通开外语课的不同，更没有专注于专业外语的“元语言”属性，展开教材的统一编写。而这一问题如果得不到重视，专业英语的教学模式得不到一个新架构，对于专业的发展非常不利，对于专业所承载的文化使命，即中华文化和文字的世界范围内的推广工作，将带来巨大的影响。

一般来说，专业的教学现状的评定主要从培养目标、课程设置、师资力量、教学质量等方面进行。（刘润清，1999）汉语国际教育专业的英语教学也一样。很多基础工作者们狭隘地把这一专业理解为汉语与英语的简单相加，某些院校未能制定合理的、符合专业要求的、体现学科特色的专业英语培养目标。（张晓涛，2009）实际上，对外语专业的培养目标一般表述为培养具有较扎实的外语基础，并能在国内外有关部门、各类院校、新闻出版单位、文化管理和企事业单位从事汉语国际教育教学以及中外文化交流相关工作的高级双语人才。高标准才能培养出高素质的人才。这样，在课程设置、师资配置以及教学方面都提出了较高的要求。其中，无论英语还是汉语课程体系建设，“文化输出”的理念必须得到坚定如一的贯彻。

2.2 整合和优化教学资源的思考与策略

基于上述对于现状的分析和课程建设的基本观点，下面我们希望从课程设置、教材、师资力量等几个方面进一步讨论汉语国际教育专业英语课程教学中需要促进和提高之处。

首先，专业外语课必须明确其在课程设置上的定位，从而为专业人才的培养服务。根据2012年《普通高等学校本科专业目录和专业介绍》和2013版《国家汉语国际教育教师资格考试大纲》的相关表述，普遍开设的英语课中，如听力、口语、翻译等课程必须适应并体现、服务于本专业的汉语国际教育传播人才的培养目标，各校一定要精心设置、保证其专业英语的特色和地位。汉语国际教育专业的英语课程设置，必须结合各校自身的教学优势和实践经验，对教学基本现状做充分的调研，进而构建体系。同时，要对照研究本专业课程体系内的各种外语课型，考量其文化含量。审视黑龙江省汉语国际教育传播和文化交流极大的地缘优势，尽管我们毗邻俄语国家，但英语教学不一定要削弱，根据情况，如有必要，甚至可以加强。在科学客观并且严谨可行的外语文化教学模式孕育下，高等教育的专业建设和人才培养才能实现既定的目标。

同时，教学作为一个“教”与“学”双向互动的过程，专业教材建设的话题不可避免。教材建设的定位、编制与选用需要更为深入的思考。目前，国内各专业的外语教材的内容绝大部分是以该语种国家的文化为蓝本，以西方文化，尤其是英美文化灌输为手段，以通过全国大学外语过级考试为目标，对中国本土文化的双向导入不足。而现行汉语国际教育专业的教材建设、教法也没有什么超越，甚至稍显落后。这既不符合教育部高教司2004版大学英语课程教学要求（试行）中对大学英语课程的性质的界定，更无法满足这一专业跨文化交际双向交流的目的。但应该注意到，如卢红梅主编的《华夏文化与翻译》、包惠南主编的《中国文化与汉英翻译》和孙萍等主编的《文化视域下英汉语言文学比较研究与翻译》等都是可以推荐的很好的专业外语教材。

当然，教师也可以开列一些双语中华文化方面的书单给专业学生作为课外读物。如《中国史纲》等中国政经哲史著作（英文读本）、四大名著（英文读本）、《中国文化史》《中国文化》《中国文化英语80主题》《缤纷中国—中国文化英文读本》《中国饮食文化（英文版）》《中国文化专论（英文版）》《英语教科书中的文化与中国文化》《生活中的中国文化与智慧（英文版）》《中国文化英语教程（拓展）》《中国文化艺术丛书》《中国商务文化》《用英语畅谈中华文化风俗》《中国文化掠影（英文版）》等。而常见报纸刊物则如China Daily，Xinhua English News，Beijing Weekly等，常见网址如新华社英语频道、中国日报英文网址、中国画报英文版等都有中华文化推介的英语文章，也都是很好的汉语国际教育专业英语教学的材料。

在师资配置上，教师的双语双文化能力必须得到重视，有计划地逐步得到加强。具体来说，在确定本土文化导入的教学内容方面，不妨系统开设专业英语课和专业双语课，在纷繁复杂的本土文化现象中，找到适合的切入点。毕竟文化是一个内在连贯的系统，制定大纲就是对文化现象进行有序的分类和排列，将文化和英语紧密结合起来。当然，也有人说，文化教学的内容大致包括语言交际、非语言交际、交际习俗与礼仪、社会结构与人际关系和价值观念五个部分（王超，2010），各教学主体单位可以根据需要和实际情况，确定自己的文化教学策略。在汉语和英语两个方向的专业老师，有必要交叉培养，协力合作，促进汉语的综合能力，同时以培养学生的汉字文化、华夏传统文化的英语表达为平行目标，促进培养对象的综合文化实力。有意识地采用内容型教学方法，围绕未来将从事的职业开展教学活动。当然，这无疑对教师提出了更高的要求。

另外，仍需注意到，当前的教学中还要着力帮助学生摒弃种种外部合力下形成的轻视本族文化，盲目崇拜外来文化的思想。母体文化失位源于文化理解的缺失，而这在本专业毕业生未来的汉语言和汉文化的推广工作中将带来不可预想的严重后果。解决这一矛盾的关键性问题仍在于理解两种文化内容导入的均衡问题，不是同等重要，而是以汉文化为主导，英语的学习服务于汉语。外语学习的目的必须定位在表达本土文化的工具上。教师应更好地营造氛围，帮助学生学习了解中华文化的环境，指导学生使用英语推介中华文化，并获得跨文化交际能力。总之，汉语国际教育专业的特殊性在于向外的超前意识，因此培养和提高教学对象英语基础的同时，仍需加强母语文化的综合素养，从而强化他们通过外语表述和弘扬本土文化的意识和能力，并且逐步提升这一论题的重要性和紧迫性。

三　结语

21 世纪以来，全球范围内“汉语热”方兴未艾，国际汉语推广师资需求量大，高质量本科层次双语人才深度匮乏。深入开展汉语国际教育专业的英语教学研究和改革是为学生深造和谋求就业提供方便条件，出色的英汉双语文化能力，既可填补全球范围内不同层次汉语国际教育师资缺口，还可以满足其他涉外行业复合型双语人才的需要。汉语国际教育专业英语教学模式的研究，可以采取不同的视角，但从母语文化的理解到表达的目的出发，权衡整个外语教学体系中各门课程的权重问题，并在制定大纲、课程基本规划方面施以切实可行的方案，强调专业英语教学中本土意识的培植和导入，进而形成系统的教学模式，将是重建对外文化传播基石的开始，它将使语言教学活动效益最大化，增强学生就业竞争力，服务祖国的文化建设，尤其是对我们未来的派驻海外的汉语志愿者们践行文化传播的使命起到更加积极的作用。

参考文献

光明日报（2014）孔子学院，中国高校的使命，网址（2014 年 12 月 07 日）：http://cpc. people.com.cn/BIG5/n/2014/1207/c87228-26161428.html。

刘润清（1999）《论大学外语教学》，北京：外语教学与研究出版社。

吕吉瑛（2006）将“中国英语”引入大学英语教学的思考，《黑龙江高教研究》第 6 期。

王　超（2010）汉语国际教育专业英语教学中的文化渗透，《华章》第 12 期。

张晓涛（2009）汉语国际教育专业教学存在的问题及对策，《教育探索》第 6 期。

面向汉语国际教育的“现代汉语语音学”教学改革刍议*

武汉大学文学院　李　佳

摘要　“现代汉语语音学”在汉语国际教育专业课程体系中占有重要位置，然而现有教材、教法却无法完全满足该专业的实际需求。我们从教学实践出发，在剖析汉语国际教育专业语音学知识的授课途径和主要问题的基础上，提出要在教学理念上眼光向外，以类型学促汉外融通，同时采用语言“领养”等多样化的教学方法，以学外语促汉外整合。

关键词　汉语国际教育　现代汉语语音学　教学改革　汉外对比

* 本文已在《中国大学教学》2014年第7期发表，衷心感谢武汉大学文学院、北京语言大学人文学院和《中国大学教学》杂志对笔者教改工作的支持！

改革开放三十多年来，随着我国综合国力的提升，对外汉语专业成为中国语言文学一级学科中发展最快的二级学科，形成了从本科到研究生、从理论到实践的综合培养模式。2012 年 9 月，在教育部新修订颁布的《普通高等学校本科专业目录和专业介绍》（2012 年）中，对外汉语同中国语言文化、中国学两个专业合并为汉语国际教育专业，新专业已于 2013 年正式开始招生，其社会影响力将日益增大。

就汉语国际教育本科专业而言，语言学基础课程占比较大，其中“现代汉语”一科尤为重要，一些学校甚至将其拆分为“现代汉语语音学”“现代汉语词汇学”“现代汉语语法学”以及“现代汉语修辞学”等多门课程，将以往两学期的课程扩展到三至四学期。其中，“现代汉语语音学”作为现代汉语课程的初始环节，在整个汉语国际教育专业人才培养体系中占有重要位置。然而我们在教学实践中发现，现有的教材、教法无法完全满足汉语国际教育专业的实际需求，现代汉语和语言学概论两门课程的关系也亟待理顺。以下我们从近年的教学经验出发，抛砖引玉，以求促进该课程本科基础教学的改革和创新。

一　现行的汉语国际教育专业语音学知识的授课途径和主要问题

在现行的汉语国际教育专业课程设置中，语音学内容在“现代汉语”“语言学概论”“二语习得概论”三门课程中均有讲授，但侧重点各不相同：

（1）“现代汉语”的语音部分，主要以汉语的音系特点为基本结构线索，按照物理和生理语音学、声母、韵母、声调、音节、音变、音位等进行组织；

（2）“语言学概论”的语音部分，主要以普通语音学的基本结构线索进行组织，跟“现代汉语”的最大区别在于，前者以辅音、元音作为一级结构框架，而后者以声母、韵母作为一级结构框架。部分学校还在高年级开设了独立的“普通语音学”课程作为“语言学概论”语音部分的延伸；

（3）“二语习得概论”的语音部分，主要以语音习得规律的基本结构线索进行组织，偏重于对偏误现象及产生原因的分析。

这三门课程的安排遵循了由近及远、由易到难的基本教学规律，但在实际教学中，特别是教材使用上，我们发现了一些问题：

（1）“现代汉语”和“语言学概论”的语音部分，不仅理论部分内容重复较多（如物理和生理语音学、发音语音学基础等内容），语料部分也多有重合。“现代汉语”一般只介绍普通话中出现的元音和辅音，“语言学概论”对语音的介绍虽比“现代汉语”全面，但举例以汉语方言及民族语为主，书中涉及的外语材料远远无法满足汉语国际教育专业的实际需要；

（2）在高年级单独开设的“普通语音学”课程，现有教材同样跟汉语国际教育专业的需求相脱节。以长期使用的两本权威教材，林焘、王理嘉两位先生所著之《语音学教程》（以下简称“林王本”）与罗常培、王均两位先生所著之《普通语音学纲要》（以下简称“罗王本”）为例，由于教材本身的编写初衷分别针对汉语专业和少数民族语专业，因此其语料甄选的总体方针是先内（汉语方言或少数民族语）后外（外语），这一方针能够很好地为培养汉语方言或少数民族语言工作者的目标服务，但用于汉语国际教育专业显然捉襟见肘；

（3）“现代汉语”语音部分内容偏浅，仍用大量篇幅讲授汉语拼音方案和普通话正音。众所周知，进入21世纪以来，随着手机、计算机的普及，汉语拼音输入法已经成为当代生活必备的技能，绝大多数大学生至迟在高中阶段就已熟练掌握；而经过半个世纪的推普，全民的普通话水平跟20世纪八九十年代相比已有较大程度的提高，普通话正音部分也应进行一定删减。

由此可见，针对汉语国际教育专业的语音学教学，一方面要在教学体系和教学内容上进行较大整合，另一方面也要对教材进行修订和增补，而实现这两点的关键在于汉、外音系基础材料的对比和整合。

二　理念创新：眼光向外、以类型学促汉外融通

同20世纪八九十年代相比，当前的社会环境发生了巨大变化，一方面

中外实体性的人员往来急速增加，另一方面，由于互联网的兴起，虚拟性的信息流动也呈现爆炸性的增长。在这一时代背景下成长起来的九零后学生，知识面更宽，知识起点更高，更新能力也更强，如果不在理念上推陈出新，既无法适应时代发展的要求，也难以满足当代学生的需要。

理念创新的低层次要求，是要改变传统上重内轻外的教学思路，大幅增加外语在语音学教学中的材料比重，以求实现中外融通。如在介绍后高不圆唇元音 [ɯ] 时，“林王本”举合肥方言“楼”[nɯ] 的韵母为例（p.42），“罗王本”举汕头方言“余”[ɯ]（p.71）为例。类似示例对学习汉语方言学大有裨益，但对汉语国际教育专业却帮助不大。事实上，[ɯ] 元音在日语中极常见，所有的う段假名都带有此音，如う [ɯ]、く [kɯ]、す [sɯ]、つ [tsɯ] 等。如将例证换为日语，不仅能让学生了解日语的发音，还能通过中日语音比较，向学生指出日本人学汉语可能产生的偏误：虽然日语的后高不圆唇元音在音位价值上相当于汉语的 [u] 元音，但实际音值却相差较大，日语为不圆唇元音，汉语为圆唇元音。因此，日本人在发汉语的 [u] 元音时，倾向于用自己语言中的圆唇元音 [o]，而非不圆唇元音 [ɯ] 进行匹配，如将“图”念成接近于“驼”的音。这样不仅能让学生了解相关外语的本体特点，还能启发他们思考教学应用中的偏误类型，有一举两得之效。

理念创新的高层次要求，是要将现代语言学最前沿的类型学方法引入语音学教学，以求实现语音学课程的理论提升和教学相长。语言类型学的基本思想在 19 世纪上半叶 Schlegel、W. Humboldt 的著作中已现雏形，但其理论体系的正式建立得益于战后 Greenberg、Comrie、Croft 等诸多学者的贡献。近年来，类型学研究异军突起，在语法研究上已卓有成绩，但在语音学特别是汉语国际教育领域的应用尚显不足。

二语习得跟母语习得最大的区别在于，母语习得直接植根于普遍语法，不受任何既有语言的干扰，二语习得则不可避免地要受到母语的干扰，因此母语跟二语在类型学上的差异，不仅影响着二语习得的实际效果，也决定着二语教学的策略选取。从这个意义上讲，汉语国际教育领域无疑是将语言类型学理论付诸应用的极好园地。

对本科基础阶段语音学教学改革而言，将类型学理念融入教学的第一步，是要在教学内容的总体框架上淡化针对汉语的声母、韵母、声调的结构模式（即“现代汉语”课程的结构框架），而强化针对所有人类语言的元音、辅音、超音段的结构模式（即“语言学概论”或“普通语言学”课程的结构框架）。应当承认，前一种模式跟基础教育阶段的语文知识衔接得更加紧密，但其缺点是，声母、韵母处于音节层面，虽然从生成音系学角度具有跨语言的结构共性（王洪君，2008），但仍比处于音段层面的元音、辅音高出一个层级，这就造成了在教学中必须先讲高层级结构、再讲低层级结构的怪圈，在声母与辅音、韵母与元音这两对的关系问题上需要花大量精力进行讲解、辨析。

淡化“现代汉语”的结构框架、强化“普通语言学”的结构框架，实际上也是要理顺“现代汉语”与“语言学概论”这两门语言学主干课程之间的关系，按照传统中文专业的课程体系，前者重在教授汉语的特殊规律，后者则更加偏重人类语言的普遍规律。但在新形势下，由于汉语国际教育专业今后的就业目标是教外国人学汉语，而语言教学活动的有效开展，最重要的前提就是充分对比、知己知彼，因此我们认为，无论是讲授具体语言的“现代汉语”，还是讲授人类语言普遍规律的“语言学概论”，都应让学生及早建立语言既有共性、又有个性的观念，从而在今后的对外汉语教学实践中，有效利用语言的共性促进正迁移，同时充分注意语言的个性减少负迁移，这是利用类型学思想促进汉外对比、汉外融通的有效途径，其教学目标和学习旨趣都跟传统中文专业有着本质的区别。

三　教法改革：语言“领养”、以学外语促汉外整合

理念的创新需要在教法上大胆改革才能付诸实施。我们认为，针对汉语国际教育专业本科生的“现代汉语语音学”，在教法上必须紧紧围绕自身的学科特点，在传授现代汉语语音知识的同时，尽可能多地引入外语材料进行对比，实现汉语与外语的有机整合。

这一目标对教、学双方都提出了更高的要求。从教的一方来看，汉外整合首先是对教师专业基础和学术素养的严峻考验，教师不仅要主动学习、

熟悉英、法、德、俄、日、韩等常见外语的语音，在教学过程中及时将教材中跟汉语国际教育关系不大的民族语言和方言材料替换为外语材料，还要激发、引导学生从语言类型学的高度进行语言对比，进而运用二语习得理论总结偏误类型，设计有效的教法。

从学的一方来看，汉外整合的教学要求对于本科学生看似偏高，但在当前国际交流如此频繁、国际竞争如此激烈的大背景下，越早接触多种外语，对汉语国际教育专业学生今后的职业发展就越有利。事实上，通过自学、辅修或双学位等多种形式学习第二外语在当代大学生中早已蔚然成风，将多种外语引入汉语国际教育专业的课堂，有利于课内专业知识与课外综合技能的良性互动。

把多种外语材料引入课堂，必须考虑到既不能过分增加学生负担导致课程内容喧宾夺主，又要充分调动学生的主观能动性和参与积极性，减少被动灌输。如何找到平衡点，我们在教学实践中摸索、实施了一套语言“领养”教学法，具体内容如下。

3.1 实施目标

鼓励学生按照自己的兴趣，从大一开始“领养”、培育一门第二外语（非英语）。就同“现代汉语语音学”课程的结合来看，在完成国际音标的基本教学之后（时间一般在期中），用一个月左右的时间集中学习该语言的语音，这样既能将普通语音学理论付诸实践，也能用较生疏的具体语言训练、强化对国际音标的掌握。

3.2 实施单位

以 30—50 人的教学班为例，鼓励学生以小组为单位，每组选取一门语言，课下集体学习，相互纠正。这样也可减轻教师负担，便于集中辅导。

3.3 途径指引

由于课时所限，语言“领养”活动的主体只能在课下，因此“授人以渔”、为学生指引高效的自学途径是决定教学效果的关键因素。我们将相关文献分为以下四类，供学生选择：

（1）非专业类教科书，包括市面流行的经典外语教材（如人教版《标准日本语》）、高校常用的二外教材（如商务版《简明法语教程》），这类教材往往起点较低，易于自学，各类音像材料、辅导材料俱全，但理论深度可能会略显不足；

（2）专业类教科书，如外研版朱春跃、彭广陆主编的《基础日语教程》、外研版马晓宏主编的《法语》等。这类教材在语音部分都有非常详尽的描写和训练，但分量较重，自学也会存在一定难度。

（3）专业文献，包括各门具体语言的语音学，如陈定民（1979）、张天麟（1979）、赵作英（1985）和李怀墉（1996）等，不仅分别对法、德、俄、日等语言的语音进行了详细描写，还对中国人学习该语言的语音偏误进行了对比分析，这些分析对教授外国人学习汉语同样具有启发意义。

（4）互联网上的专业性网站和语言教学类网站，如维基百科（英文版）上有非常高水准的介绍世界主要语言音系的条目，供初学者参考绰绰有余。

3.4 分组报告

学生在集中学习该语言语音的同时，再分工开展适当的摘抄和整理，最后形成该语言音系的简要报告，主要内容包括：

（1）该语言文字与国际音标的对应关系，主要处理拼音文字（如法、德、俄、韩等语言）或音节文字（如日语）的发音规则，同时熟悉对象语言的文字体系；

（2）该语言语音系列表整理，主要对对象语言的元音、辅音以及超音段音位进行描写，描写时要求提供例词并标注国际音标；

（3）汉外音系对比，这部分要求将对象语言的音系跟汉语进行力所能及的对比，并简要指出教授对象语言母语者学汉语语音时所应注意的问题。

这三个环节遵循循序渐进的原则，一般只要求学生完成前两个环节，第三个环节仅要求学有余力的同学略做思考，待今后积累一定的对外汉语教学实际经验后可再做进一步生发。

3.5 成果展示

在课程结束之前，可利用富余或机动课时，选取完成质量较高的报告进行课堂展示。展示以学生报告为主体，既可按部就班地讲解该语言的音系，也可播放音视频语料增加感性认识。教师的工作一方面是随时纠正学生可能出现的错误，另一方面则是进行跨语言的横向对比和串讲，以塞音发声态为例，教师可对英、德、法、俄、日、汉六种语言做如下总结：

音值		[b]	[p]	[p^h]
音位	英语、德语	/b/	/p/在/s/后发[p]，在词首发[p^h]	
	法语、俄语、日语	/b/	/p/	无 [p^h] 音值
	普通话	单字无 [b] 音值，弱化音节有	/p/	/p^h/

上表展示了清浊与送气两个特征在六种语言中的不同音位价值。由于送气与否在普通话里是音位性的对立，英语、德语等本身在音值上存在送气音，这些母语的学习者在学习汉语时显然要比母语为法语、俄语、日语等音值上无送气音的学习者更容易。这类理论总结除了可以有效帮助不同语言的母语者进行塞音发声态互学以外，还能为高年级或研究生阶段的实验语音学学习积累充分的感性认识。

总之，分组进行语言“领养”，就是充分利用课上与课下两个平台，实现先分再合，即先将常见外语的发音难点分散到各个小组逐一攻破，再利用课堂报告的形式将学习成果与习得进行汇总和分享。通过我们对三个年级的教学实践，发现这些做法取得了积极的效果，形成了整个班级重视外语学习、注重汉外对比融合的风气。

随着全球化的不断加深和中国综合国力的不断提升，汉语国际教育已逐渐站在了中外文明交流、碰撞的最前沿。如何从点滴做起，对现有学科体系、教材以及教法中不能完全适应汉语国际教育专业实际需要的内容进行改革，以有效提升本科教学质量，为研究生阶段乃至国家的国际汉语推广事业培养更多专业扎实、学识广博的优秀人才，这是广大一线教师义不容辞的责任，希望我们的尝试能为这一目标贡献微薄之力。

参考文献

陈定民（1979）《法语语音学（修订本）》，北京：商务印书馆。

李怀墉（1996）《日语语音答问》，北京：商务印书馆。

林　焘、王理嘉（1992）《语音学教程》，北京：北京大学出版社。

罗常培、王　均（2002）《普通语音学纲要（修订本）》，北京：商务印书馆。

王洪君（2008）《汉语非线性音系学（增订版）》，北京：北京大学出版社。

张天麟（1979）《简明德语语音学》，北京：北京出版社。

赵作英（1985）《俄语实践语音语调》，北京：外语教学与研究出版社。

汉语国际教育本科专业文化课的基础作用及内容分类

北京师范大学　杨文艳

摘要　本文从语言教学与文化的关系、学习者的动机、汉语国际教育对师资的要求和汉语国际教育本科专业的性质四个方面，讨论了文化课的基础作用，并依据汉语教学中文化的层次，尝试把汉语国际教育本科专业的文化课区分为基础文化课和应用文化课两类。基础文化课侧重于培养学生的传统文化修养，注重发挥文化的人文化育功能；应用文化课侧重于中国各地主要风俗习惯、中华才艺等的教学，注重未来的职业需要。

关键词　汉语国际教育　汉语国际教育本科专业　文化　文化课　语言教学　文化教学

汉语国际教育本科专业中的文化课，既是高等教育人文性质的要求，也是提高大学生文化素养的基本途径，与其他专业相比，具有双重职能。然而，以往对外汉语教学中的文化课在数量上和质量上都不容乐观。据罗小东（2004）调查，北京语言大学的语言学、外语、文学文化课时比例为27.5%∶50%∶22.5%；上海外国语大学为11.6%∶68.3%∶20%；四川外国语大学为23%∶50.2%∶26.8%；北京外国语大学为11.6%∶61%∶27.2%。而中山大学的文学文化课只占7.1%。（赖林冬，2012）在教学质量上，陈绂（2005）就提出，在对外汉语教师中存在“相当一部分人的文化历史常识少得可怜……‘整体素质’‘文化底蕴’是多么地不堪一击。至于一般的礼仪风范、待人接物，闹出的笑话就更多”的状况，呼吁学界思考“症结到底在哪里”。

这或许与长期以来仅把文化作为语言课的辅助内容，偏重零散文化知识的教学，不注重其人文化育功用的做法有关。

本文拟从语言教学与文化的关系、外国人学习汉语的动机、汉语国际教育的师资要求和汉语国际教育本科专业的性质四个方面来讨论文化课在汉语国际教育本科专业中的双重作用，进而提出文化课分类教学的初步设想，以就教于方家。

一　文化课的基础作用

文化课在汉语国际教育本科专业中必不可少，是一个不争的事实。但对其具体作用的认识和具体内容的确定，有待进一步研究。下面从语言教学与文化的关系、外国人学习汉语的动机、汉语国际教育对师资的要求以及普通高等教育的性质四个方面，来讨论文化课在汉语国际教育本科专业中的地位、作用和课程性质。

1.1　语言教学与文化的关系

语言教学离不开文化教学，语言教学在一定程度上就是文化教学的观念已逐渐成为学界共识，但对于文化在教学中的具体认识，仍然颇有分歧。

较为普遍的观点是把语言教学中的文化限定为语言教学中的文化要素，甚至把文化要素作为语言的下位概念。另一种观点则认为，“对外汉语教学中的文化跟人类学和文化学意义上的文化并无太大不同，在语言教学中我们完全可以、也应该就诸如政治经济、历史文化、价值观念、生活方式、教育制度等一切有差异的问题展开文化讨论或辩论……文化不只是隐含在词语中的交际文化因素，而常常是那些可以对社会现象和行为本质作出解答的观念文化”（亓华，2007）。这两种观点的区别，源于对语言教学中的文化内容和作用的不同看法。

本文尝试根据文化在语言教学中的作用，把文化分为表现为语言实体的文化内容和不表现为语言实体的文化内容两种。表现为语言实体的文化内容指形成语言要素如语音、词汇、语法或形成语言单位如语素、词、短语、句子等的文化内容。这部分内容以词汇形式出现最为普遍，如“青松”“月饼”“得意忘言”“瑜亮情结”等。这些词语都以一定的文化含义为其义项或寓义，有的只要了解特定的民俗即可，有的需要深入学习中国经典著作。把语言教学中的文化看作“文化因素”的观点，关注的正是这一部分文化内容。这一部分文化内容在一定程度上表现为语言教学的内容，所以语言教学就是文化教学的观点有其合理性。

不表现为语言实体的文化内容包括制约语言形式、意义的文化内容，即作为语言理据的文化内容，表现为政治经济、历史文化、价值观念、生活方式等形式。把语言教学中的文化内容与人类学、文化学等同的观点，更多地关注这部分文化内容与语言教学的关系。

可见语言教学与文化的不同方面有不同的关系。单从汉语教学本身来看，表现为语言实体的文化内容在汉语教学中有重要作用。如果考虑到汉语国际教育中学习者的动机，则不表现为语言实体的文化内容也不容忽视。

1.2 汉语国际教育中学习者的动机

汉语国际教育本科专业是培养汉语国际教育师资的学科，所以学习者的动机无疑是其培养目标和课程目标的依据之一。学习者的学习动机是什么？许嘉璐（2011）说“外国人学汉语根本的目的是为了了解和学习中国文化。许多国家政要和孔子学院的外方院长都多次表达过这个意思……我在国外各孔子学院考察时，他们多次说：你们派来的人，只教汉语，不懂文化”。

尚光一（2010）在《外国人究竟想从汉语中学到什么？——对当前对外汉语教学的思考》的发言中，更为详细地说明了这一情况。在与参加“来华留学60周年庆祝大会”的北京语言大学校友的交流中，他发现20世纪六七十年代的留学生对学习汉语的真实看法“竟惊人地一致”，那就是“学习汉语其实就为了了解中国文化，单纯学习语言本身没有任何意义”。而在访问汉学家顾彬教授时，“竟惊奇地发现几十年过去了，外国人学习汉语的目的依然如一。顾彬教授明确指出，希望当前北语的对外汉语教学能够注重语言背后的文化和哲学。他认为：‘失去了这些，语言也就失去了灵魂。北语不仅应该教会来华留学生使用汉语，更重要的是要让他们了解汉语所承载的中华文化。现在海外孔子学院的一些老师尤其一些年轻老师只知道教授学生语言，中华文化修养严重不足，引起了当地许多学生的不满。’顾彬教授明确表示，他最不欣赏的态度就是把语言仅仅视为工具，尤其批判了把对外汉语教学仅仅当作语言教学的做法，他一再强调是文化——只有文化才是对外汉语的目的，否则单纯的语言教学毫无意义。”

事实的确如此，文化教学在汉语国际教育中的作用不证自明。需要提及的是，这里的文化，更多的是指不表现为语言实体的文化内容。

1.3 汉语国际教育对师资的要求

汉语国际教育，与此前的“对外汉语教学”相比，突出了一个观念的转变，即从“教学”，到“教育”的转变。一字之差，内涵却相去甚远。“育”乃“化育”，强调的是对人在思想、心灵上的引导和教养，是一个人文化育的过程，也就是柏拉图所谓的“心灵的转向”的过程。而“学”一般是技艺、手艺的掌握，是技术层面的训练过程。赵金铭（2011）认为，称“汉语国际教育”而非“汉语国际教学”，说明其中“有着更宽的内涵与外延”，“包括了中国文化介绍与中国文化传播”。这就要求作为教育者的老师有更为完善的知识结构和更为深厚的文化素养。很难想像，一个不懂中华文化、没有基本文化修养的老师，能在汉语国际教育中胜任“中华文化介绍与中华文化传播”的工作。

1.4 本科教育的性质

本科教育，除了专业知识的教学外，还承担着大学生人文教育的职责。每个人的生活环境不同，并不必然拥有系统接受传统文化精要部分的条件。大学，是人文荟萃的象牙塔，负有启迪智慧、培育良知、化育心灵、开启人性真善之美的天职。“高等教育的基本性质……是人文性、学术性、职业性，三者相辅相成，存在和统一于各类高等教育之中。”（文辅相，2007）没有人文性，将不成其为教育。而人文教育的实现，有赖于一定量的基础文化课的教学。哲学、文学、历史和艺术等人文学科都传承了一个民族最核心的价值观念和思维方式。基础文化课无疑应该以这些领域的经典著作为重要内容，通过合理、适量的文化课的教学，逐渐培养学生的人文素质和文化涵养。可以说，有文化课不必然收获人文化育的成果，但没有合理、适量的文化课的教学，往往会导致文化素养整体上的缺失。

综上四个方面可见，汉语国际教育本科专业是培养汉语国际教育师资的专业，在培养目标上有自己的特点，但它同时还是普通高等教育，承担普通高等教育的职责。这直接关乎学生作为受过高等教育的“中国人”，是否真正具有基本的中华文化素养？是否传承了传统文化根基？是否能够培养起文化自觉能力？这就使得文化课具有基础课的重要地位。

二 文化课的课程内容与分类

文化是一个综合了人类生活全部的概念。早在1871年，英国人类学家泰勒（1832—1917）在他的《原始文化》中，开头第一句就说，文化是“包括知识、信仰、艺术、法律、道德、风俗以及作为一个社会成员所获得的能力与习惯的复杂整体”。（泰勒，2005）如此庞杂的内容，不但在语言课上，即使在专门的文化课上，也难以详尽。

文化教学既必须，又困难，这也是学界对教学内容的讨论旷日持久，却至今尚未形成具体、系统、可操作的文化大纲的原因之一。

2.1 文化的层次

我们认为，既然文化是涉及许多领域的内容，就不能用单一的办法应对。王学松（1993）提出："文化本身是一个包罗万象的复合体，不可能全盘托出教给学生。""其中就有一个去取的问题，去取的标准、范围不一样，文化教学的效果也就可能有很大差别。"前人曾有物质文化和精神文化之分，广义文化、狭义文化之分，大文化、小文化之分，物质文化、制度文化、意识形态之分，物态文化、制度文化、行为文化、心态文化之分等，但对于语言教学而言，仍然都稍嫌笼统或交叉。王文在分析归纳前人分类的基础上，提出了简要、明确、在语言教学中具有可操作性的四个层次：一是意识形态文化，二是传统的精神文化，三是民俗文化，四是由外界进入的异文化。

第一类意识形态文化，由于它对语言的影响相对而言是局部的，有限的，加之"政治色彩强烈"，在语言教学中一定程度上可以回避。

第四类异文化，单列出来，既有利于集中教授中国本土文化，也可以反映中国当代文化与世界其他民族接触而产生的新面貌，其内容既不是影响汉语的主要方面，在教学上也相对简单，比如其中一部分借词，意义可以对译，内容也较容易沟通，所以整体上不是主要教学内容。

第二类精神文化和第三类民俗文化，是汉语教学中需要专门教授的文化内容。

民俗文化，由于其显在性，在语言中往往表现为一些有民俗特点的词汇，如"粽子""中秋节""扫墓"，需要通过生词、图片、参观等形式的学习，再辅以民俗知识的介绍，方可连带风俗习惯一起掌握。所以无论对汉语国际教育，还是汉语国际教育本科专业而言，民俗文化作为知识或常识，对语言教学的作用和影响相对更为局部和零散，虽然不是学习的重点和难点，也需要一定课时的专门教学。

最为关键和困难的是精神文化的教学。说它关键，是因为它是中华民族赖以存在、发展和保持自己的根基，是中国人之所以是中国人的内在规定。说它困难，是因为它以观念的形态存在，隐身于建筑、绘画、音乐、文学、书法之中，寄存于中国人代代相传的观念深处。它触之无形，却无时不制约着中国人的言行举止；它赋予一个词超乎字面的含义，如“游子”“冰心”；它能让一个特殊的社会现象涣然得解。所以精神文化是汉语国际教育的难点，也是汉语国际教育本科专业的重点。

2.2 文化课的分类及主要内容

不同层面的文化形态，有其不同的特质和作用。在教学上应当据此采用不同的授课方式。汉语国际教育本科专业的文化课，更应该从专业特点出发，以不同的形式来安排不同层面的文化内容，更好地发挥各自应有的作用。为此，我们初步尝试将本科教育中的文化课分为基础文化课和应用文化课。

基础文化课着眼于当下的人文教育，注重培养学生的传统文化修养、人格和品质，最终目标是让学生成长为有修养、有思想、有文化血脉的中国人。

在中国古代，“文化”的本义就是“人文教化”，是对人的性情的陶冶、品德的教养，所以又引申出教行迁善之义。这与汉语国际教育本科专业作为普通高等教育的性质恰相符合，所以汉语国际教育本科专业不但应该开设基础文化课，还应该开为必修课。

文化本身在化育人、培养人过程中的长期、渐进、潜移默化性，使得它不能像一般知识、技能的学习一样，在短时间内，通过概论课、技能课的学习就可以掌握，所以基础文化课不能靠一本概论教材，面面俱到、蜻蜓点水地把哲学、历史、科技、文学、医学、音乐泛泛一过了事，而应该择要精讲，让生生不息的传统文化在课堂内外春风化雨，让经典在四年的琅琅书声中铸就新一代文化使者的文化气魄。

由于中国古代文史哲不分家，所以在课程设置上，不一定要分哲学、文学、历史，或可直接按照经、史、子、集的类别，选择其中有代表性的著作来教学，以形成对中国古代文化的整体了解。需要强调的是，在课程上不分出哲学、文学等，但在教学中，对有代表性的哲学思想、文学观念等，仍然要有足够深入、细致的剖析。这当然对师资提出了较高的要求。

应用文化课需着眼于未来的职业需要，全面了解中国风俗民情，以备将来教学所用。内容包括对各种民俗文化的了解、中华才艺的学习等。

课程具体内容和数量的确定，应该由汉语教学界和文化界学者共同探讨，我们的建议只是初步设想，错漏之处当不在少数，惟以此抛砖引玉：

（1）基础文化课

从一年级到三年级，持续开设系统的原典导读课，选择有代表性的典籍作为导读内容，如经部的《诗经》《尚书》《仪礼》《礼记》《周易》《左传》等“十三经”；史部的《史记》《汉书》《三国志》《后汉书》等；子部的《老子》《庄子》《荀子》《坛经》等，集部的《乐府诗集》《古诗集》《古文观止》等，其余可以作为补充阅读材料。这些是传统文化的精华所在，是中华民族对人类文明的独特贡献，在汉语国际教育本科专业教育中具有不可替代的价值和作用。

（2）应用文化课

一年级开设中华才艺课，在课程结束后，还有三年较为充裕的时间，根据个人兴趣和特长，提高某一项或几项才艺水平。

二年级起开设世界文化概观类课程和比较文化研究类课程，后者可由学生自行选择感兴趣的两种以上的文化做对比研究，最好与擅长的外语相结合。

三年级全学年开设民俗课。

需要强调的是，文化课分为基础课和应用课，只是根据汉语国际教育本科专业的特点，在教学策略上的权宜之计，并非文化本身有“基础”和“应用”的分野，二者没有截然的界限。所以在实践中，宜彰显其相一致的共性，不应造成中华文化有两个独立板块的错觉。

参考文献

爱德华·泰勒（2005）《原始文化》，桂林：广西师范大学出版社。

陈　绂（2005）谈对外汉语教学硕士研究生的知识结构，《语言文字应用》第9期。
赖林冬（2012）对外汉语本科专业课程设置改革探析，《汉语国际学报》第2期。
罗小东（2004）对外汉语教学专业的学科定位和课程设置，《国外汉语教学动态》第三辑。
亓　华（2007）汉语国际推广与文化观念的转型，《北京师范大学学报（社会科学版）》第4期。
尚光一（2010）当“孔夫子”遭遇“西方”——当前汉语国际推广的现状、问题及思考，《北京大学研究生学志》第3期。
王学松（1993）对外汉语教学中文化教学的层次，《北京师范大学学报（社会科学版）》第6期。
文辅相（2007）论高等教育的基本性质，《北京大学教育评论》第2期。
许嘉璐、石　锓（2011）关于汉语国际教育热点问题的访谈，《湖北大学学报（哲学社会科学版）》第4期。
赵金铭（2011）课程体系与实习体系，《汉语国际教育人才培养论丛》（第二辑），北京：北京大学出版社。

课程体系与课程研究（三）

教学设计与教学法研究

汉语国际教育专业课堂教学法改革的相关思考

浙江外国语学院　李　倩

摘要　汉语国际教育专业“复合型、应用型”的人才培养要求，需要本专业创新的培养方案和课程教学设置。当前课堂教学现状无法满足培养要求，本文认为应该利用新的教学研究成果开展课堂教学法改革。问题探究式课堂教学法是这一改革的一种尝试。

关键词　汉语国际教育专业　课堂教学法　改革

一　汉语国际教育专业教学改革的背景

汉语国际教育专业是一个强调“应用”的专业，要求毕业生具有胜任汉语国际教育和文化传播的能力。

从专业人才培养目标来看，多数高校定位在培养“复合型、应用型、国际化”的人才，张和生（2008）曾就此做过说明，他指出：“‘应用型’是相对于科学硕士强调知识的理论性、系统性而言，我们培养的人才更强调教学实践能力；‘复合型’则是强调所培养人才在知识结构和能力结构上的综合性。”可见，本专业的教学目的最根本的就是提高学生把各学科知识应用于汉语教育的能力，侧重于实践层面。在课程设置和教学中，要坚持语言教学的实践性原则，始终把语言技能和交际技能的训练培养作为重要环节。

从专业知识结构来看，汉语国际教育专业具有很强的实践性和应用性。实践性知识是指教师积累的教学经验，是指教师在实现教学目的的行为中所具有的课堂情景知识以及与之相关的知识。汉语国际教育教师是一个专业化程度高、实践性强的职业。而当前汉语国际教育专业的人才培养方案由于课程、教师、实习等多方面条件限制，更多地注重知识传授，无法完全照顾到实践性这一特点。这就需要改革传统课堂教学模式，加强教学课程的实践性，引入创新的课堂教学法，培养对外汉语教师的实践能力。

汉语国际教育专业是一个强调“创新”的专业，作为一名复合型人才，只有具备优化组合的跨学科知识结构和能力结构，才能够实现跨学科的知识创新和能力创新，能够实现“一专多能”的职业取向。

面对新问题和新挑战，汉语国际教育专业的研究专家都不同程度地强调本专业人才应该具备研究和解决问题的创新能力。汪国胜（2011）认为：“汉语国际教育硕士作为高层次的汉语国际教育的专门人才，不应该是只会教书不会思考和研究问题的教书匠，而应该是‘知’‘能’兼备，能教、能研的行家。”崔希亮（2010）指出：“我们的汉语教师不仅仅要擅长教书，还应该兼善研究，因为有很多问题是没有现成答案的，需要我们自己去研究，寻找答案。也就是说，我们有一部分教师要介于匠人与学者之间，起码要成为某一个方面的专家，这样才能做到游刃有余。”

总之，一方面，本专业人才在汉语国际教育的实践中，应有能力将汉语本体理论转化为教学能力和技巧；另一方面，在面对新情况、新问题时应该有自主解决问题的能力。这些能力和技巧的培养都要一一落实在专业课堂教学中，需要我们从根本上创新教学模式和教学观。但是，在当前课程教学中总是有一些不尽如人意的地方。

陆崔崔（2012）的调查研究表明，汉语国际教育专业的学生对课程设置普遍感到不满意，觉得实用性并不强，而且各门课程之间层次安排存在问题。学生都希望由教师来传授知识，但方式不应该是照本宣科。特别是汉语国际教育专业的教师，因为学科性质的综合性，对教师自身综合素质提出了更高的要求。

这些问题的解决需要学科研究的发展和教师素质的提升，同时更加需要课程设置的调整和课堂教学法的改革。

二　汉语国际教育专业课堂教学法改革的条件

教学法的创新和改革需要具备相关条件，一方面需要教学观的更新和转变，另一方面需要新技术条件的支持。我们认为，当前教学研究的发展为本专业的教学改革提供了新的契机。

2.1　研究性学习和科研促进教学的教学观

教学观的更新可以使我们更好地思考“如何教”的问题。

一方面，越来越多的教学改革引入了启发式、案例式、讨论式、开放式、研究式教学等新的教学理念和教学模式，这对学生的探索精神和独立研究能力的养成至关重要。我们倡导学生的研究性学习，这一方面是对学生能力的要求，另一方面则是学科专业本身的特点决定的。汉语国际教育专业作为一个新兴专业，对外汉语教学作为一个应用性学科，目前对其本身的研究尚不充分，需要投入大量研究人才，而使学生在本科阶段具有初步研究能力，可以为未来的提升准备资源。

另一方面，对于汉语国际教育专业的任课教师而言，培养专业精英必须有一流的师资，如果教师本身没有很高的学术水平和开阔的国际视野，自己都不会做科研，只会照本宣科或东拼西凑敷衍上课，这样的“教书匠”要想培养出研究型人才当然是痴人说梦。研究型人才必须通过研究性教学才能培养出来，这就要求教师的教学必须与科研相结合，把最新的科研成果融入教学中，通过教师的言传身教潜移默化地培养学生的科研意识和研究能力，这是越来越多的高校教育意识到的问题。

2.2 语料库、数据库应用为基础的教学模式创新

第一，语料库驱动语言教学。语料库既是自然语言素材的集合，又是有目的收集的特定语言样本。语料库不仅是语言研究的必备工具，在当代语言教学中也越来越显示出其重要性。例如，通过汉语平衡语料库的词频统计可以揭示汉语词汇、语法教学的重要项目、次要项目，教学难易顺序等问题；汉语中介语语料库可以向教学者揭示汉语作为第二语言教学的学习规律、学习策略、学习迁移过程等问题，同时可以使汉语国际教育专业的学生更加了解教学过程中的重点和难点等。基于语料库的汉语教学使语言教学不再仅仅依靠直觉，其教学大纲、教材、教学内容都应该通过语料库的检验，只有这样才能使学生掌握的知识和技能更接近于真实语言。

第二，数据库提供教学范围。汉语国际教育专业除了担负起汉语教学的重任，对中华文化的推广和传播也应有所贡献。但是中华文化的内容和形式非常丰富，使得学习、了解中华文化项目具有很大的开放性，不仅是知识的学习，而且需要文化项目的展示与实践。对于具有开放性的中华文化项目，我们认为最有效的组织形式即以数据库形式来展示。例如浙江文化专题数据库[1]、中华文化海外传播动态数据库，可以为以后的文化教学划定范围，同时如果文化项目联系多种媒体体验，将为学生提供更为丰富的学习方式。我们有理由认为，建立多层面、成系统的中华文化项目数据库，将是今后学术研究和发展的一个趋势。

汉语国际教育专业首先要解决“教什么”的问题，我们认为，语料库和数据库能够为我们提供合理的教学内容。

[1] 网址：http: //whzt.zjcnt.com/。

三　问题探究式课堂教学法——以对外汉语词汇教学法为例

教育家布鲁纳提出的“发现学习法”、维特罗克提出的“生成学习”的相关理论都主张可以从“问题”入手，激发学生的学习兴趣，启发学生的内在学习动机，从而使学习事半功倍。由此，问题探究式课堂教学法成为我们关注、思考较多的创新性课堂教学法。这种教学法一方面在教学效果上，有利于引导学生独立思考，从而激发学生学习的主动性，有利于提高学生的应用能力，培养自主解决问题的独立意识；另一方面，基于语料库、数据库的研究性问题探究，为我们的课堂教学提供了坚实的教学基础和研究便利。本节试图以教案编写的方式呈现教学法的主要环节和设想。

3.1　教案编写的步骤和原则

步骤:（1）通过中介语语料库考察汉语学习中的重点、难点;（2）以语料库为基础，提出合适的“问题”，向专业学生提供适当情景，引发学生思考;（3）就这一问题进行讨论，依据现有所学知识和方法研究解决这一问题的教学;（4）如果现有知识和方法无法解决问题，则进一步提供汉语本体研究成果来解释这一问题，并激发学生对本体研究的兴趣;（5）依据相关数据库所提供问题研究现状，了解汉语本体研究对这一问题的解释方法，促使学生思考哪些内容可以应用到对外汉语教学中，哪些内容不适合当前的教学内容，并如何教授给处于一定阶段的汉语学习者。通过以上步骤使学生掌握对外汉语教学的基本规则:（1）教学环节要合理;（2）教学内容注重问题探究;（3）有利于培养学生自主学习;（4）有利于激发学生学习兴趣;（5）问题设置要尽量贴近教材。

3.2　教学案例

3.2.1　课程内容

对外汉语教学法→词汇教学→近义词教学

3.2.2 教学流程

第一步，提出问题。

中介语语料库中有这样一些句子：

（1）* 昨天的生词很容易，我眼看就学会了。

（2）* 上课了，我要眼看去教室。

（3）* 我在等你，你眼看下来吧。

各例为什么错，因为这里的“眼看”都应该换成“马上”，那么，为什么？我们在词义讲解时用近义替换来讲解，无法讲清楚词与词之间的区别，从而导致造句错误。我们不能仅凭语感判断对错，而要讲出其中的道理和限定条件。

第二步，讨论问题。

由学生来思考解决问题的办法，学生应该注意到“马上”和“眼看”在不同语句中的区别，由教师适时点拨。

教师根据近义词辨析成果，应该具备以下初步认识：“眼看”和“马上”有相同的意思，副词“眼看”只用于客观描述，不能用于祈使句；“马上”可以用于祈使句。“眼看”还是个动词，可以带“着”，也可以带宾语，“马上”不能。[1]

如果学生讨论无法找到相应的切入点，教师应提供适当的语言材料，来推动讨论的进行。[2]

（4）不能眼看 /* 马上着他流血不管啊，要赶快想办法把伤者送到医院去。

此句只能用“眼看”，在这里“眼看”为动词。

（5）——怎么叫了你半天还没动窝啊！你快点儿吧！

——好，马上 /* 眼看。

（6）——你快点儿下来。

——好的，我马上 /* 眼看下来。

“马上”可以在祈使句中，可以单独成句。

[1] 以上材料引自杨寄洲、贾永芬《1700 对近义词语用法对比》，第 1336 页。

[2] 以下材料引自沈敏《“眼看”与“马上”辨析——兼谈对外汉语词汇教学》。

但是，为什么例（1）(2）(3）是错的，仍然没办法解释。

第三步，借鉴汉语本体研究成果。

［已然 / 未然］:“马上”既可以用于未然体，也可以用于已然体。

“眼看”只能用于未然体。

（7）他俩眼看打起来了。

他俩马上打起来了。

本句用“眼看”表未然，用“马上”表已然。

［可控 / 非可控］:“马上”所表示的事实可以具有可控性，也可以具有非可控性。

“眼看”所表示的事实则具有不可控性，即使动词本身具有可控性。

例（7）两句,“眼看打起来了”表示无法阻止,“马上打起来了”两可。

第四步，解决问题。

例（1）错误，因为“眼看”后的动词“学会”表示已然，所以不能搭配。

例（2）(3)，因为“眼看”后的动词“去”“下来”皆为可控性的，所以不能搭配。

第五步，问题延伸。

哪些内容能够且有必要教授给学习汉语的留学生？如何教授和理解语义特征［已然 / 未然］［可控 / 非可控］？这就为汉语国际教育专业的学生提出了进一步要解决好的问题。

3.2.3 教学反思

彭增安、陈光磊（2006）曾指出:“留学生在使用汉语时发生的词汇错误比语法错误多，尤其是对于中高级汉语水平的留学生来说，词汇量不足和词掌握不准确成了限制其汉语水平进一步提高的瓶颈。”

沈敏（2006）指出:“在目前的对外汉语词汇教学中，无论是教师还是教材，处理近义词常采取‘以词释词’的方式，这突出了近义词‘同’的一面，却忽略了其‘异’的一面。这种处理方式带来的结果是：留学生认为近义词没有区别，因而选词造句时随意替换，无条件类推，导致诸多偏误的产生。赵金铭曾指出，‘对外汉语词汇教学的重要任务不仅是要教给学习者识词的能力，而且还要教给他们辨词的能力。’所谓‘辨词’就是‘辨异同’。‘辨词’的环节做好了，学生才能准确地‘选词用词’。”

那么，如何更快、更有效地教授留学生汉语词汇成为汉语国际教育研究的一个重要方向。

由上可见，问题探究式课堂教学法，以问题探究的过程贯穿整个教学过程，这符合科学研究中发现问题、思考问题、解决问题的一般思维过程。而在这一过程中，对教师素质的要求相对较高，作为探究问题的引导者，教师应该提供适当的讨论材料使学生置疑、发问，应该能够在关键的时机进行点拨、提示，应该做足课前准备并具有临机应变的能力，应该对本专业基础知识娴熟，对学科发展前沿有所关注，只有具备这些知识和能力的教师才能在课堂上游刃有余。

当然，我们还应该看到，不是所有的教材内容都适合此种课堂教学法，而我们的教学内容仍然需要在课程计划内来安排，所以应该对课程内容和上课时间有所选择。我们认为，课程内容应该具有较强的可操作性，问题解决的过程应该具有递进性，这有利于扩展学生思考的空间。考虑学生的学习进度和思维深度，这种课型应该设置在具备一定知识基础的高年级学生中。

参考文献

崔希亮（2010）汉语国际教育“三教”问题的核心与基础，《世界汉语教学》第1期。

崔永华（2005）以问题为导向的对外汉语教学学科建设刍议，《语言教学与研究》第3期。

陆崔崔（2012）在杭高校对外汉语（暨汉语国际教育）专业本科课程设置对比研究，浙江大学硕士学位论文。

彭增安、陈光磊（2006）《对外汉语课堂教学概论》，北京：世界图书出版公司。
沈　敏（2006）“眼看”与“马上”辨析——兼谈对外汉语词汇教学，《语文学刊》第7期。
汪国胜（2011）对汉语国际教育硕士培养相关问题的反思，《湖北大学学报》第4期。
杨寄洲、贾永芬（2005）《1700对近义词语用法对比》，北京：北京语言大学出版社。
张和生（2008）汉语国际教育硕士培养的回顾与展望，《第九届国际汉语教学研讨会论文选》，北京：高等教育出版社。
张　雯（2011）浅析语料库建设对于语言教学的意义——以对外汉语教学为例，《北方文学》第11期。

教材编写案例中的师资培养探索*

北京语言大学　田　然

摘要　师资培养是汉语国际教育的一项重要研究课题。本文以“编写对外汉语教材练习”为“案例”，从实践角度探索入职前汉语国际教育硕士（MTCSOL）师资培养的新路径。我们认为，这种“案例教学”能使得MTCSOL更好地将所学课堂理论、知识与教学实践、教学中的种种问题结合起来，是一种针对“汉语作为第二语言教学”的“入职前师资”培养模式，同时我们也探讨了该培养方式的导师指导流程以及操作方式，以期拓宽师资培养模式。

关键词　案例教学　师资培养　汉语作为第二语言的教学　汉语国际教育硕士　指导模式

---

*　本文已刊发于《国际汉语教学研究》2014 年第 3 期。

一　缘起与思路

随着汉语国际推广的发展，汉语国际教育硕士（MTCSOL）课程也日渐丰富，既有汉语本体知识的（如词汇、语法专题），也有教学方面的（如课程技能教学等），更有适应跨文化需求的（如汉字文化课、传统文化概说等）内容。可以说，理论上的知识输入已然十分地系统，然而，汉语国际教育硕士的培养目标毕竟是走上课堂，在国内外从事汉语教学工作，因而“师资”的实践能力的提高尤其重要（李泉，2010）。

语言教学中至关重要的“三教”问题是指教师、教材、教学法三个要素（崔希亮，2010），研究生读研期间踏上讲台成为临时师资、运用所学的理论是一种实践，通过对汉语教材练习的编写，不断钻研体味其中的教学法、教学理念、语言要素知识、难度等级控制等，也是一种实践，是更为基础的“师资培训”实践。因而，本文遵循这一思路，将一课课“语法练习编写”当作教授研究生的一个个具体“案例”，以此“案例教学法”(case method）作为探索汉语国际教育硕士师资培养的一种手段。

案例教学法是利用具体的“案例”作为教学工具的教学方法（Shulman，1992），教师以“案例”作为授课的题材，通过师生互动分析“案例”，从而在所学理论与实践间搭建起桥梁（曹长德，2008）。近年有学者建议将“案例教学法”运用于师资培养中，以解决学生在实习中遇到的问题（央青，2011）。

本文在师资培养中所采用的案例教学步骤是：教师在编写好课文的语法点例示（教材为《新目标汉语》第六册，中级口语，近期由北京语言大学出版社出版）后，要求研究生完成配套的语法练习——每一课都由多位研究生做出各自的编写设计（为集体研讨、互相比照做准备）。这些“编写设计”便是一个个教学“案例”，教师针对“案例”指导研究生，从而完成整个“案例教学”。

二　“案例教学”与 MTCSOL 培养目标

根据《汉语国际教育硕士专业学位设置方案》（国务院 2007 发布，以下简称“《方案》”），MTCSOL 的培养目标是：具有熟练的汉语作为第二语言的教学技能和良好的跨文化交际能力，适应汉语国际推广工作，胜任多种教学任务的高层次、应用型、复合型专门人才。李泉（2009）、李晓琪（2007）等在文章中都特别强调了我们需求的是“应用型人才”，而不是单纯理论学习的“学术型人才”。具体来说，MTCSOL 应该了解第二语言教学理论；熟悉汉语言本体知识及其教学技能；具备较高的中华文化知识与跨文化交际能力；具有运用现代教育技术的能力等。

那么我们的“案例教学”与上述培养目标中的四大要素关系怎样呢？下面我们分别论述。

2.1　确立本次“案例教学”中的理论基础为“任务式教学法”

首先，我们确立该口语教材是采用“任务式”教学理论来编写的，与《方案》中的培养目标要素一（了解第二语言教学理论）吻合，同时也与研究生的“第二语言教学理论”课程吻合。

学生已经学习了诸多第二语言教学理论与方法，如交际法、功能法、结构—功能法、任务法等，那么“任务教学法”是怎样的？如何应用在教材中呢？

任务型教学（Task-based Language Teaching）主要强调“在做中学”（learning by doing）、“用语言做事”（doing things with the language），学生通过表达、沟通等各种语言活动，来完成任务，从而达到学习和掌握语言的目的——在针对该理论的讨论中，研究生们加深了对该教学法的理解，明确了每一套汉语教材背后，都有自己的编写理念支撑，这是教材的“灵魂”，然后便进入到自己动手编写阶段。

2.2 “案例教学”中 MTCSOL 要应用汉语本体知识并掌握其教学技能

在以“任务法”为基础编写语法点练习时，学生要运用其所储备的汉语本体知识，要在练习编写设计中体现“技能”（口语）特点，这便与“方案”中培养目标要素二（熟悉汉语言本体知识及其教学技能）结合起来了，也将实践与研究生本体语言课程、技能教学课程结合在了一起。

如句式练习部分，研究生设计“一旦”句式操练时，要知道其常用语法格式为：一旦……，就 / 便……，并且要清楚它的语义、使用语境，而且练习设计要与外国学生易混淆的“如果……，就……”区别开来，最后让外国学生按照所设计的表格完成突出“口语技能”的任务。

2.3 “案例教学”中 MTCSOL 应适度植入中华文化内容

在编写语法点练习的同时，我们要求研究生融入中华文化内容，这便与培养目标中的第三要素（具备较高的中华文化知识与跨文化交际能力）结合，同时也与其文化、跨文化交际课程结合。

如前面的“一旦”格式，研究生最好不使用“明天就要正式生产了，机器一旦出了问题，就非常麻烦”这样的例句，而应倾向使用“项羽是一个过于自信的人，一旦做了决定，别人便很难改变他”。这样，外国学生在习得汉语语法时，也可以了解古代常识。研究生也可通过这样的训练明白文化不是单纯孤立地介绍给外国人的，是可以通过语法、练习自然渗透的，句子的设计需要匠心独运。

2.4 “案例教学”中 MTCSOL 更多地使用了现代教育技术

学生的编写实践涉及文字的编辑扫描、EXCEL 应用、PDF 文件转换、图片素材收集、拼接截取图片、WORD 视图插件使用等，这便与培养目标中的要素四（具有运用现代教育技术的能力）吻合在一起。

综上，我们所采用的“案例教学”与国家培养目标的一致性以表格显示如下：

表 1　案例教学与培养目标对照表

	要素一	要素二	要素三	要素四
MTCSOL 培养目标与应具备要素	了解第二语言教学理论	熟悉汉语言本体知识及其教学技能	具备较高的中华文化知识与跨文化交际能力	具有运用现代教育技术的能力
教材编写案例教学	运用“任务式”方法编写教材	如“一旦……，就……”句式的构成、语义、语境知识及口语操练设计	历史人物项羽、刘邦;《西游记》故事；中外对狗的态度等	文字处理、表格制作、图片寻找剪辑、多媒体制作等

三　“案例教学”中的教师指导模式

前面谈到 MTCSOL 通过对“语法练习”的编写，从而将所学理论、汉语言本体知识、技能知识、跨文化交际知识、现代教育技术知识融为一体，形成了对知识的“综合”运用，下面从教师（导师）的角度，谈谈操作的具体方式。

3.1　教师为 MTCSOL 设计任务

首先，要求学生查找“教学法”资料，特别要掌握正在编写的教材所运用的方法——“任务式”教学法。

其次，要求学生阅读《汉语水平词汇与汉字等级大纲》《汉语水平等级标准与语法等级大纲》，了解中级水平外国学生所掌握的词汇语法情况，按照甲乙丙丁级词语表，设计出符合外国学生水平的、难度适中的练习。

最后，要求学生在控制练习难度的同时，融入中华文化因素，同时与课文话题大体一致。如课文话题为“动物”，则练习中以“动物”为主设计语法点操练，这些动物可以是“孙悟空”等有中国特色的角色，而不只是简单的小猫小狗。

3.2　教师为 MTCSOL 设计研讨

每课“案例”完成后，安排研究生集体讨论，展示各自编写的语法练习，汇报编写思路，对编写中的问题做出分析；教师做出点评；选择优秀练习设计，供学生多角度（本体知识运用情况、技能特点突出与否、文化融入情况、难度等级适中与否等）学习分析。

3.3 教师要求 MTCSOL 对教材编写做出反馈

教材编写完成后，教师要求学生汇报发现的问题以及收获、后期的研究方向，概括起来，MTCSOL 发现的问题与收获集中在如下几个方面：

（1）发现了教材编写涉及因素的复杂性。

要有理论支撑——教材的背后是有理论支撑的，翻译法、功能法、任务法等不同的语言理论，支撑着不同的教材编写设计方式；

要结合课型特点——口语教材与综合、阅读教材等在语法练习设计上具有本质不同；

要学好本体知识——本体知识理解得不够深入，势必造成练习设计上的问题。如在操练“以……为前提”这个语法项目时，学生设计了这样的练习：第一部分是行为 A——关羽敢于去见鲁肃，第二部分是前提条件 B——关羽勇敢。学生本意是要操练“A 行为是以 B 为前提的”(如：结婚是以彼此相爱为前提的。)，结果出来的句子却是“关羽敢于单独去见鲁肃是以勇敢为前提的”这一明显的偏误性语句，这是对该构式语义及使用特点把握不清造成的；

要在语言点中植入中华文化——学生尽可能不使用诸如“朋友交往是以信任为前提的”这种一般性句子，而设计成“背诵唐诗是以理解唐诗为前提的”，将“唐诗”等文化性词语融入练习中，这无疑大大增加了练习编写的难度。

（2）初步了解了教材编写的基本原则。

针对性原则——我们编写的教材是针对哪种母语背景留学生的？他们的文化背景怎样？是针对哪个年龄层次的？是成人教材还是儿童教材等都是应考虑的问题；

创新性原则——目前汉语教材多达一千多种，那么我们所做的是否有创新性？是理论创新还是课文设计、练习编排的创新？抑或是多媒体辅助上的创新？

趣味性原则——教材有趣与否，练习设计得幽默与否，版式、图片的生动活泼与否也是能否抓住留学生汉语学习“兴奋点”的关键；

知识性原则——教材中的内容要有一定的信息量，反映中国当代社会的发展，同时传递文化信息，而不能仅仅停留在以往部分教材的“结婚、家庭、孩子”“家长里短”的话题上。

除此之外，教材编写中的实用性原则以及对语言规律的遵循原则等，都是我们应思考的问题。

（3）发现了论文写作题目。

如前面提到的“A以B为前提”结构，学生通过练习设计，发现了该构式不能简单地解读为“B是A的前提条件”，因为许多同等条件句子难以进入该构式中，还需要搜集大量语料去细致分析。这让常苦恼于找不到论文题目的学生在实践过程中，自然地发现了“研究课题”。

（4）发现了教材编写中“取舍”与“平衡”等细节问题。

学生在编写过程中也提出了许多问题：如“文化与语言”结合会否增加学生理解语法点的难度？结合到什么程度是适宜的？若“孙悟空”能进入教材，那么“猪八戒”可以吗？“唐僧”呢？取舍的标准如何界定？

再有，练习中为学生搭建“脚手架”[1]，搭建到什么程度？如何既能让学生理解语法练习，又不至于感觉过于轻松以致失去练习的挑战性？

以上种种困惑，其实也是我们所面对的问题。研究生们“提出了问题”，便为后来的“解决问题”提供了可能，这正是我们“案例教学”的深化与收获。

3.4 教师指导MTCSOL撰写相关论文

在前面反馈、研讨的基础上，教师进一步指导学生结合问题进行论文写作，可以是本体方向的，如“一旦……，就……”与“如果……，就……”的差异分析、“A以B为前提”结构研究；也可以是教学方向的，

[1] 美国教育学家Bruner在俄罗斯心理学家Vygotsky“最近发展区”理论基础上提出的一种教学理论与策略，旨在通过教师的支持以使学生进入更高发展阶段。参见张国荣《支架理论在英语写作教学中的应用》（《外语与外语教学》，2004，9）。

如“任务式教学法在口语教学中的应用”等；还可以是文化方向的，如“教材例句中的文化植入研究”等。总而言之，这种“案例教学”实践已经为我们科研写作提供了丰富的素材，进入到了一个良性循环中：理论学习—指导实践、教材编写—发现问题—科研探索—继续指导实践。

至此，整个教材编写“案例教学”基本完成，教师指导模式以表格可以概括为：

表 2　教材编写案例中的教师指导模式表

教师		MTCSOL	
第一步	布置任务	前期理论准备	教学法、尤其是任务式教学法
		阅读资料准备	汉语词语语法等级大纲、相关任务式教材
		进入编写阶段	学生们各自完成每一课练习设计
第二步	组织研讨	结合任务与前期准备，对彼此的设计做出分析、修正	
第三步	要求反馈	涉及教材编写复杂性、原则、困惑等	
第四步	指导论文撰写	论文形式可以是专题研究、教学实验报告、典型案例分析、教学设计等	

这种以教材编写为“案例”的 MTCSOL 培养方法，有助于研究生将单一的知识元素连接起来，形成更为完整的知识系统，促进其知识的整体建构，促进其对教材的理解，从而提升其对“汉语作为第二语言教学”的整体认识，为成为优秀汉语师资提供保障（徐蔚，2012），是一种事半功倍的师资培养模式。

参考文献

曹长德（2008）《教育案例教学》，北京：中国科学技术出版社。

崔希亮（2010）汉语国际教育“三教”问题的核心与基础，《世界汉语教学》第 1 期。

李　泉（2009）汉语国际教育硕士培养目标与教学理念探讨，《语言文字应用》第 3 期。

李　泉（2010）汉语国际教育硕士培养原则与实施重点探讨，《华文教学与研究》第 3 期。

李晓琪（2007）汉语国际推广事业中的教师队伍建设，《云南师范大学学报（对外汉语教学与研究版）》第 5 期。

徐　蔚（2012）汉语国际推广应用人才培养路径探析，《中国高等教育》第 12 期。

央　青（2011）案例教学法在汉语国际教育硕士培养中的应用，《汉语国际传播研究》第 3 期。

Shulman, L. (1992) Toward a Pedagogy of Cases. In: J. h. Shulman (Ed), *Case Methods in Teacher Education*. New York: Teachers College Press.

案例教学在国际汉语教师教育中的五种基本模式

华东师范大学　叶　军

摘要　通过对现实世界中真实发生的具体案例的详尽展示、研讨分析，让学生身临其境般地“经历”案例的完整过程，是一种有效的实践能力培养方式。在国际汉语教师教育中，案例教学有助于培养学生的教育反思能力及应对复杂教育问题的能力，能够通过学生参与大大提高培养和培训的教学效果。本文分析了案例教学中学生和教师角色的转变，提出了符合国际汉语教育特点的观摩、计划、模拟、诊断等案例教学模式。

关键词　案例教学法　国际汉语教育　教师教育

作为一种重要的教学方法，案例教学于20世纪20年代被哈佛商学院首先提出，并应用于工商管理教学之中。（傅永刚，2009）MBA等应用型人才培养的经验表明，通过对现实世界中真实发生的具体案例的详尽展示、研讨分析，让学生身临其境般地“经历”案例完整过程的案例教学法（case-based teaching），是一种有效的实践能力培养方式。在国际汉语教师培养（如汉语国际教育硕士培养）和培训（出国教师、志愿者岗前培训及岗中培训、海外汉语教师来华培训）中，案例教学并非仅对没有经验的教学“新手”非常必要，对于有一定经验的在职教师的继续教育仍可发挥积极的作用。

一　案例与举例——案例教学之目的

传统教学中，教师也常常通过举例来帮助学生理解所讲解的理论知识，启发学生的思维。为什么还要在举例之外专门提出案例教学的理念，案例和举例有什么不同呢？

国际汉语教育案例是在国际汉语教育实践中真实发生的，含有问题或疑难情境或能够反映某一国际汉语教育基本原理的典型性事件，具有现实性、真实性、动态性、典型性和启发性的特点。根据以上定义，案例与举例至少存在四个方面的显著差异。

首先，就篇幅而言，举例较为短小，而案例由于注重细节，篇幅都比较大。

其次，就结构而言，举例比较简单，而案例比较复杂。案例要全面、完整地展现从背景到事件的发生、发展、结果的全过程，分析其原因和影响。

再次，就内容而言，举例较为概括，而为了尽量还原事件发生时的真实情况，案例则要求具体的细节。

最后，就使用的方式而言，举例典型的方式是教师讲授以说明某一理论，案例则更注重学生参与研讨。

基于以上认识，案例在国际汉语教师培养和培训中的作用及采用案例教学的目的也可体现在以下四个方面。

第一，案例教学能够帮助在职教师发展在教学实践中发现问题的敏感性、分析问题的科学性和解决问题的主动性和创造性，培养学生的教育反思能力。

第二，案例教学更有利于在职教师发展应对复杂的教育问题的能力。作为一种质的研究（quality study），案例研究（case study）相对于一般的量的研究（quantity study）的主要优势在于能够更好地展示实际教育问题的复杂性。

第三，案例教学通过教师实际参与的方式，真正实现“做中学”的原则，能够大大提高培养和培训的教学效果。

第四，教师培训中采用案例教学可以帮助我们了解更多的世界各地的汉语教学情况以及汉语教师所面临的问题，有利于使培养和培训更有针对性。

二　学生与教师——案例教学之角色

案例教学中教师和学生的角色与传统教学有所不同。当代教育特别强调学习过程中学生的主动参与，而案例教学正是一种能够充分体现“以学习者为中心”思想的教学方式。具体表现为：

第一，学生可以通过鲜活的案例情景了解实际情况。新手教师最大的困境是他们严重缺乏教学经验，不少人甚至从来没有见过真实的课堂和学生，有人甚至因此而产生焦虑情绪。理论知识的学习并不能从根本上解除学生的焦虑。因为像语言教师这样的职业似乎更加重视眼见为实的课堂经验。案例教学中，学生首先是一个体验者，在案例所营造的真实氛围中去体验实际上课的情景，让他们在真正走上讲台以前就可以积累一些教学经验。

第二，通过互动获得合作学习的机会。案例教学的主要方式是研讨。在小组讨论中，学生不同的思想相互碰撞，相互启发新的思维，合作学习不仅有利于学生之间取长补短，更有利于充分发挥学生的创造性。

第三，学生可以通过分析案例增强问题意识。案例学习中，学生观看或阅读案例并不仅仅是看个热闹，重要的是，学生可以通过案例分析，增强问题意识，能够在司空见惯的现象中发现问题，能够在纷乱的现场中厘清问题的来龙去脉。

第四，学生可以通过解决案例问题积累知识。阅读案例本身对学生来说是一种经验的积累，但经验积累并不必然导致教学能力的提高，不经过学习的讨论很可能只是低水平的重复，学生未必能够学到新的东西。为了解决案例中的问题，学生有必要去学习专门的知识和理论，以期获得解决问题的途径。这种学习不仅有利于学生积累专业知识，而且由于学习的知识与问题直接相关，会大大提高学习的效果和效率。

第五，学生可以通过反思建立新的思维模式。案例研讨的最大好处是鼓励学生对问题进行反思。只有通过反思才能摆脱旧有观念，培育出新的观念。

实行案例教学的课堂中，教师的角色也发生了重大改变。从一个滔滔不绝的讲授者变为一个循循善诱的引导者。在学生阅读或观看案例时，教师通过提问启发学生思维。教师并不急于告诉学生答案，而是引导学生发现关键问题，采用更加多元的观念认识问题。案例教学中，教师对案例本身及学生有关案例的讨论的点评非常必要，通过点评可以引导学生转变观念，将对有关问题的认识引向深入。

三　观摩、研讨、演示、解决问题——案例教学之模式

MBA 等管理方面的案例课往往采用课堂研讨的形式。其基本程序是：

首先，阅读。学生阅读案例文本，教师根据案例主题列出一些思考题，引导学生初步形成关于案例中的问题的原因分析和解决方案。

其次，讨论。将学生分组，先在小组内部进行研讨，小组成员分别陈述自己对案例所涉问题的分析和处理意见，接受其他小组成员的质询并做出解释。然后讨论可以在小组之间展开。

最后，总结。教师可对讨论进行适当的点评，更重要的是让学生就案

例所反映的规律和经验进行总结，同时也总结获取这种知识和经验的方式。

与管理案例相比，国际汉语教育案例具有自身的特点，例如，有些案例可以以视频的方式完成展现教育活动的全过程（如课例），表现更具体，更细致；有些案例学生可以通过模拟教学更深入地“参与”到案例之中，获得更加真切的实际感受，并通过尝试检验讨论所得出的判断。根据国际汉语案例的特点，汉语国际教育硕士专业学位研究生课程中的案例教学可以采用更为多样化的形式。在国际汉语教师的培养、培训的实践中我们总结出观摩、计划、模拟、诊断等几种符合国际汉语教育实践的案例教学模式。

3.1 观摩

课堂观察（classroom observation，即通常所说的“听课”）是教师教育中的常见方式，但是国际汉语教学的课堂在世界各地，教师培训中很难安排学生或学员到真实课堂中去听课，因此可以利用课例进行录像观摩。

为了避免“看个热闹”，在让学生观摩课例录像前教师要进行充分的准备，根据教学目标和课例反映的主题拟订一份课堂观察大纲或观察记录表，要求学生在观摩过程中详细记录课堂情况及自己当时的感受。观摩结束后，教师提出一些引导性的问题组织学生进行分组讨论。教师在点评和总结时还可通过反复播放录像中的某些重要片段进行讲解和评价。例如，我们曾要求学生在观摩弗吉尼亚大学暑期强化课程的课例录像时，详细记录并分析教师的板书和提问，以掌握“主题导入法”[1] 的要义和具体操作。

观摩法的教学步骤可概括为“观摩→记录→分析→讨论→点评→总结”，其中最关键的是“记录”和“分析”环节。通过记录和分析，学生不仅能够学到相关知识，还能学到课堂观察的方法。

3.2 计划

学生学习他人的经验往往会比较被动，由于缺乏参与，学生对案例所涉问题的理解也容易流于表面，不能深入。教师可以采用向学生提出任务，

[1] “主题导入法”是梁新欣（2005）总结提出的通过问答这种师生互动方式将形式、功能和意义结合在一起的一种教学方法。

让学生制订完成任务计划（并不需要真正实施）的方式来增加学生的参与程度。

与通常的案例教学程序不同，计划法不首先向学生展示案例，而只是抽出案例中的任务，让学生也以此为任务制订实施方案或计划。学生以小组为单位经充分讨论制订计划，然后向全班报告，接受其他小组的质询，解释计划中行为或安排的理由与利弊。然后才给学生阅读案例，让他们比较自己的计划与案例的异同，分析案例中有关行为或安排的理由和利弊，再对自己的计划或对案例提出改进意见。

计划法的教学步骤可概括为“任务→计划→质询→阅读案例→比较→分析评价→改进→总结”，其中“计划”“质询”和“比较”环节最为重要，可大大提高学生的参与程度，培养他们解决实际问题的能力。

3.3 模拟

优秀教师都有一个重要特点，就是了解学生，能够站在学生的角度去实施自己的教学行为。模拟教学，是一种能够让没有经验的新手教师进行换位思考的有效的教学方法。

这里所谓的模拟，并不同于学生以教师身份进行模拟教学，而是教师模拟案例中的教师行为。课堂上，教师既不以文本方式也不以录像方式呈现案例，而是自己扮演案例中的教师，模拟其行为，学生则以案例中学生的身份参与活动，然后反思参与的活动。笔者曾组织学生模拟一次课堂游戏活动，以让学生理解活动细节安排的重要性及如何保证活动的有效性。由于学生“身临其境”，对教师的行为有切身感受，很容易就发现教师行为的优点和弊端，从而将自己的感受积淀为自身的经验。

模拟法的教学步骤可概括为“模拟→回顾→反思→讨论→总结”，其中“模拟”与“反思”环节至关重要。模拟促使学生换位思考，反思有助于学生发现问题。

3.4 诊断

在职教师参加培训，不仅是为了“充电”，很多人还希望在培训中解决自己教学中所遇到的具体问题。因此，诊断法在在职教师培训中特别适用。

教师不用事先准备案例，受训学员分别提出自己在教学中所遇的难题。教师根据所提问题的不同主题分组，提出相关问题的学员分在一组，每个学员在小组中呈现自己的问题案例，大家进行讨论，对问题进行诊断，提出解决方案。

诊断法的教学步骤可概括为“提出问题→分类→呈现问题案例→诊断→总结”。在我们进行的教师培训中诊断法广受欢迎，是因为学员提出的问题都是国际汉语教育实践中的真问题，他们本身就是案例的参与者，有解决问题的迫切需求。诊断法可以最大限度地提高学员参与讨论的积极性。我们也曾尝试让没有教学经验的汉语国际教育硕士专业学位的学生与在职教师一起参与研讨，发现也能大大提高他们的问题意识。

国际汉语教师教育是一项崭新的事业，案例教学法也是一项新的尝试。经过不断的探索，案例教学法在国际汉语教师教育中必将发挥更多的优势和更大的作用。

参考文献

傅永刚（2009）案例教学对于 MBA 学员管理能力提升的实证研究，《管理案例研究与评论》第 2 卷第 4 期。

梁新欣（2005）如何上好单班课：语言形式与语言功能并重的提问设计，《中文教学理论与实践的回顾与展望》，台北：师大书苑有限公司。

课程体系与课程研究（四）

教材研究

汉语国际教育专业古代汉语课程内容与体系改革研究

——兼评张博本《古代汉语》*

浙江师范大学　林　源

摘要　汉语国际教育专业古代汉语课程通过对古代汉语语言知识的系统学习，提高学生对现代汉语语音、文字、词汇、语法与修辞现象的认识与了解，提高学生对语言的敏感程度与分析解释能力。课程应强化语言通论，强调语言知识体系的系统与完整，适当介绍文献知识与常用工具书，删减文学文化通论，以突出其针对性与应用性。

关键词　汉语国际教育　古代汉语　课程

* 本文已刊发于《国际汉语学报》2015 年第 1 期。

不同专业的古代汉语课程内容因课程性质与教学目的不同而有所不同。对于汉语言文字学专业来说，这是一门工具性基础理论课程，以提高学生阅读理解古代文献的能力为主要目的。而对于汉语国际教育专业来说，这是一门强调实践与应用的课程，学生通过古代汉语语言知识的系统学习，结合现代汉语、语言学概论等课程所学知识，更清楚地认识现代汉语语音、文字、词汇、语法与修辞现象，对各种语言现象更加敏感，对其分析解释能力更强。但由于汉语国际教育是一新兴专业，积累不足，很多时候只能沿袭汉语言文字学专业古代汉语课程的教材与教法，缺少针对性。近年虽新出了一些针对汉语国际教育专业的古代汉语课本，取得了很大的成绩，但从总体上来说，新出教材数量不多，可供选择的余地不大，课程的总体设计还可以有更多的思考。我们尝试选取比较有代表性的汉语国际教育专业张博本《古代汉语》(以下简称“张本”)作为分析对象，并参考北京大学王力（以下简称“王本”)、复旦大学张世禄、北京师范大学王宁等的《古代汉语》教材，讨论汉语国际教育专业古代汉语课程的总体设计与主要内容。张本较之前教材最主要的变化是在保证语言通论系统与完整的前提下精简内容，大幅删减文选，删减文学文化类通论。这样做的好处一是突出了这是一门语言类课程。文学文化类通论完全可以由中国古代文学、中国古代文学史、中国文化等课程担当。二是符合各高校课时总量的实际情况。相较20世纪六七十年代，各专业的古代汉语课时都有所收缩，很多高校汉语国际教育专业的古代汉语课时比汉语言文字学专业更少，因此内容总量必须有所删减。这样的总体安排相当合理可取，但某些细节仍可讨论。以下我们从文选、通论、附录三个部分分别加以分析。

一　文选

就文选部分而言，张本与王本相似，都包括作品简介、作者简介、作品与注释四部分，但在细节处理上还有四点值得探讨。

1.1 体裁内容丰富多样

在文选的时代上，应首重先秦两汉，内容兼顾儒、释、道与诸子，体裁兼收各类文体，同时应尽量避免与中学语文课本的重复。如张本未选《老子》，也未选目录学名篇《艺文志 · 诸子略》，这点相当可惜。《庄子》，张本选《逍遥游》，此篇中学课本已选，不免重复，张世禄本《庄子》则选《齐物论》《大宗师》《达生》与《至乐》，这四篇为一般学生所不熟悉，更加可取。王宁本《古代汉语》于传统学术相当留意，选了一般《古代汉语》课本少见的《易经》《尚书》，即使是大家都选的《吕氏春秋》《孟子》，也别具只眼，选了更具学术性、思想性的《孟春之月》与《性善》，值得学习。

1.2 延伸扩展经史知识

作品简介部分可适当扩展，增加文史哲方面的知识。例如《左传》简介可考虑增加经学、古文经学与今文经学的说明。诸书于此都未加涉及。对于汉语言文字学专业来说，这一专业的本科培养方案中很可能已包括古典文献学、中国古代思想史、中国古代哲学一类的课程，这些课程会对经学有所涉及，因此王本没有这方面的内容不算缺憾，但汉语国际教育专业的本科培养方案各校相差很大，很多并不包括中国古代思想史或中国古代哲学这类课程，学生不见得有机会了解经学这一概念，如果不能在《古代汉语》课程中适当补充，可能会造成学生对中华学术传统缺乏基本的了解。

1.3 注释与通论相配合

文选的注释应与通论部分互相配合。张本较好地做到了这一点，凡文选中的语言现象在通论中有介绍的，都会在注释中加以说明。如名词做状语、使动、意动、省略、宾语前置等，但有些注释可以再详细一些，同时注意前后体例一致。如张本《郑伯克段于鄢》“今京不度，非制也。君将不堪”注释为“不度，不合限度。度，用作动词。”“不堪，受不了。堪，经得住，能忍受。”其中的“堪”没有完全贯彻其编写原则，未标注词性，与“度”解释体例不一致，最好改作“堪，动词，经得起。不堪，受不了”。又《晋灵公不君》“臣侍君宴，过三爵，非礼也。”其中“非礼”张本未加注释，但《郑伯克段于鄢》“今京不度，非制也”中的“非制”则有注释“非制，不是先王的制度”。两处结构相似，应为“非礼”补充注释“不是先王的礼仪制度”。

1.4 注释对通论有所补充

注释应对通论有所扩展补充。有些不适合单独作为一个章节出现在通论中的内容，可以考虑在注释中加以说明。例如词语的搭配，古代汉语某些词语的搭配与现代汉语相当不同。如古代汉语说厚敛，现代汉语则说加重赋税，类似的还有厚礼、厚葬，现代汉语说重礼、隆重的葬礼。再如深思熟虑，古汉语中“熟”可与“虑”搭配，表示“程度深”，在现代汉语中这一用法只保留在熟睡、熟思、深思熟虑少数几个词中，这种用法已不再能产。类似这些都可以在注释中特别标注说明。又如关于短语的组合方式，古代汉语有大名冠小名例，即正偏短语，如匠石、庖丁、木桃、木李、木瓜、琼琚、琼瑶、琼玖，现代汉语则为偏正短语，修饰语在前，中心语居后，如石师傅、丁厨师、草莓、蓝莓、苹果、火龙果、佩玉、美玉、黑玉等。如王本《庄子·庖丁解牛》释“庖”为“厨子”，释“丁”为“厨子的名字”，未对“庖丁”做出解释说明，张本未收此篇，其他古汉语教材，如郭锡良本《古代汉语》也是这样处理，未加更多说明。相关文选的注释应在注释中对这种现象加以说明，提高学生的语言对比分析能力，提高其对语言类型的敏感程度。

二　通论

2.1 文学文化通论

王力本收录了很多文学文化类通论，张本则大大精简了这些内容，只收录了古代散文的类别及古代的姓氏名号两块内容。考虑到课时总量的减少、课程性质及教学目的的不同，我们赞成张本精简文学文化通论的做法，甚至这两块内容也可以考虑删去，改由中国古代文学、中国古代文学史、中华文化等课程来承担此类知识的传授。

2.2 语言通论

张本语言通论包括文字、词汇、语法、音韵、修辞、古书注释与常用工具书七个部分。以下我们分别加以讨论。

2.2.1 文字通论

张本的文字通论部分包括汉字的形体变迁、汉字的形体构造、汉字的字际关系，其中汉字的字际关系即王本的古今字，异体字与繁简字。张本与王本在这一部分主要内容相当，其最主要的不同在于张本增加了汉字的形体变迁，对汉字的主要形体及其演变做了简要的介绍。这一部分的增加非常有意义，有必要。汉语国际教育专业的学生将来极有可能从事对外汉语教学工作，古文字形体的介绍是引起第二语言学习者学习兴趣的一个非常有效的方法，是对外汉字教学非常重要的一种教学方法。为求精简，张本没有像王本那样收录繁简对照表附录与部首附录。由于电脑与网络的普及，繁简对照表很容易从网络上获得，同时有很多免费的在线词典可以查阅，这一部分内容可以不收。但是汉字常用部首是汉字教学的一项重要内容，如果不收，有可能造成未来的对外汉语教师汉字功底不扎实。汉字通论应增加常用部首。

汉字通论还应增加汉字文化。汉字具有丰富的文化意蕴，只有掌握了这些，第二语言学习者才算真正掌握了汉语，作为未来的汉语教师，汉语国际教育专业的学生应对汉字文化有相当的了解。如水包含着丰富的文化意蕴。《说文解字》："水，准也。""一碗水端平"即源出这一认识。知此方可理解法字为何从水。《说文》："法，刑也。平之如水，从水。"有必要在通论中集中讲解一批对理解中华文化具有重要意义的汉字。如龙、凤、马、牛、羊、玉、山、水、春、秋、日、月、莲、松、竹、梅、兰、菊等。

2.2.2 词汇通论

张本词汇通论包括古今词义的异同、词义的发展与多义词、同族词、古汉语单音词与现代汉语复音词的关系、考求词语古义的方法。相较王本词汇通论的笼统，张本的古今词义的异同吸收了现代词汇学的研究成果，将不同区分为词义范围不同、词义的侧重点不同、词义的轻重不同、词义所指名物制度不同、词义感情色彩不同五种，区分详尽细致，更加科学严谨。再如王本只讨论了词的本义与引申义，而张本则指出词义发展的三种形式，将词义发展分为词义的引申、词义的分化、词义的虚化三种，指出词义引申的结果是使单义词变成多义词，词义分化的结果是衍生出同族词，词义虚化的结果是产生虚词，并对这三种词义发展进行详细的介绍，极大地丰富了词汇通论的内容，使这一部分的内容更加完整系统。张本还特别增加考求词语古义的方法，这些内容更适合汉语言文字学专业，不仅可以提高学生的阅读水平，而且可以有效地提高学生的研究水平，但对于汉语国际教育专业来说，这些内容可能不及强调现代汉语中所保留的古代汉语语音、文字、词汇与语法现象更加实用。

词汇通论除张本已有内容之外，还可以考虑从义项、词、词汇三个层级对词语的发展演变进行介绍，如指出同义词的辨析以及古今词义的异同都是就义项这一层级而言，多义词是就词这一层级而言，古汉语单音词与现代汉语复音词的关系、同族词、新词的产生以及旧词的消亡这些都是就词汇这一层级而言。

2.2.3 语法通论

张本语法通论包括数量表达法、词类活用、句法成分的位置和省略、判断句、被动表达法、古汉语常用虚词。其中词类活用包括使动用法、意动用法、名词形容词用如动词、名词用作状语、词类活用的句法特征。常用虚词包括代词、副词、介词、连词、语气词、词头、词尾。从总体来看，张本与王本这一部分内容相差不大，不过张本增加了数量表达法。作为汉语国际教育专业的《古代汉语》课程，应该格外关注那些在现代汉语中仍保留的古汉语词汇、语法现象，如惟命是从中的“惟……是……”，闻所未闻中的“所……”，数量表达法这一部分可以考虑不收。

关于词类活用部分，可以考虑增加介动用法，因为这些用法很多还在现代汉语中使用着。如介动用法中的为动用法。其中动词不是直接支配宾语，而是表示为（替）宾语或对宾语施行某一动作。如现代汉语“造福人民”“服务教改”即为动用法的沿用。再如“哭自己”与“笑自己”，其中哭与笑用法不同，前者是为动用法，即“为自己（的不幸而伤心）落泪”，后者是及物动词，即“笑话自己”。再如向动用法，如“今无故而反臣之”，

"臣之"即"向其称臣"，此外还有"沛王欲王关中"也是一种介动用法，"王关中"即"王于关中""在关中称王"，"闻名中外"沿用这种用法。

此外，不需将不同时地的所有古汉语语法现象合并介绍，而应有所取舍，使语法系统简明清晰。张本语法通论沿用以往教材做法，尽可能兼顾时地两个方面，这样做的好处是内容比较完备，但因涉及时地跨度很大，难以保证其内容是一个封闭的完整体系。事实上，无论是代词还是否定词，都由于涉及方言与不同历史层次，难以厘清其相互关系。语法部分可以参考音韵通论区分时代层次的做法，分为上古、中古、近代汉语语法，并限定几种有限的文献，提取值得注意的语法现象加以介绍，以保证其语言性质的统一。语法教学的重点不在于向学生提供比较完备的汉语史上曾发生过的各种语法现象，而在于清楚地呈现语法在不同时地的发展与变化，线条清晰但或不够完备可能会比内容完备但线索庞杂混沌更有价值，更加有利于培养学生科学理性地思考与研究的能力。

2.2.4 音韵通论

张本音韵通论分为汉语语音系统的演变、古音通假、古代的注音方法与特殊读音三个部分。其中汉语语音系统的演变将语音发展分为上古、中古、近古与现代四个历史时期，重点介绍了中古音与上古音。相较王本，张本更加系统完整，也更加切近对外汉语教学实用，如张本介绍了"古无轻唇音""古无舌上音"等上古声母的重要特点，对对外汉语形声字教学解释"奉、棒、捧""单、禅、蝉、婵、箪""非、悲、辈、俳、排、徘、裴、绯、菲、扉、蜚、霏、诽、匪、斐、翡、痱"等字的语音关系极有帮助。古代的注音方法与特殊读音由于实用意义不大，可以考虑不收。

关于音韵通论，可以考虑适当增加现代方言例证，以提高学生对现代汉语普通话、古代汉语、现代汉语方言语音对应关系的认识，提高学生的语音对比意识与敏感程度，增强课程的应用性。

2.2.5 修辞与古书句读通论

张本修辞与古书句读通论包括古书的注解、古文的标点和今译、古代汉语的修辞方式三部分。其中古书的注解又分为古注的发展概况、古注的类型、古注的内容、古注中的常见术语、古注中的释义方式五部分。古文的标点和今译分为古文的断句、古文的标点和古文今译三部分。修辞包括比喻、比拟、对比、借代、双关、委婉、夸张、排比、对偶、互文、拈连、引用、压缩、顶真、合叙、飞白、错综、析字十八种。相较王本，张本吸收了最新研究成果，内容更加丰富、系统、完整，更加实用。不过，古书的注解、古文的标点和今译这两部分内容可能更适合汉语言文字学专业，可以考虑删去。

2.2.6 古汉语常用工具书

张本古汉语常用工具书通论包括释义为主的工具书《尔雅》《广雅》《经籍籑诂》《辞通》《汉语大词典》，解释形义兼标音的工具书《说文解字》《玉篇》《康熙字典》《中华大字典》《汉语大字典》，标音兼释义的工具书《广韵》《佩文韵府》，探寻语源的工具书《释名》《同源字典》，研究方言词汇的工具书《方言》，解释虚词的工具书《经传释词》《词诠》《古书虚字集释》，有关人名地名及特殊词语的工具书《中国人名大辞典》《中国古今地名大辞典》《诗词曲语辞汇释》，现代综合性工具书《辞源》《辞海》共计八类二十三本。相较王本，张本工具书种类更全，内容更加丰富实用。不过，教材应吸收最新研究成果，以保证其前沿性。如应介绍新出的《故训汇纂》，《经籍籑诂》则可省略。

关于常用工具书通论，可以参考鲍善淳本《古代汉语》工具书的使用部分。鲍本这一部分分为工具书的种类与常用古汉语工具书两部分。工具书的种类分为四类：字典、词典；目录、索引；类书、政书；图、表。四类共计引用《说文解字》《康熙字典》《中华大字典》《新华字典》《古汉语常用字字典》《辞源》《辞海》《汉语大词典》《四库全书总目》《中国丛书综录》《中国通俗小说书目》《元代杂剧总目》《别录》《七略》《汉书·艺文志》《十三经索引》《二十五史人名索引》《庄子引得》《说文解字通检》《皇览》《初学记》《北堂书钞》《艺文类聚》《册府元龟》《太平御览》《文苑英华》《永乐大典》《佩文韵府》《骈字类编》《古今图书集成》《政典》《通典》《通志》《文献通考》《唐会要》《中国历史地图集》《陶渊明年表》《春秋长历》《中西回史日历》等共计五十九本，相当丰富完备，可资参考。

常用工具书通论部分，除语言类书目外，可适当增加其他方面书籍的介绍。如政书、类书、史书、地方志、天文历法、历史地理图集、大藏经、道藏等都应有所介绍。这些典籍都是语言研究的重要材料。限于教材容量与课时，课本可以只收录语言类常用工具书，其他书目可以只列出名称，作为附录附于书后，由学生自行上网搜索，自主学习。

2.3 文献通论

大多数《古代汉语》教材都不列文献通论，洪波《立体化古代汉语教程》则列有文献部分，包括版本、目录、校勘等基础知识的介绍。考虑到汉语国际教育专业培养的学生，将来不仅是汉语教学实践者，还应是汉语言理论研究者，因此应具备一定的语言敏感性与研究能力。语料甄别是语言研究的第一步，古籍的成书、流传与现代出版物不同，其中存在大量后人整理增删部分，需分析判断，使用时有所取舍。如《木兰辞》“万里赴戎机，关山度若飞”数句为唐人所补，不能将全篇都当作北朝语料。可以考虑将版本学、校勘学、目录学等知识有机地融入古代汉语课程当中。事实上，《古代汉语》课程的讲解完全脱离文献学既不成功也不现实。如王力《古代汉语》文选《触龙说赵太后》一篇，不引入校勘学知识就无法讲清到底是“触龙”还是“触詟”。又如文选《老子》的介绍如果缺少长沙马王堆汉墓帛书《老子》甲、乙本与郭店楚简本《老子》这些重要的早期版本的介绍也是不完整的。《汉书·艺文志》则是介绍目录学知识的最佳切入点。除结合文选进行介绍之外，可考虑增加古典文献学通论，以保证此部分内容的系统与完整。汉语国际教育专业的古代汉语课程应强调文献知识的实际运用，帮助学生通过版本目录学辨别伪书与后人增补改窜部分，提高语料甄别的能力，提高学生通过目录学快速查找语料的能力。

三 附录

考虑到电脑与网络的普及，汉语国际教育专业的《古代汉语》教材可在书末附上常用工具书书名与相关知识点术语，学生可凭此路径上网搜索，自主自习。此外，还可列出常用在线词典、在线资料库、各相关院校科研机构、语言学学者个人博客等网址，以适应网络时代学习媒介与学习方式的转变。

参考文献

鲍善淳（1990）《古代汉语》，合肥：安徽人民出版社。

郭锡良（2009）《古代汉语》，北京：商务印书馆。

洪　波（2005）《立体化古代汉语教程》，北京：高等教育出版社。

王　力（1999）《古代汉语》，北京：中华书局。

王　宁（2012）《古代汉语》，北京：高等教育出版社。

张　博（2008）《古代汉语》，北京：商务印书馆。

张世禄（2000）《古代汉语》，上海：复旦大学出版社。

对外汉语概论类教材参考文献的内容分析*

华东师范大学　刘　弘

摘要　本文采用内容分析的方式，以四本对外汉语概论类教材中所引用的参考文献为研究对象，从文献数量、涉及学科、类型、年代和语别等方面探讨了此类教材参考文献的特点，并借此分析了现有概论类教材的优缺点。研究者还对今后如何编写国际汉语教育概论教材提出了自己的一些建议。

关键词　对外汉语概论　参考文献　内容分析　教材建设

* 本论文在写作中得到姚示言同学协助处理数据，特致谢忱。受条件限制，本研究仅考察了四本概论类教材。会后作者扩大考察范围，对 9 本专业基础教材（包括概论类教材和教学法类教材）的参考文献情况进行了考察，以《对外汉语本科专业基础教材参考文献的内容分析》为名发表在《云南师范大学学报（对外汉语教学与研究版）》2014 年第 6 期上。

一 引言

随着对外汉语教学的发展和对外汉语本科、研究生教育规模的不断扩大，以“对外汉语概论”或者“对外汉语引论”为名的概论类教材也不断增加。这些教材为学生了解对外汉语教学的学科发展提供了便捷的窗口。由于这些教材也是对外汉语专业学生最初接触到的专业入门读物，因此教材的内容选择和结构安排对于帮助学生了解对外汉语专业的基本情况、培养学生的专业意识非常关键。而随着对外汉语专业更名为汉语国际教育专业，必然要出版新的汉语国际教育概论教材，因此研究以往对外汉语概论教材编写的得失，对于我们搞好新的汉语国际教育概论教材是十分有意义的。

由于目前对外汉语概论教材的基本结构和选择主题都比较类似，若仅仅对教材内容本身进行分析研究，受到教材框架的影响，很难看出现有概论类教材存在的问题和今后应该努力的方向。对外汉语的跨学科特点要求教材在参考文献方面也必须具有广泛多样的特点，其涉及的主题和涵盖的领域都可以通过内容分析加以概括，为描绘滋养学科发展的相关领域的分布提供更直观的依据。而且学术成果作为学科体系发展的基石，是专业教材写作中不可或缺的文献。通过比对教材在参考、引用方面的数据，可以从文献的选择和取舍方面探寻教材编写者在撰写过程中对学科体系建构的理解和把握（迟若冰，2010）。因此参考文献等引文信息可以在一定程度上帮助我们了解教材编著者的学术视野和理论深度。这也是笔者之所以从参考文献的内容分析入手来开展研究的原因。

另外，笔者发现目前对于对外汉语概论教材的研究很少，而以量化的方式客观地反映现有对外汉语概论教材的编写特点，也能够对传统的教材分析研究起到补充作用。

二 研究方法

本文旨在通过研究四本常见对外汉语概论教材的参考文献，了解这类教材在引用文献时的特点，并且对这类教材的编写提出一些建议。

笔者选用以下四本教材作为本次研究的对象，分别是：

教材 1:《对外汉语教育学引论》(刘珣著，北京语言文化大学出版社，2000 年)

教材 2:《对外汉语教学入门》(周小兵主编，中山大学出版社，2004 年)

教材 3:《对外汉语教学概论》(赵金铭主编，商务印书馆，2004 年)

教材 4:《对外汉语教学概论》(陈昌来主编，复旦大学出版社，2005 年)

本研究中，笔者未选择“对外汉语教学法”或者“对外汉语教学技巧”类的教材，主要是考虑到这类教材可能更多涉及具体的教学技巧和方法，而概论类教材往往还包括学科的总体介绍，视野更加宏观，理论色彩也更浓厚些。

研究者将书中所列参考文献信息全部录入计算机进行统计和分析，删去在本书中重复引用的文献，重点比较各教材中参考文献的数量、涉及的学科领域、类型等几个方面。

三　结果与分析

研究者对各教材的参考文献情况进行了统计，下面分别报告与分析。

3.1　参考文献总体数量

数据显示本研究中的 4 本专业教材总参考文献量为 780 项，即平均每本参考量为 195 项，由于第 4 本引用的参考文献明显少于其他几本[1]，若扣除这本，则前 3 本的引文数量平均约为 241 项。我们将英语教学界的同类教材的参考文献数量做比较，发现两者还是有一定差距的。笔者分别统计了三本英语界教材[2]，其平均引文数量为 316 项，至少高出国内教材

[1] 该书引用参考文献重复率较高，由于本研究不考虑参考文献的引用频次，因此统计显示的引用文献数量并不多。

[2] 这三本书分别是 *The Practice of English*（参考文献数量为 387 项）、*A Course in Language Teaching*（参考文献数量为 252 项）、*Second Language Learning and Language Teaching*（参考文献数量为 311 项）。

30%[1]。当然作为对外汉语教学的专业基础教材，参考资料的多寡并非是其质量的唯一判断标准，尤其是英语二语教学比对外汉语教学发展历史长，可供借鉴的资料更多。但是无论如何，广泛的文献支持是专业教材学术质量的有力保障之一，可以反映出作者的学术视野和深度，从这个角度来说，总体而言国内现有专业教材还有继续开拓的空间，而部分教材引文偏少，也反映出学术视野较为局限的缺憾。

3.2 参考文献的所涉学科

研究者也对参考文献进行了内容分析，并将其分类，以试图了解参考文献主要涉及哪些学科类别。表 1 显示了四本教材各自的参考文献所涉学科，其中的"应用语言学"是指非与对外汉语直接相关的应用语言学文献，其中相当一部分是国外第二语言教学文献、习得研究文献等。

从表 1 的统计可以看出，作为对外汉语专业的基础教材，参考文献直接与对外汉语相关的约占 40% 左右，而与对外汉语教学同源的应用语言学类的参考文献约占 30%，排在第三位的是语言学类的参考文献。这三者合计约占所有参考文献的 90%。

从表 1 也可以发现各教材内部各学科文献的比例差别很大。如教材 4 中 60% 的文献均来自于对外汉语学科。虽然大部分教材的参考文献都是对外汉语学科的要多于应用语言学的，而教材 1 则是相反。教材 3 中引用教育学的文献数量接近 10%，而其他几本一般都在 3% 以下，教材 3 的比例几乎是其他教材的三倍。从各教材参考文献的类别差异，我们可以看到不同的教材编写者对于教材中具体内容的思考和组织存在着差异。

表 1 四本教材参考文献的学科类别

	教材 1 篇数 / 比例		教材 2 篇数 / 比例		教材 3 篇数 / 比例		教材 4 篇数 / 比例		总篇数 / 比例	
对外汉语	76	31.5%	106	49.5%	115	42.9%	35	61.4%	332	42.6%
应用语言学	90	37.3%	62	29.0%	88	32.8%	14	24.6%	254	32.6%

[1] 此数是将英语教材的引文数与前 3 本对外汉语教材的引文数比较后而得出的，如与 4 本对外汉语教材相比，则要高 64%。

续表

	教材 1 篇数 / 比例		教材 2 篇数 / 比例		教材 3 篇数 / 比例		教材 4 篇数 / 比例		总篇数 / 比例	
语言学	47	19.5%	31	14.5%	30	11.2%	2	3.5%	110	14.1%
教育学	8	3.3%	1	0.5%	25	9.3%	2	3.5%	36	4.6%
心理学	12	5.0%	4	1.9%	6	2.2%	2	3.5%	24	3.1%
文化	7	2.9%	1	0.5%	2	0.8%	0	0.0%	10	1.3%
教材	0	0.0%	9	4.2%	0	0.0%	2	3.5%	11	1.4%
其他	1	0.4%	0	0.0%	2	0.8%	0	0.0%	3	0.4%
总计	241		214		268		57		平均篇数：195	

作为对外汉语专业教材，自然要花大笔墨来介绍对外汉语本身的发展和特点，但是对外汉语教学本身也是第二语言教学的一部分，因此，编写者应该有意识地从第二语言教学这个更大的视角来看待对外汉语教学。而作为跨学科的专业，如何恰当地吸收其他学科的成果为我所用，也是专业基础教材编写者应注意的问题。

3.3 参考文献的语种

参考文献是中文还是英文可以看出教材编者的学术视野。作为对外汉语教学的基础教材，编写者不仅需要在专业基础教材中反映对外汉语自身的发展，还需要在更大的视野上将第二语言教学的发展趋势和特点纳入教材。

表 2 四本教材参考文献的语种

	教材 1 篇数 / 比例		教材 2 篇数 / 比例		教材 3 篇数 / 比例		教材 4 篇数 / 比例		总篇数 / 比例	
英文	75	31.1%	44	20.6%	58	21.6%	2	3.5%	179	23.0%
中文	166	68.9%	170	79.4%	210	78.4%	55	96.5%	601	77.1%

从表 2 的数据可以看到，总体而言，各教材都比较注意吸收国外的相关文献，平均值为 23%，但是有些教材在参考国外文献上比例过低，这可能使得教材过分局限于对外汉语教学自身，而没能让学习者同时了解到国外二语教学的发展情况。

3.4 参考文献类型

研究者还对参考文献的类型进行了分析，表 3 显示了其结果。

表 3 四本教材参考文献类型

	教材 1 篇数 / 比例		教材 2 篇数 / 比例		教材 3 篇数 / 比例		教材 4 篇数 / 比例		总篇数 / 比例	
著作	215	89.2%	91	42.5%	146	54.5%	50	87.7%	502	64.4%
期刊论文	12	4.9%	75	35.1%	94	35.1%	5	8.8%	186	23.9%
学位论文	0	0.0%	0	0.0%	1	0.4%	0	0.0%	1	0.1%
析出文献	1	0.4%	42	19.6%	26	9.7%	1	1.8%	70	9.0%
论文集	13	5.4%	6	2.8%	0	0.0%	0	0.0%	19	2.4%
网络	0	0.0%	0	0.0%	0	0.0%	1	1.8%	1	0.1%
报纸	0	0.0%	0	0.0%	1	0.4%	0	0.0%	1	0.1%

表 3 显示，在参考文献类型上，著作都是各教材占第一位的资料来源[1]，期刊和论文集中的文献占第二位，其余文献数量比例很低。同样，教材之间差异很大。教材 1 和教材 4 引用的著作比例接近 90%，而教材 2 和教材 3 则在著作和论文的引用比例上较为均衡。

作为专业基础教材，著作类资料的参考价值不言而喻，因为著作中常反映一些经典理论[2]，但是对于对外汉语这门新兴学科而言，专业基础教材更需要表现出时代性，反映学科的发展动向，尽可能将比较成熟的新研究成果纳入基础教材中。这样期刊文章应该是这类教材中重要的参考资料。从本研究来说，部分教材的参考文献类型过于单一，反映出教材与科研的结合还较为有限，可能缺少领域内的前沿内容。

另外，就对外汉语本身的特点来说，析出文献也应该受到重视。孙德金（2009）指出，受到条件限制，对外汉语界的不少优秀论文最早就是刊

[1] 笔者统计著作的数量主要是根据参考文献后面所标注的 [M] 来确定的，但是这样无法区分学术专著与基础教材，这是本研究的一个缺憾。

[2] 孙德金（2009）指出对外汉语著作中存在概论类著作多，专论类著作少的问题。本研究限于条件，无法逐一判断，但在表 4 将对部分著作做一分析。

发在某些论文集中的。因此作为专业基础教材的编者，应该注意收集论文集中的相关文献，将其中优秀论文的观点吸收到概论教材中，以更全面地反映出学界的观点。

本研究进一步对四本教材共引文献进行分析。共引文献其实反映了学科的基础文献有哪些。表 4 显示四本教材共引参考文献有 13 项，全部来自对外汉语学科，都是著作类 [M]，没有单篇论文。这些著作类文献以通论居多，专论则较少。而这 13 项文献有 8 项是在 1996 年之后出版的，这提示我们 1996—2000 年是本学科理论的重要形成阶段。

表 4　四本教材共引文献列表

编著者	书名	著作性质
陈贤纯（1988）	《外语阅读教学与心理学》	专论
陈贤纯（1999）	《对外汉语教学中高级阶段课程规范》	课程标准
崔永华（1997）	《对外汉语课堂教学技巧》	通论
李杨（1997）	《对外汉语教学课程研究》	论文集
吕必松（1987）	《对外汉语教学探索》	专论
吕必松（1990）	《对外汉语教学发展概要》	通论
吕必松（1993）	《对外汉语教学研究》	专论
吕必松（1996）	《对外汉语教学概论（讲义）》	通论
盛炎（1990）	《语言教学原理》	通论
王建勤（1997）	《汉语作为第二语言的习得研究》	论文集
王钟华（1999）	《对外汉语教学初级阶段课程规范》	课程标准
杨惠元（1996）	《汉语听力说话教学法》	专论
赵贤州等（1996）	《对外汉语教学通论》	通论

3.5　参考文献的年代

研究参考文献的年代也可以了解教材编写者对学术热点的把握。表 5 示了四本教材分别引用不同时代论文的数量和比例。可以看到，各教材还是比较注意吸收当时的文献的。比如教材 1 出版于 2000 年，其大部分参考文献都是1990年代的，而其他三本出版于2004年前后的教材，参考文献中也有相当比例来源于2000年后，反映出各教材的编者对于同时期出版的文献的关注度还是比较高的。

表5　四本教材参考文献年代

	教材1 篇数/比例		教材2 篇数/比例		教材3 篇数/比例		教材4 篇数/比例		总篇数/比例	
20世纪50年代	1	0.4%	0	0.0%	3	1.1%	0	0.0%	4	0.5%
20世纪60年代	0	0.0%	0	0.0%	4	1.5%	0	0.0%	4	0.5%
20世纪70年代	9	3.7%	20	9.4%	10	3.7%	1	1.8%	40	5.1%
20世纪80年代	72	29.9%	39	18.2%	50	18.7%	5	8.8%	166	21.3%
20世纪90年代	159	69.0%	102	47.7%	160	59.7%	29	50.9%	450	57.7%
21世纪	0	0.0%	53	24.8%	41	15.3%	22	38.6%	116	14.9%

四　结论与建议

本文以国内近年出版的四本对外汉语概论教材为研究对象，从教材的参考文献入手，统计了文献的数量、内容、类型、年代和语别等因素，发现部分教材存在引用文献数量偏少，引用文献学科较为狭窄，编者的研究视野不够开阔等问题。

笔者收集的这些对外汉语概论教材基本上都是在21世纪初期编写的，至今已有十年时间。鉴于汉语国际教育学科的新发展（李泉，2009；许琳，2007），新的汉语国际教育概论教材的出版是必然的。有鉴于此，笔者针对这类教材编写提出以下一些建议。

首先，应该开阔视野，加强概论类教材的深度和广度。概论类教材应站在一个较高的高度来审视学科的发展和特点，因此既要有基础性的知识介绍，也要让学生能对学科未来趋势有所了解。特别是对外汉语选修课教材偏少，概论类教材需要在一定程度上起到引导学生认识学科的作用。现有教材在这方面还有较大的努力空间，如仅有教材3总结了学科发展，提出了未来发展方向，仅有教材4中涉及研究论，为学生指点了研究方向。

实际上这些内容能帮助学生更深入地理解对外汉语教学的本质和特点，比泛泛介绍对外汉语发展历程、课程标准更能体现出概论性教材的理论深度，值得后来的编写者借鉴。

同时，概论类教材的编者也应该站在应用语言学发展的角度来介绍国际汉语教学的发展，实际上国际汉语教学界最近讨论的如教材编写的国别化问题、青少年汉语教学、华裔学生汉语学习等问题，在国外的二语教学界也是研究和讨论的重点[1]。概论类教材一方面可以介绍国际汉语教学界现有的研究成果，同时也可以引入国外的相关理论，帮助学生从第二语言教学的高度来看待国际汉语教学。

其次，应加大对于现有成果的吸收。吴勇毅（1998）曾提出对外汉语教学界应该加大对现有成果的吸收，当时他针对的是语言教材。我们认为，这一论断对于如今的对外汉语概论教材同样适用。概论类教材的编者应尽可能扩大文献检索范围，将著作、期刊论文和析出文献等均作为参考文献，以求全面地反映学科的新发展。尤其是学界有一些“集刊”“论文集”尚未进入电子数据库，这就需要教材编写者做好资料收集工作。另外，本研究发现现有的教材编写者对于在海外发表的中文教学文献关注很少，这自然是当时国内外交流不易造成的。但是从柯传仁、沈禾玲（2003）对于美国的汉语教学研究成果的介绍来看，国外的相关研究成果还是比较丰富的，教材的编写者不应忽视这一部分。充分吸收现有成果，反映学科的发展和变化是概论类教材编写者的一个重要工作。

最后，可考虑增设“推荐书目”等部分。从共引文献可以看到，对外汉语概论教材其实已经基本形成了一些必读文献，概论类教材作为一种引导入门的教材，应当起到学科指南的作用。可从各教材相同内容的参考文献中选择一些重要的、引用次数多的作为基本阅读书目加以推荐，真正发挥概论教材的入门引导作用。

本文还有继续深入研究的空间。如本研究发现四本教材大部分参考文

[1] 国外英语教学界将国别化教材称为“教材本土化”问题，中小学英语教学则是“针对青少年的英语教学”，华裔学生就是“传承语学习者”（heritage language learner），可见国际汉语教学界的研究热点其实与国际二语教学的主流是一致的。

献都是从20世纪90年代到2004年间的，因此可以对照刘珣等（2008）所列出的文献，统计概论类教材对这些优秀文献的引用情况，这可以进一步检视现有概论类教材对优秀论文的吸收情况。

参考文献

迟若冰（2010）国内英语专业跨文化交际教材参考文献的内容分析，《中国外语教育》第2期。

柯传仁、沈禾玲（2003）回顾与展望：美国汉语教学理论研究述评，《语言教学与研究》第3期。

刘　珣等（2008）《对外汉语教学论文选评》，北京：北京语言大学出版社。

孙德金（2009）五十余年对外汉语教学研究纵览，《语言教学与研究》第2期。

吴勇毅（1998）关于研究成果的借鉴与吸收，《世界汉语教学》第2期。

许　琳（2007）汉语国际推广的形势和任务，《世界汉语教学》第2期。

新形势下汉语国际教育本科专业现代汉语教材建设研究

北京语言大学　童小娥

摘要　论文根据各高校对外汉语专业语言学课程的设置情况和《国际汉语教师标准》分析了现代汉语课的教学任务，并在对目前对外汉语 / 汉语国际教育专业使用的两本现代汉语教材进行比较的基础上，从教学内容和练习设计等方面对汉语国际教育专业的现代汉语教材建设进行讨论。

关键词　现代汉语　教材建设　教学任务　教学内容

一 引言

“现代汉语”几乎是所有普通高校对外汉语专业的专业主干课，[1] 也是培养学生系统的汉语专业知识的基础课程，但长期以来却没有专门针对对外汉语专业的教材，各高校对外汉语专业所选用的现代汉语教材主要有黄伯荣、廖序东主编的《现代汉语》，北大现代汉语教研室编写的《现代汉语》，胡裕树主编的《现代汉语》，邵敬敏主编的《现代汉语通论》和张斌主编的《新编现代汉语》。这些教材同时也都是各高校汉语言文学专业使用的代表性教材，它们是否适应对外汉语专业的特殊要求呢？从国内四所最早设立对外汉语专业的高校对这一专业培养目标的描述中（详见附录），我们可以发现它们在培养目标上都包含一点，即主要培养能胜任对外汉语教学的专门人才或储备师资。那么能胜任对外汉语教学的人才应具有哪些知识和能力呢？《国际汉语教师标准》(2007) 从五个模块分别说明了国际汉语教师的标准，其中和现代汉语课程密切相关的主要有以下几个方面，具体情况如下表所示：

表 1 《国际汉语教师标准》中和现代汉语课程内容密切相关的标准

标准 1.1	教师应掌握汉语基本知识（汉语语音、词汇、语法、汉字基本知识）。
标准 6.3	语音教学中教师应具有的基本能力：熟悉并掌握汉语语音的基本特点和知识，……熟悉主要语种学习者学习汉语语音时的发音问题，并能提出有效的解决方案。
标准 6.4	词汇教学中教师应具有的基本能力：熟悉并掌握汉语词汇、词义的基本知识和特点，……了解学习者汉语词汇偏误情况，熟悉主要语种学习者学习汉语词汇的难点并提出有效的解决方案。
标准 6.5	语法教学中教师应具有的基本能力：熟悉并掌握汉语语法的基本知识和特点，了解和熟悉汉语教学语法的体系、内容，熟悉汉语语法项目的选择、等级划分与排列等。

[1] 在我们所调查的 54 所高校中，有 2 所高校（武汉大学和广西师范大学）没有单设现代汉语课程，而是开设了具体的单科课程。

从这里我们不难看出对外汉语/汉语国际教育专业的学生除了应掌握现代汉语的基本知识外，还应了解和汉语教学密切相关的知识，如学习者汉语词汇的偏误情况，汉语教学语法的体系、内容等。目前所使用的现代汉语教材几乎都没有对这些内容进行介绍，并不完全适应对外汉语/汉语国际教育专业的培养目标。[1] 因此我们将根据各高校对外汉语专业语言学课程的设置情况分析现代汉语课的教学任务，并结合《国际汉语教师标准》的要求，以目前对外汉语/汉语国际教育专业使用的两本现代汉语教材为参照，[2]从教学内容和练习设计等方面对对外汉语专业的现代汉语教材建设进行讨论。

二　对外汉语/汉语国际教育专业现代汉语课的教学任务

根据施家炜（2008）的调研报告，普通高校对外汉语本科专业在课程设置上体现出比较明显的共性，各高校分别从普通语言学和汉语言文字学基础理论知识、对外汉语教学的基本理论和方法、文学文化素养、汉语和外语写作能力和口头表达能力四个方面培养学生的综合能力素质，形成了较为统一的课型格局。其中有十门专业主干课在57%以上的高校均有开设，且使用教材也比较统一。为了更好地分析现代汉语课的教学任务，我们将与语言类和教学类相关的主干课及使用教材转引为下表：

---

[1] 虽然商务印书馆对外汉语专业本科系列教材《现代汉语》（齐沪扬主编，商务印书馆，2007）中在介绍现代汉语基础理论知识的基础上增加了教学方面的内容，主要包括教学要求、教学原则和教学难点三个方面，但我们认为其中有些内容，如教学原则不宜出现在现代汉语课中，因为对外汉语教学概论和对外汉语教学方法都会对这些内容进行详细介绍。

[2] 这两本教材分别为《现代汉语（增订五版）》（黄伯荣、廖序东，2011，高等教育出版社。为了方便，文中简称“黄廖本”）和《现代汉语》（齐沪扬，2007，商务印书馆。文中简称“齐沪扬本”），之所以选这两本教材进行参照，是因为根据我们2008年对开设对外汉语专业的54所普通高校的调查，黄廖本是目前普通高校对外汉语专业使用最多的教材，而齐沪扬本是依据对外汉语专业（本科）的教学目的、课程设置的实际需要编写的现代汉语教材。

表 2　对外汉语专业语言类和教学类的主干课程和教材情况 [1]

课程设置目标	课程名称	开设高校（所）	比例	使用的主要教材
掌握普通语言学和汉语言文字学基础理论知识	现代汉语	29	96.67%	黄伯荣、廖序东主编《现代汉语（增订三版）》，高等教育出版社。 胡裕树主编《现代汉语（修订本）》，上海教育出版社。 北京大学中文系编《现代汉语》，北京大学出版社。
	古代汉语	29	96.67%	王力主编《古代汉语》，中华书局。 郭锡良《古代汉语》，商务印书馆。
	语言学概论	26	86.67%	叶蜚声、徐通锵《语言学纲要（第三版）》，北京大学出版社。
掌握对外汉语教学的基本理论和方法	第二语言教学概论 / 对外汉语教学 / 通论 / 概论	27	90%	刘珣《对外汉语教育学引论》，北京语言文化大学出版社。 赵金铭《对外汉语教学概论》，商务印书馆。 盛炎《语言教学原理》，重庆出版社。
	对外汉语（课堂）教学（方法）	19	63.33%	周健主编《汉语教学法研修教程》，人民教育出版社。 崔永华《对外汉语课堂教学技巧》，北京语言文化大学出版社。 自编讲义。

从表 2 我们可以看出《国际汉语教师标准》要求教师所具有的汉语基本知识及和教学相关的汉语知识主要由现代汉语、古代汉语和语言学概论三门课程来承担，教学理论和教学方法的内容主要由第二语言教学概论 / 对外汉语教学通论 / 概论、对外汉语（课堂）教学（方）法两门课程来承担。在承担介绍汉语基本知识及和教学相关的汉语知识的三门课程中，古代汉语课程主要介绍古代汉语的相关基础知识，语言学概论主要介绍普通语言学的相关理论和知识，而目前汉语国际教育教授的主要是现代汉语，因此，我们认为对外汉语 / 汉语国际教育专业的现代汉语课不仅要系统地讲授现代汉语的基础理论和基本知识，培养和提高学生理解、分析和运用

[1] 施家炜（2008）附录中列了十门主干课，除了这里转引的五门外，还有文学文化素养类的四门课程（中国古代文学（史）、中国现当代文学（史）、外国文学（史）、中国文化史纲 / 中国文化通论 / 概论）以及汉语和外语写作能力和口头表达能力类的一门课程（汉语（基础）写作）。

现代汉语的能力，还应介绍和汉语教学密切相关的知识，如语音、词汇、语法教学的重点、难点等，培养学生运用汉语知识进行汉语国际教育的能力。

三　对外汉语 / 汉语国际教育专业现代汉语教材应包括的教学内容

从前面对对外汉语 / 汉语国际教育专业现代汉语课教学任务的分析，我们已知道现代汉语课的教学内容应包括两大部分：一是介绍现代汉语的基础理论知识；二是介绍和教学相关的汉语知识。因此，下面我们将在对比黄廖本和齐沪扬本现代汉语教材的基础上，结合现代汉语课的教学任务，从语音、词汇、语法三个方面对对外汉语 / 汉语国际教育专业现代汉语教材应包含的教学内容进行分析。[1]

3.1　语音部分

从黄廖本和齐沪扬本两套教材来看，语音基础知识的内容安排基本相同，都包括语音概说、声母、韵母、声调、音节、音变和语调等内容，不同的是齐沪扬本增加了语音教学（语音教学的基本原则和语音教学的难点）的内容。虽然语音教学和对外汉语教学密切相关，但我们认为语音教学的基本原则这部分内容并不适合在现代汉语教材中出现，因为专业主干课“对外汉语教学概论”和“对外汉语教学方法”会对这些内容进行详细介绍。因此我们认为语音部分在系统地介绍有关普通话的语音知识的基础上，应增加以下两方面和教学相关的汉语知识：

（1）介绍语音基础知识在对外汉语教学中的应用情况，即语音基础知识在对外汉语教学过程中如何应用，其作用体现在哪些方面。如介绍完声母部分的基础知识后，可简单介绍如何运用声母的发音部位和发音方法这些基础知识去纠正第二语言学习者学习过程中出现的发音部位不到位或送

[1]　文字和修辞部分由于大多数学校有专门的选修课，一般不再安排为现代汉语课程的内容，因此我们只选取语音、词汇和语法进行分析。

气不送气不分、清音浊音不分的学习问题。

（2）介绍主要语种学习者学习汉语语音时的发音问题。如母语为英语的学习者容易把汉语的清辅音 b、d、g、zh、ch、sh 等发成浊音；日本以及东南亚、拉美、东欧一些国家的学生常把送气音发成不送气音；韵母 ü 很多学生容易发成 [i][iy][iəu] 等。

通过增加这些知识，不仅可以检验学生对语音基础知识的掌握情况，又能使语音教学显得生动活泼，从而激发学生的学习积极性和主动性。

3.2 词汇部分

词汇部分两套教材都介绍了现代汉语语素、词和构词法、词义、词汇的构成、词汇的变化和词汇规范化等词汇基本知识，不同的是关于词典的知识黄廖本放在附录，而齐沪扬本放在正式章节中。另外，齐沪扬本增加了一节关于词汇教学的内容，具体包括词汇教学的基本原则和词汇教学的难点两部分。我们认为教学原则的相关知识与教学理论和方法的相关课程密切相关，不宜出现在现代汉语这一专业基础课中。因此，我们认为词汇部分在介绍基本知识的基础上，应增加以下两方面内容：

（1）介绍词汇基本知识在对外汉语教学中的运用情况。如有关语素和词的构成等知识在对外汉语教学中可用于解释词义和扩大学生的词汇量等方面；语义场的相关知识可用于生词的教学中，教生词时，通常联系有关的词语（类义、近义、反义关系的词语）进行适当扩展，体现的就是语义场的相关知识。

（2）介绍学习者汉语词汇偏误情况及主要语种学习者学习汉语词汇的难点。如二语学习者学习形近同音词、近义词及离合词的偏误情况；汉字文化圈和非汉字文化圈学习汉语词汇时各自的难点有什么不同，等等。

3.3 语法部分

这部分两套教材都有词类、短语、句法成分、句型、句类、修改语病和复句等基础知识，但黄廖本修改语病部分主要分析母语者的语病情况，齐沪扬本则在“语法的规范化”部分从“方言语法现象与语法规范”“动态语法现象与语法规范”“中介语语法现象与语法规范”三个方面介绍了语病现象。另外，黄廖本还有“句群”和“标点符号”两节内容供学时多的专业讲授或指导学生自学；而齐沪扬本则没有这两部分内容，但它增加了一节“语法教学”的内容，具体包括“语法教学的基本要求”“语法教学的基本原则”和“语法教学的难点”。我们认为“标点符号”部分与对外汉语教学关系密切，仍可保留，而“语法教学的基本要求”和“语法教学的基本原则”应放入教学概论或教学法的相关课程，不宜出现在现代汉语教材中。因此，我们认为现代汉语教材的语法部分在介绍词类、短语、句法成分、句型、句类、修改语病、复句以及标点符号的用法等基础知识的基础上，应增加以下三方面内容：

（1）介绍语法基本知识在对外汉语教学中的运用情况。如词类的相关知识在对外汉语教学中是如何体现的？掌握词类的相关知识对对外汉语教学有哪些指导意义？等等。

（2）简单介绍汉语教学语法的体系、内容，汉语语法项目的选择、等级划分与排列等。如汉语教学语法的体系和现代汉语本体语法体系有何不同？词类的划分是否一致？

（3）介绍学习者学习汉语语法偏误的情况和主要语种学习者学习汉语语法的难点。如学习哪类词最容易出现偏误？偏误的类型主要有哪些？日韩学生学习汉语语法时难点主要体现在哪些方面？欧美学生的难点有何不同？等等。

以上这些与对外汉语教学密切相关的知识都是在现代汉语基本知识的基础上进行介绍的，因此有些内容可直接融入现代汉语基本知识部分而不需要单独专门介绍。有些内容如教学语法的体系、内容，汉语语法项目的选择、等级划分与排列等内容可编入教材供教师选择使用。[1] 这样，不仅可以让学生更好地了解现代汉语基本知识的应用情况，为高年级的教学理论和教学方法课打下一定的基础，同时又不会大幅增加现代汉语课程的教学任务。

[1] 根据我们的调查，目前各高校现代汉语课程的课时安排存在比较大的差异，课时数最多的是每周 9 课时，最少的是每周 3 课时，大多数学校的课时数为每周 6—8 课时。

四　对外汉语 / 汉语国际教育专业现代汉语教材的练习设计

从两套教材来看，黄廖本教材中完全没有与对外汉语教学相关的练习，齐沪扬本语音和词汇部分只在“语音教学”和“词汇教学”的两节中出现了几个与教学相关的练习，语法部分在“语法的规范化”和“语法教学”两节中都出现了一些与教学相关的练习。但总的来说，目前的现代汉语教材中与对外汉语教学相关的练习还远远不够，应大量增加。具体来说，增加的练习可参照前面分析的现代汉语课程应增加的和对外汉语教学相关的教学内容保持一致。具体来说主要是增加下面两个方面的练习。

4.1　设计有关语音、词汇、语法基本知识在对外汉语教学中的应用方面的练习

语音部分的练习如：外国留学生学习汉语时将“qu”发成“qi”，为什么会出现这种错误？如何纠正这一错误？等等。

词汇部分的练习如：教留学生汉语生词“春天”时，通常会扩展出“夏天、秋天、冬天”，这体现了词汇的哪方面知识？等等。

语法部分的练习如：教留学生生词时，如果生词为动词“学习”，你会怎么扩展？为什么？如果生词是形容词“干净”，你会怎么扩展？为什么？等等。

4.2　设计和第二语言学习者学习汉语语音、词汇、语法时出现的偏误问题相关的练习

语音部分可设计一些和主要语种学习者学习汉语语音时的发音问题相关的练习。如外国留学生学习汉语的声母“b/p、d/t”时会遇到哪些困难？请简单分析其原因。你认为以英语为母语的第二语言学习者学习汉语声母时会遇到哪些难点？为什么？等等。

词汇和语法部分可设计一些偏误的句子让学习者分析。如分析下列句子是否正确，如不正确请简要说明理由。（词汇部分可从语料库中找一些和离合词、近义词相关的偏误；语法部分可找一些和词类相关的偏误。）

五　结语

通过对对外汉语/汉语国际教育专业（本科）的培养目标、各高校对外汉语专业主干课的情况、《国际汉语教师标准》以及黄廖本和齐沪扬本两套现代汉语教材的分析，我们认为目前的现代汉语教材并不完全适合对外汉语/汉语国际教育专业的要求，针对这种情况，我们从教学内容和练习设计等方面对目前对外汉语/汉语国际教育专业的现代汉语教材建设提出了一些想法。这些想法是否可行，还有待进一步论证和试验。

参考文献

国家汉语国际推广领导小组办公室（2007）《国际汉语教师标准》，北京：外语教学与研究出版社。

黄伯荣、廖序东主编（2011）《现代汉语（增订五版）》，北京：高等教育出版社。

齐沪扬主编（2007）《现代汉语》，北京：商务印书馆。

施家炜（2008）普通高校对外汉语专业本科教育情况调研报告（一），《第九届国际汉语教学研讨会论文选》，北京：高等教育出版社。

附录：四所高校对外汉语专业的培养目标

北京语言大学	对外汉语专业主要培养对外汉语教学储备师资，学生毕业后也可从事外交、外事、外贸、中外文化交流以及其他需要兼具汉语和外语能力的工作。
北京外国语大学	培养德、智、体、美全面发展的复合型专门人才。该专业的毕业生应具备系统的汉语专业知识，掌握文化、教育、心理等学科相关知识，具有较强的口头表达能力和组织能力，能熟练使用一门外语，熟练掌握办公自动化的技能，能胜任对外汉语教学、中外文化交流、外交等其他相关工作。
华东师范大学	对外汉语专业是为适应汉语国际推广战略和日益频繁的国际交流而设置的特色鲜明的专业，专门培养能够在国内外将汉语作为第二语言进行教学的师资，以及从事中外文化交流的专门人才。
上海外国语大学	本专业培养具有扎实的汉语和英语基础，具有较高的人文综合素养，对中外历史文化有较为全面的了解，毕业后能在国内外各类学校从事对外汉语教学，或能在国家政府机构的涉外部门、外贸机构，新闻出版以及外资、合资企业工作，也可从事其他对外工作的应用型人才。

“对外汉语教学概论”课程现存的问题与对策

上海外国语大学　金朝炜

摘要　本文调查了对外汉语教学概论课程的教学目标和教学内容，提出了相应的教学策略。通过比较三份不同高校该课程的教学大纲，我们发现对外汉语教学概论作为一门专业基础课程，不应包含专题研究，课程的目标只应包含学科基础知识。在此基础上，我们进一步统计了四本现行教材的内容分布，发现各教材内容差异巨大，侧重点不同，反映了编写者的不同编写理念，尤其是各教材对实用性的关注程度有较大差异，教师在教材选取方面必须考虑这些差异。

关键词　对外汉语教学概论　教学目标　教学内容　实用性

一　问题的提出

对外汉语教学概论是对外汉语本科专业必修的一门专业基础课程，课程主要介绍对外汉语教学学科的基础知识。从目前国内高校的教学实际情况来看，该课程的内容比较宽泛，除了包括作为课程主体的对外汉语教学学科的本体理论（基本理论和应用理论）以外，也包括作为学科基础的其他学科或理论的一些基础知识，如语言学、心理学、教育学等，甚至包括学科历史、学科建设等本学科外围的相关内容。学科的本体理论之所以显得庞杂而分散，与对外汉语教学这一学科的特点是分不开的。对外汉语教学是一门应用型交叉学科，属于应用语言学的范畴，按照赵金铭（2004）的说法，内部至少包含了四个方面：本体论、认识论、方法论和工具论，而这四个方面又跟学科外部的语言学、心理学、教育学与计算语言学和现代教育技术有着显著的关联。

这样的一门课程，在课程的规划安排、内容设计和具体实施中都会遇到一些比较独特的问题。本文将讨论其中两个比较突出的问题:（1）课程的教学目标是什么？（2）课程的教学内容有哪些？

二　课程的教学目标是什么

教学目标制约教学过程、方法和师生的课堂活动方式。（皮连生，2003）具体地说，教学目标具有三个功能：指导教师教学，指导学生学习，指导评估测试。合理而明确的教学目标对教学来说至关重要。

上海师范大学由方绪军教授等人组成的教学团队，在课程教学大纲中，是这样叙述教学目标的：

本课程是对外汉语专业必修课的学位课。通过该课程的教学，使学生较为系统地了解对外汉语教学的基础理论、教学理论和教学法，以便将来指导教学实践；使学生较为全面地了解对外汉语教学的研究领域和研究内容，为将来开展研究工作打下初步的基础；而贯穿教学过程的观察问题、研究问题和分析问题的思想方法，对将来从事对外汉语教学的学生会有所帮助，对将来从事其他工作的同学们也会有所帮助。

这个教学目标指出了学生需要掌握的三个方面：（1）学科基础知识；（2）学科研究内容；（3）思维能力和思维方法。值得注意的是第二点，可能存在的争议在于这样一门课程是否应包含研究内容。

四川大学曹保平教授领衔的教学团队，为课程制定的教学目标如下：

“对外汉语教学”是一门基础课程，通过本课程的学习使学生了解对外汉语教学的基本理论和方法，能初步运用教育学科理论和知识从事本专业教学。

掌握对外汉语教学的任务、特点、学科定位。学习作为本学科理论基础的语言学、教育学、心理学、文化学与本学科密切相关的基本概念和基本知识，以及对本学科的影响。了解并掌握西方有关语言习得的理论和假说，以及对语言习得进行研究的几个主要方面。重点掌握第二语言教学法流派，对外汉语课堂教学方法。

该大纲的教学目标是掌握学科的基础知识（直接用于教学实践）。跟方绪军等人的教学目标比较可以发现，这里没有关于学科研究的阐述。

四川大学雷汉卿制定的教学目标为：

本课程是对外汉语专业的一门专业基础课程。通过本课程的教学，使学生系统了解对外汉语教学发展的历史和现状，掌握对外汉语教学学科所涉及的诸多基本理论知识和教学法，以提高学生对外汉语教学的理论修养。

与曹保平团队的类似，该教学目标强调了知识性和实践性，与方绪军团队不同的是没有把研究的内容纳入其中。另外，这份大纲还特别强调了学科发展史。

上述三份教学大纲中，后两份都提到了这门课程是一门基础课程。这里的“基础课程”是指专业基础课程。所谓专业基础课程是指“学习某一专业的学生进一步学习专业课程的基础，包括本专业的基础理论、基本知识和基本技能训练课程（亦称‘三基’）”（孙绍荣，2010）。专业基础课程由于其基础性，一般来说，不应该包含研究性的、比较艰深的内容。

方绪军教学团队的大纲中没有特别指明这是一门基础课程，可能是认为该课程应当包含研究性的内容。但是，让我们略感意外的是，在大纲中写了“预修课程：无”，这也就间接承认了该课程是专业基础课程。课程的性质和课程的目标似乎不太一致。这是怎么一回事呢？从方绪军教学团队使用的教材中可以发现，所谓的“学科研究内容”主要出现在第六章“对外汉语教学研究论”。这一章分五节，分别是第二语言教学理论和学习理论研究、对外汉语教学法和课堂教学技巧研究、对比分析与偏误分析研究、中介语理论研究和汉语水平考试研究。仔细阅读后可以发现，该章节更偏重于理论知识的介绍，而非研究方法本身。例如，第四节“中介语理论研究”包括三个部分：一、中介语理论的提出和发展；二、国内对中介语理论的引进和研究；三、中介语理论与对外汉语教学。这里，绝大部分的篇幅均是引介性质的，不涉及专门课题的研究。

由此可见，该课程的课程性质本身已经在一定程度上限定了其教学目标。对外汉语教学概论是一门专业基础课程，该课程的设置是为其他专业课程打基础的。因此，从整个课程设置的体系来看，研究性的课题出现在这门课程之中是不合适的，比较合理的做法是将之安排在后续的其他课程中。

三　课程的教学内容是什么

如前所述，对外汉语教学概论课程的内容是庞杂而分散的。在许多教材中，通常要设十来章以就各种主题展开讨论。教材的编写者因不同的学术背景，加上对该课程有着不同的理解，在章节的设置、内容的侧重上各有特点。我们将通过比较四本目前较常用的教材管窥该课程教学内容的异同所在。我们选取的四本教材分别是：（1）赵金铭主编的《对外汉语教学概论》（以下简称“赵著”）；（2）刘珣主编的《对外汉语教育学引论》（以下简称“刘著”）；（3）陈昌来主编的《对外汉语教学概论》（以下简称“陈著”）；（4）周小兵主编的《对外汉语教学入门》（以下简称“周著”）。

要了解教材的内容分布，首先必须对教学的内容加以分类。对外汉语教学学科内部分有学科基础理论和学科应用理论，两者相辅相成，均可以教学过程的四个部分为线索而展开。这四个部分分别是总体设计、教材编写（或选择）、课堂教学、语言测试。课堂教学无疑是重中之重，几乎所有的教材都会花费最多的笔墨来写，众多章节会从不同的角度来阐释，经常包含的内容包括教学理论、要素教学和技能教学。除去四个环节以外，剩下的有两块，一是学科基本情况的介绍，二是学科周边情况的介绍。前者是学科本身，后者是学科史、学科建设、教学技术等。如此一来，我们便可把课程可能包含的内容归纳为以下几个类（包括六个主类和若干个次类）：

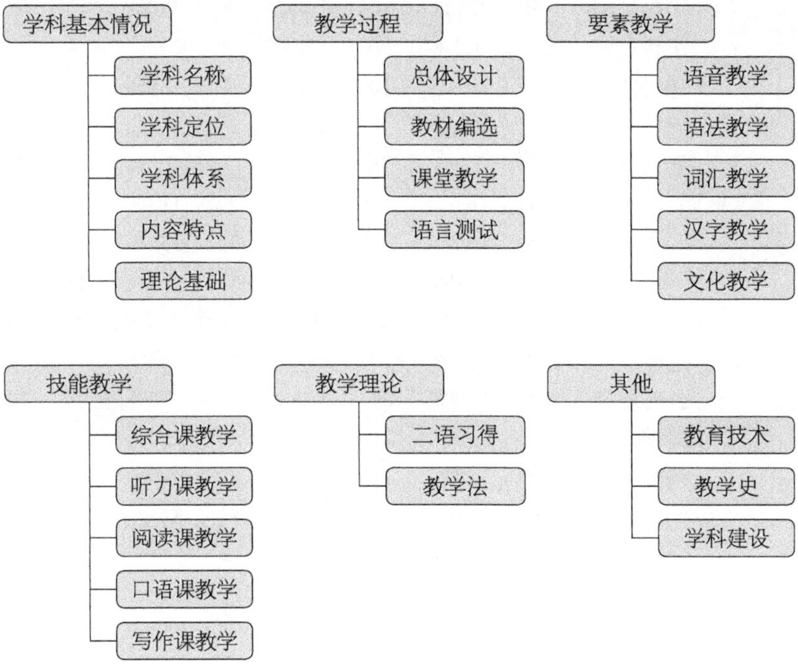

图 1　对外汉语教学学科内容分类

由于要素教学、技能教学和教学理论在各教材中所占篇幅往往较多，因而我们把它们从“课堂教学”中分离出来，以便于在后面的统计中可以更仔细地观察这些项目所占的比重。

要了解各种类型的知识在教材中所占的比例，比较实际的做法是统计它们在教材中的篇幅。篇幅与内容的重要性一般来说是正相关的，即篇幅越长，该板块的知识就越重要。篇幅的统计可以以“字”为单位，也可以以“页”为单位，前者较为精确，后者统计的效率较高。我们的统计以“页”为单位，因为精确性并非首要考虑。鉴于部分内容只有半页的情况，统计时，凡是不到半页的不计，超过半页的计为一页。另外，教材的目录、前言、后记、参考文献、习题等无法归类的内容均不做统计。这样，我们就能得到下表：

四本教材各类型知识的比例表

项目类别		赵著		刘著		陈著		周著	
主类	次类	页数	占比	页数	占比	页数	占比	页数	占比
学科基本情况	学科名称	4	0.9%	4	1.0%	5	2.0%	2	0.5%
	学科定位	5	1.2%	7	1.8%	—	—	2	0.5%
	学科体系	47	10.9%	10	2.5%	2	0.8%	—	—
	内容特点	7	1.6%	8	2.0%	13	5.3%	7	1.6%
	理论基础	8	1.9%	78	19.6%	7	2.9%	14	3.2%
总计		71	16.5%	107	26.9%	27	11.0%	25	5.7%
教学理论	二语习得	66	15.3%	90	22.6%	34	13.9%	69	15.8%
	教学法	36	8.4%	66	16.6%	18	7.3%	16	3.7%
总计		102	23.7%	156	39.2%	52	21.2%	85	19.5%
教学过程	总体设计	34	7.9%	10	2.5%	51	20.8%	—	—
	教材编选	55	12.8%	22	5.5%	3	1.2%	45	10.3%
	课堂教学	—	—	21	5.3%	5	2.0%	20	4.6%
	语言测试	68	15.8%	18	4.5%	22	9.0%	17	3.9%
总计		157	36.4%	71	17.8%	81	33.1%	82	18.8%
要素教学	语音教学	21	4.9%	5	1.3%	—	—	20	4.6%
	语法教学	23	5.3%	4	1.0%	—	—	32	7.3%
	词汇教学	20	4.6%	5	1.3%	—	—	20	4.6%
	汉字教学	22	5.1%	7	1.8%	—	—	14	3.2%
	文化教学	—	—	—	—	—	—	16	3.7%
总计		86	20.0%	21	5.3%	—	—	102	23.3%
技能教学	综合课教学	—	—	—	—	—	—	35	8.0%
	听力课教学	—	—	—	—	12	4.9%	19	4.3%
	阅读课教学	—	—	—	—	16	6.5%	23	5.3%
	口语课教学	—	—	—	—	14	5.7%	19	4.3%
	写作课教学	—	—	—	—	9	3.7%	17	3.9%
总计		—	—	—	—	51	20.8%	113	25.9%
其他	教育技术	15	3.5%	—	—	—	—	—	—
	教学史	—	—	28	7.0%	16	6.5%	30	6.9%
	学科建设	—	—	15	3.8%	18	7.3%	—	—
总计		15	3.5%	43	10.8%	34	13.9%	30	6.9%
		431 页		398 页		245 页		437 页	

先来看一下四本教材中学科基本情况的比重。刘著最大，占了26.9%，周著最小，只占5.7%，另外两本则在百分之十几。这个部分刘著之所以比重大，主要是因为介绍学科理论基础的章节较多，篇幅达到19.6%，而其他三本则只在1.9%—3.3%之间波动，差别非常大。另外，赵著学科基本情况的部分虽比刘著少，但比其他两本却来得多，原因是该著对学科体系的介绍较多。

再来看主类为“其他”的占比情况。四本教材差异很大，比重最低的是赵著（3.5%），最高的是陈著（13.9%）。这个部分处于学科的外围，不属于学科本身，因而在课程中不应作为重点。

把“学科基本情况”和“其他”两类合并统计后可以发现，这两个部分依次（赵著→刘著→陈著→周著）占了20.0%、37.7%、24.9%、13.1%。所以，除这两类以外的部分相应地占了80.0%、62.3%、75.1%、86.9%。由于课程的核心是教学过程的四个部分，刘著只用62.3%的篇幅来阐述，比例确实有点低。而周著则把86.9%的篇幅用于四个环节，可见其对课程知识应用性的重视。

在对外汉语教学过程的四个环节的阐述中，四本教材都把重点放在了课堂教学上。处理这个部分有两种方式：一是先总体地讲，然后在其他章节具体地讲，刘著、陈著和周著都是这么处理的。这么做的好处是让学生先对课堂教学有个初步的认识，然后再去学习更具体的内容。以周著为例，先在第二章中介绍如何备课，如何进行师生交际，如何组织课堂等基本的教学策略，然后再在后续章节中突出细节，根据课型、教学要素、教学法等具体实施教学。另一种处理方式则是直接分解后讲解，赵著是这么处理的。这样处理的好处是减少章节之间的重复。

在具体讲解课堂教学时，各教材的侧重点各不相同。有的教材偏重于教学理论，而不太注重实际的教学指导，例如刘著在教学理论上用了39.2%的篇幅，而在技能教学方面没有触及（0%）。有的教材与之相反，偏重于实际操作而弱化了教学理论，如周著在教学理论上只用了20.2%的篇幅（几乎是刘著的一半），而在技能教学上用了26.9%的篇幅，且在教材中设计了很多教案供学习者参考。

四本教材中三本都有要素教学的部分。要素教学不同于技能教学，技能教学可以构成完整的一堂课，而要素教学是一种分解法，把课堂教学的一个个片段，如词汇讲解、发音听辨、语法讲练等专门拎出来讲。但是陈著却没有专门的章节阐述这个部分，而只在第五章（归入“总体设计”）和第六章（归入“技能教学”）中零星地提及。要素教学通常是放在技能教学之前的，因为后者是在前者的基础上实施的。周著和赵著是比较强调要素教学的，这个部分分别占了篇幅的20.0%和23.3%，这样的安排能为后面的技能教学提供强有力的支持。刘著要素教学虽亦有所涉及，但篇幅较少，只占5.3%。

从教材对课堂教学的处理情况来看，刘著和周著体现了两种倾向：刘著偏重于理论介绍，而周著则偏重于实践应用。赵著和陈著则处于两者之间。

除了课堂教学以外，总体设计、教材编选和成绩测试三个部分四本教材也有不同的处理。周著没有专门提及总体设计（0%），而陈著中总体设计占了20.8%，这20.8%均来自该著的第四章（对外汉语教学阶段论），该章对初、中、高三个阶段以及速成教学的课程对象、课程目标、课程设置和教学原则等做了详细的介绍。这部分的内容在其他教材中少有提及。教材选编在赵著和周著中的篇幅都略高于10%，赵著详细介绍了编写教材需要考虑的问题，周著在这之外还专门讨论了教材的使用，此外，周著还把多媒体教材的内容加到了这个部分。

对同一门课程，四本教材给出了不同的解决方案，课程的内容呈现出巨大的差异。这种现象一方面给了教师更大的自由选择余地，另一方面也会造成教师的无所适从。如果把教学过程、要素教学和技能教学的比重累加起来，我们会发现赵、刘、陈、周四本教材的比重分别是：56.38%、23.12%、53.88%、67.96%。而这三个项目下的知识恰恰是对外汉语教学从事教学实践活动最直接、最需要的，因此这个比例体现了教材对实用性的重视程度。毫无疑问，周著的实用性是最强的，这正如教材封底内容简介中所言：“本书带有工具书性质。”赵著和陈著在实用性上也是不错的，但刘著实用性就要打折扣了。当然，我们不是说理论背景的介绍不重要，而是说我们应当站在对外汉语入门者的角度思考这门课程的内容。在本文第一部分引述的三份大纲的课程目标中均提到了该课程是服务于教学实践的，因此，课程的实用性理应是本课程的一个重要的思考点。

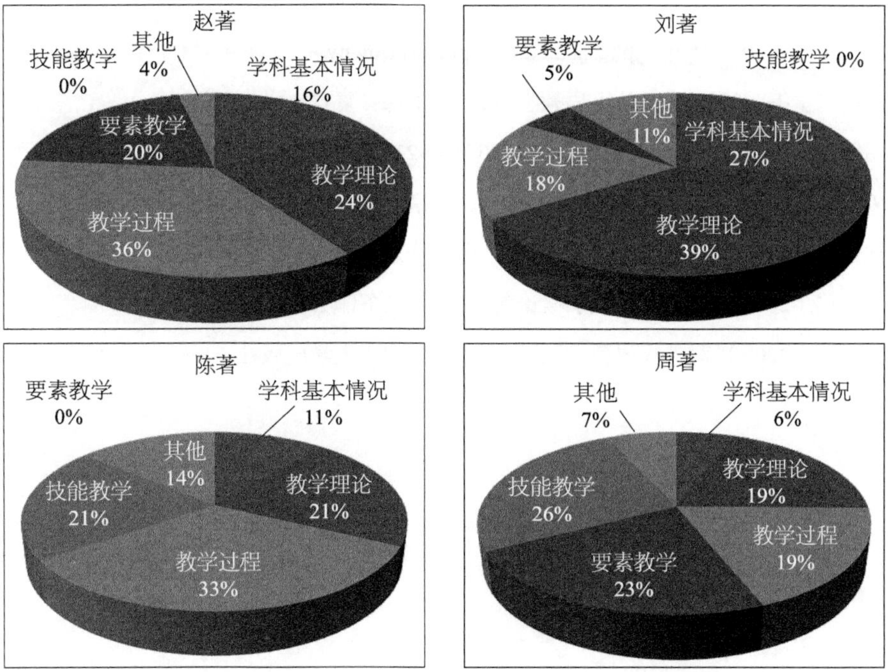

图 2　四本教材各类型知识占比图

四　总结

本文讨论了对外汉语教学概论课程的两个突出问题:（1）课程的教学目标是什么？（2）课程的教学内容有哪些？

通过对教学目标阐述的对比分析，我们回答了第一个问题。我们认为对外汉语教学概论是一门专业基础课程，不应包含研究的内容，课程的目标只应包含学科基础知识。

我们在四本教材对比分析的基础上，试图回答第二个问题。从教材章节内容的分布上我们发现，各本教材差异巨大，各部分知识的篇幅比例各不相同，体现了教材编写者的不同理念。我们也发现教材对实用性的关注程度不同，周著实用性最强，刘著实用性最弱。我们提出在考虑教学内容时课程的实用性是教师必须思考的一个问题。

参考文献

曹保平等（2013）http://jpkc.sisu.edu.cn/jpkc2011/dwhy。

陈昌来主编（2009）《对外汉语教学概论》，上海：复旦大学出版社。

雷汉卿（2013）http://wenku.baidu.com/view/92167b4c2e3f5727a5e96225。

刘　珣（2000）《对外汉语教育学引论》，北京：北京语言文化大学出版社。

皮连生（2003）《学与教的心理学》，上海：华东师范大学出版社。

赵金铭（2003）《对外汉语教学概论》，北京：商务印书馆。

周小兵（2009）《对外汉语教学入门》，广州：中山大学出版社。

汉语国际教育研究与推广

汉字书同文与汉语国际教育

西安翻译学院　林允富

摘要　汉语国际教育离不开给外国人教汉字。但是，在两岸四地“都是中国人，都说的是汉语，可写的汉字却不一样”的现状下，怎样给外国人教汉字？在中日韩汉字有别及汉字繁简之争持续几十年的现实情况下，怎样坚持我国一贯的语言文字方针政策和《国家通用语言文字法》，用以简化字为标志的规范汉字进行汉语国际教育，这是非常严肃的问题，具有重大的理论意义和现实意义。本文主张在汉语国际教育蓬勃发展的形势下，必须坚持以我国的法定文字为规范标准，并由“中华书同文”推进到“全球书同文”。这对于廓清人们的认识、提高汉语国际教育用字规范化会起到正面的引导作用。

关键词　汉语国际教育　汉字文化圈　汉字规范标准　法定文字

一　引言

1.1　首尔感言

今年6月中旬，笔者应邀赴韩国首尔参加“第16回汉字书同文国际学术大会”。该会由中国上海炎黄文化研究会、上海市对外文化交流协会和韩国全国汉字教育推进总联合会主办，韩国全国汉字教育推进总联合会承办。大会的主题是：探讨东北亚共通的文字——汉字字形的统一。参加大会的有来自中国和美国、英国、日本、新西兰、加拿大、南非等国家和地区的36位学者，韩国全国汉字教育推进总联合会的近两千名会员参加了主会场的旁听和自由发言。大家一致认为，应当重振“汉字文化圈”的雄风，重建“汉字文化圈”。韩国人对汉字的热情令我感动。6月12日举行全天大会。参会人员爆满，发言踊跃的情景前所未见。除了36位国际学者，韩国全国汉字教育推进总联合会通知了500名会员（可以坐满国立中央博物馆大讲堂），结果从全国各地来了近两千名会员，大讲堂的过道坐满了，外面一千多人席地而坐，通过大屏幕收听收看大会发言。由于人太多，供国际会议用的“耳机”（可实现同声传译）远远满足不了需要。

但是，令笔者遗憾的是大会承办方的主流观点是，认为东北亚“汉字书同文”不应以我国的法定文字（以简化字为标志的规范汉字）为标准，对日文中的“略字”也持异议，而是主张恢复《康熙字典》的所谓“正体”。韩国全国汉字教育推进总联合会会长白乐晥致开会辞时说：“中国于1956年对汉字的笔画进行了简化，开始使用新创的简化字。目前中国的13亿人口所使用的汉字皆为与中国的固有汉字字体所不同的‘简体字’；日本使用汉字时一部分采用了‘略字’；韩国则沿用了正体字。就这样，东北亚各国都使用汉字，但却形成了如今无法通用的局面，让人不禁遗憾。”他说：“当我们回顾这些问题时，就会发现只要韩中日三国相互之间进行一些让步，为大义而积极地进行努力的话，重新如旧时一般各国共享便利，让汉字成为名符其实的共有文字是指日可待的。”（陈泰夏，2013）韩国全国汉字教育推进总联合会理事长陈泰夏在大会“基调发表”（相当于国内学术会议的“主题报告”）中说：“回首过去汉字文化圈的相互关系，韩、中、日和越南都有文字生活十分便利的历史。只有中国使用的简体字和日本的略字都成为了今日相互交流的阻碍，……好在近来中国有许多知识分子开始主张康熙字典体的正体字复兴，我对此表示十分欢迎，同时相信这将成为促成亚洲共同体的基石。”（林允富，2013）与会学者中也有不少人持类似观点（以上引文中的着重点为引者所加）。

笔者所提交的论文《国际汉字书同文与现代汉字研究》与上述观点相反，笔者认为，根据汉字的特点（造字法多样，易受政治影响）和中国几千年汉字“书同文”的历史经验（“书同文”总是和政治统一相联系，“文字异形”总是和政治分裂相始终；“书同文”必须借助中央政权之力强力推进等），21世纪国际汉字书同文不应“倒退”而应“与时俱进”，其范围当为现代汉字，实现的途径和方法应是中国“依法治字”，并由中国政府在对新中国成立以来汉字简化、整理等成果总结的基础上，研制发布《通用规范汉字表》，在实现“中华书同文”的基础上，再经由“汉字的故乡”中国推向全球。笔者的观点引来不少与会学者的热烈讨论。笔者也趁此机会宣传自己的主张，说服了不少持不同意见者。

1.2 汉语国际教育与汉字“书同文”

中国的和平崛起已是不争的事实。随着中国的和平崛起，“汉语热”不断升温，汉语走向世界也已是不争的事实。汉字是记录汉语的书写符号系统（也部分地记录日语和韩语）。随着汉语走向世界，汉字也会走向世界。现在，大量的孔子学院、孔子课堂在世界各地开设，显示了汉语迅速走向世界的趋势。国家汉办主任、国家孔子学院总部负责人许琳介绍：“截至2011年底，已在105个国家和地区建立了358所孔子学院和500个中小学孔子课堂，还有76个国家400多个机构提出申办。”她说：“在当今，经济全球化时代，加快中华文化‘走出去’，与世界文化进行交流、交锋、交融，是中华文化浴火重生的必然选择。”（许琳，2012）国家汉办派出的在世界各国孔子学院、孔子课堂任教的老师，当然会使用我国的法定文字，这是主流。但是，来自台湾、香港及侨居国的教师，他们可能会用繁体字，北京大学教授陆欣（2013）说：“不少学校从学前班到小学、中学会换用几套不同的教材，字体繁简不一，这些缺乏统一标准的教材对学生造成极大的困扰，从而影响了教学效果。而在华人聚居的美国城市中，也出现了两种中文学校：一种是由中国台湾移民主办的中文学校，采用繁体汉字，而另一种由中国内地移民主办的中文学校却是用简体汉字。”产生这一问题的根本原因是六十多年来两岸分治所导致的汉字繁简不统一。而这一现实在很大程度上影响汉语国际教育的健康发展。

面对上述问题怎么办？当然不能让这样的局面长期存在，解决的办法只有一个:“统一”。“统一”到“繁”，还是“统一”到“简”？笔者的观点是:“统一”到“简”，即“统一”到《中华人民共和国国家通用语言文字法》所规定的法定文字“规范汉字”。大陆通行的“规范汉字”与台湾用字比较，最重要的特点就是“简化”，所以本文常用“简化字”代表“规范汉字”。当然，更不能走回头路，“统一”到所谓“康熙字典体”的汉字。

二 “两字”何以必须“统一”到“简”

2.1 曾经的探索

在香港回归前夕，国务院港澳办社文司、中国报纸副刊研究会举办征文“百年沧桑话回归”，笔者写了一篇短文《“一国两制”和“一国两字”——从香港回归话繁简字的统一》(载《西安晚报》1996 年 12 月 4 日)。该文获得征文全国二等奖。文章对当时十分猛烈的“繁体字回潮”及其给社会用字造成的混乱进行了分析。那时有人提出解决“繁简互译”常常出错的办法是“培养‘两字’人才”，笔者认为根本的解决之道应是实现“书同文”。但“同”到“繁”，还是“同”到“简”？笔者的回答是“简”。因为“香港、台湾、澳门和大陆其他省区一样，难道各省区还用得着‘互译’吗？马来西亚、新加坡都全盘照搬我们的简化字，香港、台湾、澳门那还用说？”

《西北大学学报(哲学社会科学版)》1997 年第 4 期刊登拙文《祖国统一←→繁简字统一》，其中对“两字”统一于“简化字”列举了 7 条理由：简化，体现了汉字发展演变的基本规律；我国实践证明，简化字比繁体字有更大的优越性(扫盲、基础教育等)；简化字是联合国汉语文本用字，取得了国际通用地位；以“从众”角度看，也应用“简化字”统一“两字”（大陆13亿人用简化字）；还国民政府的愿（1935年国民政府曾公布《第一批简体字表》，是历史上第一个以政府名义公布的简体字表，后因保守派强烈反对而“通令收回”）；新加坡、马来西亚、日本等国的经验证明，以简化字统一“两字”完全行得通；汉字去繁从简也是海外赤子众望所归的事。

2.2 今天的补充

“两字”何以必须统一于以“简化字”为代表的规范汉字，再阐述理由如下：

（1）以“简化字”为代表的“规范汉字”是我国的法定文字。

（2）语言文字是国家意识的重要体现，中华人民共和国是我国在联合国的唯一合法代表，其法定文字当然是国际上的唯一合法用字。香港、台湾、澳门将来都必须统一到以“简化字”为代表的“规范汉字”。

（3）以“简化字”为代表的“规范汉字”是汉字自身发展演变的必然。“简易律”和“区别律”是汉字发展演变的两大规律，以“简化字”为代表的“规范汉字”是两条规律综合起作用的科学成果。

（4）汉字简化运动历经一百多年，以“简化字”为代表的“规范汉字”是无数汉字学专家艰苦探索、亿万人民群众广泛参与的结果，最具科学性和社会性。新中国经济、政治、文化的高速发展证明，以“简化字”为代表的“规范汉字”为中国人民服务得很好，它作为我国的法定文字是合格的，胜任的。

（5）信息时代证明“简化字”具有更大优越性。在汉字编码、键盘输入方面简化字优势明显；接受信息时简化字在清晰度、区别度方面优于繁体字；在网络媒体、电视、手机等电子媒体中简化字更方便传播、收看。

（6）“简化字”是汉字中应用率最高的字（高频字），因而实用性极强，对语言生活的作用重大。

“汉字效用递减率”和“常用字笔画趋势率”是汉字字频统计得到的重要规律。周有光先生（1992）说“汉字效用递减率”有两个要点：“① 汉字的常用字非常集中。字频统计中前 2400 字，覆盖率达 99%。汉字总数虽然很多，但是掌握了 2400 个高频字，就可以认识书面语的 99%。② 字频统计序号在 6600 以后的字，不管有多少字，总的覆盖率不超过 0.001%。”王凤阳先生（1980）谈到“常用字笔画趋势”时说：“字的应用率和笔画数是成反比例的。把这个结论换成一个带有规律性的说法可以这样表达：应用率高的字一般地趋向简化。”而《简化字总表》（1986）中的 2235 个简化字，是 1962 年版《新华字典》（收字 8000 个左右）范围内的字，是最常用的字，所以，它把人们语言生活中最需要的字给“简化”了，给人们的应用带来了极大的便利，所以受到广泛的欢迎。

2.3　简化字在汉语国际教育中有独特优势

上述 6 条补充是就一般层面而言的，这里再从汉语国际教育方面专门谈一谈。

汉语国际教育的教学对象一般都是母语为非汉语者，他们大都习惯于表音体系的字母文字。这种字母文字是一维的，突然改变为二维的方块汉字，他们往往难以适应。这就是为什么外国人写汉字的时候感觉自己像在画画一样，尤其对“笔顺”不适应。他们不知道一个字该从什么地方开始，到什么地方结束，像写“凹”“凸”这样的字，他们就是从任意一个地方起笔，画一个“封闭的图形”。所以，外国朋友最感兴趣的是笔画简单的字，例如日、月、山、水、火、川、人、刀、牛等。原因很清楚：这些字容易认，容易写，容易记。我们在汉语国际教育中，用简化字当然受到他们的欢迎。《现代汉语常用字表》中，一级常用字 2500 个，覆盖率达 97.97%，二级常用字 1000 个，覆盖率 1.51%（刘珣，2012），而我国 1986 年重新发布的《简化字总表》所收的 2235 个简化字占《现代汉语常用字表》常用字的 89.4%。

在美国，汉语学校和大学的汉语课程绝大多数用简化字。纽约市政府发布的中文公告，过去用繁体字，现在一律用简化字。在加拿大，原来教广东话和繁体字的学校，也开设了普通话、简化字、汉语拼音班。台湾《联合报》2008 年 3 月 5 日曾报道说：“美国近十年来兴起学中文的热潮，华盛顿特区不少公立中小学都已把中文增列为外语必修课堂之一，教学上虽维持繁体和简体中文并用，但简体字逐渐成为中文教学主流，已形成一股难以抵挡的趋势。”

美国纽约州立大学杰纳西奥分校李公燕说：“我在美国教中文数十年，我的学生对象 90% 为美国人，其他则为亚洲、中南美和非洲学生。虽然我是上海出生，但是却在台湾长大，因此我所受的教育也都是在台湾，而且大家都采用繁体字。由于本人所学及接触的均为繁体字，所以在教学前十六七年时，也都是教学生们繁体字及注音符号。当时学生们也没问过这是繁体字还是简体字，等等，直到 21 世纪，班上学生学中文的也多了，而且中国人也多了，学生就开始提出这是繁体字还是简体字这一类的问题。有的时候，学生们在第一堂课的时候会问，我们是学繁体字还是简体字？假如这个答案是繁体字的话，学生就会说，那我不学了，太难了。假如我回答是简体字，学生就会说，我要学。”

据统计，90% 以上的中文学习者都会选择中国大陆为他们的留学目的地。也就是说，有 90%以上的外国人将要学习简化字。简化字在中国大陆、新加坡、马来西亚以及东南亚一些华人社区中通用。简化字使用总人口超过 13 亿，而繁体字的使用人口不会超过 3000 万。所以在选择汉语的“辅助工具”时，外国朋友自然而然地选择简化字。他们说，要想学好汉语，就要学好汉字，要学好汉字，就要学简化字。

三 何以不能“统一”到“康熙字典体”

3.1 “书同文”总是与时俱进的

之所以不能“统一”到“康熙字典体”，那是因为“时移世易”。

汉字几千年“正字史”上，每朝每代都不一样。秦代以秦国的小篆统一全国，其政策是“罢其不与秦文合者”；汉代是以隶书为正体，以“熹平石经”作为正字规范标准；唐代则以楷体为正体，以《干禄字书》《开平石经》及《五经文字》《九经字样》为正字的规范标准。到了清代，历经宋元明诸朝，汉语的发展变化很大，字量大增，字的音义也有很大变化，需要一部大型字书对其进行整理和规范。康熙朝国力昌盛，具有这样的条件，于是诞生了所谓“无一义之不具，无一音之不备”的《康熙字典》。《康熙字典》集历代字书之大成，代表了中国古代字典编纂的最高水平。它继承吸收传统语言文字学的成果，且广有改进创新。《康熙字典》的编纂意图，一方面“承学稽古”“昭同文之治”，承载和弘扬中华民族的古老文化传统；另一方面，“流通当世，衣被后学”，使“官府吏民”“备知文字之源流”，从而提高准确使用语言的能力。

但是，语言发展无止境，三百年来，汉语汉字的变化非常大，其中最重要的就是从古汉语发展为现代汉语，文言文变成了白话文。随着这些发展和变化，《康熙字典》不能适于应用了，于是规范标准就得跟着变。就汉字来说，除了专门研究，古代汉语专用字（文言文用字）基本上退出了流通领域，所能用到的字就是现代汉字，即现代汉语专用字和古今汉语通用字。这是就用字范围而言，而现代汉字要适用于应用，在信息化条件下还要实现标准化，即“四定”：定量、定形、定音、定序。这些《康熙字典》远未涉及。

3.2 《康熙字典》因历史局限，有很多问题

《康熙字典》尊《说文解字》为正宗，立定规矩，以垂后世，体制完备，便于检索，厘正补阙，详略得当，旁罗博证，来历典确，具有中国字典史上近于至高无上的地位。但金无足赤，它也受时代的局限，有很多问题。例如，它“搜罗广收”，使得“有音无义、或音义全无”的字也尽搜于《海篇》《心镜》《龙龛》等“典确”的字书、韵书，因而成为后世无法找到“用处”的“多余的字”。而且，《康熙字典》在实际编纂中，与其规定体例也有不尽吻合之处，书证错误的地方也有很多，只是由于它是“御定”的，在清代长期无人敢加批评，直至道光七年（公元 1827 年）王引之奉旨做《字典考证》时，才纠正了它的引书错误 2588 条。

瑕不掩瑜。总体说来，《康熙字典》对于有清一代的语言文字规范是有促进意义的，它的收字、收词原则对于多民族国家的共同语的形成是有贡献的，它既是古代字书的集大成，又为现代字典开辟新路，在中国辞书史

上占有非常重要的地位。

沧海桑田，世事俱变，汉字简化运动兴起。近代以来，西方列强瓜分中国，民族民主革命风起云涌。为了动员民众，就要让他们识字，懂得革命的道理，可繁难的汉字让老百姓“扫盲”且难，更不要说懂得和宣传革命道理了。于是，许多先进的中国知识分子便主张“普通教育应当采用俗体字”（陆费逵），且归纳了“简化”的方法（陆费逵、黎锦熙等）。俗体字即简体字。于是，汉字简化运动一百多年来从未间断，特别是新中国成立后取得了辉煌的成就，《汉字简化方案》（1956）、《简化字总表》（1986）把汉字简化运动的成果巩固了下来。

汉字字形的整理也历经艰辛：整理异体字、整理新旧字形、规范计量单位用字、整理异形词、把纯粹表示地名的难认难写字用易写易读字代替，等等，使得《康熙字典》以来的汉字体系通过不断优化、简化沿着“规范化”的道路迈上了更高的台阶。

《康熙字典》可以认为是唐代“正字学”以后汉字“正字”的最高成就，代表当时的最高规范。但它并未使汉字规范化的步伐就此停歇下来。上述汉字简化、汉字字形整理等是对《康熙字典》的反规范，并形成了新的规范。笔者曾在拙著《汉字规范化论纲》中说：“每朝每代都尽可能‘正字’，即最大限度地进行‘规范’，但是，社会总有种反规范的力量，不断地冲破这种‘规范’，使汉字出现新的‘不规范’，因而使新的一个朝代不得不再次进行统一和规范。……汉字经历的每一次‘规范’‘反规范’，再到新的‘规范’，都使汉字克服了过去时代的缺陷和不足，发展得更科学、更简易、更适于应用，因此我们说，汉字是在规范和反规范的矛盾运动中发展和完善起来的。”《康熙字典》远远不能适应当前的应用了，我们怎么能够回到“康熙字典体的正体字”“重新如旧时一般”地“各国共享便利”呢？这样说，除了理想化以外，在实用方面是根本行不通的。

3.3 韩国人提出该主张有其自身原因，但却是不合时宜的

韩国人使用汉字，是因为历史的原因。汉字最初随儒家经典传入朝鲜半岛。以儒家学说为代表的中华文化对朝鲜产生过并且还在继续产生着巨

大影响。朝鲜也曾仿照中国实行科举制，而其考试题目也都来自"四书五经"。中华正统文化以汉字为载体，在朝鲜的历史上，汉字的影响巨大。古代汉文化圈周边国家的书面语都曾经是汉语（日本、朝鲜、越南）。对于朝鲜统治者来说，文化认同即语言认同，这种认同直接影响其语言政策的制定。朝鲜历史上一直"一尊华制"，以中华文化及其礼乐制度为治国根本。朝鲜于明清两代和中国交往，其外交公文都用汉语书写。所以，现在的朝鲜语（韩语）中，70% 以上的词汇来自汉语。韩国离不了汉字。韩国人对汉字的热情之所以那样高，是因为他们知道汉字对他们的极端重要性。在首尔的王宫景福宫参观，简直跟到了中国的故宫一样。宫殿名"勤政殿""含元殿"等全是汉字，"勤政殿"前的广场是韩国国王朝见百官的，相当于故宫太和殿前的广场，中间"驰道"两边左文右武分列，第一排"正一品"，第二排"从一品"，第三排"正二品"……也全都是汉字。到了博物馆参观，陈列的展品中古典文献上也基本都是汉字。但是，朝鲜族毕竟有自己的语言，也和日本一样，日本人在使用汉字基础上发明了"假名"，朝鲜也发明了"谚文"。1446 年世宗颁行《训民正音》，公布了"谚文"字母。"谚文字母不作线形排列，而是叠成方块，向汉字看齐。每个方块代表一个音节。历代相承积有一万多个方块，现代通用的有 2700—3500 个。1894 年后汉字谚文混合成为政府公文用的法定文字。朝鲜北方在 1948 年废除汉字，以纯粹的谚文作为法定文字，朝鲜南方仍旧用汉字谚文混合体，把汉字减少到 1900 多个，一般出版物很多全用谚文。"[1]

亚洲经济的崛起使得汉字重新被人们重视，韩国也一样，近些年来韩国一些有识之士大力提倡在韩国教育中加强汉字教育（据说朝鲜、越南也掀起了汉字复兴运动）。可是，韩语中使用汉字的情况较特殊：长期语文分离。这一点，跟日语有所不同（汉字在日语中表词根，是日语的有机组成部分），而且，在韩国，很长一段时间汉字的使用"近乎中断"，而他们记忆中和典籍中"保存"的都只是《康熙字典》体的汉字。再加上由于意识形态的原因，现在大力倡导汉字教育的人多半都是在台湾读书的（例如倡导最力者陈泰夏先生便是在台湾师范大学读博士，且在台湾政治大学、香

[1]《中国大百科全书·语言文字》，中国大百科全书出版社，1988，第 405 页。

港珠海大学任过招聘教授），而台湾、香港至今推行繁体字。这也就是韩国学者极力推行繁体字、主张韩中日都回到康熙字典体的原因。

“逝者如斯夫，不舍昼夜！”在汉字的故乡，在当今已有13亿人口的中国，汉字的使用是未曾“中断”的，它随着社会的发展而发展变化着，也在“规范与反规范”的矛盾运动中不断地完善着。特别是，它已经走到了“依法治字”的阶段，怎么能够倒回去，再恢复早已不能满足现实需要的“康熙字典体”呢？

其实，韩国许多有识之士早已认识到了这一点。2007年，韩国韩中文字交流协会和韩中公用汉字能力鉴定会在韩国1800个教育用基础汉字中选择简化的606个简体字进行了全面评析，详细分析了606个简体字与我国现行规范汉字的具体对应关系及启用606个简体字对韩国教育用基础汉字产生的影响，认为606个简体字的选用是韩国汉字学界在认同中国汉字规范标准方面迈出的重要一步，对推动中韩两国乃至汉字文化圈国家实行汉字“书同文”具有重要意义，对汉语的国际推广大有裨益。

四 结论

4.1 简化字慢慢会变成中文的唯一标准（周有光）

这一结论，也是笔者向首尔“第16回汉字书同文国际学术大会”所提交论文《国际汉字书同文和现代汉字研究》的一条“结论”。这是借2006年周有光先生说给香港某记者的话。2009年5月28日，《光明日报》在“光明论坛”用两个整版的篇幅，刊载了北京大学中文系苏培成教授于2009年2月28日在国家图书馆文津讲坛做的演讲，题为《汉字进入了简化字时代》，引起了巨大的反响。上面周先生、苏先生说所的这些话，说的还都是“趋势”，离真正的简化字“书同文”还有相当长的路要走。但是，令人高兴的是，两岸和平发展形势喜人，“和平统一”势不可挡。一旦两岸实现了政治统一，21世纪中华汉字再次“书同文”便可实现。到那时，“简化字慢慢会变成中文的唯一标准”一句里“慢慢”两字将会去掉。

4.2 实现国际汉字书同文的唯一途径：依法治字和汉语国际推广

先说“依法治字”。2000 年 10 月 31 日，全国人大九届十八次常委会通过了《中华人民共和国国家通用语言文字法》。这是中国几千年语言文字史上具有里程碑意义的大事。这是几千年汉字“正字”经验的升华。秦代的“书同文”，唐代的“正字学”靠的就是政治的强大，政权的强有力。法制，则是将“国家意识”贯彻到底的最强有力的支撑。例如，汉字繁简之争，《国家通用语言文字法》颁布了，铺天盖地的繁体字回潮不再“兴风作浪”；近些年的“两会”上，不断有政协委员提出“繁体字提案”，但主管部门“一口回绝”。这就是“依法治字”的力量！至于台湾当局的“繁体字申遗”，鼓吹“识繁写简”“识正书简”，等等，我们则只听“湖面风声起”而“胜似闲庭信步”。因为汉字“繁简问题”法律早有明确规定——“繁体字”（还有“异体字”）只在“除外条款”（6 种情形）中“保留或使用”，其他种种说法，在中国大陆统统不管用。

再说国际上的汉语推广。历史上，形成“汉字文化圈”靠的是“汉字故乡”向周边辐射和影响，其根本的动力是强大的中华文化。最近几百年，曾几何时，由于西学东渐，汉语汉字变成了“落后的语言文字”，受所谓“世界文字发展三阶段论”影响，有人提出了废除汉字，走拼音化道路的口号，可走了一百多年，发现“此路不通”，还是汉字最适合记录汉语。改革开放使中国和平崛起，中国这头雄狮让世界惊醒，于是人们又提出“重建汉字文化圈”，实现“国际汉字书同文”。

怎么“重建汉字文化圈”？怎么实现“国际汉字书同文”？笔者郑重提议：

第一，促成两岸统一，实现“中华书同文”，这是“重建汉字文化圈”、实现“国际汉字书同文”的前提。分两步走：

（1）推行规范汉字，全面执行《通用规范汉字表》。《通用规范汉字表》是《国家通用语言文字法》的配套规范，经过众多专家 10 余年的潜心研究，国务院 2013 年 6 月 5 日下发通知，教育部、国家语委 8 月 19 日正式发布。这个字表是新中国成立 60 多年来汉字简化、整理成果之集大成者，它解决了新中国成立以来众多规范标准互相矛盾和不统一的问题，成为今后相当长的历史时期内我国汉字使用的最高权威、唯一标准。

（2）《通用规范汉字表》作为“中华书同文”的蓝本，在实现两岸政治统一后也会在台湾推行。

第二，将汉语国际推广作为国家事业大力推行。这一事业，比历史上汉语汉字向周边国家辐射和影响从而形成“汉字文化圈”要伟大得多。我们要让这一事业把汉语普通话和规范汉字带到世界五大洲、四大洋去。在经济全球化的今天，衡量一个国家的综合国力，不再是靠衡量领土、军备、武力、科技进步、经济发展、地域扩张、军事打击等有形的“硬实力”，而是转而衡量这个国家的文化、价值观、影响力、道德准则、文化感召力等，即所谓的“软实力”。提高国家的软实力不仅是我国文化建设的一个战略重点，也是我国建设和谐世界战略思想的重要组成部分，更是实现中华民族伟大复兴的重要前提。语言文字是信息传播的媒介，也是衡量一个国家软实力的重要指标。美国一直以来之所以能够将各种文化产品连同价值观念与生活方式行销全世界，除了国力的支撑外，主要依靠的就是语言优势，这也是美国的软实力强大的一个重要原因。所以，中国人民要想屹立于世界民族之林，也必须走这样一条“文化强国”之路。现在，汉字是世界上使用人口最多的文字，但还不是使用范围最广的文字。我们汉字的规范化水平和英文比较还有一些差距。最明显的就是：全世界的英文是统一的，而我们中国人自己的汉字却不统一。我们应该给自己确定一个宏大的目标：要使汉语汉字双双赶上或超过英语英文，为世界文化发展做出更大的贡献。

参考文献

陈泰夏（2013）汉字以东方共有之文字探索其字形统一，载《第16回汉字书同文国际学术大会发表论文集》，韩国首尔，2013年6月，第31页。

林允富（2013）国际汉字书同文和现代汉字研究，载《第16回汉字书同文国际学术大会发表论文集》，韩国首尔，2013 年 6 月，第 207—215 页。
刘　珣（2012）《对外汉语教育学引论》，北京：北京语言大学出版社。
陆　欣（2013）繁简并存与汉字统一，载《第 16 回汉字书同文国际学术大会发表论文集》，韩国首尔，2013 年 6 月，第 244 页。
王凤阳（1980）汉字频率与汉字简化，《语文现代化》第 3 期。
许　琳（2012）我们从哪里来，到哪里去？《语言文字应用》第 2 期。
周有光（1992）《中国语文纵横谈》，北京：人民教育出版社。

留学生汉语短训班结构化教学模式的探索与实践

——以合肥学院为例

合肥学院　张发清

摘要　随着我国国际地位及汉语汉文化吸引力的增强与高等教育水平的提高，来华留学生规模也在逐渐扩大。留学生教育的快速发展，无疑会大大促进我国高等教育国际化的进程。结合合肥学院对外汉语教学方式的探索与实践，文章提出留学生汉语短训班结构化教学模式的模块构成与实现条件，以期对高校的对外汉语教学以及汉语汉文化推广有所贡献。

关键词　汉语短训班　结构化教学模式　实现条件

一　引言

留学生短期语言强化培训与留学生学历教育不同，教学时间短，教学对象汉语水平较低，往往是汉语零起点或粗略接触过汉语，因此，教学的重点不可能是完整的汉语语法系统和听说读写各项技能全面铺开。在教学中，尤其需要根据学生现有汉语水平和实际交流的需要来灵活地设置课程，侧重口语表达和简单认读，重点训练和提高听话、说话单项技能，有针对性地选择和确定教学方式，让留学生在有限的时间里习得自己需要的汉语知识。在掌握一些基本的训练方法后，留学生回到国内还可以继续学习。

在留学生教育已迅速成为国内高校新的教学门类的当今，留学生汉语教学创新也取得了较为丰硕的成果，但纵观诸多短期语言强化培训模式，笔者以为大都忽视了留学生的汉语水平起点，偏重语法项目，过于强调达到学习的最终目标状态。本文结合合肥学院对外汉语教学方式的探索与实践，谈谈留学生短训班结构化教学模式的思考与实施。

1.1　留学生汉语短训班结构化教学模式的特点与构成

“结构”（structure）一词的涵义是指某个整体的各个组成部分的搭配和排列状态。“任何现象都有自己特定的结构，第二语言教学也不例外。”（吕必松，1992）教学结构“是指在一定的教育思想、教学理论和学习理论指导下的、在某种环境中展开的教学活动进程的稳定结构形式”（吕必松，1993）。按照国家汉办《高等学校外国留学生汉语教学大纲 · 短期强化》的教学要求，总体建构汉语短期培训框架，分层设计汉语教学与成绩测试环节，在教学内容、教学时间安排等方面，呈现出非常鲜明的结构层次。所谓结构化教学模式，可以看作结构教学理论指导下的一种教学模式创新。

合肥学院留学生主要是韩国和德国等国友好大学的交换生及少量当地城市的市民、公司职员，因为友好大学的学术交流或对汉语和汉语文化有兴趣，来做短期的汉语学习，学习时间大部分为一个学期（20 周）。留学的目的很简单，会用汉语做简单的交流，实际学力也明显薄弱，汉语零起点或略知一二。我们将留学生的学习期限（一般为 20 周，若一年可视为两个学习周期）分解成若干部分，在课程设置、教材选择、教学内容、教学活动指导等方面围绕任务目标，进行有机有序排列与组合，以渐进性和层递性完成任务目标。这种结构化模式可以说是从汉语独特的语言特点和语言应用特点出发，结合第二语言教学的一般性理论或对外汉语教学理论，为留学生“短平快”学习汉语量身打造的教学范式。

1.2 模块化的教学任务与方法

每个模块有着各自独特的任务需求，针对阶段特点设计教学内容和方法。四个模块结构顺序固定，不能更改调换；层层递进，后一层次的知识和能力的设置是前一层次的扩展和深化。

第一模块为摸底补缺阶段（二周）。快速摸清受训留学生汉语知识掌握情况；根据学生水平补充相应的基础内容。主要是汉语拼音、识字写字、生活口语方面的内容。

此模块的阶段目标是根据留学生的汉语水平将其分成不同层次的教学小组。对留学生实施入学前汉语水平的摸底测试，目的是了解留学生汉语听说读写的水平，以确定学生学习的起点。这是鉴别性测试，其成绩用来作为分班的依据。摸底测试题目要有信度，一般应由对外汉语教学经验丰富的教师负责商讨拟定。根据留学生的测试结果，对他们进行分组，一个学习小组的汉语水平应该大体相近。零基础或者对汉语仅知道皮毛的分在B组；来华前学过汉语，略有汉语基础的，分在A组。需要指出的是，A组和B组虽属不同的静态层级，但却是整个学习过程两个衔接紧密的学习阶段，中间没有森严壁垒。在面对具体情况时，授课老师可以对生员做适当的高低双向动态调整：如果B组学生学力达到A组水平可以直接跳换到A组。

第二模块为内化强化阶段（十周）。强化学生的汉语拼音、汉字、词汇、语法知识，并促进这些知识的内化吸收。

此模块的阶段目标是根据留学生汉语水平层次施行相应的教学内容，因材施教，帮助其习得汉语知识。通过常规教学结合各种形式的常规测试，促使学生逐步完成学习任务，提高汉语水平，并运用不同形式的常规测验手段，测定学生的学习成绩，检查教师的教学效果。通过这种测试，可以跟踪监测日常学习情况和知识掌握情况，了解教师的教学情况，适时调整教学进度和整个教学计划。通过测试，检测学生的学习能力，也可以作为调整学习小组的标准，激励和促进整体教学。

教学目标不宜过高，有侧重地指向某一特定范围和某项特定的汉语技能。教学内容要求选择学生日常生活、学习、交际中最常用、最急需的功能和话题，并优选语言材料中使用频率高、覆盖面大的相关语言要素，动态地设计教学实施方案，突出针对性和灵活性。

第三模块为外化展示阶段（六周）。开展听、说、读、写、交际等综合训练，帮助学生将获得的汉语言知识通过教学实践外化为能力和技能。

此模块的阶段目标是形成一定的言语交际能力，能听能说，会表达会交际。有组织有计划地安排课堂之外的学习活动，提供汉语交际平台，指导留学生及时消化汉语知识，有效地促进汉语知识向汉语交际能力的积极转化。

第四模块为评估总结阶段（二周）。以问卷、考试、座谈、表演的方式，评估教与学双方的效果，总结存在的问题，找出解决问题的办法和途径。

此模块的阶段目标是总结汇报培训成果，并为下一周期的汉语培训提供学力层次依据。通过话题说话、听力材料复述、模拟情景交流等方式，检验学生汉语综合理解和运用的能力，检验教学效果。对留学生的学习行为、学习能力和结果做出评估。

二　结构化教学模式预期效果的实现条件

2.1　基于“语言交际能力”的课程类型

对外汉语教学的最终目标是培养学习者使用目的语进行跨文化交际的能力，这也是对外汉语教学的本质。短期来华留学生学习目的尽管各异，但基本的学习需求都会指向“能说能听”，形成一定的语言能力，参与汉语交际活动。语言交际能力指的是用语言进行交际的能力，包括口头交际能力和书面交际能力。我们在设置留学生汉语短训课程时，有一个非常明确的指导思想：基于留学生语言交际能力的训练开展课程教学，课程类型不能求全责备，以口语类课程为主。B 组的学习课程主要为汉语口语、汉语听力等，学时占总量的 80%；A 组仍以汉语口语、汉语听力为主，学时数稍有减少，适当增加了语言文化方面的知识背景介绍，以扩展学生的知识面，同时也安排了适量的 HSK 应试技巧辅导等。

根据留学生的留学目的和汉语能力选择学习材料，是传统因材施教策略的现代内涵——“因材择学”。通过相匹配的学习材料和学习内容，有针对性地教学，可以激发学习兴趣，帮助学生树立学习信心，从而促进留学生汉语交际能力的稳步快速提高。

2.2 基于“语言能力内外转化”的教学方法

语言交际能力是一种外在的能力，也可以说是语言能力的外化。习得一种语言，需要经过反复的外化和内化的过程。（吕叔湘，1992）短期汉语强化培训必须转变观念，改革教学方法。以留学生为主体，教师为主导，根据教学内容，通过多媒体手段，尽可能地引导学生说话，让每个学生都有机会开口说汉语。创设出接近真实的交际环境，进行模拟交际，积极引导学生做一些具有交际性作用的练习，把静态的词语和句式活化为人际交往的动态言语材料。利用各种音像资料和多媒体技术，以大量案例、信息输入为主，并以对比分析为手段，对学生进行事实教学和分析教学，让学生在课堂上获得汉语交际能力的认知学习，从而从较深层面理解和掌握跨文化交际的技巧。另外，把词汇和语言结构与具体的目标任务联系起来，作为完成任务的必要条件进入任务链，不再是单纯的学习目标。这样不但可以弥补任务教学法固有的弱点，使词汇和语言形式的教学在与任务相结合时更系统有用，同时也能充分发挥任务在语言学习和教学中的积极作用。

这种教学方法的重要作用不仅是在第一课堂把学习的主动权交给留学生，让他们用汉语自由表达，而且还在于打通了第一课堂与第二课堂的联系，让留学生走出校园走到中国人群中学习汉语。外国人在中国学习汉语，目的语学习资源丰富多彩，校门内外，无处没有学习目的语的辅导老师和学习伙伴。我们利用课余时间组织学生走出课堂，开展适量的课外活动。甚至也尝试着将留学生安排在有接收意愿的中国家庭（这些家庭一般都有大学生或中学生），参与家庭活动，缓解他们刚到中国的胆怯、陌生及种种不习惯，使他们感受亲情，体验中华文化，了解中国普通人的生活，增强文化认同。

元认知理论认为“主体在进行认知活动的全过程中，将自己正在进行的认知活动作为认知和意识的对象，不断地对其进行积极、自觉的监督和调节”（武和平，2000）。在汉语“原生态”环境中学习汉语，汉语交际能力能快速而有效地得到提高。

2.3 基于“双语双文化”的教师队伍

吕叔湘先生曾对于“双语双文化”教师的积极作用给予明确评价：我们教外国学生，如果懂得他的母语或者熟悉他的媒介语，在教他汉语的时候就能了解他的需要，提高学习的效率。（余胜泉、马宁，2003）在留学生汉语学习过程中，双语双文化教师不仅会给留学生留下有学识的印象，从心理上增强留学生的信任感，同时，在教学中、交往中，如果涉及不同文化背景的问题的话，也很容易找到较佳的切入点，方便沟通和交流。所以，我们在组织师资队伍时，一般会精心挑选具有海外汉语教学经历或具有国际视野、跨文化能力强的教师。当然，这些教师还要有敬业精神，具备较强的对外汉语教学能力。不过，我们并不赞成传统的全部用外语进行沉浸式教学，而是通过“亚双语教学”，即对学生进行专业术语的母语解释性提示。

此外，每个教师都应当明确自己所承担的任务的性质、特点和作用以及跟其他任务之间的相互关系，要做到互相配合。同时也要全面了解总体设计的内容和精神，以便掌握教学的全局。只有掌握了教学的全局，才能真正理解自己在整个教学过程和全部教学活动中所处的地位和应当发挥的作用，才能主动与其他教师配合。

2.4 基于“刚柔相济”的管理方式

尽管留学生汉语短训班学习时间相对较短，教学对象又是一群有着各自制度惯性的外国人，但在日常管理方面应当与国内学生一样做到严格规范。严格按照教学计划规定的课程设置、学习进度和考核标准来安排留学生的语言学习，没有例外。不断地加强中外校际联系与沟通，就学习目标、培养规格、学生管理方式等达成共识，争取留学生生源学校的谅解与支持。

当然，留学生毕竟是外国人，新的语言和新的生活环境必然会造成相当大的学业压力。很多来华留学生因心理素质、社会背景或文化差异，对中国的认识其实比较偏激，带有负面性，心理上不免有些叛逆。所以在严格管理的同时，也要给予真诚关心。尤其是在后勤服务方面，要尽量满足他们的生活需求。学校可以请求上级主管部门给予政策支持，专门为留学生开设奖学金项目，对留学生的进步进行适当的奖励。金额多少并不重要，重要的是可以让他们感到自己和在国内一样，通过努力可以取得回报。

三　结语

留学生教学模式是否科学合理，将直接影响留学生教育工作的成败。因此，积极探索适合本校特点的留学生教学模式是对外汉语教学研究的应有职责。鉴于此，我们不仅要继续探索韩国、德国留学生短期汉语强化培训模式，也要不遗余力地探索针对所有外国人的短期语言进修强化培训模式。希望我们的思考与实践对高校的对外汉语教学以及汉语汉文化推广做出些微贡献。

参考文献

吕必松（1992）对外汉语教学概论（续一），《世界汉语教学》第3期。

吕必松（1993）对外汉语教学概论（续三），《世界汉语教学》第1期。

吕叔湘（1992）通过对比研究语法，《语言教学与研究》第2期。

武和平（2000）元认知及其与外语学习的关系，《国外外语教学》第2期。

余胜泉、马　宁（2003）论教学结构——答邱崇光先生，《电化教育研究》第6期。

语言契约和汉语第二语言教学

北京语言大学　张　猛

摘要　汉语第二语言教学的一个重要问题是教学大纲的制定。教学大纲包括学制学时的规划、教学目标的设定、教学内容的阶段划分。本文就此提出三个意见：一、完整的汉语第二语言教学从零起点到取得博士学位，应该是十年学制，分为初级、中级、高级三个阶段。二、初级阶段以听说为主，学习社会的语言契约，掌握1500—2000个单词；中级阶段以识字为主，学习历史的语言契约，掌握3500个汉字；高级阶段以自主识字为主，掌握7000个汉字。三、衡量汉语学习水平的量化标准来自单词集内单词量的多少和单词类的广狭，以及单字集的大小。

关键词　汉语第二语言教学　语言契约　单词类
单字集　《礼记》教学大纲

一　前言

出席研究生学位论文答辩，看到一个数据，未加核查，转录如下：

——目前关于汉语述补结构的研究，已发表 2000 多篇论文，120 多部专著。

虽孤陋寡闻，仍知道教科书里关于述补结构的定义和说明至今未有根本性修改。

投入多，收获少，显然，论著有废辞，思路有问题。

科学研究，目的是为了向前看且看得清，往前走且走得通。

若看不清，便须转向；走不通，便会迷路。

本文不采通例而为四行体，欲凸显思路，明示观点。

凡新出术语，必下定义；凡举事例，点到为止；以省文辞，利商榷。

二　单词集

【事例一】某会上听同事介绍：在北京语言大学，零起点留学生学习一年可掌握 2000 汉语单词。

——对此数据，那位同事显然感到自豪！

当时发问：这 2000 单词，涉及多少个汉字？

同事未能回答。

【事例二】已知有汉字 10 个，任取其中一个来构词，可得单音节词 10 个；任取其二，可得双音节词 99 个；任取其三，可得三音节词 999 个；任取其四，可得四音节词 9999 个。

问：这些汉字是哪 10 个？

答：〇、一、二、三、四、五、六、七、八、九。[1] 可表示正整数、番号、年、月、日、电话号码、邮政编码、身份证号、银行卡号等。

花几小时教 10 个汉字，再加上十、百、千、万、亿、兆 6 个汉字，零

[1] “〇”为汉字的符号字，表数字时读 líng，其大写汉字写作“零”。

起点留学生可认出、读出、写出无数个汉语的数字词或数字组合。

只会16个汉字，虽说单词量有无限多个，也不能算学会了汉语。

显然，评价汉语水平，不能光看单词的数量，必须考虑单词的质量。

单词的集合可谓之“单词集”。单词量仅反映单词集的数量，未必反映单词集的质量。

根据事例一和事例二可知，单词有语义类别；单词的语义类别是否丰富，可衡量单词集的质量。

三　单字集

评价汉语学习水平，除单词量和单词语义类别外，还必须考虑单字集。

以单词集为本的教学，假如一年学两千词，平均每天至少学5个。

以单字集为本的教学，一日一字，一年365字，[1]理论上即可包容133590个单、双音节词，还不算三音节词和四字成语。[2]

单从逻辑上看，以单字集为本的教学，更有利于提高汉语学习效率。

【事例三】表示方向的汉字有四个[3]：东、南、西、北。

就构词而言，可得4个单音节词，16个双音节词，64个三音节词共84个词。

16个双音节词中除东南、西南、东北、西北、南北、东西、北南常见外，其余如东东、南南、西西、北北多见于人名而不表方向，西东、南东、北东、南西、北西均不常用；[4]而三音节方向词则多用于天文气象、航海航空、卫星定位等专业领域（如南南西、南南东、东南东、东北东等）。

4个单字和84个三音节以下的单词之间，是1比21的关系。

[1] 零起点大学本科生，第一学年全日制学习汉语，一般可掌握800汉字的常见用法。

[2] 根据等比数列求和公式推算所得。

[3] 通常说的“东西南北中”里的“中”，表方位，不表方向。

[4] 表八方的词，除东、南、西、北外，汉语用东南、东北、西南、西北，日语用南东、北东、南西、北西。

【事例四】表示方位的汉字中，常用的有五个：上、下、左、右、中。

就构词而言，可得 5 个单音节词，25 个双音节词，125 个三音节词共 155 个词。

25 个双音节词里除“中中”外，其余日常皆用。[1] 三音节的方位词，现实中常见有：上中下、左中右等；即使遇到不常用的，如：下中下、右左左、中中中等，依然能懂。

5 个单字和 155 个三音节以下的单词之间，是 1 比 31 的关系。

方块汉字具有形、音、义一体成形的特点。

每个汉字都有无可替代的表义功能和形貌独特的书写形式。

所以，中国文学传统讲究“用字”，以单音节词为表义造句的基本单位。

由此影响到传统的汉语研究。

传统汉语研究，指中国先秦至晚清之间的汉语研究。

历代学者不约而同地将研究重点放在了汉字上。

他们将汉字的单字作为汉语的基本单元，认为立言须为文，为文须识字。

依托单字，可以系联和统领汉语的形、音、义、用四个方面。

一些单字有共同的语义类别，如数字、方向、方位等。

这种共同的语义类别，是单字的语义共性的一种抽象。

归纳单字的语义共性，可以有多个角度，还可以有多个层次。[2]

《说文解字》分出 540 个单字的语义类别，大类之下往往隐含小类，层次隐然而在。[3]

---

[1] 除“中中”外的 24 个表方位的双音节词为：上上、下下、左左、右右、上下、下上、上左、左上、上右、右上、上中、中上、下左、左下、下右、右下、下中、中下、左右、右左、左中、中左、右中、中右。

[2] 如果对层次的理解发生错误，会导致交流失败。网帖：“和十岁儿子一起看电视，一个恶婆婆把媳妇逼死了。儿子问：‘妈，你以后会不会这样？’妈妈说：‘奶奶对妈妈好，怎么会逼妈妈呢？’儿子说：‘不是，我是说你以后会不会逼死我媳妇！’”

[3] 《说文解字》(陈昌治刻大徐本)，中华书局，1963 年。

四　单词类

单词类，是单词的语义类别的总称；在汉语里，也是汉字的语义类别的总称。

语义类别反映的是人类的知识类别，因而不可限量。

同一个语义类别里面的单词，可以分别和其他单词构成新的语义类别。

“比兴”用法使汉语的每一个字均可自由跨越语义类别，从而无法限定其构词能力。

和单字一样，双音节词或多音节词之间也有共同的语义类别。

一个学科的术语系统是一个单词类，一份餐馆的菜单也可以是一个单词类。[1]

若要划分汉语的词类，必须明确是否与单词的语义类别相关。

语义类别的划分，往往因用而立，受人为因素影响，具有随机性。

衡量汉语单词集的质量，既要考虑单字集，也要考虑单词类。

两个单字集之间，即使单词量相同，如果单词类不同，则一定存在质的差别。

在语言教学中，单词类不同的教材，内容必有差异。

单词类的取舍，受人为因素影响，与人们对语言契约的认识有关。

五　语言契约

交流的成立，基于双方对交流的形式与内容的共识。

[1] 网帖：“最近有个人在新疆离婚了，全国人民都很关注，原因是李亚鹏想吃清炖羊肉、手抓肉、碎肉羊排羊腿抓饭、柴窝铺辣子鸡、沙湾大盘鸡、米泉红烧鹅、爆炒蝴蝶面、丁丁炒面、炒拉条子、揪片子汤饭、椒麻鸡、黄面烤肉、卡瓦斯、熏肉、马肠子、马奶子、纳仁、布尔哈雪克炖鱼、米肠子、爆炒面肺子、恰玛古、羊肉焖饼、馕包肉、馕坑肉、架子肉、爆炒羊头肉、碎肉、过油肉拌面、海陆空、各种烧烤、丸子汤，……可是，王菲不会做。”帖中的食品名属于一个单词类，该单词类可称为“新疆菜”。

语言便是交流共识的一种反映，所以说：语言是交流的工具。

对语言形式和语言内容之间的关联所形成的共识，[1] 就是语言契约。

汉语的一个个单字或单词，相当于语言契约中的一项项具体条款。

汉语单字或单词的语言契约，均建立在该单字或单词的经典用例上。

所谓经典用例，是相关诸用例中获得认可度最高的用例。

经典用例来自于两个方面，一是文学语言，一是口语。

文学语言的传承性高于口语用例，所以文献用例的约束力高于口语用例。[2]

【事例五】表示亲属关系的汉字中，“父”和“子”很常用。

父、子二字，可构成 4 个双音节词（父父、子子、父子、子父）；另外还可构成 8 个三音节词，但缺乏正常用例。[3]

“子父”一词，现代口语里罕见，但文献中可见：“夫章子，子父责善而不相遇也。”（《孟子·离娄下》[4]）

文献字词是历史的语言契约，此外，方言字词是地域的语言契约，流行口语词是社会的语言契约。

根据事例二可知，有限的汉字可以构成无限多的单词。

根据事例五可知，汉字的无限构词功能在语言实践中往往只能实现一部分。

有正常用例，便属于某项构词功能得以实现，成为“已成词”，否则便是“未成词”。

汉字构词功能实现与否，检验标准首推历史的语言契约，次为地域的语言契约，其余为社会的语言契约。

---

[1] 对语言契约的认同，决定交流的成功与否。网帖：“坐在客厅看电视，老妈在一旁吃芒果。吃完问我：‘你这衣服要洗吗？’我低头看了一眼，说：‘要洗的。’于是乎，老妈把手在我衣服上擦了擦，走了……”

[2] 汉语单字的语言契约，不仅受文献用例的约束，还受字形的笔画结构约束。

[3] 这 8 个三音节词为：父父父、子子子、父父子、子子父、父子子、子父父、父子父、子父子。

[4]《孟子注疏》卷八下，见《十三经注疏》，P2731b。

社会的语言契约以单词集为本，历史的语言契约以单字集为本。

语言的教学与传承，便是师生间就语言契约达成共识的过程。

第二语言教学的初级阶段的教学对象，即零起点留学生，主要学习社会的语言契约。

初级阶段培养“听说”的基本能力，以单词集的口语常用部分为先导。

一年后，掌握约1500个至2000个单词，进入中级阶段，应学习历史的语言契约。

中级阶段培养“读写”的基本能力，以经典文献中的常用单字集为先导。[1]

经验表明，掌握3500个常用汉字后，即具有自主识字能力，[2]可转入高级阶段的学习。

汉语单字集有良好的构词扩展性，可激活和发挥学生的认知潜能，提高学习效率。

六　词与字

汉语单字集有两种性质：

作为词，是单音节词的集合；作为构词成分，是语素的集合。

从结构角度看，两个以上的语素构成的复合词，不同于两个以上的词构成的词组。

从语义角度看，复合词与词组，难分彼此。

一个汉字，可视为一个语素，也可视为一个单词；但语义只有一个。

所以，汉字的单字教学，以形为本，以义为先。[3]

---

[1] 在日本，汉语初级教材十分丰富，但中级教材寥寥无几，原因便是对中级阶段的教学目标认识不明确。

[2] 参2013版《语文新课程标准》。

[3] 新浪网，2011年5月26日，《教育部发布扫盲标准 至少会写950个汉字》，“扫盲教育将使文盲学员正确认、读、写、用最高频的592个汉字，能用其进行组词；基本读准且会写次高频的358个汉字；基本认识非高频的550个汉字。同时，会读、会写300个以上由常用字组成的词语，并会口头应用”。（http://news.sina.com.cn/c/2011-05-26/034022530892.shtml）

单字集，是单词集的语义压缩；单词集，是单字集的用法扩展。

单词集的增量有助于加深理解单字集，单字集的增量则有助于提高单词集的质量。

七 《礼记》的教学大纲

《礼记·学记》里有一份学制九年的教学大纲，总体目标是“大成”。

该大纲有五个方面的要求：（1）离经辨志。（2）敬业乐群。（3）博习亲师。（4）论学取友。（5）知类通达，强立而不反。

七年做到前四条，是“小成”；九年后五条皆做到，是“大成”。

原文见下节。

“古之教者，家有塾，党有庠，术有序，国有学。

“比年入学，中年考校，一年视离经辨志，三年视敬业乐群，五年视博习亲师，七年视论学取友，谓之小成；

“九年知类通达，强立而不反，谓之大成。

“夫然后足以化民易俗，近者说服而远者怀之。此大学之道也。”[1]

以儒家典籍为基础教材，则《礼记》教学大纲规定的具体目标如下：

（1）学习上：识字六千，[2]熟读经史，虚心敬学，博习六艺，钻研学问，融会贯通。

（2）道德上：忠诚正直，志向远大，热爱集体，尊敬师长，谨慎择友，坚持原则。

（3）处事上：通达，果断，坚毅。

---

[1] 《礼记正义》卷三十六，见《十三经注疏》，P1521b。

[2] 笔者统计，《十三经》中《诗经》《左传》《礼记》为字数最多的三部典籍，加上《尔雅》，四经的单字集为5783字（含《易》卦符号）。其中《诗经》单字集为2826字，《左传》单字集为3252字（见张猛《左传谓语动词研究》，P1），《礼记》单字集为3030字，《尔雅》单字集为3384字。又，《十三经字频研究》（海柳文著）一书中称十三经的单字集共有6794字，并对此四经的单字数也有统计；但其书内部统计数字不一，见该书P19、P32、P40和P38。

今之学制，小学 6 年，若一半时间学语文，相当于 3 年，要求掌握 3500 个汉字。

初高中 6 年，若三分之一时间学语文，相当于 2 年，要求自主识字累计 5500 个字。

本科 4 年，读文科，则语文学时累计达到 9 年，要求自主识字累计 7000 个字。

单就学时而言，当今一个文科学士应该可以达到《礼记》所言之“大成”！[1]

将《礼记》教学大纲置于汉语第二语言教学，且全日制学汉语，那么：

一年预科之外，四年本科，学时累计可达汉语母语者初中毕业的学时水平。

三年研究生，拿到硕士，达到“小成”，学时累计可达汉语母语者大专毕业的学时水平。

再读三年博士课程，加上其原有母语知识背景，一个留学生应该有望汉语“大成”。

八 结语

现实中，学生很少能达到《礼记》大纲的要求。

不能达纲的，不仅第二语言学习者中有，汉语母语学习者中也有。

究其原因，一是学时无保障；二是教材有缺陷；

还有第三：教学方法上立足点游移不定。

教材编写在语言方面未明确以识字为中心。

教材中反映汉语经典用例的范文数量不足。

传统教学方法立足经典，注重从范文推及于日用的方法，以点带面，

[1] 当前，汉语教育普及率已大大提高，然而全社会的汉语水平堪忧。出版物中，影视产品字幕上，错字率之高，令人咋舌；能够流畅直播《波茨坦公告》汉语文本的新闻主持人，全球范围内难以找到一位。

教学效率高。

现代教学方法往往迷失落脚点，在训诂、文章、义理三点上游移不定，导致阅读量大而典范性不够，教学效率不够高。

关于学时保障，这是一个社会问题，然古法可参。

关于教材，本文认为汉语第二语言教学的中级阶段当以培养自主识字能力为主。

关于教学方法，本文认为汉字辨识说解、范文背诵等传统方法的合理性值得关注。

不揣冒昧，略述一二浅见，期待深入交流，互动共进。

参考文献

《十三经注疏》(阮元校勘本)，北京：中华书局。

《波茨坦公告》全文（汉语本）http://lishi.freekaoyan.com/bbs/20090111/1231658784120870.shtml。

海柳文（2011)《十三经字频研究》，北京：高等教育出版社。

张猛（2003)《左传谓语动词研究》，北京：语文出版社。

微博视域下的汉语国际推广事业

金陵科技学院　赵步阳

摘要　本文对新浪微博平台上与汉语国际推广密切相关的微博展开了调研，选择了 90 个汉语国际推广微博，对之进行了分类，并在分析其影响力的基础上，结合有代表性的微博，对于汉语国际推广微博的内容发布模式进行了描述，初步考察了微博视域下的汉语国际推广事业的现状与发展态势。

关键词　汉语国际推广　对外汉语　微博　传播

一　微博与汉语国际推广

近年来，微博在国内的发展速度惊人。据统计，截至 2011 年，中国微博用户数已突破两亿。目前，国内主要的微博平台有新浪、腾讯、网易、搜狐等，其中，以新浪微博的用户数量最多，影响最广。

微博之所以能有如此惊人的发展态势，是与微博的特征有密切联系的。微博具有进入门槛较低（除了通过桌面客户端、浏览器，微博还可以通过手机及时发布、分享信息），信息发布更为自由、及时，以及现场感更强等特点，全民参与程度更高，信息复制与传播的速度更快，范围更广，信息的延伸性更强，“人际互动和交流功能更全面”（张曼缔，2012），从而为公众营造了一个自由表达意见和参与讨论的空间，构建了一个全新的社交网络。

可以说，微博开放性、自由性、即时性、多元性、互动性等特征，“打开了新的话语空间，赋予了更多的表达可能性，成就了表达的宽度”（张涛甫，2011），因此具有非常鲜明的复合型、互动型传播功能，而这样的功能，则与汉语国际推广事业的发展态势，以及对外汉语教学自身的特点、要求与目的等多有契合。基于此，近年来，各微博平台上，特别是新浪微博平台上涌现出了相当数量的、类型与诉求多样化的微博，这些微博充分利用微博平台所具有的优势与功能，积极参与到我国的汉语国际推广事业中来。针对这一现象，本文计划对于目前新浪微博平台上与汉语国际推广事业密切相关的微博进行考察（下文简称“汉推微博”），尝试对之进行分类，并从影响力、发布内容模式等角度入手，对微博视域下的汉语国际推广事业的现状进行初步考察。

二　汉语国际推广微博的类型分析

本文选择了新浪微博平台上的 90 个“汉推微博”，依据其组织形态、发布内容和注册信息等，对其进行了分类，分成了机构微博、同人微博和个人微博三大主类，以下又分成十五个基本类型（见附表 1、2、3），以期反映目前新浪微博平台上“汉推微博”的基本发展形态，相关数据的采集时间，均截止于2013年9月28日。

需要说明的是，本文关于“汉推微博”所做的分类中，所提出的同人微博的分类命名，以往应不多见。新浪微博的真实身份认证，一般只面向机构和个人两种类型开放。[1]然而，在调查中，笔者注意到，在目前的汉推微博中，除了组织机构微博和个人微博外，还有一类微博，其组织形态介于机构微博与个人微博之间，既非官方机构，也非企业组织，更非个人微博，严格来说是一种准机构性质的微博。比如“对外汉语人俱乐部”，该微博的简介表明，这是一个成立于2009年8月的对外汉语行业非营利性民间组织，致力于对外汉语行业专业信息资源的整合和传播工作；而从该微博所发布的内容来看，该微博实际上是一些志趣相投者在此聚合、交流相关信息的“平台”，因而具有典型的同人性质。这样的具有同人性质的微博，在新浪微博平台中，为数并不算少。鉴于此，本文在分析时增加了这一类型，以期更准确、更全面地反映汉语国际推广事业在微博时域上的发展现状。

而从机构微博、同人微博、个人微博这三大主类下十五个基本类型的分布来看，机构微博下的基本类型有七个，类型数量最多，既有国家汉办的下属机构，也有高校、媒体、出版社，以及从事汉语国际教育的企业和旨在整合汉语国际推广信息的网站、论坛等。这表明，目前的汉推微博业已较为充分地反映了当下汉语国际推广事业中，参与其中的组织机构日趋多元化的趋向，如果再加上具有准机构性质的同人微博下的三个基本类型：对外汉语人俱乐部、高校对外汉语/汉语国际教育专业学生以及对外汉语教学资源交流平台，已可充分显示出，目前的汉语国际推广事业已不再仅仅是国家个别部门和高校为之摇旗呐喊的行业，而是确实已经发展成为一个参与者众多、社会关注度高的市场了。当然，这一市场的潜力和发展前景究竟有多大，仍有待考察其他方面的因素。

在个人微博中，本文划分了包括高校对外汉语教师、海外汉语教师、

[1] 虽然新浪微博开放真实身份认证，列出了个人、机构、海外、校园四种，但是其中的海外认证，其实又细分为海外个人与海外机构两类；而校园认证则只针对特定的校园机构用户。所以严格来说仍然是个人与机构两类。

出版系统从业者、社会机构对外汉语从业者及海外汉语通等五个基本类型，基本反映了目前关注或参与汉语国际推广事业的人员的构成状况。不过，这其中未能包括两类人员的微博，一是目前国家汉办等官方机构的工作人员，这一类的个人微博，笔者几乎没有发现；二是对外汉语 / 汉语国际教育专业的在读学生，不过，这一类型的个人微博其实数量不少，但是从其发布内容来看，其专业色彩多不鲜明，因此本文未将其作为考察对象列入。

三　汉语国际推广微博的影响力分析

以下主要以粉丝数为依据，尝试对本文所研究的 90 个新浪微博的影响力进行考察和比较。

根据统计，本文考察的微博中，拥有 10 万以上粉丝的汉推微博共有 7 个，其中，只有“CCTV汉语大赛”是机构微博（粉丝数48万，见附表1），其余 6 个都是个人微博，而且全部属于“海外汉语通”这一类型（见附表 3），其中，“陆克文议员”是澳大利亚前总理，作为精通汉语的政治人物，他一向受到国内传统媒体的关注；而“大山”“加藤嘉一”“北瑞安娜”“雷克小流氓”“Mike 隋”等汉语通，各自的工作也与传统媒体多有关联。这一有趣的现象，一方面说明了整个社会对于汉语国际推广事业以及海外精通汉语人士的关注，另一方面也说明，整个社会更容易关注到的，还是与传统媒体有紧密关联的微博。

此外，本文所考察的微博中，粉丝数超过了 5 万的，还有网络孔子学院的官方微博和“汉语桥”比赛的官方微博，以及“CSLPod 学汉语 LearnChinese”（见附表 1）。这 3 个微博均为机构微博，其中，前两者与微博“CCTV 汉语大赛”一样，都与国家汉办有着相当紧密的联系，这说明汉语国际推广工作在国家层面的运作，相对来说还是容易获得比较高的关注度。

在机构微博中，除了上述微博外，值得注意的还有武汉大学汉语国际推广教学资源研究与开发基地的认证微博“汉语一二三”，其粉丝数达到了 16785，是笔者所见“高校汉语国际推广部门 / 机构”这一类型中影响力最大的。该微博2011年2月发出第一条微博，至今所发微博约5000余条。该微博能有如此影响力，与其内容发布模式有比较大的关系，本文将在下一部分稍加探讨。此外，上海儒森教育进修学校的官方微博粉丝数达到了2.7万，是各种从事汉语国际推广工作的教育企业中影响力最大的。但是，该校近年来力推的IPA国际注册汉语教师资格证受到了各方的质疑或诟病，其在汉语国际推广事业中的地位以及其微博影响力仍有待观察。

同人微博中，影响力最大的，则是成立于2009年的一个对外汉语行业非营利性民间组织的微博“对外汉语人俱乐部”，该微博粉丝数约4.2万，自2010年7月以来，发布微博9千余条。粉丝数仅次于该微博的，则是2010年8月开设的微博“对外汉语”（粉丝数约3.2万），不过，因为该微博的开设者已转行从事金融工作，该微博的更新速度已经下降，其影响力应该也会随之逐渐下降。“汉语控”“汉语时代”两个微博，受关注度也比较高，粉丝数均达到了2万以上。

此外，在同人微博中，“高校对外汉语 / 汉语国际教育专业学生”这一类型下的微博，其影响力则较为有限，其中，只有“爱北语”微博的粉丝数达到了7800余人，其余均不过千人。这是因为，在汉语国际推广事业中，高校在读的对外汉语 / 汉语国际教育专业的学生，基本上没有太多的发言权，其影响力自然也就受到了制约。

个人微博中，除了“海外汉语通”这一类型的微博外，影响力最大的，是对外汉语俱乐部的创始人李鹤鸣，以及商务印书馆有限公司汉语出版中心编辑储丹丹的个人微博，粉丝数分别为2.1万和1.6万。此外，北京大学对外汉语教育学院教授刘颂浩的个人微博、中国语言资源开发应用中心研修院执行院长高海洋的个人微博“对外汉语教师”，以及相关教育企业从业者、海外汉语教师的个人微博如“对外汉语鲍老师”“PALM曹芳”“北语刘志刚”“对外汉语教师—冯彦奇”等，其粉丝数基本上是在4000至8000人的规模。虽然单纯从粉丝数来看，其影响力似不能与其他一些机构微博或者“海外汉语通”的个人微博相提并论，但是这些个人微博，本身的活跃度较高，同时发布的内容与对外汉语教学的关系更加密切，对于从事对外汉语教学工作的人来讲，其在专业上的启发性与参考价值，也许是更大的。

四　汉语国际推广微博的发布内容模式分析

大致来说，本文所关注、考察的汉推微博，其内容的发布模式可以概括为“分享”与“讨论”两种：所谓“分享”模式，是指在微博中即时分享与汉语国际推广相关的信息、资料、观点等；“讨论”模式，则是指在微博中有针对性地发起与对外汉语教学、专业就业等问题相关的讨论，以期在这样的讨论中得到帮助和启发。一般来说，汉推微博发布的内容两种模式兼有，大多数的汉推微博是以分享信息、资料为主，兼及讨论相关的问题，不过也有个别微博，如同人微博中的“对外汉语”微博，更侧重于以“讨论”模式为主来发布相关的内容。关注该微博的粉丝，如有对外汉语的相关问题，一般就会私信该微博的博主，然后该博主就会在自己的微博中将该问题发布出来，以期得到相应的回复。例如以下两则微博：

@Miss_Life 想请教一下一个 hsk6 级的问题。“不知不觉中，她已经长成了一个十分亭亭玉立的姑娘，粗劣的饮食和严酷的生活并没有影响她。”这一句病句中，“十分亭亭玉立的姑娘”中的“十分”应该去掉，请问这里为什么不能加“十分”？（2013 年 2 月 21 日 23：57）

「求助」@一抹依米花 你好，我是一名大一新生，专业是对外（汉语），想请问一下这个专业出来可以干点什么？有什么样的就业前景？（2013 年 1 月 12 日 22：31）

这两则微博所提出的问题，都有一定的代表性，或者体现了对外汉语教学者在专业知识上的困惑，或者反映了高校对外汉语专业学生对于这个专业的普遍性困惑，最终，这两个问题分别得到了 11 条和 62 条回复，提问者的困惑基本得到解决或厘清，同时，这些回复对于之后关注该微博的粉丝来说，也依然是有参考价值的。

不过，就大多数汉推微博来说，其内容的发布模式多是“分享”式的。大体来说，分享的内容主要包括以下几个方面：（1）汉语国际推广的政策与相关信息；（2）语言学及现代汉语本体研究资料；（3）对外汉语教学资源、经验与方法；（4）中外文化知识、跨文化交际及中外文化比较；（5）对外汉语专业学生的就业及招聘信息发布；（6）相关考证信息；（7）机构动态或个人趣事；（8）其他。以下主要以微博“汉语一二三”为例，对汉推微博分享的内容和方式做一分析。

“汉语一二三”微博是武汉大学汉语国际推广教学资源研究与开发基地开设的微博之一，按照该微博 2013 年 9 月 23 日发布的一则信息，该基地是孔子学院总部 / 国家汉办依托武汉大学建设的专门从事汉语教学资源研究、开发与推广的实体机构。从 2013 年 8 月 28 日到 9 月 28 日，该微博共发布了 75 条微博（含转发），平均每天所发的微博 2—3 条，主要是以发起话题 [1] 的方式，发起了诸如：信息分享、汉推风采、一二三讲堂、教学分享、对外汉语示范课、跨文化交际（外国节日、外国饮食）、文化世界、传统文化、中国古建筑、学中文的那些事、招聘信息、HSK 相关、语言学乐园、语言生活、俚语时代、心语等近 20 个话题，细加辨析，即可发现，上述近 20 个话题，基本可以纳入本文之前所概括的 8 个方面的“分享”主题。

下为该微博 2013 年 9 月 28 日所发的 3 条微博的截图，# 号之间即为话题：

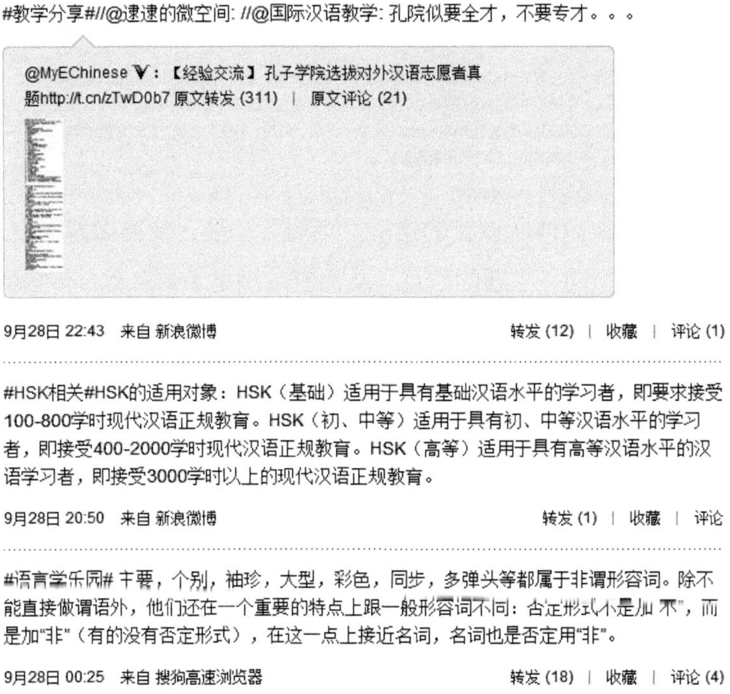
#教学分享#//@逮逮的微空间: //@国际汉语教学: 孔院似要全才，不要专才。。。

@MyEChinese V：【经验交流】孔子学院选拔对外汉语志愿者真题http://t.cn/zTwD0b7 原文转发 (311) | 原文评论 (21)

9月28日 22:43 来自 新浪微博 转发 (12) | 收藏 | 评论 (1)

#HSK相关#HSK的适用对象：HSK（基础）适用于具有基础汉语水平的学习者，即要求接受100-800学时现代汉语正规教育。HSK（初、中等）适用于具有初、中等汉语水平的学习者，即接受400-2000学时现代汉语正规教育。HSK（高等）适用于具有高等汉语水平的汉语学习者，即接受3000学时以上的现代汉语正规教育。

9月28日 20:50 来自 新浪微博 转发 (1) | 收藏 | 评论

#语言学乐园# 主要，个别，袖珍，大型，彩色，同步，多弹头等都属于非谓形容词。除不能直接做谓语外，他们还在一个重要的特点上跟一般形容词不同：否定形式不是加“不”，而是加“非”（有的没有否定形式），在这一点上接近名词，名词也是否定用“非”。

9月28日 00:25 来自 搜狗高速浏览器 转发 (18) | 收藏 | 评论 (4)

[1] 新浪微博设置有一个话题功能，发起话题只需要将话题以 # 号加话题，即 # 话题（自定义）# + 微博内容的形式发布即可。

在微博里发起话题的好处是，作为该微博的关注者，点击 # 号之间的话题，即可进入相应的主题页面，从而更全面地浏览该微博所发布的同一话题下的相关微博。如点击 9 月 28 日“HSK 相关”这一话题，即可进入该主题页面，浏览该微博自 9 月 20 日以来所发布的与这一话题有关的 4 条微博：

共有4条相关原创微博　　全部地区 [切换]

汉语一二三V：#HSK相关#《汉语水平证书》分为：初等水平证书（A/B/C三级），中等水平证书（A/B/C三级），高等水平证书（A/B/C三级）。证书及成绩单两个月内由考试主办单位寄送各考点承办单位，考生需凭准考证领取。需补办成绩证明者可在考试成绩有效期内（2年内）持准考证到北京语言大学汉语水平考试中心办理。

9月29日 08:05 来自皮皮时光机　　| 转发(1) | 评论(1)

汉语一二三V：#HSK相关#HSK的主办单位是国家汉语水平考试委员会，具体事务由国家汉语水平考试委员会办公室和北京语言大学汉语水平考试中心负责。

9月29日 08:00 来自皮皮时光机　　| 转发 | 评论

汉语一二三V：#HSK相关#HSK的适用对象：HSK（基础）适用于具有基础汉语水平的学习者，即要求接受100-800学时现代汉语正规教育。HSK（初、中等）适用于具有初、中等汉语水平的学习者，即接受400-2000学时现代汉语正规教育。HSK（高等）适用于具有高等汉语水平的汉语学习者，即接受3000学时以上的现代汉语正规教育。

9月28日 20:50 来自新浪微博　　| 转发(1) | 评论

汉语一二三V：#HSK相关#中国汉语水平考试（HSK）是为测试母语非汉语者（包括外国人、华侨和中国少数民族考生）的汉语水平而设立的国家级标准化考试。新HSK分笔试和口试部分，笔试包括HSK一级、二级、三级、四级、五级和六级，口试包括HSK初级、中级和高级，口试采用录音形式。

9月20日 20:45 来自新浪微博　　(1) | 转发 | 评论(1)

应该说，新浪微博所设置的这一“话题”功能，使得微博的发布者可以在不同时段发布同一主题的信息，从而有效满足了信息整合传播的需要，因此，特别是机构微博和同人微博，经常有意识地运用这一方式，发布与汉语国际推广相关的内容，进而扩大微博的影响力。

实际上，无论是对于机构微博、同人微博，还是对于个人微博来说，除了原创微博外，更经常应用的微博功能是评论和转发。一些与汉语国际推广有关的重要的信息和观点，经过不同的微博反复地评论与转发，就在短时间内得到了广泛而有效的传播，并有了成为业内共识的可能。限于篇幅，本文对此不再赘述。

有研究者指出，“微博影响力的本质是对信息资源的凝聚力和整合力，作为开放平台，微博的功能具有无限延展的可能性，从技术层面上更趋近人类信息传播沟通的 Anyone、Anytime、Anywhere、Anyway 的‘4A’理想情境”（张曼缔，2012）。对于汉语国际推广事业来说，微博的这种凝聚、整合、传播信息资源的能力，仍有待于国家汉办等官方机构、高校汉语国际推广部门以及相关人士更积极地参与，以提供更加多样化的角度和声音，从而为汉语国际推广事业的发展打造一个有益、有效的信息传播和沟通平台。

参考文献

张曼缔（2012）多重视角下的微博功能研究，《传媒》第3期。

张涛甫（2011）微博的功能限度，《新闻记者》第3期。

附

表 1　汉语国际推广组织机构微博

微博类型		数量	微博名称	注册信息	粉丝数	真实认证
组织机构微博	国家汉办机构	2	网络孔子学院 online	网络孔子学院官方微博	81910	是
			孔子学院远程教育中心 HSK 网考	孔子学院远程教育中心 HSK 网考	1877	是
	汉语国际推广官方活动	3	汉语桥	“汉语桥”比赛官方微博	72490	是
			CCTV 汉语大赛	CCTV 汉语大赛官方微博	48 万	是
			中国寻根之旅微博	“中国寻根之旅”夏（冬春秋）令营，中国国务院侨办和中国海外交流协会主办	100	否
	高校汉语国际推广部门/机构	13	北京语言大学培训学院	北京语言大学培训学院	4295	是
			北京语言大学孔子学院	北京语言大学孔子学院非官方微博	6031	否
			北语国际汉语师资培训网	北京语言大学国际汉语师资培训网	1779	是
			北京大学对外汉语	北京大学对外汉语教育学院	2802	否
			辽师国际教育学院	辽宁师范大学国际教育学院	1439	是
			CUC 对外汉语教育学院	中国传媒大学对外汉语教育学院	514	是
			山东大学孔子学院工作办公室	山东大学孔子学院工作办公室	877	是
			武汉大学留学生教育学院	武汉大学留学生教育学院	283	否
			汉语一二三	武汉大学汉语国际推广教学资源研究与开发基地	16785	是
			汉语志愿者	同上	1117	否

续表

微博类型		数量	微博名称	注册信息	粉丝数	真实认证
组织机构微博			华东师大—华狮汉韵国际汉语教师	华东师大对外汉语教师中心	3407	否
			广西大学对外汉语教学中心	广西大学国际教育学院汉教中心非官方微博	226	否
			南海汉语	琼州学院国际文化交流学院	65	否
	出版社	7	北京语言大学出版社	北京语言大学出版社	5990	是
			北语社对外汉语大家庭	北京语言大学出版社对外汉语教育事业部	3558	否
			外研社汉语分社	外研社汉语出版分社	3747	是
			华语教学出版社	华语教学出版社	1979	是
			华语教学出版社教汉语	华语教学出版社	5196	是
			发展汉语使用交流	北京语言大学出版社出版的《发展汉语》(第二版)	98	否
			ChinesePlus	外研社汉语(数字)出版分社汉语国际推广平台	1075	否
	杂志社	1	汉语世界杂志社	《汉语世界》杂志社	2183	是
	教育企业或社会研究机构	9	中国语言资源应用中心	中国语言资源开发应用中心研修院	2064	是
			新东方国际汉语	上海新东方国际汉语	6709	是
			爱马德对外汉语培训	上海爱马德对外汉语培训	608	否
			汉桥汉语学院	上海汉桥文化传播有限公司;孔子学院总部/国家汉办官方授权HSK/BCT/YCT汉语水平考试考点	844	是
			汉声对外汉语教学平台	上海汉声信息技术有限公司;专注对外汉语教学和汉语学习产品开发及服务	838	是
			上海儒森教育进修学校	上海儒森教育进修学校	27252	是
			天井越洋	北京市天井·越洋文化交流有限公司	2296	是
			上海默恩教育	上海默恩教育投资管理有限公司	849	是
			中文教师出国就业网	成都新杰教育咨询有限公司;对外汉语教师培训输出基地	1990	否

续表

微博类型		数量	微博名称	注册信息	粉丝数	真实认证
组织机构微博	网站、论坛	8	中国华文教育网	中国华文教育网（www.hwjyw.com）；国务院侨务办公室主办	10088	是
			对外汉语网	对外汉语网（www.tcfl.cn）	5621	是
			MyEChinese	易校园网（i.myechinese.com）	5607	是
			中文教学论坛	中文教学论坛（www.go-clef.org）	473	否
			CSLPod 学汉语 LearnChinese	cslpod.com 全球排名第一的汉语教学类网站	84551	否
			对外汉语教学交流	汉优中文教育网（www.no1chinese-learning.com）	3808	否
			孔子中文网络学堂	孔子中文网络学堂（www.kongzi-net.com）	579	否
			北京语言大学论坛	北京语言大学论坛（www.myblcu.com）	4638	否
合计		43				

表 2　汉语国际推广同人微博

微博类型		数量	微博名称	注册信息	粉丝数	真实认证
同人微博	对外汉语人俱乐部	6	对外汉语人俱乐部	成立于 2009 年 8 月，对外汉语行业非营利性民间组织	42284	否
			北京对外汉语人俱乐部	整合传播北京地区对外汉语行业信息资源	2239	否
			上海对外汉语人俱乐部	非法人和非经营性组织，关注对外汉语工作者生存现状以及对外汉语行业的发展态势	6347	否
			成都对外汉语人	成都首家对外汉语人聚集地	212	否
			对外汉语人重庆俱乐部	整合传播重庆地区对外汉语行业信息资源	29	否
			CLN 中文俱乐部	旨在聚集新西兰所有对学习中文感兴趣的朋友	119	否

续表

微博类型		数量	微博名称	注册信息	粉丝数	真实认证
同人微博	高校对外汉语/汉语国际教育专业学生	5	爱北语	爱北语论坛微博（非官方）	7810	否
			丽娃河畔外汉人	华东师范大学对外汉语学院团学联	691	否
			深圳大学对外汉语教育系学生会	深圳大学对外汉语教育系学生会	160	否
			西北民族大学对外汉语	西北民族大学对外汉语专业	450	否
			南通大学对外汉语	南通大学对外汉语专业	359	否
	对外汉语教学资源交流平台	8	对外汉语资源	发有价值的对外汉语资源	2682	否
			汉语控	北京文韵教育科技有限公司汉语教师	23768	否
			汉语时代	对外汉语人	22972	否
			对外汉语	王帅，2011 年初转做金融	32142	否
			对外汉语教学讨论	浙江大学国际教育学院	6770	否
			chineselinks	汉语链 www.chineselinks.cn 站长；现转行做外贸	1655	否
			国际汉语教学	“巴别塔之兔”神游多元文化	5051	否
			对外汉语 123	北京，对外汉语行业教师	620	否
合计		19				

表 3　汉语国际推广个人微博

微博类型		数量	微博名称	注册信息	粉丝数	真实认证
个人微博	高校对外汉语教师	7	刘颂浩	北京大学对外汉语教育学院教授	7567	是
			北外朱勇	北京外国语大学中文学院副教授	900	是
			Namjagbarwa7782	北京语言大学	999	否

续表

微博类型		数量	微博名称	注册信息	粉丝数	真实认证
个人微博	高校对外汉语教师	7	阿拉伯伯和冰摩卡	武汉大学对外汉语教师两枚	2771	否
			京派对外汉语人一蒋楠	澳门科技大学汉语教师	2089	否
			白勺猫对外汉语	高校汉语教师	957	否
			对外汉语莎莎	深圳职业技术学院教师孙莎琪	3187	是
	海外汉语教师	4	对外汉语鲍老师	越南·英国国际学校	4397	否
			是 Yang 老师不是 Li 老师	在美国教汉语	15	否
			李老师在英国教中文	英国国家语言中心	1984	否
			汉语教学笔记	海外，记录教学中的点点滴滴和学生们的进步	1430	否
	出版系统从业者	2	高教社国际汉语	高等教育出版社国际汉语出版中心高等教育分社长 梁宇	2238	是
			储丹丹	商务印书馆有限公司汉语出版中心编辑	16158	是
	社会机构对外汉语从业者	7	对外汉语教师	中国语言资源开发应用中心研修院执行院长 高海洋	7841	是
			PALM 曹芳	北京英迈语言文化咨询有限公司	5512	否
			对外汉语李鹤鸣	对外汉语俱乐部创始人	21346	否
			北语刘志刚	北京语言大学对外汉语专业 2006 级硕士研究生	4977	否
			对外汉语教师一冯彦奇	上海奇言教育信息咨询有限公司创始人	5665	是
			Tina- 晓冬	北京中教立顶国际教育科技有限公司	1260	否
			菜老师不姓蔡	上海对外汉语教师	2211	否
	海外汉语通	8	陆克文议员	澳大利亚前总理	53 万	是

续表

微博类型		数量	微博名称	注册信息	粉丝数	真实认证
个人微博	海外汉语通	8	大山	加拿大中外文化使者	285 万	是
			北瑞安娜	瑞典翻译家陈安娜	47 万	是
			加藤嘉一	日本，主持人、媒体评论员、专栏作者	153 万	是
			雷克小流氓	08 年从北京徒步到乌鲁木齐的德国人	12 万	是
			白睿文	加州大学圣巴巴拉分校东亚系教授	9396	是
			MIKE 隋	美国，演员	53 万	是
			我不是中国通—谢大刚	在中国的以色列人	1717	否
合计		28				

后　记

2013年10月26日至27日，在教育部高等教育司、教育部中文教指委、北京市教育委员会的指导和支持下，由北京语言大学发起并承办，北京语言大学、华东师范大学、北京外国语大学、上海外国语大学四家最早开设对外汉语专业的大学联合主办的“2013年全国高校汉语国际教育/对外汉语本科专业建设研讨会”在京隆重召开。汉语国际教育本科专业（原对外汉语本科专业）自1985年设置以来，已走过30多年历程，发展迅速。据教育部高教司统计，截至2012年底，全国共有开设汉语国际教育本科专业的高校342所，在校生63933人。此次研讨会旨在为全国汉语国际教育本科专业的负责人和专家搭建交流和研讨的平台，共同探讨新形势下汉语国际教育本科专业的定位、特色与发展方向，优化人才培养模式、课程体系和教学团队，推进汉语国际教育本科专业建设，以适应汉语国际教育事业对高素质人才的需求。

与2010年第一届研讨会相比，本次研讨会的主要特点是：第一，参会人员代表面广，人数多。研讨会共有来自全国92所高校的183名代表齐聚北语，其中发表论文代表97位，另有86名代表作为各地区汉语国际教育专业学科负责人参会。第二，研讨会议题广泛，重在回顾历史，总结经验，反思问题，前瞻方向。大会共发表论文97篇，这些论文有理论，有调研，体现出研究深度。论文按研究议题可分为7类：(1)汉语国际教育专业定位8篇，占8.2%；(2)人才培养模式35篇，占36.1%；(3)课程设置与课程体系建设30篇，占30.9%；(4)教材建设5篇，占5.2%；(5)实践教学4篇，占4.1%；(6)教师发展4篇，占4.1%；(7)汉语国际教育研究与推广11篇，占11.3%。第三，183名与会代表就会议主题展开了深入研究和探讨，提出了很多专业建设的新议题和解决问题的新办法，并一致呼吁搭建各高校间交流协作的平台。为顺应这一需求，在本次研讨会上，由北京语言大学、华东师范大学、北京外国语大学、上海外国语大学、华中科技大学、南京大学、南开大学、武汉大学、中央民族大学九所高校联合倡议，宣布成立了“全国高校汉语国际教育本科专业负责人联席会”，联席会作为自愿组织的各高校间交流协作的平台，贯彻“交流观点，分享经验，探索规律，指导实践，协同创新，共赢发展”的宗旨，谋求加强全国高校汉语国际教育

（原对外汉语）专业负责人的沟通与交流，促进全国高校汉语国际教育本科专业建设、人才培养和学科发展，并积极建设国家汉语国际教育专业发展的智库，为政府部门提供决策依据。

为了全面、充分地反映这次研讨会的成果，组委会组织专家对全部参会论文进行匿名评审后，精选出优秀论文编成《汉语国际教育本科专业建设研究——2013年全国高校汉语国际教育/对外汉语本科专业建设研讨会论文选》。本论文集共收录研讨会精选论文50篇（含陆俭明先生大会报告《汉语国际教育专业的定位问题》），并下分专业定位与人才培养、课程体系与课程研究、汉语国际教育研究与推广3个专题。具体主题分布情况如下：专题一“专业定位与人才培养”共27篇，占54%，下分5个次专题，包括专业定位7篇（含陆俭明先生的代序《汉语国际教育专业的定位问题》）、人才培养模式7篇、汉语国际教育人才具体能力的培养4篇、教师发展4篇、地方院校人才培养5篇；专题二“课程体系与课程研究”共19篇，占38%，下分4个次专题，包括课程体系与课程设置5篇、具体类别的课程设置7篇、教学设计与教学法研究3篇、教材研究4篇；专题三“汉语国际教育研究与推广”共4篇，占8%。为求得论文集内部各篇论文的体例统一，编委会对入选论文做了诸如增补摘要和关键词、适当调整行文格式等的编辑处理。

论文集的编辑出版得到了各方人士的热情支持和大力帮助，在此一并致以最诚挚的谢意！感谢诸位论文作者，他们不仅慷慨赐稿，而且始终以积极的专业合作精神配合我们的工作；感谢著名语言学家陆俭明先生，他不断给予我们关心和鼓励，并慨然应允将其在研讨会上的大会报告作为序言，令本书增色；感谢北京语言大学出版社的大力支持，他们的专业和严谨无疑是本论文集得以顺利出版的重要条件。

从筹划到最终完成，我们的工作历时两年有余。由于这次研讨会提交的论文数量众多，尚有不少佳作未能收入本书，这不能不说是我们工作的欠缺和遗憾。由于学术水平有限，论文集的编辑工作一定存有很多不尽人意之处，敬请同人批评指正。

编者

2016年于京